Wer war Jack the Ripper?

PORTRÄT EINES KILLERS

W0058901

PATRICIA CORNWELL

Wer war
Jack the Ripper?

PORTRÄT EINES KILLERS

Aus dem Amerikanischen von Hainer Kober

Weltbild

Die amerikanischen Originalausgabe erschien unter dem Titel
Portrait of a Killer: Jack the Ripper – Case closed
bei G. P. Putnam's Son, New York.

www.patriciacornwell.com

Genehmigte Lizenzausgabe für Verlagsgruppe
Weltbild GmbH, Steinerne Furt, 86167 Augsburg
Copyright der Originalausgabe © 2002
by Cornwell Enterprises, Inc.
Copyright der deutschen Ausgabe © 2002
by Hoffmann und Campe Verlag, Hamburg
Übersetzung: Hainer Kober
Umschlaggestaltung: Johannes Frick, Augsburg
Umschlagmotiv: Photonica, Hamburg
Gesamtherstellung: Clausen & Bosse GmbH,
Birkstraße 10, 25917 Leck
Printed in Germany
ISBN 3-8289-7233-0

2004   2003
Die letzte Jahrszahl gibt die aktuelle Lizenzausgabe an.

Neugierig auf weitere Bücher von Patricia Cornwell?
Besuchen Sie uns im Internet: *www.weltbild.de*

Montag, der 6. August 1888, war ein Feiertag in London, und die Stadt verwandelte sich in einen Jahrmarkt voll wunderbarer Dinge, die sich für ein paar Pennys tun ließen, falls man sie erübrigen konnte. In Windsor läuteten den ganzen Tag hindurch die Glocken der Pfarrkirche und der St. George's Chapel. Auf den Schiffen wurden Flaggen gehisst, und aus den Kanonen dröhnte der königliche Salut zu Ehren des Duke of Edinburgh, der seinen 44. Geburtstag feierte.

Der Kristallpalast bot eine überwältigende Fülle von Veranstaltungen: Orgelkonzerte, Militärkapellen, ein »monumentales Feuerwerk«, ein großes Märchenballett, Bauchredner und die »weltberühmten Minstrel-Shows«. Madame Tussaud's präsentierte ein Wachsmodell von der öffentlichen Aufbahrung Friedrichs III. und natürlich die Schreckenskammer, die so beliebt war wie eh und je. Andere köstliche Schrecken warteten auf all jene, die sich Theaterkarten leisten konnten und denen der Sinn nach einer Moralität oder einfach einem schönen altmodischen Schauerstück stand. *Dr. Jekyll und Mr. Hyde* wurde vor ausverkauften Häusern gespielt. In Henry Irvings Lyceum brillierte der berühmte amerikanische Schauspieler Richard Mansfield als Jekyll und Hyde. Auch die Opéra Comique brachte eine Version dieses Stoffes, allerdings mit schlechten Kritiken und skandalumwittert, weil das Theater Robert Louis Stevensons Roman ohne Genehmigung für die Bühne bearbeitet hatte.

An diesem öffentlichen Feiertag gab es Rinder- und Pferdeschauen, »Sondertarife« für Bahnfahrten und auf den Basaren in Covent Garden ein Überangebot an Bestecken aus Sheffield, an Gold, Juwelen und gebrauchten Militäruniformen. Wer in diesem ausgelassenen, aber auch recht rohen Treiben als Soldat auftreten wollte, konnte das für wenig Geld und ohne lästige Fragen tun. Oder man konnte sich als Polyp ausgeben, indem man sich eine echte Polizeiuniform bei Angel's Theatrical Costumes in Camden Town auslieh – von der Wohnung des blendend aussehenden Walter Richard Sickert ein Spaziergang von nicht viel mehr als drei Kilometern.

Der 28-jährige Sickert hatte seine glücklose Laufbahn als Schauspieler aufgegeben, weil er sich zu den höheren Weihen der Kunst berufen fühlte. Er war Maler und Kupferstecher geworden, der sein Handwerk bei James McNeill Whistler und Edgar Degas gelernt hatte. Dabei war der jugendliche Sickert selbst ein Kunstwerk: schlank, mit einem vom Schwimmen gekräftigten Oberkörper, Nase und Kinn von vollkommener Form, dichte blonde Locken und blaue Augen, die so unergründlich und so durchdringend waren wie seine geheimen Gedanken und sein rascher Verstand. Man hätte ihn sogar schön nennen können, wäre da nicht sein Mund gewesen, der sich zu einem harten, grausam wirkenden Strich zusammenziehen konnte. Seine exakte Größe ist unbekannt, aber von einem Bekannten wurde sie als etwas über dem Durchschnitt beschrieben. Fotografien und mehrere Kleidungsstücke aus seinem Besitz, die in den 1980er Jahren dem Archiv der Tate Gallery gestiftet wurden, lassen darauf schließen, dass er wahrscheinlich zwischen einem Meter siebzig und einem Meter fünfundsiebzig maß.

Sickert sprach fließend Deutsch, Englisch, Französisch und Italienisch, Latein beherrschte er hinreichend, um es Freunden beizubringen, er konnte etwas Dänisch und Griechisch und möglicherweise auch ein paar Brocken Spanisch und Portugiesisch. Es hieß, er lese die Klassiker im Original, aber beende nicht alle Bücher, die er angefangen habe. Nicht selten lagen Dutzende von Romanen bei ihm herum, aufgeschlagen auf der letzten Seite, die seine Neugier gefesselt hatte. Geradezu süchtig war Sickert aber nach Zeitungen, Klatschblättern und Zeitschriften.

Bis zu seinem Tod im Jahr 1942 sahen seine Ateliers und Arbeitszimmer aus wie Recyclingcenter für jeden Fetzen Zeitungs- und Zeitschriftenpapier, den Europas Druckerpressen ausgespuckt hatten. Man fragt sich, woher ein viel beschäftigter Mensch die Zeit nahm, vier, fünf, sechs, zehn Zeitungen pro Tag zu lesen, aber Sickert hatte seine Methode. Er kümmerte sich um nichts, was ihn nicht interessierte – egal, ob es um Politik, Wirtschaft, Kriege oder Menschen ging. Nichts spielte für Sickert eine Rolle, wenn es nicht in irgendeiner Weise Sickert betraf.

Mit Vorliebe las er über die neuesten Vergnügungen, die in der Stadt zu erwarten waren, studierte gründlich die Kunstkritiken, wandte sich dann rasch den Kriminalberichten zu und suchte schließlich nach seinem Namen, falls Grund zu der Annahme bestand, dass er in den Blättern auftauchte. Leserbriefe bereiteten ihm ein besonderes Vergnügen, vor allem diejenigen, die er selbst geschrieben und mit einem Pseudonym unterzeichnet hatte. Sickert wusste gar zu gern, was die Leute taten, vor allem in der Privatsphäre ihres durchaus nicht immer so wohlanständigen viktorianischen Lebensalltags. »Schreibt, schreibt, schreibt!«, pflegte er seine Freunde zu bitten. »Berichtet mir in allen Einzelheiten von *allem*, von den Dingen, die euch amüsiert haben, *wie, wann* und *wo* das war, von allem möglichen Klatsch, egal über wen.«

Sickert verachtete die Upperclass, aber er war ein Prominentenjäger. Irgendwie gelang es ihm, sich im Umkreis der Berühmtheiten seiner Zeit zu bewegen: Henry Irving, Ellen Terry, Aubrey Beardsley, Henry James, Max Beerbohm, Oscar Wilde, Monet, Renoir, Pisarro, Rodin, André Gide, Édouard Dujardin, Proust, Parlamentsabgeordnete. Was aber nicht unbedingt hieß, dass er auch viele von ihnen kannte, und niemand – berühmt oder nicht – kannte ihn jemals wirklich, noch nicht einmal seine erste Frau Ellen, die in knapp zwei Wochen vierzig Jahre alt werden würde. An diesem Feiertag dürfte Sickert kaum an den Geburtstag seiner Frau gedacht haben. Andererseits war es äußerst unwahrscheinlich, dass er ihn vergessen hatte.

Für sein erstaunliches Gedächtnis erntete er nämlich viel Bewunderung. Sein Leben lang unterhielt er Dinnergäste mit Aufführungen langer Passagen aus Operetten und Theaterstücken, bei denen er sich für seine Rollen kostümierte und sie fehlerlos rezitierte. Sickert hatte sicherlich nicht vergessen, dass Ellen am 18. August Geburtstag hatte, schließlich bot sich damit eine gute Gelegenheit, ihr einen wichtigen Tag zu verderben. Vielleicht würde er ihn »vergessen«. Vielleicht würde er in eine der heimlich angemieteten Bruchbuden verschwinden, die er Ateliers nannte. Vielleicht würde er Ellen in ein romantisches Café in Soho ausführen und sie am Tisch sitzen lassen, während er sich in ein Varieté davonmachte und den Rest des Abends fortbliebe. Ellen liebte Sickert ihr ganzes trauriges Leben lang, trotz seiner Kaltherzigkeit, seiner pathologischen Lügerei, seiner Egozentrik und der Angewohnheit, Tage – oder sogar Wochen – ohne Vorankündigung oder Erklärung zu verschwinden.

Weit mehr als im Theater erwies sich Walter Sickert im Leben als Schauspieler. Er bewegte sich auf der Bühne seiner geheimen, von wilden Phantasien getriebenen Existenz und fühlte sich im tiefen Schatten verlassener Straßen ebenso zu Hause wie im pulsierenden Leben dicht gedrängter Menschenmengen. Glänzend verstand er es, seine Stimme zu verstellen, Theaterschminke zu verwenden und sich zu verkleiden – schon als Junge hatte er die Kunst der Verstellung so perfekt beherrscht, dass er oft von Nachbarn und Familienangehörigen nicht erkannt worden war.

Während seines langen, gefeierten Lebens war er berüchtigt dafür, dass er durch eine Vielzahl verschiedener Bärte und Schnurrbärte ständig sein Aussehen veränderte, für seine bizarre Kleidung, die manchmal ein regelrechtes Kostüm war, und für seine Haartrachten – bis hin zur Rasur des Kopfes. Er sei ein »Proteus«, schrieb sein Freund, der französische Maler Jacques Émile Blanche. Sickerts »Talent zur Verstellung durch Kleidung, Haartracht und Sprechweise kann sich durchaus mit dem Frégolis[1] messen«, schrieb Blanche. Auf einem Porträt, das Wilson Steer 1890 von Sickert malte, prangt in seinem Gesicht ein verdächtig falsch wirkender Schnurrbart, der aussieht, als hätte er sich einen Eichhörnchenschwanz über den Mund geklebt.

Außerdem hatte er einen Hang, seinen Namen zu ändern. Als Schauspieler wie bei seinen Gemälden, Radierungen, Zeichnungen und in zahlreichen Briefen an Kollegen, Freunde und Zeitungen hat er viele verschiedene Identitäten angenommen: Mr. Nemo (lateinisch für Mr. Nobody, Herr Niemand), ein Bewunderer, ein Whistlerianer, Ihr Kunstkritiker, ein Außenseiter, Walter Sickert, Sickert, Walter R. Sickert, Richard Sickert, W. R. Sickert, W. S., R. S., S., Dick, W. St., Rd. Sickert LL.D. (Doktor der Rechte), R. ST. A.R.A. (Mitglied der Royal Academy) und RdSt A.R.A.

Sickert hat keine Memoiren geschrieben, weder ein Tagebuch noch einen Terminkalender geführt, seine Briefe und Kunstwerke hat er nur in den seltensten Fällen datiert, daher lässt sich nur schwer in Erfahrung bringen, wo er sich an bestimmten Tagen, Wochen, Monaten oder sogar Jahren befunden oder was er getan hat. So konnte ich auch keine Aufzeichnungen über seinen Aufenthaltsort und seine Beschäftigungen an diesem 6. August 1888 finden, aber es gibt keinen Grund zu der Annahme, er habe sich nicht in London befunden. Aus Notizen, die er auf Varieté-Skizzen gekritzelt hat, geht hervor, dass er sich noch zwei Tage zuvor, am 4. August, in London aufgehalten hat; außerdem hatte sich Whistler überraschend entschlossen, am 11. August zu

---

[1] Leopoldo Frégoli (1867–1936), legendärer italienischer Verwandlungskünstler.

heiraten. Zwar gehörte Sickert nicht zum kleinen Kreis der geladenen Gäste, aber es entsprach nicht seiner Art, ein solches Ereignis zu versäumen – selbst wenn er nur heimlich zuschauen konnte.

Der große Maler James McNeill Whistler hatte sich heftig in die »bemerkenswert hübsche« Beatrice Godwin verliebt, die fortan die beherrschende Rolle in seinem Leben spielen und es nachhaltig verändern sollte. Whistler wiederum spielte eine fast ebenso wichtige Rolle in Sickerts Leben und hatte auch dessen Verlauf nachhaltig verändert. »Netter Junge, der Walter«, pflegte Whistler Anfang der 1880er Jahre zu sagen, als er dem ehrgeizigen und außerordentlich begabten jungen Mann noch mit großem Wohlwollen begegnete. Inzwischen war ihre Freundschaft abgekühlt, aber Sickert dürfte schwerlich vorbereitet gewesen sein auf das, was ihm als erschreckender, völlig unerwarteter und vollständiger Bruch erscheinen musste, den der vergötterte, beneidete und verhasste Meister vollzog. Whistler und seine Braut hatten vor, die Flitterwochen und den Rest des Jahres in Frankreich zuzubringen und sich dort, wenn möglich, dauerhaft niederzulassen.

Die zukünftigen ehelichen Freuden des exzentrischen, genialen und egozentrischen James McNeill Whistler müssen auf dessen ehemaligen Laufburschen und Schüler befremdend gewirkt haben. Eine von Sickerts vielen Rollen war die des unwiderstehlichen Schürzenjägers, doch jenseits der Bühne war er nichts dergleichen. Sickert war von Frauen abhängig und hasste sie. Sie waren geistig minderwertige Geschöpfe und völlig nutzlos, es sei denn, sie sorgten für einen oder ließen sich manipulieren, vor allem in Sachen Kunst oder Geld. Frauen waren gefährlich, denn sie erinnerten an ein bitteres und demütigendes Geheimnis, das Sickert nicht nur mit ins Grab nahm, sondern auch über das Grab hinaus bewahrte, denn eingeäscherte Leichname verraten nichts über körperliche Eigenheiten, selbst wenn sie exhumiert werden. Sickert war mit einer Missbildung des Penis geboren worden, an der er als Kleinkind mehrfach operiert wurde. Nach diesen Eingriffen war er entstellt, wenn nicht verstümmelt und möglicherweise impotent. In jedem Falle war von dem Penis vermutlich nicht mehr genügend für eine Penetration verblieben, und es ist recht wahrscheinlich, dass er sich zum Urinieren hinhocken musste wie eine Frau.

»Nach meiner Theorie über die Verbrechen ist der Täter stark entstellt«, heißt es in einem Brief vom 4. Oktober 1888, der sich bei den Akten zu den Whitechapel-Morden im Archiv der Londoner Stadtverwaltung befindet, »– *möglicherweise* ist sein privatestes Teil beschädigt – & er rächt sich nun mit diesen Untaten an dem Geschlecht.« Der Brief ist mit violettem Bleistift geschrieben und trägt die rätselhafte Unterschrift »Scotus«. Es könnte das lateinische Wort für Schotte sein. »Scotch« kann »leichter, oberflächlicher Einschnitt« oder »schneiden« bedeuten. Scotus kann auch eine merkwürdige, gelehrte Anspielung auf Johannes Scotus Eriugena sein, einen Theologen und Lehrmeister für Grammatik und Dialektik aus dem neunten Jahrhundert.

Die Vorstellung, dass Whistler verliebt war und eine sexuelle Beziehung zu einer Frau hatte, könnte sehr gut der Auslöser gewesen sein, der Sickert zu einem der gefährlichsten und verstörendsten Mörder aller Zeiten machte. Er begann in die Tat umzusetzen, was er sich sein Leben lang ausgemalt hatte, nicht nur in Gedanken, sondern auch auf Jugendskizzen, die entführte, gefesselte und erdolchte Frauen darstellten.

Die Psychologie eines gewalttätigen, erbarmungslosen Mörders lässt sich nicht durch ein einfaches Schema erklären. Es gibt keine simplen Erklärungen, keine eindeutigen Kausalbeziehungen. Doch der Kompass der menschlichen Natur weist in eine bestimmte Richtung, und Sickerts Gefühle müssen in höchsten Aufruhr geraten sein, als Whistler die Witwe des Architekten und Archäologen Edward Godwin heiratete, der, bevor er Beatrice ehelichte, mit der Schauspielerin Ellen Terry zusammengelebt hatte und der Vater ihrer Kinder war.

Die betörend schöne und sinnliche Ellen Terry war eine der berühmtesten Schauspielerinnen des viktorianischen Zeitalters, und Sickert war fixiert auf sie. Als Halbwüchsiger hatte er sie und ihren Kollegen Henry Irving verfolgt. Jetzt hatte Whistler Verbindungen nicht nur zu einem, sondern zu beiden Objekten von Sickerts Obsessionen geknüpft, und diese drei Sterne in seinem Universum bildeten eine Konstellation, der er nicht angehörte. Die Sterne scherten sich nicht um ihn. Er war wirklich Mr. Nemo.

Aber im Spätsommer 1888 legte er sich einen neuen Bühnennamen zu, der zu seinen Lebzeiten nie mit ihm in Verbindung gebracht werden sollte, aber schon bald viel bekannter wurde als die Namen Whistler, Irving oder Terry.

Die Umsetzung von Jack the Rippers Gewaltphantasien begann am 6. August 1888, diesem sorglosen Feiertag, als er sein Debüt auf seiner neuen Bühne hatte und die erste jener entsetzlichen Vorstellungen gab, die zu einem der berühmtesten ungelösten Mordfälle aller Zeiten werden sollten. Allgemein und fälschlicherweise wird angenommen, sein abscheuliches Gemetzel habe so plötzlich aufgehört, wie es begonnen habe, und er sei aus dem Nichts gekommen und wieder dorthin verschwunden.

Jahrzehnte sind vergangen, erst fünfzig, dann hundert Jahre, und seine grauenhaften Sexualverbrechen sind mit der Zeit blass und unwirklich geworden. Sie sind zum Stoff für Krimi-Rätsel, Mystery-Wochenenden, Spiele und »Ripper-Walks« verkommen – organisierte Spaziergänge auf den Spuren von Jack the Ripper, die unweigerlich mit einem Bier im Pub Ten Bells enden. *Saucy Jack,* der freche Jack, wie der Ripper sich manchmal selbst nannte, ist in düsteren Filmen aufgetreten, die berühmte Schauspieler, Spezialeffekte und Fluten von dem präsentierten, wonach der Ripper nach eigenem Bekunden gierte: Blut, Blut, Blut. Heutzutage wecken seine Metzeleien keine Furcht und Wut mehr, nicht einmal Mitleid mit den Opfern, die still vermodern, teilweise in anonymen Gräbern.

DIE BESICHTIGUNG

Kurz vor Weihnachten 2001 war ich zu Fuß unterwegs zu meinem New Yorker Apartment an der Upper Eastside und wusste, dass ich trotz meines Bemühens, ruhig und gut gelaunt zu wirken, einen niedergeschlagenen und unruhigen Eindruck machte.

Viel von diesem Abend ist mir nicht im Gedächtnis geblieben, nicht einmal der Name des Restaurants, in dem unsere kleine Gruppe gegessen hatte. Vage erinnere ich mich daran, dass Leslie Stahl eine unheimliche Geschichte über die neuesten Recherchen für ihre Sendung 60 Minutes erzählte und dass alle am Tisch über Politik und Wirtschaft sprachen. Ich ließ die üblichen Autorensprüche vom Stapel – die Lasst-den-Kopf-nicht-hängen- und Tut-wozu-ihr-Lust-habt-Ermutigungen –, weil ich nicht über mich und die Arbeit sprechen wollte, die, wie ich befürchtete, dabei war, mein Leben zu ruinieren. Mein Herz war schwer, als müsste der Kummer in meiner Brust es jeden Augenblick erdrücken.

Meine Literaturagentin Esther Newberg und ich beschlossen, zu Fuß in unser Viertel zurückzukehren. Ich hatte wenig zu sagen auf dem dunklen Bürgersteig, während wir an den üblichen Verdächtigen vorbeikamen, die ihre Hunde ausführten, und dem endlosen Strom von lauten Menschen, die in ihre Handys sprachen. Von den Taxis und Hupen nahm ich kaum Notiz. Ich stellte mir vor, ein Räuber würde versuchen, uns an die Brieftasche oder die Wäsche zu gehen. Dem würde ich es zeigen, mich ducken, seine Beine umklammern und ihn zu Fall bringen. Ich bin einen Meter fünfundsechzig groß, wiege 55 Kilo und bin schnell auf den Beinen. Ja, er hätte nichts zu lachen. So malte ich mir aus, was ich täte, wenn irgendein psychopathisches Stück Dreck sich von hinten an uns heranschliche und plötzlich ...

»Wie geht's?«, fragte Esther.

»Um die Wahrheit zu sagen ...«, begann ich, weil ich Esther selten die Wahrheit sage.

Es gehört nicht zu meinen Gewohnheiten, gegenüber meiner Agentin Esther Newberg oder meiner Verlegerin Phyllis Grann zuzugeben, dass ich mich bei dem, was ich tue, manchmal fürchte oder unwohl fühle. Die beiden Frauen sind die Grundpfeiler meiner beruflichen Existenz und glauben an mich. Als ich ihnen erzählte, ich hätte Recherchen über Jack the Ripper angestellt und wüsste nun, wer er gewesen sei, zweifelten sie nicht einen Augenblick an meinen Worten.

»Mir geht es mies«, bekannte ich und fühlte mich so elend, dass ich hätte heulen mögen.

»Tatsächlich?« Für einen Augenblick unterbrach Esther auf der Lexington Avenue ihren Nichts-hält-mich-auf-Schritt. »Dir geht es mies? Wirklich? Warum?«

»Das Buch macht mich fertig, Esther. Ich weiß nicht, warum um alles in der Welt ich ... Dabei habe ich mich nur mit seinen Bildern und seinem Leben beschäftigt, aber eins kam zum andern ...«

Sie sagte kein Wort.

Mir fällt es seit jeher leichter, zornig zu werden, als Angst oder Verlusterlebnisse zu zeigen, und ich war im Begriff, mein Leben an Walter Richard Sickert zu verlieren. Er nahm es mir weg. »Ich möchte meine Romane schreiben«, sagte ich. »Ich will nicht über ihn schreiben. Das macht keinen Spaß. Nicht den geringsten.«

»Hör mal«, sagte sie ganz ruhig und nahm ihren Schritt wieder auf. »Du musst es nicht schreiben. Ich krieg dich aus der Sache wieder raus.«

Sie hätte mich aus der Sache rauskriegen können, aber ich mich selber nie und nimmer. Schließlich kannte ich die Identität eines Mörders und konnte diese Tatsache nicht mehr aus meinem Bewusstsein ausblenden. »Ich hab mich da in die Position einer Richterin manövriert«, erläuterte ich Esther. »Es spielt keine Rolle, dass er tot ist. Hin und wieder fragt mich diese leise Stimme in meinem Inneren: Und was ist, wenn du dich täuschst? Ich würde mir nie verzeihen, wenn ich so etwas über einen Menschen gesagt hätte und dann herausfände, dass es nicht stimmt.«

»Aber du glaubst nicht, dass du dich irrst ...«

»Nein, auf keinen Fall.«

Es hatte alles ganz harmlos begonnen, es war, als hätte ich mich aufgemacht, eine idyllische Landstraße zu überqueren, um plötzlich von einem Zementlaster überfahren zu werden. Im Mai 2000 hielt ich mich in London auf, um mich für die Ausgrabungen in Jamestown einzusetzen. Auch meine Freundin Linda Fairstein, die Leiterin der Abteilung für Sexualverbrechen beim New York District Attorneys Office, war in London und fragte mich, ob ich Lust zu einer Besichtigung von Scotland Yard hätte.

»Im Augenblick nicht«, wollte ich erwidern, aber sogleich dachte ich, dass meine Leser wenig Verständnis dafür hätten, wenn sie wüssten, wie sehr ich es manchmal leid war, noch mehr Polizeireviere zu besichtigen, noch mehr Labors, Leichenhallen, Schießstände, Friedhöfe, Gefängnisse, Tatorte, Strafverfolgungsbehörden oder anatomische Museen.

Auf meinen Reisen, vor allem im Ausland, ist mein erster Zugang zu einer fremden Stadt häufig die Einladung, ihre düstere, gewalttätige Seite kennen zu lernen. In Buenos Aires führte man mich stolz durch das Kriminalmuseum, einen Raum voller abgetrennter Köpfe, die in Glasgefäßen mit Formalin aufbewahrt wurden. Nur die berüchtigtsten Verbrecher schafften es in dieses Gruselkabinett, und während sie meinen Blick mit milchigen Augen erwiderten, hatte ich den Eindruck, sie hätten bekommen, was sie verdienten. In Salta an der argentinisch-peruanischen Grenze zeigte man mir 500 Jahre alte Mumien von Inkakindern, die lebendig begraben worden waren, um die Götter gnädig zu stimmen. Vor ein paar Jahren wurde mir in London die VIP-Vergünstigung zuteil, in einem Pestgrab herumstapfen zu dürfen, wo ich bei jedem Schritt auf Menschenknochen trat.

Ich habe sechs Jahre lang in Richmond, Virginia, im Office of the Chief Medical Examiner, dem Institut für Rechtsmedizin, gearbeitet, wo ich Computer programmiert, statistische Analysen erstellt und im Leichenschauhaus ausgeholfen habe. Ich führte Protokoll für die Gerichtspathologen, wog Organe, notierte Schusskanäle und Wundengrößen, inventarisierte die Medikamente von Selbstmordopfern, die ihre Antidepressiva nicht genommen hatten, half vollkommen steife Menschen zu entkleiden, die unseren Bemühungen, ihre Kleidung zu entfernen, starrsinnigen Widerstand entgegensetzten, versah Reagenzgläser mit Etiketten, wischte Blut auf und sah, berührte, roch und schmeckte den Tod sogar, weil sein Gestank mir ganz tief in der Kehle haften blieb.

Ich vergesse weder die Gesichter noch irgendwelche winzigen Details von Menschen, die ermordet wurden. Ich habe so viele gesehen. Vermutlich könnte ich sie nicht zählen, und ich wünschte, ich hätte sie in einem großen Raum zusammenbringen können, bevor es geschah, und sie bitten können, ihre Türen abzuschließen, eine Alarmanlage zu installieren – oder sich wenigstens einen Hund anzuschaffen –, nicht an einer bestimmten Stelle zu parken oder die Finger von den Drogen zu lassen. Noch immer stockt mir der Atem, wenn ich an die verbeulte Dose Deospray in der Tasche des Halbwüchsigen denke, der angeben wollte und beschloss, sich auf der Ladefläche des Pick-up aufrecht hinzustellen. Er hatte nicht bemerkt, dass der Wagen sich anschickte, unter einer Brücke hindurchzufahren. Noch immer kann ich die blinde Zufälligkeit des Schicksals nicht begreifen, das den Mann ereilte, der beim Ausstieg aus einem Flugzeug einen Schirm mit Metallspitze erhielt und vom Blitz erschlagen wurde.

Schon vor langer Zeit verhärtete sich meine lebhafte Neugier für Gewalttaten zu einer klinischen Ritterrüstung, die mich zwar schützt, aber auch so schwer ist, dass ich manchmal nach meinen Besuchen bei den Toten kaum noch gehen kann. Es scheint, als ob die Toten nach meiner Energie verlangten und verzweifelt versuchten, sie aus mir herauszusaugen, wenn sie in ihrem eigenen Blut auf der Straße oder auf einem Edelstahltisch liegen. Die Toten bleiben tot, und ich bin immer aufs Neue betroffen. Morde sind keine Rätselspielchen, und es ist meine Aufgabe, sie mit der Feder zu bekämpfen.

Es wäre ein Verrat an mir selbst und eine Beleidigung für Scotland Yard und für jeden Strafverfolger des christlichen Abendlands gewesen, wenn ich an dem Tag, an dem Linda Fairstein sagte, sie könne eine Besichtigung arrangieren, »müde« gewesen wäre.

»Das ist sehr freundlich von Scotland Yard«, sagte ich also. »Ich bin noch nie dort gewesen.«

Am nächsten Morgen lernte ich den stellvertretenden Polizeipräsidenten John Grieve kennen, den angesehensten Ermittlungsbeamten Großbritanniens und, wie sich herausstellte, Experten in Sachen Jack the Ripper. Der legendenumwobene viktorianische Mörder interessierte mich nur am Rande. Noch nie hatte ich ein Ripper-Buch gelesen. Ich wusste nichts über seine Morde. Weder war mir bekannt, dass seine Opfer Prostituierte gewesen, noch, wie sie ums Leben gekommen waren. Ich stellte ein paar Fragen. Vielleicht konnte ich Scotland Yard in meinem nächsten Scarpetta-Roman verwenden, dachte ich. In diesem Fall brauchte ich konkrete Einzelheiten über die Ripper-Fälle. Wer weiß, vielleicht konnte Scarpetta neue Erkenntnisse über sie liefern.

John Grieve bot mir an, mir die historischen Schauplätze der Ripper-Verbrechen zu zeigen – oder wenigstens das, was nach 112 Jahren noch von ihnen übrig ist. So sagte ich eine Reise nach Irland ab und verbrachte einen regnerischen, eiskalten Morgen mit dem berühmten Mr. Grieve und Inspektor Howard Gosling. Whitechapel und Spitalfields suchten wir auf, Mitre Square und Miller's Court, wo Mary Kelly durch den Serienmörder, den man The Ripper nannte, das Fleisch buchstäblich von den Knochen geschält worden war. »Hat schon mal jemand versucht, diese Verbrechen mit modernen gerichtsmedizinischen Methoden aufzuklären?«, fragte ich.

»Nein«, sagte John Grieve und nannte mir einige wenige Personen, gegen die nur einige wenige Verdachtsmomente vorlagen. »Aber es gibt einen interessanten Burschen, den Sie näher unter die Lupe nehmen sollten, wenn Sie sich mit dem Fall beschäftigen wollen. Einen Maler namens Walter Sickert. Er hat ein paar Mordbilder gemalt. Besonders eins: Ein vollständig bekleideter Mann sitzt auf einem Bett mit dem Leichnam einer nackten Prostituierten, die er gerade umgebracht hat. Es heißt *The Camden Town Murder* (›Der Camden-Town-Mord‹). Ich habe mich immer gefragt, ob da nicht mehr dahinter steckt.«

Es war nicht das erste Mal, dass Sickert mit den Verbrechen von Jack the Ripper in Verbindung gebracht wurde. Die meisten Menschen haben diese Vorstellung lächerlich gefunden.

Ich bekam meine Zweifel über Sickert, als ich ein Buch über seine Kunst durchblätterte. Die erste Abbildung, die ich aufschlug, war ein 1887 entstandenes Gemälde, das die bekannte viktorianische Schauspielerin und Sängerin Ada Lundberg in der Marylebone Music Hall zeigt. Eigentlich singt sie, aber es sieht aus, als ob sie schreit, während die Männer sie gierig und bedrohlich anstarren. Ich bin sicher, dass es für alle Werke Sickerts künstlerische Erklärungen gibt. Aber was ich sehe, wenn ich sie betrachte, ist Morbidität, Gewalt und Hass auf Frauen. Als ich fortfuhr, mich mit Sickert und dem Ripper zu beschäftigen, bemerkte ich beunruhigende Parallelen zwischen ihnen. Einige von Sickerts Bildern weisen unheimliche Ähnlichkeiten zu Leichenschauhaus- oder Tatort-Fotografien der Opfer von Jack the Ripper auf.

Mir fielen finstere Bilder bekleideter Männer auf, reflektiert in Spiegeln düsterer Schlafzimmer, in denen nackte Frauen auf eisernen Bettgestellen sitzen. Ich sah drohende Gewalt und Tod. Ich sah ein argloses Opfer, das keinen Grund hatte, den charmanten, gut aussehenden Mann zu fürchten, der sie gerade in eine Situation gelockt hatte, in der sie äußerst verwundbar war. Ich sah eine diabolisch kreative Intelligenz, und ich sah das Böse. Ich begann, die Tatsachenbeweise, die von der modernen forensischen Wissenschaft und anderen Experten entdeckt worden waren, Schicht um Schicht durch Indizienbeweise zu ergänzen.

Die ganze Zeit setzten die forensischen Wissenschaftler und ich unsere Hoffnungen auf DNA-Analysen. Doch es sollte ein Jahr und mehr als hundert Tests dauern, bis wir die ersten Schatten des 75 bis 114 Jahre alten genetischen Beweismaterials zu sehen begannen, das Walter Sickert und Jack the Ripper hinterließen, als sie Briefmarken und die Laschen von Briefumschlägen berührten und beleckten. Zellen aus ihren Mundhöhlen gerieten in ihren Speichel und waren in Klebstoff eingeschlossen, bis DNA-Experten die genetischen »Marker« nun mit Pinzetten, sterilem Wasser und Tupfern herauslösten.

Das beste Ergebnis stammte von einem Ripper-Brief, der eine mitochondriale DNA-Sequenz eines einzigen Spenders enthielt. Sie war spezifisch genug, um bei der Suche nach der Person, die die Gummierung auf der Rückseite der Briefmarke berührt und beleckt hatte, 99 Prozent der Bevölkerung ausschließen zu können. Dasselbe DNA-Profil tauchte auch als Bestandteil eines weiteren Ripper-Briefes und zweier Briefe von Walter Sickert auf.

Entsprechungen zu dieser DNA-Sequenz fanden sich auch auf anderen Gegenständen aus Sickerts Besitz, etwa auf Overalls, die er beim Malen trug. Abgesehen von der Ripper-

Briefmarke mit nur einem einzigen Spender sind in den DNA-Proben ansonsten die genetischen Profile verschiedener Personen miteinander vermischt (was weder überraschend ist noch diese Proben wertlos macht). Das DNA-Beweismaterial ist das älteste, das je in einem Kriminalfall untersucht worden ist.

Dies ist erst der Anfang. Unsere DNA-Untersuchung und anderen forensischen Analysen sind noch nicht abgeschlossen. Sie können noch Jahre andauern, da die Technologie auf diesem Gebiet rasende Fortschritte macht.

Es gibt darüber hinaus weitere Tatsachenbeweise. Forensische Wissenschaftler sowie Kunst-, Papier- und Schriftexperten haben Folgendes gefunden: einen Ripper-Brief, der auf Künstlerpapier geschrieben wurde; dieselben Wasserzeichen auf Papier von Ripper-Briefen wie auf Papier, das Walter Sickert verwendet hat; Ripper-Briefe, die mit der weichen, Wachsmalstiften ähnlichen Grundierung geschrieben wurden, wie sie für Lithographien verwendet wird; Ripper-Briefe mit Farbe oder Tinte, die mit einem Pinsel aufgetragen wurde. Eine Prüfung unter dem Mikroskop enthüllte, dass das »getrocknete Blut« auf den Ripper-Briefen in seiner Konsistenz der Öl-Wachs-Mischung ähnelt, die als Ätzgrund für Radierungen benutzt wird. Und unter ultraviolettem Licht schimmerte es milchig weiß, genau wie Ätzgrund. Kunstexperten sagen, dass Skizzen in den Ripper-Briefen professionell wirken und Walter Sickerts Kunstwerken und Technik entsprechen.

Dabei ergab sich eine interessante Nebenbeobachtung: Ein Bluterkennungstest mit dem blutähnlichen Ätzgrund, der auf Ripper-Briefe geschmiert oder gemalt wurde, erbrachte kein eindeutiges Ergebnis – was äußerst ungewöhnlich ist. Dafür gibt es zwei mögliche Erklärungen: Es könnte an mikroskopisch kleinen Kupferpartikeln liegen, da diese Art von Kupfer, wie es für Tests verwendet wird, uneindeutige oder falsche »Positiv«-Ergebnisse hervorrufen kann, oder daran, dass der braune Ätzgrund und Blut miteinander vermischt wurden.

Bestimmte Eigentümlichkeiten der Handschrift und Handhaltung, die sich in den höhnischen, gewalttätigen Briefen des Rippers finden, sind auch in denjenigen Briefen verborgen, in denen er seine Handschrift verstellt hat. Dieselben Eigentümlichkeiten lauern auch in Sickerts sprunghafter Handschrift.

Das Papier einiger Briefe, die der Ripper an die Metropolitan Police geschickt hat, ist genau dasselbe wie bei einem seiner Briefe an die City of London Police, auch wenn die Handschrift anders ist. Es ist offensichtlich, dass Sickert Rechtshänder war, aber Filmaufnahmen aus der Zeit, als er über siebzig Jahre alt war, zeigen, dass er ziemlich geschickt mit der linken Hand war. Die Handschriftenexpertin Sally Bower ist der Ansicht, dass in einigen Ripper-Briefen die Handschrift dadurch verstellt wurde, dass eine rechtshändige Person mit der Linken schrieb. Offenkundig verfasste der echte Ripper weitaus mehr von den Ripper-Briefen, als ihm bislang zugeschrieben wurden. Ich glaube, dass die meisten von ihm stammten. Tatsächlich schrieb Walter Sickert die meisten von ihnen. Selbst wenn seine geübte Künstlerhand seine Schrift veränderte, scheinen seine Arroganz und seine charakteristische Ausdrucksweise doch immer unwillkürlich durch.

Zweifellos wird es immer Skeptiker und durch Eigeninteresse voreingenommene Kritiker geben, die sich weigern zu akzeptieren, dass Sickert ein Serienmörder war, ein gestörter, diabolischer Mann, der von Größenwahn und Hass getrieben war. Es wird immer diejenigen geben, die sagen, dass alles nur Zufall sei.

Wie der FBI-Profiler Ed Sulzbach sagt: »Im Leben gibt es nicht wirklich viele Zufälle. Und einen Zufall, der auf einen Zufall folgt, der auf einen Zufall folgt, Zufall zu nennen, ist einfach dumm.«

Fünfzehn Monate nach meiner ersten Begegnung mit John Grieve von Scotland Yard kam ich wieder zu ihm und trug ihm den Fall vor.

»Was hätten Sie getan, wenn Sie damals der zuständige Ermittler gewesen wären und all dies gewusst hätten?«

»Ich hätte Sickert sofort beschatten lassen, um zu versuchen, seine Schlupflöcher zu finden, und wenn wir welche entdeckt hätten, hätten wir Durchsuchungsbefehle bekommmen«, antwortete er, als wir in einem indischen Restaurant im East End Kaffee tranken.

»Auch wenn wir nicht mehr Beweise gefunden hätten, als wir jetzt in der Hand haben«, fuhr er fort, »hätten wir den Fall voller Zuversicht dem Staatsanwalt vorlegt.«

DIE UNGLÜCKLICHEN

Es ist schwer vorstellbar, dass Walter Sickert am 6. August nicht an den Vergnügungen des lange erwarteten Feiertags teilnahm. Kunstliebhaber, die auf ihr Geld sehen mussten, hatten im verwahrlosten East End für einen Penny Gelegenheit, Ausstellungen aller Art zu besuchen, wer besser gestellt war, zahlte einen Shilling für einen Blick auf die Meisterwerke von Corot, Diaz und Rousseau in den prächtigen Galerien auf der New Bond Street.

Die Benutzung der Trambahnen war kostenlos – zumindest derjenigen, die nach Whitechapel fuhren, dem Zentrum der Londoner Textilindustrie. Dort drängte sich die Menge auf den Straßen, sieben Tage in der Woche boten Gemüsehändler, Hausierer und Geldwechsler lautstark ihre Waren und Dienste an, während zerlumpte Kinder die stinkenden Straßen nach Essensresten absuchten und auf eine Gelegenheit warteten, einem Fremden eine Münze abzuluchsen. Whitechapel war die Heimat der »Mülltonnenleute«, wie manch ein braver Viktorianer die armen Teufel nannte, die dort lebten. Für ein paar Farthings (Viertelpennys) bekam der Besucher Straßenakrobatik, Hundedressuren, Monstrositätenschauen oder einen soliden Rausch geboten. Oder Sex mit einer der Prostituierten – oder »Unglücklichen« –, die es dort zu Tausenden gab.

Eine von ihnen war Martha Tabran. Sie war etwa vierzig Jahre alt, lebte getrennt von einem Möbelpacker namens Henry Samuel Tabran, der sie verlassen hatte, weil er ihre Trunksucht nicht mehr ertragen konnte. Anständigerweise hatte er ihr einen wöchentlichen Unterhalt von zwölf Shilling gezahlt, bis ihm zu Ohren gekommen war, dass sie mit einem anderen Mann zusammenlebte, einem Zimmermann namens Henry Turner. Doch auch Turner hatte die Geduld mit Marthas Trinkgewohnheiten verloren und sich gerade zwei oder drei Wochen zuvor von ihr getrennt. Vor zwei Tagen hatte er sie zum letzten Mal lebend gesehen, am Samstagabend, dem 4. August, am selben Abend, an dem Sickert seine Skizzen in Gatti's Music Hall in der Nähe des Strand angefertigt hatte. Turner gab Martha ein paar Münzen, die sie sofort in Alkohol umsetzte.

Jahrhundertelang glaubten viele Menschen, Frauen würden zu Prostituierten, weil sie an einem genetischen Defekt litten, der sie mit einem übermäßigen Sexualverlangen ausstatte. Man unterschied verschiedene Arten von unmoralischen oder wollüstigen Frauenzimmern, eine schlimmer als die andere. Konkubinen, Mätressen und leichte Mädchen waren verwerflich, aber die schlimmsten Sünderinnen waren die Huren. Eine Hure sei eine Hure, weil sie es so wolle und keine Bereitschaft zeige, »von ihrem verderbten und schändlichen Lebenswandel abzulassen«, klagte Thomas Heywood 1624 in einem Buch zur Geschichte der Frau. »Mit tiefer Entmutigung erfüllt mich die Erinnerung an die Äußerung einer berüchtigten Vertreterin dieses Gewerbes, die sagte: ›Einmal eine Hure, immer eine Hure, ich weiß das aus eigener Erfahrung!‹«

Sexuelle Aktivitäten hatten sich auf die Institution der Ehe zu beschränken und waren von Gott einzig und allein zur Erhaltung der Gattung bestimmt. Das Zentrum des weiblichen Universums war die Gebärmutter, und der monatliche Menstruationszyklus löste heftige Gefühlsstürme aus – wilde Lust, Hysterie und Wahnsinn. Frauen gehörten einer niederen Ordnung an und waren unfähig zu rationalem, abstraktem Denken – eine Überzeugung, die ganz gewiss von Walter Sickert geteilt wurde. Unumwunden erklärte er, Frauen verstünden nichts von der Kunst und seien nur an ihr interessiert, wenn sie »ihrer Eitelkeit frommt« oder sie »in jene sozialen Klassen erhebt, an denen ihnen so viel gelegen ist«. Die wenigen Frauen von Talent, so Sickert, »zählen als Männer«.

Seine Ansichten waren nicht ungewöhnlich für die Zeit. Frauen hielt man für eine andere »Rasse«. Empfängnisverhütung galt als Verfehlung gegen Gott und Gesellschaft, und so nahm die Armut mit dem sprunghaften Anstieg der Geburtenrate entsetzliche Ausmaße an. Sexuelles Vergnügen war den Frauen nur gestattet, weil man glaubte, der Orgasmus sei die physiologische Voraussetzung für die Sekretion der Körpersäfte, die für die Empfängnis erforderlich seien. Sich die »Erregung« in ledigem Stand oder durch eigenes Zutun zu verschaffen war widernatürlich und eine ernstliche Gefahr für den Geisteszustand, das Seelenheil und die Gesundheit. Einige Ärzte des 19. Jahrhunderts behandelten Masturbation durch Beschneidung der Klitoris. Die »Erregung« um der »Erregung« willen wurde, besonders bei Frauen, sozial geächtet. Sie war verwerflich und barbarisch.

Christlichen Männern und Frauen waren die Geschichten wohl vertraut. Zur Zeit von Herodot waren die ägyptischen Frauen so widernatürlich und blasphemisch, dass sie Gott verhöhnten, indem sie sich hemmungsloser Lust hingaben und die Wonnen des Fleisches schamlos zur Schau stellten. In jenen primitiven Zeiten galt es als erstrebenswert und nicht als schändlich, seine Lust käuflich zu befriedigen. Maßloser sexueller Appetit war gut, nicht böse. Starb eine schöne junge Frau, nahm niemand daran Anstoß, wenn sich heißblütige Männer an ihrem Leib vergnügten, bis er ein bisschen zu reif wurde und bereit für den Einbalsamierer war. In guter Gesellschaft erzählte man solche Geschichten zwar nicht, doch auch die anständigen Leute wussten, dass die Bibel kein gutes Haar an den Dirnen ließ.

Vergessen war die Lehre, dass nur, wer ohne Sünde sei, den ersten Stein werfen dürfe – was nur allzu deutlich zutage trat, wenn die Schaulustigen zusammenströmten, um zuzusehen, wie jemand öffentlich enthauptet oder gehängt wurde. Entsprechend wurde die Überzeugung, dass die Missetat der Väter an den Kindern heimgesucht werde, verwandelt in die Auffassung, dass die Sünden der Mütter an ihren Kindern bestraft würden. Thomas Heywood schrieb, dass eine Frau, »deren Tugend einmal Schaden erlitten hat, Schimpf und Schande über die Familie bringt«. Das Gift der Sünde, so verspricht Heywood, werde auch die Nachkommen nicht verschonen, »die aus so verderbter Saat sprießen, diese Produkte einer sündigen und ehebrecherischen Vereinigung«.

Zweihundertfünfzig Jahre später war die englische Sprache zwar ein bisschen verständlicher geworden, doch die viktorianischen Ansichten über Frauen und Unmoral hatten sich nicht geändert: Der Geschlechtsverkehr hatte seine einzige Berechtigung in der Zeugung, und die »Erregung« war ein Katalysator für die Empfängnis. Es gehörte zu den ehernen Überzeugungen der Quacksalberei, die durch die Ärzte fortgesetzt wurde, dass eine Frau nur schwanger werden könne, wenn der Zustand der »Erregung« eingetreten sei. Wurde eine vergewaltigte Frau schwanger, hatte sie folglich während des Geschlechtsakts einen Orgasmus gehabt, was ausschloss, dass der Verkehr gegen ihren Willen stattgefunden hatte. Wenn die vergewaltigte Frau dagegen nicht schwanger wurde, konnte sie keinen Orgasmus gehabt haben, mithin konnte ihre Behauptung, ihr sei Gewalt angetan worden, der Wahrheit entsprechen.

Im 19. Jahrhundert kreiste das Denken der Männer unablässig um den weiblichen Orgasmus. Die »Erregung« war so wichtig, dass man sich fragt, wie oft sie wohl vorgetäuscht wurde. Es dürfte ein sehr nützlicher Kunstgriff für die Frauen gewesen sein, konnte die Schuld für Kinderlosigkeit dann doch dem Mann und nicht ihnen angelastet werden. Hatte eine Frau Orgasmusprobleme und gab das ehrlich zu, wurde bei ihr weibliche Impotenz diagnostiziert. Dann war eine gründliche ärztliche Untersuchung erforderlich, wobei die Behandlung meist in einer simplen Manipulation von Klitoris und Brüsten bestand, ein ausreichendes Verfahren, um festzustellen, ob die Patientin impotent war. Wurden die Brustwarzen während der Untersuchung hart, war die Prognose verheißungsvoll, konnte die Patientin gar in den Zustand der »Erregung« versetzt werden, wurde dem erfreuten Ehemann eröffnet, dass seine Frau vollkommen gesund sei.

Trotz der Überzeugung vieler Viktorianer, Prostituierte wollten Prostituierte sein, weil sie unter einem unstillbaren sexuellen Appetit litten, durchstreiften Londons Unglückliche, wie sie von Presse, Polizei und Öffentlichkeit genannt wurden, die kalten, dunklen und verdreckten Straßen nicht, weil sie die »Erregung« suchten. Wenn sie den Weg der Sünde verließen und sich wieder Gott zuwandten, dann würde ihnen das mit Nahrung und Unterkunft gedankt. Gott kümmere sich um die Seinen, versicherten die Soldatinnen der Heilsarmee, wenn sie sich in die Slums des East End wagten, um kleine Kuchen und die Verheißungen des Herrn unter die Leute zu bringen. Unglückliche wie Martha Tabran nahmen den Kuchen dankend an und dann den nächsten Freier.

Ohne männliche Unterstützung hatte eine Frau wenig Möglichkeiten, für sich und ihre Kinder zu sorgen. Eine Stellung – falls sie für eine Frau überhaupt zu finden war – bedeutete zwölf Stunden Arbeit an sechs Tagen in der Woche für den Gegenwert von 25 Cent pro Woche, wenn sie in einem obskuren Betrieb Mäntel nähte, oder, mit einer gehörigen Portion Glück, 75 Cent pro Woche, dann musste sie allerdings an sieben Tagen in der Woche vierzehn Stunden lang Streichholzschachteln kleben. Der größte Teil der Löhne floss ohnehin in die Taschen der gierigen Miethaie in den Slums, sodass Mutter und Kinder sich manchmal von dem faulenden Obst und Gemüse ernähren mussten, das sie im Müll an der Straße fanden.

Kein Wunder, dass manch eine verzweifelte Frau angesichts der vielen ausländischen Seeleute, deren Schiffe im nahen Hafen vor Anker gingen, der Soldaten und der männlichen

Upperclass-Angehörigen, die sich auf heimlichen Streifzügen befanden, die Gelegenheit ergriff und ihren Körper für ein paar Geldmünzen vermietete, bis er ebenso heruntergekommen war wie die mit Ungeziefer verseuchten Bruchbuden, in denen die Bewohner des East End hausten. Unterernährung, Alkoholismus und körperliche Misshandlung ruinierten eine Frau schnell, und die Unglückliche rutschte in der Hackordnung immer weiter nach unten. Sie suchte die dunkelsten, entlegensten Straßen, Stiegen und Hinterhöfe auf, wo sie und ihre Freier gewöhnlich betrunken zu Boden sanken.

Mit Alkohol konnte man der Gegenwart am leichtesten entfliehen, weshalb eine unverhältnismäßig große Anzahl der »Menschen des Abgrunds«, wie Jack London die Bewohner des East End in seinem Buch *The Abyss*[2] nannte, Alkoholiker waren. Wahrscheinlich waren die Unglücklichen alle Trinkerinnen. Sie waren vorzeitig von Alter und Krankheit gezeichnet, von Ehemännern und Kindern verstoßen und nicht in der Lage, von christlicher Mildtätigkeit zu profitieren, da diese keinen Alkohol vorsah. Diese beklagenswerten Frauen suchten die *Public Houses – Pubs –* auf und baten die Männer, ihnen ein paar Drinks zu spendieren. Meist wurde das Geschäftliche anschließend geregelt.

Egal wie das Wetter war, die Unglücklichen durchstreiften die Dunkelheit wie nachtaktive Tiere, immer auf der Suche nach einem Mann, und mochte er noch so grob und abstoßend sein, dem einige Pennys für ein paar Minuten der Lust zu entlocken war. Vorzugsweise wurde der Geschlechtsakt im Stehen ausgeführt, wobei die Prostituierte, mit dem Rücken zum Freier, ihre vielen Röcke raffte und aus dem Weg schob. Wenn sie Glück hatte, war er zu betrunken, um zu merken, dass sein Penis zwischen die Schenkel und nicht in eine der Körperöffnungen geschoben wurde.

---

[2] Unter verschiedenen Titeln auf Deutsch erschienen, beispielsweise In den Slums (Ullstein, 1989).

Martha Tabran blieb die Miete schuldig, nachdem Henry Turner sie verlassen hatte. Sechs Wochen zuvor hatte sie das gemeinsame Zimmer in dem Haus Star Place Nr. 4, Commercial Road East, verlassen. Wo sie danach gewohnt hat, ist unklar, aber es steht zu vermuten, dass es verschiedene schäbige Pensionen waren oder dass sie sich, wenn sie die Wahl zwischen einem Bett und einem Rausch hatte, für den Rausch entschied und in Toreingängen döste, ständig von der Polizei davongejagt. Die letzten beiden Nächte, die des 4. und 5. August, verbrachte Martha in einer heruntergekommenen Pension in der Dorset Street, südlich eines Varietés in der Commercial Street.

Am Abend dieses zum Feiertag erklärten 6. August traf Martha um elf Uhr mit Mary Ann Connolly zusammen, die sich für die Arbeit den Namen Pearly Poll zugelegt hatte. Den ganzen Tag hindurch war das Wetter unangenehm gewesen, bedeckt und unbeständig, bei einer Temperatur, die mit elf Grad viel zu kalt für die Jahreszeit war. Auf den Nachmittagsdunst folgte dichter Nebel, der den Neumond verhüllte und bis sieben Uhr am nächsten Morgen anhalten sollte. Doch die beiden Frauen waren an widrige Witterung gewöhnt. Sie fanden es draußen vielleicht ungemütlich, dürften aber kaum gefroren haben, denn die Unglücklichen trugen in der Regel alle Kleidung, die sie besaßen, auf dem Leib. Wer keinen festen Wohnsitz hatte, konnte seine Habseligkeiten nicht in der Absteige lassen, weil sie ihm dort sofort gestohlen worden wären.

Trotz der späten Stunde ging es noch lebhaft zu, und der Alkohol floss in Strömen, denn die Londoner versuchten das, was ihnen vom freien Tag noch geblieben war, möglichst in die Länge zu ziehen. Die meisten Schauspiele und Operetten hatten um 20 Uhr 15 begonnen und waren jetzt zu Ende. Viele Theaterbesucher und andere Abenteurer ließen sich von den nebelverhangenen Straßen nicht abschrecken und machten sich in Mietdroschken oder zu Fuß auf die Suche nach Erfrischungen oder anderen Vergnügungen. Schon unter idealen Bedingungen waren die Sichtverhältnisse im East End schlecht. Es gab nur wenige, weit auseinander stehende Gaslaternen. Jenseits der kleinen Kreise, die sie beleuchteten, war die Dunkelheit undurchdringlich. Das war die Welt der Unglücklichen, ein endloses Einerlei: Man verschlief den Tag, stand auf und trank, bis man betäubt genug war, um eine weitere Nacht lang seinem abstoßenden und gefährlichen Gewerbe nachgehen zu können.

Der Nebel machte einem nichts aus, es sei denn, der Verschmutzungsgrad war besonders hoch, sodass einem die beißende Luft in Augen und Lungen brannte. Der Nebel hatte wenigstens den Vorteil, dass man das Äußere des Freiers nicht zur Kenntnis nehmen musste und noch nicht einmal sein Gesicht sah. Der Freier war einem sowieso völlig gleichgültig, es sei denn, er zeigte persönliches Interesse an einer Unglücklichen und versorgte sie mit Unterkunft und Essen. Dann zählte er, aber praktisch kein Freier zählte noch, wenn man die Blüte seiner Jahre hinter sich hatte, schmutzig war, schäbige Kleider trug und durch Narben oder Zahnlücken entstellt war. Martha Tabran zog es vor, im Nebel zu verschwinden, es für einen Farthing hinter sich zu bringen, etwas zu trinken und sich dann vielleicht noch einen weiteren Farthing zu verdienen, um in einem Bett schlafen zu können.

Die Ereignisse, die zu ihrem Mord führten, sind gut dokumentiert und gelten als gesichert, wenn man nicht, wie ich, der Meinung ist, dass die Erinnerungen einer trunksüchtigen Prostituierten namens Pearly Poll möglicherweise einiges an Klarheit und Wahrhaftigkeit zu wünschen übrig lassen. Wenn sie bei den Polizeiverhören und der Verhandlung vor dem Coroner zur Feststellung der Todesursache am 23. August nicht direkt gelogen hat, dann war sie vermutlich verwirrt und litt unter alkoholbedingtem Gedächtnisverlust. Pearly Poll hatte schreckliche Angst. Vor der Polizei sagte sie aus, sie sei so außer sich, dass sie am liebsten in die Themse gehen würde.

Während der Verhandlung wurde Pearly Poll mehrere Male daran erinnert, dass sie unter Eid stehe, als sie aussagte, sie und Martha Tabran hätten am 6. August um 22 Uhr begonnen, mit zwei Soldaten in Whitechapel zu trinken. Um 23 Uhr 45 hätten sich die beiden Paare getrennt. Pearly Poll berichtete dem Coroner und den Geschworenen, sie sei mit dem »Corporal« den Angel Court hinaufgegangen, während Martha sich mit dem »Gefreiten« in Richtung George Yard davongemacht habe. Beide Soldaten hätten weiße Bänder um ihre Mützen getragen. Pearly Poll erklärte, zum letzten Mal habe sie Martha und den Gefreiten gesehen, als sie auf die verfallenen George Yard Buildings, einen Mietskasernenkomplex in der Commercial Road, zugegangen seien, mitten im dunklen Herzen der East-End-Slums. Laut Pearly Poll ist nichts Außergewöhnliches passiert während der Zeit, die sie in jener Nacht mit Martha verbracht hat. Das Zusammensein mit den Soldaten sei sehr angenehm verlaufen. Es habe keinen Streit und keine Auseinandersetzung gegeben, nichts, was ein Anlass zur Besorgnis für Pearly Poll oder Martha hätte sein müssen, die schon viel gesehen hatten und nicht ohne Grund so lange auf den Straßen Londons überlebt hatten.

Pearly Poll behauptete, sie habe keine Ahnung, was mit Martha nach 23 Uhr 45 geschehen sei, noch könne sie sich erinnern, was sie selbst getan habe, nachdem sie sich mit ihrem Corporal zu »unmoralischen Zwecken« verdrückt habe. Als Pearly Poll erfuhr, dass Martha ermordet worden war, machte sie sich vielleicht Sorgen um sich selbst und überlegte sich sorgfältig, was sie den Polypen verriet. Sie traute es den Gesetzeshütern durchaus zu, dass sie sich ihre Geschichte anhörten, um sie dann als »Sündenbock für fünftausend ihres Gewerbes« hinter Gitter zu bringen. Pearly Poll blieb bei ihrer Geschichte: Sie habe sich mit ihrem Freier nach Angel Court begeben, gut anderthalb Kilometer von der Stelle entfernt, wo sie sich von Martha getrennt hatte. Angel Court lag in der City of London und fiel damit nicht mehr in die Zuständigkeit der Metropolitan Police.

Wenn sich eine gewiefte, erfahrene Prostituierte wie Pearly Poll auf diese Weise der Zuständigkeit der Metropolitan Police entzog, nahm das den Polizisten und Ermittlungsbeamten vermutlich jede Lust, den Fall weiter zu verfolgen und sich all den Kompetenzstreitigkeiten auszusetzen, die damit verbunden gewesen wären. Die City of London – besser bekannt als die »Square Mile« – ist eine merkwürdige, widerborstige Einrichtung, die auf das Jahr 1 n.Chr. zurückgeht, als die Römer die erste Siedlung an den Ufern der Themse erbauten. Noch heute ist die City eine selbständige Stadt mit eigener Verwaltung und eigenen Behörden, die für 6000 Bewohner zuständig sind – eine Zahl, die während der Geschäftszeiten auf mehr als eine Viertelmillion anwächst.

In der Vergangenheit hat die City nie besonders viel Anteil genommen an den Sorgen des größeren Londoner Stadtgebiets, es sei denn, diese Probleme hätten sich irgendwie auf die Autonomie oder Lebensqualität der City ausgewirkt. Stets blieb die City eine widerspenstige Oase des Wohlstands inmitten der wachsenden Metropole. Wenn die Menschen von London sprechen, meinen sie immer die große Metropole. Viele Touristen wissen gar nichts von der Existenz der City. Ich weiß nicht, ob Pearly Poll ihren Freier wirklich in die verlassene City führte, um der Metropolitan Police aus dem Weg zu gehen, oder ob sie andere Gründe hatte. Vielleicht ist sie auch gar nicht in die Nähe der City gekommen, sondern hat ihren Job rasch erledigt, den mageren Liebeslohn eingestrichen und sich in den nächsten Pub begeben oder ist in die Dorset Street zurückgekehrt, um sich ein Bett zu suchen.

Zwei Stunden und fünfzehn Minuten nachdem Pearly Poll nach eigenem Bekunden Martha zum letzten Mal gesehen hatte, befand sich Police Constable 226 Barrett von der

Metropolitan Police Division H auf einer Routinestreife in der Wentworth Street, die die Commercial Street kreuzte und an der Nordseite der George Yard Buildings vorbeiführte. Um zwei Uhr nachts bemerkte Barrett einen Soldaten. Er schien zu einem der Wachregimenter der Foot Guards zu gehören, die weiße Bänder um ihre Mützen trugen. Barrett schätzte, dass der Soldat, ein Gefreiter, 22 bis 26 Jahre alt und einen Meter fünfundsiebzig bis einen Meter fünfundachtzig groß war. Der junge Mann in seiner sauberen Uniform war von heller Hautfarbe, trug einen kleinen, dunklen Schnurrbart, der an den Enden hochgezwirbelt war, und hatte keine Orden, abgesehen von einem Good Conduct Badge, einer Spange, die für gute Führung verliehen wurde. Der Soldat erklärte Constable Barrett, er »warte auf einen Kumpel, der mit einem Mädel mitgegangen ist«.

Zur gleichen Zeit, da dieses kurze Gespräch stattfand, kamen Mr. und Mrs. Mahoney, wohnhaft in den George Yard Buildings, an dem Treppenabsatz vorbei, auf dem Marthas Leichnam später entdeckt wurde. Sie hörten nichts Besonderes und sahen niemanden. Martha war noch nicht ermordet worden. Vielleicht stand sie in der Nähe in einer dunklen Ecke und wartete darauf, dass der Polizist seine Streife fortsetzte, damit sie ihr Geschäft mit dem Soldaten fortsetzen konnte. Vielleicht hatte der Soldat auch überhaupt nichts mit Martha zu tun und sorgt einfach nur für Verwirrung. Fest steht jedenfalls, dass Police Constable Barretts Aufmerksamkeit von einem Soldaten erregt wurde, der sich um zwei Uhr nachts allein vor den George Yard Buildings herumtrieb und sich – ob auf Befragen des Constable oder nicht – bemüßigt fühlte, seine Anwesenheit an diesem Ort zu erklären.

Die Identität dieses Soldaten oder irgendwelcher Soldaten, die in der Nacht des 6. August und am frühen Morgen des 7. mit Pearly Poll und Martha zu tun hatten, wurde nie geklärt. Pearly Poll, Barrett und andere Zeugen, die Martha auf der

Straße bemerkt hatten, waren außerstande, irgendeinen der Soldaten im Wachraum des Tower of London oder in den Wellington-Kasernen eindeutig zu identifizieren. Jeder Mann, der auch nur eine entfernte Ähnlichkeit aufwies, hatte ein überzeugendes Alibi. Man durchsuchte die Sachen der Soldaten, förderte aber keine Beweise zutage, vor allem keine Blutflecken, und Marthas Mörder musste sehr blutig gewesen sein.

Wie Chefinspektor Donald Swanson von Scotland Yards Central Investigation Department (CID), der zentralen Ermittlungsabteilung, in seinem Sonderbericht einräumte, gab es keinen Grund für die Annahme, dass Martha Tabran mit jemand anders zusammen gewesen sei als dem Soldaten, mit dem sie vor Mitternacht davongegangen sei. Allerdings sei es aufgrund des »verstrichenen Zeitraums« möglich, dass sie noch einen weiteren Freier gehabt habe. Es hätten mehrere sein können. Das Rätsel des »Gefreiten«, der um 23 Uhr 45 mit Martha gesehen wurde, und des »Gefreiten«, den P.C. Barrett um zwei Uhr erblickte, machte Scotland Yard ziemlich zu schaffen, weil die Nähe zur Tatzeit und zum Tatort sehr auffällig war. Vielleicht hat er es getan. Und vielleicht war er wirklich ein Soldat.

Vielleicht war er aber auch ein Mörder, der sich als Soldat verkleidet hatte. Was für ein brillanter Einfall wäre das gewesen! Am Abend des Feiertags waren viele Soldaten unterwegs, und das »Aufreißen« von Prostituierten war durchaus kein ungewöhnlicher Zeitvertreib für Militärangehörige. Die Vermutung, Jack the Ripper habe sich eine Uniform angezogen und einen Schnurrbart angeklebt, um seinen ersten Mord zu begehen, mag etwas weit hergeholt erscheinen, andererseits war es keinesfalls das letzte Mal, dass ein geheimnisvoller Mann in Uniform im Zusammenhang mit einem Mord im Londoner East End eine Rolle spielte.

Walter Sickert kannte sich mit Uniformen aus, und während des Ersten Weltkriegs, als er Schlachtengemälde malte, gab er zu, dass ihn französische Uniformen besonders »entzückten«. »Heute habe ich meine belgischen Uniformen bekommen«, schrieb er 1914. »Die Feldmütze der Artilleristen mit einer kleinen goldenen Quaste ist das fescheste Ding der Welt.« In seiner Jugend hatte Sickert häufig Männer in Uniformen und Rüstungen skizziert. Mr. Nemo, der Schauspieler, feierte seinen größten Erfolg bei der Kritik 1880, als er in Shakespeares Heinrich V. einen französischen Soldaten spielte. Irgendwann zwischen 1887 und 1889 malte Sickert ein Bild mit dem Titel *It all Comes From Sticking to a Soldier* (»Das kommt davon, wenn man mit einem Soldaten geht«): Man sieht den Nachtklubstar Ana Lundberg inmitten einer Gruppe von lüsternen Männern singen.

Sein Leben lang blieb Sickert diesem Interesse an militärischen Accessoires treu. Im Krieg bat er das Rote Kreuz wiederholt um Uniformen von Soldaten, die verkrüppelt oder gefallen waren. Er brauche sie, erklärte er, um damit Modelle für seine militärischen Skizzen und Gemälde zu bekleiden. Einmal sei Sickerts Atelier mit Uniformen und Gewehren voll gestopft gewesen, berichtete ein Bekannter.

»Ich arbeite am Porträt eines lieben Toten, eines Obersten ...«, schrieb er. Er bat einen anderen Freund, ihm behilflich zu sein, »einige Uniformen von Belgiern im Lazarett auszuleihen. Es widerstrebt einem, aus dem Unglück anderer Kapital zu schlagen.« Es widerstrebte ihm nicht wirklich. Mehr als einmal gestand er seine »rein egoistische Lebensführung« ein und bekannte: »Ich lebe ausschließlich für meine Arbeit oder – wie einige Menschen es auszudrücken belieben – für mich selbst.«

Es ist schon überraschend, dass auf die Möglichkeit, der Ripper könnte sich verkleidet haben, nicht häufiger hingewiesen wurde und dass ein solches Szenario nicht in Betracht gezogen wurde, würde es doch erklären, warum er nach seinen Verbrechen so spurlos verschwinden konnte. Ein verkleideter Ripper würde auch die Vielzahl unterschiedlicher

Zeugenbeschreibungen der Männer, die angeblich zuletzt mit den Opfern gesehen wurden, plausibel machen. Dass Gewalttäter Verkleidungen tragen, ist nicht ungewöhnlich. Unter verurteilten Serientätern, sogar Sexualmördern, gibt es eine ganze Reihe, die sich als Polizisten, Soldaten, Handwerker, Lieferanten, Sanitäter und sogar Clowns verkleidet haben. Eine Verkleidung ist ein einfaches und wirksames Mittel, um sich Zugang zu verschaffen, das Opfer zu ködern, ohne dass es Widerstand leistet oder Verdacht schöpft, und ungeschoren mit Raub, Vergewaltigung und Mord davonzukommen. Verkleidungen gestatten dem Täter, an den Ort des Verbrechens zurückzukehren und das Schauspiel der Ermittlungen zu beobachten oder die Beerdigung des Opfers zu besuchen.

Einem Psychopathen ist jedes Mittel recht, sein grausiges Vorhaben in die Tat umzusetzen. Vertrauen zu erwecken, bevor man den Mord begeht, gehört zum Drehbuch des Psychopathen, und das verlangt schauspielerische Fähigkeiten, egal, ob der Täter jemals auf einer Bühne gestanden hat oder nicht. Wer einmal die Opfer eines Psychopathen gesehen hat, lebendig oder tot, hat Schwierigkeiten, einen solchen Täter als *Menschen* zu bezeichnen. Wer Jack the Ripper verstehen will, muss Psychopathen verstehen, aber verstehen heißt nicht unbedingt auch akzeptieren. Was diese Menschen tun, ist allen Phantasien und Gefühlen, die die meisten von uns je gehabt haben, völlig fremd. Wir alle besitzen die Fähigkeit zum Bösen, aber Psychopathen sind nicht wie wir alle.

Psychiater verstehen unter Psychopathie eine antisoziale Persönlichkeitsstörung, die bei Männern öfter anzutreffen ist als bei Frauen und bei den männlichen Kindern eines Vaters, der an dieser Störung leidet, statistisch betrachtet fünfmal so häufig auftritt wie in der Normalbevölkerung. Laut dem Diagnostic and Statistical Manual of Mental Disorders gehören zu den Symptomen der Psychopathie: Stehlen, Lügen, Drogenmissbrauch, finanzielle Unverantwortlichkeit, die

Unfähigkeit, Langeweile auszuhalten, Grausamkeit, von zu Hause Fortlaufen, Promiskuität, Gewaltbereitschaft, Mangel an Gewissensbissen.

Untereinander weisen Psychopathen ebenso viele Unterschiede auf wie Nichtpsychopathen. Psychopathen können promisk sein und lügen, aber sich finanziell verantwortlich verhalten. Sie mögen streitlustig und promisk sein, aber nicht stehlen. Vielleicht quälen sie Tiere, neigen aber nicht zu Alkohol- oder Drogenmissbrauch. Oder sie quälen Menschen, aber keine Tiere. Sie begehen mehrere Morde, sind aber nicht promisk. Die antisozialen Verhaltensweisen lassen sich endlos kombinieren. Doch ein ganz besonderer und entscheidender Wesenszug ist allen Psychopathen eigen: Sie kennen keine Reue, keine Schuldgefühle, kein Gewissen.

Monate bevor ich den Serienkiller John Royster während seines Mordprozesses im Winter 1997 in New York City tatsächlich zu Gesicht bekam, hatte ich schon von ihm gehört und gelesen. Ich war schockiert, was für einen höflichen und freundlichen Eindruck er machte. Sein angenehmes Äußeres, die saubere Kleidung, seine schmächtige Gestalt, die Zahnklammer – all das bestürzte mich, während ihm die Handschellen abgenommen und er an den Tisch der Verteidigung geführt wurde. Wäre ich Royster beim Joggen im Central Park begegnet und hätte er mir sein klammerversilbertes Lächeln zugeworfen, ich hätte nicht den leisesten Hauch von Furcht verspürt.

In der Zeit vom 4. bis zum 11. Juni 1996 zerstörte John Royster das Leben von vier Frauen, indem er sie von hinten packte, zu Boden riss und ihren Kopf wiederholt mit aller Gewalt auf Beton- oder Kopfsteinpflaster schlug, bis er sie für tot hielt. Er war kaltblütig genug, um vor jedem Überfall Rucksack und Mantel abzulegen. Wenn seine Opfer blutend am Boden lagen, bis zur Unkenntlichkeit entstellt, vergewaltigte er sie, wenn er konnte. Seelenruhig hob er anschließend seine Sachen auf und verließ den Tatort. Den Kopf einer

Frau zu Brei zu schlagen war sexuell erregend für ihn, und er gestand der Polizei, dass er keine Reue verspüre.

Ende der 1880er Jahre wurde diese Form der antisozialen Persönlichkeitsstörung – eine sehr blasse Bezeichnung – als »moralischer Irrsinn« diagnostiziert, ein Begriff, der ironischerweise unlängst vor Gericht als Argument der Verteidigung verwendet wurde. In einem kriminologischen Buch aus dem Jahr 1893 wird der Psychopath, wie wir ihn heute nennen würden, als »reiner Mörder« definiert. Diese Menschen seien »ehrlich«, erläutert der Autor Arthur McDonald, weil sie nicht Diebe »von Natur aus« seien, und viele seien überdies »von keuschem Wesen«. Doch alle seien unfähig, »den geringsten Abscheu« über ihre grausame Tat zu empfinden. In der Regel würden reine Mörder »Spuren ihrer mörderischen Neigung« schon in der Kindheit erkennen lassen.

Psychopathen können Männer oder Frauen, Kinder oder Erwachsene sein. Nicht immer sind sie gewalttätig, aber stets gefährlich, weil sie keine Regeln anerkennen und ihnen kein Leben etwas gilt, außer dem eigenen. Psychopathen haben irgendeinen Faktor X an sich, der den meisten von uns fremd oder sogar unverständlich ist, und zu dem Zeitpunkt, da ich diese Zeilen schreibe, kann niemand mit Sicherheit sagen, ob dieser Faktor X durch genetische oder pathologische (etwa ein Schädel-Hirn-Trauma) Ursachen hervorgerufen wird oder auf eine Verderbtheit höherer Art zurückzuführen ist, die jenseits unserer begrenzten Vorstellungskraft liegt. Neuere Untersuchungen des kriminellen Gehirns lassen darauf schließen, dass die graue Substanz des Psychopathen möglicherweise ungewöhnliche Eigenschaften aufweist. Eine Studie an inhaftierten Mördern hat ergeben, dass 80 Prozent von ihnen als Kinder missbraucht wurden und dass 50 Prozent dieser Straftäter über Stirnlappenanomalien verfügten. Der Stirnlappen ist die Kontrollinstanz für zivilisiertes menschliches Verhalten und liegt, wie der Name verrät, im vordersten Teil des Gehirns. Schädigungen, etwa durch

Tumoren oder Kopfverletzungen, können völlig normale Menschen in unbeherrschte, aggressive und gewalttätige Geschöpfe verwandeln. In der Zeit nach 1900 wurde hochgradig antisoziales Verhalten durch die berüchtigte präfrontale Lobotomie behandelt, bei der man mit Hilfe eines eispickelähnlichen Instruments, das man durch den Knochen der Augenhöhle trieb, die Verbindungen zwischen Stirnhirn und dem übrigen Gehirn durchtrennte.

Das psychopathische Gehirn kann jedoch nicht allein durch traumatische Kindheitserlebnisse und Hirnläsionen erklärt werden. Untersuchungen mit der Positronenemissionstomographie (PET), die uns Bilder des lebendigen und arbeitenden Gehirns liefern, zeigen, dass es im vorderen Stirnlappen eines Psychopathen deutlich weniger neuronale Aktivität gibt als bei einer »normalen« Person. Das legt die Vermutung nahe, dass die Hemmungen und Sperren, die die meisten von uns von Gewaltakten und dem Ausleben unserer mörderischen Impulse abhalten, im Stirnlappen des psychopathischen Gehirns nicht vorhanden sind. Gedanken und Situationen, die die meisten Menschen innehalten lassen, Betroffenheit und Furcht auslösen und zur Unterdrückung grausamer, gewalttätiger oder illegaler Impulse führen würden, hinterlassen keine Spuren im psychopathischen Stirnlappen. Die Versuchung, zu stehlen, zu vergewaltigen, jemanden zu überfallen, zu lügen oder irgendetwas anderes zu tun, was andere verletzen, schädigen oder demütigen könnte, ist für den Psychopathen nichts Besonderes.

25 Prozent aller Straftäter und bis zu vier Prozent der Gesamtbevölkerung sind psychopathisch. Heute stuft die Weltgesundheitsorganisation (WHO) die »dissoziale Persönlichkeitsstörung«, die antisoziale Persönlichkeitsstörung oder die Soziopathie, als Krankheit ein. Egal, wie wir sie nennen, Psychopathen lassen keine normalen menschlichen Gefühle erkennen und stellen einen kleinen Prozentsatz von Menschen, der für einen großen Prozentsatz von Verbrechen

verantwortlich ist. Diese Menschen sind außerordentlich gerissen und führen Doppelleben, sodass selbst nahe stehende Freunde und Angehörige meist keine Ahnung haben, dass sich hinter der liebenswürdigen Maske ein Ungeheuer verbirgt, das sich – wie Jack the Ripper – erst unmittelbar vor dem Angriff zu erkennen gibt.

Psychopathen sind unfähig, Liebe zu empfinden. Wenn sie etwas zeigen, was Reue, Kummer oder Trauer zu sein scheint, geschieht es aus reiner Berechnung und entspringt den eigenen Bedürfnissen, nicht aber echter Rücksichtnahme auf die Interessen anderer. Oft sind Psychopathen attraktiv, charismatisch und überdurchschnittlich intelligent. Sie sind triebhaft, aber wohl organisiert in der Ausführung ihrer Pläne und Verbrechen. Es gibt keine Heilung für sie. Sie können nicht resozialisiert oder »vor kriminellem Unglück bewahrt« werden, wie Francis Galton, der Vater der Fingerabdruck-Klassifikation, 1883 schrieb.

Vor dem Kontakt hat der Psychopath sein Opfer häufig schon einige Zeit verfolgt und es zum Objekt seiner Gewaltphantasien gemacht. Unter Umständen spielt er die Tat in Gedanken immer wieder durch, um seine Vorgehensweise zu üben und die Tat so sorgfältig zu planen, dass Erfolg und Entkommen gesichert sind. Die Proben können sich über Jahre hinziehen, bevor es wirklich zur Premiere kommt, aber noch so viel Übung und strategische Überlegungen können nicht garantieren, dass die Vorstellung auch wirklich fehlerlos über die Bühne gehen wird. Fehler geschehen nun einmal, besonders bei Premieren. Als Jack the Ripper seinen ersten Mord beging, unterlief ihm jedenfalls ein amateurhafter Fehler.

Von unbekannt

Als Martha Tabran ihren Mörder auf den dunklen Treppenabsatz im ersten Stock der George Yard Buildings Nr. 37 führte, überließ er ihr unachtsamerweise die Initiative und riskierte damit, dass sein Plan nicht richtig klappte.

Ihr eigenes Revier war möglicherweise nicht der Schauplatz, den er für sein blutiges Vorhaben vorgesehen hatte. Vielleicht geschah auch etwas anderes, womit er nicht gerechnet hatte – eine Beleidigung, eine höhnische Bemerkung. Prostituierte, besonders wenn sie altgedient sind und betrunken, zeichnen sich nicht gerade durch besonderes Feingefühl aus. Es hätte schon genügt, dass Martha ihm zwischen die Beine griff und fragte: »Wo ist er denn, Süßer?« In einem seiner Briefe hat Sickert den Ausdruck »impotente Wut« verwendet. Über einen zeitlichen Abstand von mehr als hundert Jahren kann ich nicht rekonstruieren, was damals in dem stockfinsteren, stinkenden Treppenhaus wirklich geschah, aber der Täter wurde wütend. Er verlor die Beherrschung.

39-mal auf jemanden einzustechen ist Overkill, und ein blinder Exzess dieser Art ergibt sich meist aus einem Ereignis oder einem Wort, das beim Mörder unkontrolliertes Verhalten auslöst. Daraus ist keinesfalls zu schließen, dass Marthas Mörder keine vorsätzliche Tat begangen hätte, dass er nicht vorgehabt hätte, diesen Mord zu verüben – an Martha Tabran oder einer anderen, die ihm in dieser Nacht oder am frühen Morgen über den Weg gelaufen wäre. Als er Martha in das Treppenhaus folgte, hatte er vor, sie zu erdolchen. Er hatte ein Messer mit kräftiger, scharfer Klinge oder einen Dolch bei sich und nahm ihn wieder mit. Vielleicht hatte er sich als Soldat verkleidet. Er verstand es, unbemerkt zu kommen und zu gehen, und war so umsichtig, keine auffälligen Spuren zurückzulassen – keinen abgerissenen Knopf, keine Mütze, keinen Bleistift. Die beiden persönlichsten Tötungsarten sind Erstechen und Erdrosseln. Beide verlangen von dem Täter, Körperkontakt mit dem Opfer herzustellen. Erschießen ist weniger persönlich. Jemandem den Schädel einschlagen, besonders von hinten, ist weniger persönlich.

Auf jemanden Dutzende von Malen einzustechen ist sehr persönlich. Wenn solche Fälle in die Leichenhalle kommen, gehen die Ermittlungsbeamten und Gerichtsmediziner automatisch davon aus, dass sich Opfer und Täter kannten. Martha dürfte ihren Mörder wohl kaum gekannt haben, aber durch irgendetwas, was sie tat oder sagte und was nicht in seinem Drehbuch stand, löste sie bei ihm eine sehr persönliche Reaktion aus. Vielleicht hatte sie sich ihm widersetzt. Martha war bekannt dafür, dass sie ihre Fäuste zu gebrauchen wusste und streitsüchtig wurde, wenn sie betrunken war, und sie hatte einige Zeit zuvor mit Pearly Poll Rum und Ale getrunken. Bei der Polizei sagten die Bewohner der George Yard Buildings später aus, sie hätten in den frühen Morgenstunden, als Martha starb, »nichts« gehört, doch das bedeutet nicht viel, wenn man den erschöpften, betrunkenen Zustand dieser verarmten Menschen bedenkt, die an nächtliche Ruhestörer, Schlägereien und gewalttätige Ehestreitigkeiten mehr als gewöhnt waren. Am besten, man hielt sich aus allem raus. Sonst bekam man selbst was ab oder kriegte Ärger mit der Polizei.

Morgens um 3 Uhr 30, anderthalb Stunden nachdem Police Constable Barrett den einsam herumlungernden Soldaten vor den George Yard Buildings gesehen hatte, kam ein Bewohner namens Alfred Crow von der Arbeit nach Hause. Er war Droschkenkutscher und hatte an Feiertagen besonders viel zu tun, daher war es so spät geworden. Er muss müde gewesen sein. Vielleicht hatte er sich auch noch ein paar Bier genehmigt, nachdem er seinen letzten Fahrgast abgesetzt hatte. Auf dem Treppenabsatz im ersten Stock bemerkte er »etwas« auf dem Boden, was ein Körper sein mochte, aber er achtete nicht weiter darauf und ging zu Bett. Das Credo des East End war, wie die viktorianische Wirtschaftswissenschaftlerin und Sozialreformerin Beatrice Webb schrieb, sich nicht »in fremde Angelegenheiten einzumischen«. In seiner Zeugenaussage erläuterte Crow später, es sei im East End nicht ungewöhnlich gewesen, Betrunkene bewusstlos herumliegen zu sehen. Zweifellos stieß er überall auf welche.

Offenbar hatte niemand bemerkt, dass das »Etwas« auf dem Treppenabsatz ein Leichnam war, bis um 4 Uhr 50 der Dockarbeiter John S. Reeves das Gebäude verlassen wollte und eine Frau in einer Blutlache liegen sah. Ihre Kleider waren in Unordnung, als hätte ein Kampf stattgefunden, erklärte Reeves, aber er entdeckte weder Fußabdrücke auf der Treppe, noch fand er ein Messer oder eine andere Waffe. Er habe die Leiche nicht angerührt, sagte er aus, sondern sofort Police Constable Barrett informiert, der nach Dr. T. R. Killeen geschickt habe. In den Protokollen ist nicht festgehalten, wann der Arzt kam, doch als er sich die ermordete Frau ansah, können die Lichtverhältnisse dort noch nicht sehr gut gewesen sein.

Am Tatort kam er zu dem Ergebnis, das Opfer, dessen Identität noch tagelang ungeklärt bleiben sollte, sei seit annähernd drei Stunden tot. Sie sei »36 Jahre alt«, wusste er erstaunlicherweise anzugeben, und »sehr gut genährt«, was bedeutete, dass sie Übergewicht hatte – und das ist bedeutsam, weil alle Opfer des Rippers, auch andere ermordete Frauen, die die Polizei ihm nicht zurechnete, entweder sehr dünn oder dick waren. Mit ganz wenigen Ausnahmen waren sie Ende dreißig oder Anfang vierzig.

Im Atelier hatte Walter Sickert seine weiblichen Modelle am liebsten fettleibig oder sehr dünn, je niedriger ihre soziale Herkunft und je abstoßender ihr Aussehen, desto besser. Das geht aus zahlreichen Äußerungen hervor, in denen er Frauen als »spindeldürr« oder »dünn wie ein kleiner Aal« bezeichnete, und das zeigen auch die dicken Frauen mit breiten Hüften und grotesk hängenden Brüsten, die er auf seinen Bildern immer wieder dargestellt hat. Andere könnten ihre »Revuetänzerinnen« haben, schrieb Sickert einmal, wenn man ihm nur seine »Vetteln« ließe.

Er hatte überhaupt kein künstlerisches Interesse an Frauen mit attraktiven Körpern. Oft hat er erklärt, eine Frau, die nicht zu dick oder zu dünn sei, langweile ihn. In einem Brief an seine amerikanischen Freundinnen Ethel Sands und Ann Hudson äußerte er seine Begeisterung über seine neuesten Modelle und erklärte, er sei »hingerissen« von der »opulenten Armut ihrer Klasse«. Er habe eine große Schwäche für ihre »ständig beschmutzten, alten, abgetragenen Kleider«. In einem anderen Brief schrieb er, wäre er zwanzig, würde er »keine Frau unter vierzig anschauen«.

Martha Tabran war eine kleine, übergewichtige, unansehnliche Frau mittleren Alters. Als sie ermordet wurde, trug sie einen grünen Rock, einen braunen Unterrock, eine lange schwarze Jacke, eine schwarze Haube und Knöpfstiefel, »alles alt«, laut Polizeibericht. Martha Tabran wäre nach Sickerts Geschmack gewesen, aber Viktimologie ist ein Indikator und keine Wissenschaft. Obwohl die Opfer von Serienmördern oft bestimmte Eigenschaften gemeinsam haben, die für den Täter von Bedeutung sind, ist damit nicht gesagt, dass ein gewalttätiger Psychopath bei der Auswahl seiner Opfer vollkommen eindimensional vorgeht. Warum Jack the Ripper sich Martha Tabran aussuchte und nicht eine andere Prostituierte von ähnlichem Äußeren, lässt sich nicht entscheiden, es sei denn, die Erklärung ist ganz schlicht die, dass sich hier eine günstige Gelegenheit bot.

Was auch immer seine Beweggründe waren, er dürfte aus seinem wilden, rauschhaften Mord an Martha Tabran eine wichtige Lehre gezogen haben: Wenn man die Beherrschung verliert und 39-mal auf sein Opfer einsticht, richtet man eine üble Schweinerei an. Selbst wenn er keine blutigen Spuren auf dem Treppenabsatz oder an anderer Stelle hinterließ – einmal angenommen, die Zeugen haben den Tatort zutreffend beschrieben , so dürfte er doch Blut an den Handen, der Kleidung und auf den Stiefeln oder Schuhen gehabt haben. So etwas erschwert die Flucht, und für einen gebildeten Mann wie Sickert, der wusste, dass Krankheiten nicht durch Miasmen, sondern durch Keime übertragen werden, dürfte die Tatsache, dass er über und über mit dem Blut einer Prostituierten bespritzt war, nicht gerade angenehm gewesen sein.

Martha Tabrans Todesursache soll Verbluten aus mehreren Stichwunden gewesen sein. Da es im East End keine richtige Leichenhalle gab, nahm Dr. Killeen die Obduktion in einem nahe gelegenen Totenhaus vor, das nicht viel mehr als ein Schuppen war. Eine einzelne Wunde im Herzen gab er als »hinreichende Todesursache« an. Natürlich kann eine Stichwunde im Herzen, auch wenn sie keine Arterie verletzt oder durchtrennt, zum Tode führen, falls sie nicht sofort auf einer Notfallstation chirurgisch versorgt wird. Andererseits kennen wir Fälle, in denen Menschen mit Messern, Eispickeln und anderen Mordwerkzeugen im Herzen überlebt haben, weil es nicht die Wunde ist, die das Herz zum Stillstand bringt, sondern das austretende Blut, welches das Perikardium oder den Herzbeutel füllt – das Bindegewebe, das das Herz umhüllt.

Wenn wir wüssten, ob Marthas Herzbeutel mit Blut gefüllt war, würde das nicht nur die medizinische Neugier befriedigen, sondern uns auch einen Hinweis darauf liefern, wie lange sie noch, aus den vielen anderen Stichwunden blutend, gelebt hat. Jede Einzelheit hilft, die Toten zum Sprechen zu bringen, und Dr. Killeens Beschreibung ist so lückenhaft, dass wir noch nicht einmal erfahren, ob die Waffe ein- oder zweischneidig war. Wir wissen nicht, welche Winkel die

Stichkanäle aufwiesen, woraus wir schließen könnten, in welcher Position zu Martha sich der Mörder während der verschiedenen Stiche befand. Stand sie oder lag sie? Gab es große oder unregelmäßige Wunden? Das wäre ein Hinweis darauf, dass die Waffe sich beim Herausziehen verdrehte, weil sich das Opfer noch bewegte. Hatte die Waffe eine Parierstange? Die Parierstange eines Messers hinterlässt Kontusionen – blaue Flecken – oder Hautabschürfungen.

Das Porträt eines Mörders gewinnt erste Konturen, indem man rekonstruiert, wie das Opfer gestorben ist, und feststellt, was für eine Waffe verwendet wurde. Kleinigkeiten geben Hinweise auf seine Absichten, Gefühle und Handlungen und sogar auf seine Beschäftigung und seinen Beruf. Auch Rückschlüsse auf die Größe des Mörders sind möglich. Martha war einen Meter sechzig groß. War der Mörder größer als sie und standen sie beide, als er auf sie einzustechen begann, müsste man Wunden hoch oben an ihrem Körper erwarten, mit Stichkanälen, die in spitzem Winkel nach unten verlaufen. Falls sie beide standen, hätte er sehr klein sein müssen, um ihr ohne Mühe Stichwunden im Magen und im Genitalbereich beizubringen. Höchstwahrscheinlich hat er ihr diese Verletzungen zugefügt, als sie schon am Boden lag.

Dr. Killeen gelangte zu der Annahme, der Mörder sei sehr stark gewesen. Adrenalin und Wut mobilisieren enorme Energien und können erhebliche Kräfte freisetzen. Doch der Ripper brauchte gar keine übermenschliche Kraft. Wenn seine Waffe spitz, fest und scharf genug war, bedurfte es keiner besonderen Wucht, um Haut, Organe und sogar Knochen zu durchdringen. Einen Irrtum beging Dr. Killeen auch, als er annahm, eine Wunde, die durch das Sternum oder »Brustbein« führte, könne nicht durch ein »Messer« hervorgerufen worden sein. Aus dieser Schlussfolgerung leitete er die nächste ab, dass nämlich zwei Waffen verwendet worden seien, möglicherweise ein »Dolch« und ein »Messer«. Das führte anfänglich zu der Theorie, der Mörder sei beidhändig gewesen.

Selbst wenn er das war, so ist doch die Vorstellung, da habe ein Mann – einen Dolch in der einen, ein Messer in der anderen Hand – beidhändig auf Martha eingestochen, absurd und unrealistisch; wahrscheinlich hätte er sich dabei einige Male selbst getroffen. Die medizinischen Befunde lassen jedenfalls nicht auf einen beidhändigen Mörder schließen. Marthas Lunge war an fünf Stellen durchbohrt. Das Herz, das sich bekanntlich in der linken Körperhälfte befindet, wies nur eine Stichwunde auf. Ein Rechtshänder wird in der Regel mehr Verletzungen in der linken Körperhälfte verursachen, wenn ihm das Opfer gegenübersteht.

Eine Durchbohrung des Brustbeins ist durchaus nicht so außergewöhnlich, wie Dr. Killeen es hinstellte. Ein spitzes, scharfes Messer kann Knochen, sogar Schädelknochen, durchdringen. In einem Fall, der sich in Deutschland zutrug, Jahrzehnte bevor der Ripper seine Mordserie begann, ermordete ein Mann seine Frau durch einen Messerstich, der durch das Brustbein führte. Später erklärte er, das »Tischmesser« sei wie in »Butter« eingedrungen. Die Wundränder ließen darauf schließen, dass das Tafelmesser den Knochen sauber durchbohrte und dann durch die rechte Lunge, den Herzbeutel und die Aorta ging.

Doch Dr. Killeens Annahme, beim Mord an Martha Tabran seien zwei Waffen benutzt worden, schien durch Größenunterschiede der Stichwunden gestützt zu werden. Dafür gibt es jedoch eine Erklärung, wenn die Klinge der Waffe zum Griff hin breiter war als an der Spitze. Stichwunden können, je nach Tiefe, Krümmung der Klinge und Elastizität des Körpergewebes, unterschiedlich breit ausfallen. Wir wissen natürlich nicht, was Dr. Killeen mit den Begriffen »Messer« und »Dolch« meinte, doch im Allgemeinen versteht man unter einem Messer eine einschneidige Klinge, während ein Dolch zweischneidig, schmal und spitz ist. Die Begriffe Messer und Dolch werden oft unzulässigerweise synonym verwendet, genau wie Revolver und Pistole.

Bei meinen Recherchen zu den Ripper-Fällen prüfte ich auch, was für eine Auswahl an Stichwaffen und Schneidewerkzeugen er zur Verfügung gehabt haben könnte. Die Vielfalt, die ihm zu Gebote stand, ist verblüffend, wenn nicht gar deprimierend. Britische Asienreisende brachten alle erdenklichen Souvenirs mit nach Hause, von denen einige besser zum Stechen und Schneiden geeignet waren als andere. Das indische *Pesh Habz* ist ein schönes Beispiel für eine Waffe, die je nach der Tiefe des Stiches Wunden unterschiedlicher Breite verursacht. Die kräftige Stahlklinge dieses »Dolches«, wie er genannt wurde, könnte eine Vielfalt von Wunden hervorrufen, die noch heute jeden Gerichtsmediziner verblüffen würden.

An seinem Elfenbeingriff ist die gekrümmte Klinge fast vier Zentimeter breit und wird nach zwei Dritteln ihrer Länge zweischneidig, um schließlich zu einer Spitze, fein wie eine Nadel, zuzulaufen. Das Exemplar, das ich bei einem Antiquitätenhändler erstanden habe, stammt aus dem Jahr 1830 und ließe sich samt Scheide leicht im Hosenbund, einem Stiefel, einer tiefen Manteltasche oder einem Ärmel verbergen. Auch die gekrümmte Klinge des orientalischen Dolchs *Jambya* (um 1840) hinterließe Wunden verschiedener Breite, obwohl hier die ganze Klinge zweischneidig ist.

Die Viktorianer hatten Gefallen an einer erstaunlichen Fülle prächtiger Waffen, die dazu dienten, Menschen zu töten, und die man sich auf Auslandsreisen bedenkenlos aneignete oder für ein Trinkgeld auf einem Basar erstand. An einem einzigen Tag entdeckte ich auf einer Londoner Antikmesse und bei zwei Antiquitätenhändlern in Sussex die folgenden viktorianischen Waffen: Dolche, Kukris, ein Degenstock, der aussah wie ein polierter Ast, Degenstöcke, die als Spazierstöcke getarnt waren, winzige sechsschüssige Revolver, die in die Westentasche des Herrn oder die Handtasche der Dame passten, Rasiermesser, die im Englischen sinnigerweise cut *throat razors* heißen, Bowiemesser, Schwerter, Gewehre und hübsch verzierte Schlagstöcke, darunter ein mit Blei beschwerter »Totschläger«. Als Jack the Ripper nach Waffen Ausschau hielt, sah er sich einem überwältigenden Angebot gegenüber.

Im Mordfall Martha Tabran ist nie eine Waffe entdeckt worden, und da Dr. Killeens Obduktionsbericht wie vom Erdboden verschluckt ist – ein Schicksal, das er mit vielen offiziellen Berichten über Jack the Ripper teilt –, konnte ich mich an nichts anderes halten als an die spärlichen Angaben aus der Untersuchung des Coroners. Natürlich kann ich nicht mit absoluter Sicherheit sagen, durch welche Waffe Martha ums Leben kam, aber ich kann spekulieren: Gemessen an den wilden Attacken und den daraus resultierenden Wunden, kann es sich sehr gut um eine jener Waffen gehandelt haben, die die Viktorianer als Dolch bezeichneten – eine kräftige Klinge mit scharfer Spitze und einem soliden Griff, der so geformt war, dass er dem Täter nicht aus der Hand rutschen und ihn selbst verletzen konnte.

Wenn es stimmt, dass es keine Abwehrverletzungen gab – Schnitte oder Blutergüsse an Marthas Händen und Armen –, so lässt das darauf schließen, dass kein langer Kampf stattgefunden hat, obwohl ihre Kleider »in Unordnung« waren. Ohne genauere Angaben über die Art dieser »Unordnung« kann ich keine Vermutungen darüber anstellen, ob sie damit begonnen hatte, sich zu entkleiden, als sie angegriffen wurde, oder ob der Mörder ihre Kleider zu ordnen versuchte, auszog, zerschnitt oder zerriss, und wenn dem so war, ob es vor oder nach ihrem Tod geschah. In den Kriminalfällen dieser Zeit spielte die Kleidung eine wichtige Rolle, vor allem bei der Identifizierung des Opfers. Auf Tränen, Schnitte, Samenflüssigkeit oder andere Beweismittel brauchte man sie nicht zu untersuchen. Sobald das Opfer identifiziert war, wurde die Kleidung gewöhnlich in die Gasse vor der Tür des Totenhauses geworfen. Als die Zahl der Ripper-Opfer anwuchs, hielten einige sozial gesinnte Menschen es für eine gute Idee, die Kleider der Toten zu sammeln und an die Bedürftigen zu verteilen.

1888 wusste man auch wenig über die Beschaffenheit von Blut. Blut hat ganz besondere Eigenheiten und hält sich brav an die Gesetze der Physik. Es ist anders als andere Flüssigkeiten, und wenn es mit hohem Druck durch die Arterien eines lebenden Menschen gepumpt wird, tröpfelt es nicht heraus, falls eine dieser Arterien durchtrennt wird. Am Tatort von Marthas Mord würde ein hoch an der Wand des Treppenhauses befindliches Spritzmuster von arteriellem Blut darauf hinweisen, dass die Stichwunde an ihrem Hals eine Arterie durchtrennte und ihr im Stehen beigebracht wurde, als sie noch einen Blutdruck hatte. Das Spritzmuster des arteriellen Blutes, das, dem Herzrhythmus folgend, stärker und schwächer aus einer Wunde hervorschießt, würde auch verraten, ob das Opfer schon auf dem Boden lag, als die Arterie durchschnitten wurde. Das ist wichtig, weil es hilft, die Reihenfolge der Ereignisse zu rekonstruieren. Ist eine Hauptarterie durchtrennt, aber kein arterielles Muster zu finden, lässt sich daraus schließen, dass das Opfer schon vorher an anderen Verletzungen gestorben ist.

Die Stich- oder Schnittwunden an Martha Tabrans Genitalien lassen auf eine sexuelle Komponente des Verbrechens schließen. Wenn es wahr ist – wie es in allen mutmaßlichen Ripper-Morden der Fall zu sein scheint –, dass es keinen Hinweis auf »Verkehr« gab, hätte dieser Umstand sehr ernst genommen werden müssen, was leider nicht geschah. Ich weiß nicht, wie man einen solchen »Verkehr« nachwies. Das Problem bei einer Prostituierten bestand darin, dass sie unter Umständen recht häufig in einer Nacht »verkehrt« hatte und dass sie die vielen Spuren, die sie am Körper trug, selten, wenn überhaupt, abwusch.

Außerdem ließen sich damals an Körperflüssigkeiten noch keine Blutgruppenbestimmungen oder DNA-Analysen durchführen, auch gab es keine Versuche, bei kriminaltechnischen Ermittlungen zwischen menschlichem und Tierblut zu unterscheiden. Hätte es Anhaltspunkte für einen kürzlich erfolgten »Verkehr« gegeben, wäre die Samenflüssigkeit nicht gerichtsrelevant gewesen. Die durchgängige Abwesenheit von Samenflüssigkeit oder anderer Beweise für versuchten Geschlechtsverkehr bei allen Morden des Rippers legt jedenfalls die Vermutung nahe, dass der Mörder keine sexuellen Handlungen an seinem Opfer ausgeübt hat, weder vor noch nach dessen Tod. Dieses Verhaltensmuster ist zwar nicht einmalig, aber für gewalttätige Psychopathen doch ungewöhnlich. Oft töten und vergewaltigen sie, kommen zum Höhepunkt, wenn ihre Opfer sterben, oder masturbieren hinterher auf die Leiche. Die fehlende Samenflüssigkeit bei den Lustmorden des Rippers steht im Einklang mit der Annahme, dass Sickert keinen Geschlechtsverkehr haben konnte.

Nach modernen Maßstäben ist der Mordfall Martha Tabran so schlecht untersucht worden, dass man im Grunde kaum von einer Ermittlung sprechen kann. Ihr Tod ließ Polizei und Presse ungerührt. Öffentlich erwähnt wurde das brutale Verbrechen erstmals bei der Anhörung vor dem Coroner am 10. August. In der Folgezeit wurden wenig Anstrengungen unternommen. Niemand interessierte sich sonderlich für Martha Tabran. Man fand wohl – wie wir sagten, als ich noch in der Leichenhalle arbeitete –, sie sei gestorben, wie sie gelebt habe.

Der Mord war barbarisch, aber man sah darin nicht den Beginn einer Serie von Angriffen durch eine böse Macht, die die große Metropole heimsuchte. Martha war eine heruntergekommene, verächtliche Hure und hatte sich durch das Leben, für das sie sich entschieden hatte, selbst erheblicher Gefahr ausgesetzt. Die Presse wies darauf hin, dass sie sehenden Auges ein Gewerbe betrieb, bei dem sie der Polizei genauso aus dem Weg gehen musste wie der Mörder. Es fiel den Menschen nicht leicht, Mitleid für sie und ihresgleichen aufzubringen, darin unterschied sich die damalige öffentliche Meinung nicht von der heutigen. Schuld ist das Opfer. Die Entschuldigungen in modernen Gerichtssälen sind genauso traurig und ärgerlich: Wenn sie sich nicht so aufreizend gekleidet hätte; wenn sie nicht in diesen Teil der Stadt gefahren wäre; wenn sie sich nicht in Bars Männer gesucht hätte; was erwarten Sie denn, wenn Sie Ihr Kind allein von der Bushaltestelle nach Hause gehen lassen? Wie meine Freundin Dr. Marcella Fierro, ihres Zeichens Chief Medical Examiner, immer sagt: »Eine Frau hat das Recht, nackt umherzugehen und nicht vergewaltigt oder ermordet zu werden.« Martha Tabran hatte ein Recht zu leben.

»Die Untersuchung«, fasste Inspektor Donald Swanson in seinem Bericht zusammen, »beschränkte sich auf Personen aus dem East End, die der gleichen Schicht angehörten wie die Verstorbene, blieb aber ohne Erfolg.«

EIN PRÄCHTIGER JUNGE

Walter Richard Sickert wurde am 31. Mai 1860 in München geboren.

Einer der bedeutendsten Maler Englands war kein Engländer. Der »durch und durch englische« Walter, wie er häufig genannt wurde, war der Sohn eines durch und durch dänischen Malers namens Oswald Adalbert Sickert und einer ebenfalls nicht durch und durch englischen, sondern englisch-irischen Schönheit namens Eleanor Louisa Morvia Henry. Als Kind war Walter durch und durch Deutscher.

Sickerts Mutter wurde »Nelly« gerufen, seine jüngere Schwester wurde »Nellie« gerufen, und Sickerts erste Frau Ellen Cobden wurde »Nelly« gerufen. Ellen Terry wurde »Nelly« gerufen. Um Verwechslungen zu vermeiden, werde ich den Namen »Nelly« nur für Sickerts Mutter verwenden und der Versuchung widerstehen, mich auf waghalsige ödipale Psychotheorien einzulassen, weil die vier stärksten Frauen in Sickerts Leben den gleichen Rufnamen trugen.

Walter kam als Erstes von sechs Kindern zur Welt – fünf Jungen und einem Mädchen. Bemerkenswerterweise bekam keines dieser Geschwister selber Kinder. Alle waren offenbar von schwierigem Charakter, ausgenommen vielleicht Oswald Valentine, ein erfolgreicher Handelsvertreter, über den so gut wie nichts bekannt ist. Robert wurde Einsiedler und starb unter den Rädern eines Lastwagens. Leonard schien sein Leben lang unter Realitätsverlust zu leiden und erlag einem langen Kampf mit dem Drogenmissbrauch. Bernard scheiterte als Maler und litt unter Depressionen und Alkoholabhängigkeit. Ein kleines Gedicht, das ihr Vater Oswald schrieb, ist von einer tragischen Hellsichtigkeit:

Wo Freiheit ist, da muss gewiss auch
das Schlechte frei sein, doch stirbt es,
da es der Zerstörung Keime in sich trägt,
und es folgt im Tode seiner eignen Logik.

Helena, die einzige Tochter der Sickerts, war eine hochintelligente und leidenschaftliche Frau, aber an einen gebrechlichen Körper gefesselt. Sie war offenbar das einzige Familienmitglied, das sich für humanitäre Anliegen und andere Menschen als sich selbst interessierte. In ihrer Autobiographie erklärt sie, dass sie durch eigenes frühes Leid mitfühlend und sensibel für andere Menschen geworden sei. Sie kam in ein strenges Internat, wo das Essen entsetzlich war und die anderen Mädchen sie demütigten, weil sie kränklich und ungeschickt war. Die männlichen Mitglieder der Familie redeten ihr ein, sie sei hässlich und minderwertig, weil sie kein Junge war.

Walter repräsentierte bereits die dritte Generation von Künstlern in seiner Familie. Sein Großvater Johann Jürgen Sickert war als Maler so talentiert, dass er Dänemarks König Christian VIII. als Patron gewann. Walters Vater Oswald war ein begabter Maler und Zeichner, der sich mit der Kunst allerdings weder einen Namen machen noch seinen Lebensunterhalt verdienen konnte. Eine alte Fotografie zeigt ihn mit einem langen, buschigen Bart und kalten, zornblitzenden Augen. Wie bei den meisten Sickerts ist die Erinnerung an ihn verblasst wie ein schwaches Daguerreotyp. Die Suche nach Dokumenten förderte eine kleine Sammlung zutage, die sich unter den Papieren des Sohnes in der Islington Public Library fanden. Oswalds handschriftliche Aufzeichnungen mussten zunächst ins Hochdeutsche und dann ins Englische übersetzt werden. Das nahm ein halbes Jahr in Anspruch und erbrachte lediglich sechzig fragmentarische Seiten, denn das meiste davon war unleserlich und ließ sich überhaupt nicht entziffern.

Doch das Ergebnis vermittelte mir den Eindruck eines außerordentlich willensstarken, komplizierten und begabten Mannes, der komponierte, Theaterstücke schrieb und dichtete. Das sprachliche Talent und die theatralische Wirkung machten ihn zur idealen Besetzung, wenn es galt, Reden auf Hochzeiten, Faschingsfesten oder anderen gesellschaftlichen Anlässen zu halten. Während des deutsch-dänischen Krieges hatte er sich politisch engagiert und offenbar viele verschiedene Städte aufgesucht, um die Arbeiter zu ermuntern, sich für ein geeintes Deutschland einzusetzen.

»Ich bitte Sie um Ihre Hilfe«, sagte er in einer undatierten Rede. »Jeder von Ihnen muss seinen Teil beitragen … Auch diejenigen unter Ihnen, die mit den Arbeitern zu tun haben, die Kaufleute, die Fabrikanten etc., haben die Pflicht, für den ehrlichen Arbeiter zu sorgen.« Oswald verstand es, die unterdrückten Menschen aufzurütteln. Gleichzeitig schrieb er eingängige Melodien und Verse voller Zartgefühl und Liebe. Oder er fertigte karikaturhafte Zeichnungen an, die einen bösen, ja grausamen Humor verrieten. Den Tagebuchseiten ist zu entnehmen, dass Oswald, wenn er nicht zeichnete, gerne wanderte, eine Vorliebe, die er offenbar seinem ältesten Sohn vererbt hat.

Oswald scheint ständig unterwegs gewesen zu sein, sodass man sich fragt, wann er eigentlich seine Arbeit erledigt hat. Oft nahmen seine Spaziergänge den größten Teil des Tages ein, oder er saß bis spät abends im Zug. Eine oberflächliche Zusammenstellung seiner Tätigkeiten über einen Zeitraum von ungefähr einer Woche liefert uns das Bild eines Mannes, der selten zur Ruhe kam und tat, was ihm beliebte. Die Tagebuchseiten sind unvollständig und undatiert, doch seine Worte zeigen ihn als selbstbezogenen, launischen, ruhelosen Mann.

Am Mittwoch legte Oswald Sickert folgende Strecken mit dem Zug zurück: von Eckernförde nach Schleswig, von dort nach Echen und nach Flensburg. Donnerstag schaute er sich

»die neue Straße entlang des Bahndamms« an und ging »am Hafen zum Norderthor«, dann »zum Graben und nach Hause«. Dann aß er zu Mittag und verbrachte den Abend in »Notkes Biergarten«. Von dort aus besuchte er einen Bauernhof und ging nach Hause. Freitag: »Bin allein gegangen«, um Allenslob, Nobbe, Jantz, Stropatil und Möller zu besuchen. Er traf sich mit einer Gruppe, aß mit ihnen zu Abend und kehrte um 22 Uhr nach Hause zurück. Samstag: »Ging allein durch die Stadt.«

Sonntag war er den ganzen Tag außer Haus, aß dann zu Abend. Hinterher wurde bis 22 Uhr zu Hause musiziert und gesungen. Montag ging er nach Gottorf, dann »über die Güter und das Torfmoor zurück ...« Dienstag machte er einen Ausritt zu Mugner, angelte bis 15 Uhr und fing »30 Barsche«. Mit Bekannten suchte er ein Gasthaus auf. »Aßen und tranken« zu Mittag. »Um 23 Uhr zurückgekehrt.«

Oswalds Aufzeichnungen zeigen deutlich, dass er die Obrigkeit hasste, besonders die Polizei, und seine zornigen, spöttischen Worte nehmen auf unheimliche Weise Jack the Rippers Verhöhnungen der Polizei vorweg. »Fangt mich, wenn ihr könnt«, schrieb der Ripper immer wieder.

»– Hurra! Der Wächter schläft!«, schrieb Walter Sickert. »Sähe man ihn so, glaubte man nicht, dass er ein Wächter ist. Soll ich ihn aus Menschenliebe anstoßen und ihm sagen, was die Stunde geschlagen hat ... Oh, nein, lass ihn schlummern. Vielleicht träumt er, dass er mich hat, mag er sich weiter in dieser Illusion wiegen.«

Oswald muss seine Ressentiments gegen die Obrigkeit in den Wänden seines Hauses geäußert haben, und sie können Walter nicht entgangen sein. Genauso wenig, wie dessen Mutter Oswalds häufige Besuche in Biergärten und Kneipen, wo er sich »mit Punsch abfüllte«, verborgen geblieben sein dürften. »Ich habe das Geld versoffen«, schrieb er, »das war ich meinem Magen schuldig. Ich schlafe während meiner Mußestunden, von denen ich reichlich habe.«

Was auch immer der Anlass für seine zwanghaften Wanderungen, häufigen Reisen und regelmäßigen Kneipen- und Biergartenbesuche war, fest steht, dass sie Geld kosteten. Und Oswald konnte seinen Lebensunterhalt nicht selbst bestreiten. Ohne das Geld seiner Frau wäre die Familie nicht durchgekommen. Es ist vielleicht kein Zufall, dass in einem Kasperlestück, das Oswald wahrscheinlich Anfang der 1860er Jahre schrieb, der sadistische Ehemann (Kasperle) das Geld der Familie mit Saufgelagen durchbringt und sich nicht um seine Frau und seinen kleinen Sohn schert:

Kasperle tritt auf
… Oh, ja, ich glaube, du kennst mich nicht … mein Name ist Kasperle. Das war auch meines Vaters Name und der meines Großvaters … Ich liebe hübsche Kleider. Nebenbei gesagt, ich bin verheiratet. Ich habe Frau und Kind. Doch das bedeutet gar nichts.

Frau (Gretel)
Nein, ich halte das nicht länger aus! Selbst zu dieser frühen Morgenstunde hat dieser grässliche Mann schon Branntwein getrunken!

Oh, ich unglückliche Frau. All unser Geld ist für Schnaps vertan. Ich hab kein Brot mehr für die Kinder …

Stammten Walter Sickerts sorgloser Umgang mit Geld und seine Ruhelosigkeit vom Vater, so hatte er seinen Charme und sein gutes Aussehen von der Mutter. Vielleicht auch einige ihrer weniger angenehmen Eigenschaften. Die Geschichte von der höchst ungewöhnlichen Kindheit der Frau Sickert erinnert auf geradezu unheimliche Weise an Charles Dickens' *Bleak House* – Walters Lieblingsroman. Ein Waisenmädchen namens Esther gelangt darin auf geheimnisvolle Weise in das Herrenhaus des freundlichen und reichen Mr. Jarndyce, der später den Wunsch äußert, sie zu heiraten. Nelly wurde 1830 als uneheliche Tochter einer schönen irischen Tänzerin geboren, die nichts für die Mutterrolle übrig hatte. Sie vernachlässigte Nelly, trank und verschwand schließlich, als Nelly zwölf Jahre alt war, nach Australien, um dort zu heiraten. Das war der Wendepunkt in Nellys Leben, denn plötzlich befand sie sich unter der Vormundschaft eines wohlhabenden, anonymen Junggesellen, der sie auf eine Schule im französischen Neuville-les-Dieppe schickte. Im Laufe der folgenden sechs Jahre schrieb er ihr liebevolle Briefe, die er geheimnisvoll mit »R« unterzeichnete.

Als Nelly achtzehn Jahre alt wurde, lernte sie ihren Vormund endlich kennen, und er nannte ihr seinen Namen. Er hieß Richard Sheepshanks und war ein ehemaliger Priester, der inzwischen ein anerkannter Astronom geworden war. Er war geistreich und elegant, hatte alles, wovon eine junge Frau träumen konnte, und sie war intelligent und sehr hübsch. Sheepshanks verwöhnte Nelly und liebte sie noch mehr als sie ihn. Er führte sie in die richtigen Kreise ein, und schon bald besuchte sie Bälle, Theater, die Oper, das Ausland. Sie entwickelte sich zu einer kultivierten Frau und erlernte mehrere Fremdsprachen, das alles unter den wachsamen Augen dieses märchenhaften, treu sorgenden Wohltäters, der ihr irgendwann gestand, er sei ihr natürlicher Vater. Nelly musste Sheepshanks versprechen, alle Briefe zu vernichten, die er ihr geschrieben hatte, daher lässt sich nur schwer entscheiden, inwieweit seine leidenschaftlichen Gefühle mit väterlicher Liebe zu vereinbaren waren. Vielleicht wusste sie sehr gut, was er empfand, und wollte es nicht wahrhaben, vielleicht war sie auch einfach vertrauensvoll und naiv. Doch es muss ein schrecklicher Augenblick für ihn gewesen sein, als ihm Nelly in Paris freudig eröffnete, sie habe sich in einen Kunststudenten namens Oswald Sickert verliebt und sei mit ihm verlobt.

Ihr Vater bekam daraufhin einen fürchterlichen Wutanfall. Er machte ihr heftigste Vorwürfe, nannte sie undankbar, ehrlos und treulos und verlangte von ihr, die Verlobung auf der Stelle zu lösen. Nelly weigerte sich. Daraufhin sagte sich der Vater von ihr los und reiste nach England zurück. Er schrieb ihr viele verbitterte Briefe und starb dann unvermittelt an einem Schlaganfall. Nelly kam nie über seinen Tod hinweg und gab sich die Schuld daran. Seinen Wünschen entsprechend hatte sie all seine Briefe vernichtet, bis auf einen, den sie in einem alten Chronometer versteckt hatte. »Liebe mich, Nelly«, hatte er geschrieben, »liebe mich so innig wie ich dich.«

Richard Sheepshanks hinterließ Nelly nichts. Glücklicherweise kam seine Schwester Anne Sheepshanks ihr zu Hilfe und setzte Nelly eine großzügige Rente aus, mit der diese einen Ehemann und sechs Kinder durchbringen konnte. Nellys trostlose Kindheit und später die Reaktion des Vaters dürften tiefe Narben hinterlassen haben. Ihre frühen Jahre waren karg und lieblos, und obwohl es keine Hinweise darauf gibt, wie sie gegenüber ihrer verantwortungslosen Mutter empfand, die als Revue-Girl auftrat, und was ihr der Vater bedeutete, der ihr offenbar mit inzestuöser Liebe anhing und den größten Teil ihres jungen Lebens nicht mehr als ein romantisches Geheimnis gewesen war, können wir wohl davon ausgehen, dass Nelly beim Gedanken an die Eltern tiefe Trauer, Wut und Scham gefühlt hat.

Wäre aus Helena Sickert nicht eine bekannte Frauenrechtlerin und Politikerin geworden, die ihre Memoiren geschrieben hat, dann hätten wir wohl nie etwas über das Leben der Familie Sickert und über Walters Kindheit erfahren. Fast jedes Wort, das im Laufe der Zeit über Walters frühes Leben veröffentlicht wurde, lässt sich zu Helenas Schriften zurückverfolgen. Falls irgendein anderes Familienmitglied Aufzeichnungen hinterlassen hat, so gibt es sie nicht mehr, entweder sind sie verloren gegangen oder liegen irgendwo unter Verschluss.

Helenas Beschreibung ihrer Mutter zeichnet das Bild einer intelligenten und komplizierten Frau; auf der einen Seite konnte sie lustig, gewinnend und unabhängig sein, auf der anderen aber auch streng, distanziert, manipulativ und unterwürfig.

Die familiäre Atmosphäre, die Nelly ihren Kindern bot, war voller Widersprüche – eben noch streng und unfreundlich und dann plötzlich voller Lachen, Spiele und Lieder. Abends sang Nelly, von Oswald am Klavier begleitet. Sie sang bei der Handarbeit und wenn sie mit den Kindern in den Wald oder zum Schwimmen ging. Sie brachte den Kindern hübsche Unsinnslieder bei – *Mistletoe Bough* und *She Wore a Wreath of Roses* und das Lieblingslied der Kinder:

> *I am Jack Jumper the youngest but one*
> *I can play nick-nacks upon my own thumb …*[3]

Von frühester Jugend an war Walter ein furchtloser Schwimmer, der den Kopf voller Bilder und Musik hatte. Er hatte blaue Augen, lange blonde Locken, und seine Mutter steckte ihn gern in »Samtanzüge à la ›Der kleine Lord‹«, wie sich ein Freund der Familie erinnerte. Helena, die vier Jahre jünger war als Walter, erinnert sich an die endlosen Loblieder der Mutter, in denen sie seine »Schönheit« und sein »vollkommenes Benehmen« pries, eine Ansicht, die sich nicht ganz mit dem Eindruck der Schwester deckte. Walter mag hübsch anzuschauen gewesen sein, doch sein Wesen war alles andere als sanft oder lieblich. Nach Helenas Erinnerungen war er ein liebenswürdiger, energischer und streitsüchtiger kleiner Junge, der nach Belieben Freunde gewann, aber ihnen mit Gleichgültigkeit begegnete, wenn sie ihn nicht mehr amüsierten oder keinen Nutzen mehr für ihn hatten.

---

[3] Ich bin Jack Jumper, der Zweitjüngste,
ich mache Schnickschnack mit meinem Daumen …

Häufig musste die Mutter Walters im Stich gelassenen Spielgefährten trösten und nach fadenscheinigen Erklärungen für den plötzlichen Sinneswandel ihres Sohnes suchen.

Walters Gefühlskälte und Selbstbezogenheit zeigten sich schon in jungen Jahren, und ich vermute, dass seiner Mutter nie klar wurde, dass ihre Beziehung zu ihm für diese dunklen Seiten seines Charakters mitverantwortlich sein könnte. Nelly mag ihren engelhaft aussehenden Sohn angebetet haben, doch nicht unbedingt aus sehr gesunden Beweggründen. Möglicherweise war er nur eine Erweiterung ihres eigenen Egos und ihre Vernarrtheit eine Projektion der eigenen tiefen und unbefriedigten Bedürfnisse. Vermutlich unterhielt sie zu ihm die einzige Form der Beziehung, zu der sie fähig war, die der emotionalen Distanz, die ihre Mutter ihr entgegengebracht hatte, und die eines selbstsüchtigen und unangemessen intensiven Gefühls, das ihr vom Vater zuteil geworden war. Als Walter ein Kleinkind war, wollte ein Maler namens Fuseli unbedingt ein Bild von dem »prächtigen« kleinen Jungen malen. Dieses lebensgroße Porträt hing in Nellys Wohnzimmer, bis sie im Alter von 92 Jahren starb.

Die beherrschende und tonangebende Rolle, die Oswald Sickert in der Familie spielte, war nichts als Schwindel, und Walter wird das wohl durchschaut haben. Ein immer wiederkehrendes Ritual, das sich vor den Augen der Kinder abspielte, bestand darin, dass »Mummy« ihren Mann mit großem Getue um Geld bat, während er in seine Börse griff und fragte: »Wie viel willst du denn haben, verschwenderisches Weib?«

»Wären fünfzehn Shilling wohl zu viel?«, fragte sie dann, nachdem sie alle Erfordernisse des Haushalts aufgezählt hatte. Großmütig händigte Oswald ihr das Geld aus, das in Wirklichkeit von Anfang an das ihre gewesen war, überließ sie ihm doch stillschweigend jedes Jahr ihre gesamte Rente. Seine inszenierte Großzügigkeit wurde stets mit Küssen und Entzückensrufen seiner Frau belohnt, wobei ihre theatralische Darbietung auf geradezu unheimliche Weise die Beziehung zwischen ihr und ihrem allmächtigen, dominanten Vater Richard Sheepshanks nachbildete. Walter verinnerlichte das Rollenspiel seiner Eltern. Er übernahm die negativen Charakterzüge seines Vaters und wählte später immer Frauen, die sich seinem Größenwahn fügten und all seinen Bedürfnissen Rechnung trugen.

Oswald Sickert zeichnete für die humoristische Zeitschrift *Die Fliegenden Blätter,* doch zu Hause war er überhaupt nicht spaßig. Den Kindern begegnete er mit Ungeduld und hatte zu keinem von ihnen eine engere Beziehung. Nach den Erinnerungen der Tochter Helena hat er nur mit Walter gesprochen, der später erklärte, er erinnere sich an »alles«, was der Vater gesagt habe. Es gab kaum etwas, was Walter nicht rasch begriff und genau erinnerte. Noch als Kind in Deutschland brachte er sich das Lesen und Schreiben selber bei, und sein Leben lang wurde er wegen seines fotografischen Gedächtnisses bewundert.

In der Familie wurde erzählt, eines Tages sei der Vater mit ihm spazieren gegangen und habe ihn zu einer Kirche geführt, an der er dem Sohn eine Gedenktafel gezeigt habe. »Dort steht ein Name drauf, den du niemals behalten kannst«, sagte Oswald im Vorbeigehen. Walter blieb stehen und las:

MAHARAJA MEERZARAM

GUAHAHAPAJERAZ

PAREA MANERAMPAM

MUCHER

L.C.S.K.

Noch mit acht Jahren konnte Walter Sickert sich an die Inschrift erinnern und sie fehlerlos niederschreiben.

Keines seiner Kinder hat Oswald je zur Malerei ermutigt, doch schon von Kindesbeinen an verspürte Walter den unwiderstehlichen Drang, zu zeichnen, zu malen und Figuren aus Wachs zu modellieren. Später behauptete Sickert, er habe die Kunsttheorie von seinem Vater gelernt, der ihn in den 1870er Jahren oft in die Royal Academy of Arts im Burlington House führte, damit er die Bilder der »Alten Meister« studierte. Eine Sichtung der Sickert-Sammlungen in den Archiven legt auch den Schluss nahe, dass Oswald an der praktischen zeichnerischen Unterweisung seines Sohnes beteiligt war. In der Islington Public Library im Norden Londons gibt es eine Sammlung von Skizzen, die man bislang Oswald zugeschrieben hatte, von denen Kunsthistoriker aber heute meinen, sie seien das Werk des begabten Sohnes Walter. Möglicherweise hat Oswald Walter bei seinen frühesten künstlerischen Bemühungen kritisch angeleitet.

Viele der Zeichnungen verraten eindeutig die vorsichtige, aber talentierte Hand eines jungen Menschen, der sich an verschiedenen Motiven versucht – Straßenszenen, Gebäuden und Menschen. Doch der kreative Geist, der diese Hand führt, ist verstört, gewalttätig und morbid. Da werden Menschen bei lebendigem Leib in einem Kessel gekocht, und dämonische Geschöpfe mit langen, spitzen Gesichtern und Schwänzen schauen den Betrachter mit bösem Lächeln an. Ein Lieblingsmotiv sind Soldaten, die Burgen stürmen und einander bekämpfen. Ein Ritter entführt auf seinem Pferd eine dralle Jungfrau, die ihn anfleht, sie nicht zu vergewaltigen oder zu ermorden oder beides. Diese mittelalterlichen Szenen erinnern an die Beschreibung, die Sickert später von einer Radierung des Karel du Jardin aus dem Jahr 1652 lieferte, eine grässliche Szene, in der ein »Ritter« zu Pferde auf »entblößte« und »zerstückelte … Leichen« blickt, während in einiger Entfernung Truppen »mit Lanzen und Wimpeln« vorbeireiten.

Das gewalttätigste Stück dieser Sammlung ist eine laienhafte Zeichnung, die eine Frau mit üppigem Busen in einem tief ausgeschnittenen Kleid zeigt. Sie ist an einen Stuhl gefesselt, die Hände auf den Rücken gebunden und den Kopf in den Nacken geworfen, während ein Mann ihr mit der rechten Hand ein Messer mitten in die Brust stößt – auf der Höhe des Sternums oder Brustbeins. Weitere Wunden hat sie auf der linken Seite der Brust, eine an der linken Halsseite – etwa dort, wo die Halsschlagader verläuft – und möglicherweise noch eine unter dem linken Auge. Der einzige Gesichtsausdruck ihres Mörders ist ein leichtes Lächeln. Er trägt einen Anzug. Neben dieser Skizze, auf demselben rechtwinkligen Stück Papier, sieht man ein schaurig aussehendes männliches Wesen kauern, das sich offenbar anschickt, eine Frau anzufallen, die einen langen Rock, ein Schultertuch und eine Haube trägt.

Ich habe keinen Hinweis dafür gefunden, dass Oswald Sickert zu sexueller Gewalt neigte, aber er konnte kalt und bösartig sein, Stimmungen, in denen er besonders gern seine Tochter zur Zielscheibe erkor. Helena hatte solche Furcht vor ihm, dass sie in seiner Gegenwart zitterte. Als sie zwei Jahre lang unter schwerem Gelenkrheumatismus litt, zeigte er nicht das mindeste Mitleid mit ihr. Mit sieben Jahren halbwegs genesen, war sie noch sehr schwach und unsicher auf den Beinen. Sie hatte große Angst, als der Vater sie zwang, mit ihm zu wandern. Sein Schweigen war einschüchternder für sie als seine harten Worte.

Wenn sie ungeschickt zu laufen begann, um mit seinem nie nachlassenden Tempo Schritt zu halten, und dabei in ihn hineinlief, fand er andere Mittel der Verständigung. »Dann fasste er mich schweigend an den Schultern«, schrieb Helena, »und drehte mich in die entgegengesetzte Richtung, sodass ich mit einiger Wahrscheinlichkeit gegen die Wand oder in den Rinnstein laufen musste.« Nie griff die Mutter ein. Nelly beschäftigte sich lieber mit ihren »hübschen kleinen Burschen«, den blonden Knaben in ihren Matrosenanzügen, als mit der unansehnlichen rothaarigen Tochter. Walter war bei weitem der hübscheste der blonden kleinen

Burschen und der »schlaueste«. In der Regel setzte er seinen Willen mittels Manipulation, Täuschung oder seines unwiderstehlichen Charmes durch. Er war der Anführer, und die anderen Kinder taten, was er wollte, selbst wenn Walters »Spiele« unfair oder unangenehm waren. Beim Schach hatte er keine Skrupel, die Regeln zu verändern, wie es ihm passte, etwa indem er verfügte, dass ein »Schach dem König« ohne Folgen blieb. Als Walter ein bisschen älter war und die Familie 1868 nach England gezogen war, begann er Freunde und Geschwister für Shakespeare-Aufführungen anzuwerben, und einige seiner Regieanweisungen waren höchst unangenehm und entwürdigend für die Beteiligten. In einem unveröffentlichten Entwurf zu ihren Memoiren erinnerte Helena sich:

Ich muss noch ein Kind gewesen sein, als [Walter] uns zu einer Probe der Hexenszene für seine Macbeth-Aufführung in einem stillgelegten Steinbruch bei Newquay überredete, von dem ich in meiner Naivität meinte, er heiße wirklich die »Grube von Acheron«. Hier triezte er uns nach Strich und Faden. Ich musste (weil ich mich, mager und rothaarig, wie ich war, für die Rolle besonders eignete) Kleid & Schuhe & Strümpfe ablegen und in den Hexenkessel starren oder um ihn herumschreiten, ungeachtet der Dornen, scharfen Steine und des Rauches, der aus schwelendem Seetang aufstieg und mir in den Augen brannte.

Diese und ähnliche Schilderungen wurden zu der Zeit, als Helenas Memoiren erschienen, häufig abgemildert oder gestrichen, und gäbe es nicht einen sechsseitigen handgeschriebenen Überrest, der der Victor & Albert National Art Library gestiftet wurde, dann würden wir wenig über Walters jugendliche Neigungen wissen. Ich habe den Verdacht, dass vieles der Zensur zum Opfer gefallen ist.

In viktorianischer Zeit und Anfang des 20. Jahrhunderts war es nicht üblich, über alles zu sprechen, vor allem, wenn es die Familie betraf. Queen Victoria selbst hätte leicht einen ihrer Paläste einäschern können mit dem Scheiterhaufen, auf dem sie ihre privaten Papiere verbrannte. Als Helena 1935 ihre Memoiren veröffentlichte, war ihr Bruder Walter 75 Jahre alt und eine britische Ikone, die von jungen Malern als *Roi*, als König, verehrt wurde. Gut möglich, dass seine Schwester Bedenken hatte, ihn in ihrem Buch ernsthaft anzugreifen. Sie war eine der wenigen Menschen, die er nie seinem Einfluss unterwerfen konnte, und die beiden Geschwister hatten sich nie nahe gestanden.

Möglicherweise hat sie selbst nicht recht gewusst, was sie von ihm halten sollte. Er war »... zugleich das wankelmütigste und das beständigste Geschöpf ... unvernünftig, aber fortwährend mit Vernunftgründen zur Hand. Normalerweise ungeheuer nachlässig gegenüber Freunden und Beziehungen, doch in Krisenzeiten zu größter Freundlichkeit, Großzügigkeit und Hilfsbereitschaft fähig – nie gelangweilt, außer von Menschen ...«

Die Kommentatoren sind sich einig, dass Sickert eine »Nervensäge« war. Er war »brillant« und von »heftigem Temperament«. Als er drei Jahre alt war, teilte die Mutter einem Freund der Familie mit, er sei »eigensinnig und launisch« – ein körperlich gut entwickelter Junge, dessen »Zärtlichkeit« sich leicht in »Zorn« verwandeln konnte. Er war ein Meister der Überredung und verachtete, wie der Vater, die Religion. Autorität gab es für ihn so wenig wie einen Gott. In der Schule war Walter lebhaft und interessiert, hielt sich jedoch nicht an die Vorschriften. Diejenigen, die über sein Leben geschrieben haben, äußern sich vage und ausweichend über seine »Unregelmäßigkeiten«, wie sein Biograph Denys Sutton sie nennt.

Mit zehn Jahren wurde Sickert von einem Internat in Reading »entfernt«, weil er, wie er selbst später schrieb, seine »schreckliche alte Lehrerin« unerträglich fand. Bald darauf wurde er aus unbekannten Gründen von der University College School verwiesen. Um 1870 besuchte er die Bayswater Collegiate School, und zwei Jahre lang war er auf der Kings College School. 1878 bestand er das Londoner Abitur mit allerhöchster Auszeichnung, aber er besuchte nie eine Universität.

Sickerts Arroganz, seine Gefühllosigkeit und außerordentliche Fähigkeit zur Manipulation sind typisch für Psychopathen. Weniger deutlich – und nur gelegentlich hinter seinen Zornausbrüchen und sadistischen Spielen zu erahnen – ist die Wut, die unter der charmanten Oberfläche schwelte. Fügen wir also die Wut zur emotionalen Distanz und zu einem vollkommenen Mangel an Mitleid oder Gewissensbissen hinzu, und wir haben einen alchimistischen Prozess, der unseren Dr. Jekyll in Mr. Hyde verwandelt. Die exakte Chemie dieser Umwandlung ist eine Mischung aus physischen und psychischen Elementen, die wir vielleicht nie ganz verstehen werden. Kann eine Stirnlappenanomalie einen Menschen zum Psychopathen machen? Oder entwickelt sich im Stirnlappen eine Anomalie, weil der Mensch ein Psychopath ist? Wir wissen es noch nicht.

Aber wir kennen ihr Verhalten und wissen, dass Psychopathen ohne Angst vor den Folgen handeln. Das Leid, das auf ihre Entladungen folgt, kümmert einen Psychopaten nicht. Es kümmert ihn nicht, wenn die Ermordung eines Präsidenten eine ganze Nation verstört oder wenn sein Tötungsrausch den Frauen, die ihren Mann, und den Kindern, die ihren Vater verloren haben, das Herz bricht. Sirhan Sirhan hat im Gefängnis damit geprahlt, dass er genauso berühmt geworden sei wie Bobby Kennedy. Durch das misslungene Attentat auf Reagan hat es John Hinckley jr., ein dicklicher, unansehnlicher Versager, auf die Titelseiten aller großen Zeitschriften gebracht.

Der Psychopath kennt nur eine konkrete Furcht: erwischt zu

werden. Der Vergewaltiger lässt von seinem Opfer ab, wenn er hört, dass jemand die Haustür aufschließt. Oder aber die Gewalt eskaliert, und er tötet sein Opfer und den Menschen, der das Haus betritt. Es darf keine Zeugen geben. Wie sehr gewalttätige Psychopathen auch die Polizei verspotten mögen, der Gedanke, verhaftet zu werden, erfüllt sie mit Schrecken, und sie werden alles versuchen, um es zu verhindern. Es hat eine gewisse Ironie, dass Menschen, die das menschliche Leben ansonsten so sehr verachten, sich so verzweifelt an das eigene klammern. Noch im Todestrakt versuchen sie ihre Spielchen. Sie sind entschlossen zu überleben, und bis zum bitteren Ende glauben sie, der Todesspritze entgehen oder den elektrischen Stuhl austricksen zu können.

Der Ripper war der Spieler schlechthin. Seine Morde, seine Hinweise, sein Hohn und die Mätzchen, die er mit Presse und Polizei trieb – alles war ein großer Spaß. Seine größte Enttäuschung dürfte die Entdeckung gewesen sein, dass seine Gegenspieler ungeschickte Tölpel waren. Meistens spielte Jack the Ripper seine Spiele allein. Er hatte keine ebenbürtigen Gegner, daher reizte er sie und ging bei seiner Angeberei so weit, dass er sich fast verriet. Der Ripper schrieb Hunderte von Briefen an die Polizei und an die Presse. »Fools!« (Narren) lautete eines seiner meistgebrauchten Wörter, ein Wort, das auch zu Oswalds Sickerts Lieblingsausdrücken gehörte. Die Briefe des Rippers enthalten Dutzende »Ha Has« – das gleiche irritierende amerikanische Lachen eines James McNeill Whistler, das Sickert immer wieder gehört haben muss, als er für den großen Meister arbeitete.

Seit 1888 und bis auf den heutigen Tag haben die Millionen Menschen, für die Jack the Ripper gleichbedeutend ist mit Mord- und Krimirätsel schlechthin, keine Ahnung davon, dass dieser berüchtigte Mörder vor allem ein spöttischer, arroganter, gehässiger und sarkastischer Mann war, der glaubte, buchstäblich jeder andere auf Erden sei ein »Idiot« oder »Narr«. Der Ripper hasste die Polizei, er verachtete

»dreckige Huren« und erwies sich in seinen »lustigen kleinen« Nachrichten an diejenigen, die ihn verzweifelt zu fangen versuchten, als geradezu besessen.

Die Spötteleien des Rippers und seine vollkommene Gleichgültigkeit gegenüber der Zerstörung menschlichen Lebens zeigen sich in seinen Briefen. Sie setzen 1888 ein und enden,
soweit wir wissen, 1896. Als ich die etwa 250 Ripper-Briefe,
die erhalten sind und im Public Record Office sowie im Corporation of London Records Office aufbewahrt werden, wieder und wieder las – öfter, als ich zählen kann –, formte sich für
mich nach und nach ein entsetzliches Bild: das eines wütenden,
gehässigen und listigen Kindes, das einen brillanten und
hochtalentierten Erwachsenen beherrscht und vollkommen
unter Kontrolle hat. Jack the Ripper fühlte sich nur mächtig,
wenn er Menschen abschlachtete und die Autoritäten quälte,
und er ist damit über 114 Jahre lang davongekommen.

Als ich die Ripper-Briefe durchzusehen begann, stimmte ich
zunächst mit dem überein, was die Polizei und die meisten
Menschen bis heute glauben, nämlich dass die Briefe zum
größten Teil Fälschungen sind oder von psychisch gestörten
Menschen stammen. Während meiner intensiven Recherchen über Sickert und seine Ausdrucksweise – und die Ausdrucksweise des Rippers in so vielen der ihm zugeschriebenen Briefe – änderte sich meine Ansicht jedoch. Inzwischen
bin ich davon überzeugt, dass die Mehrzahl der Briefe tatsächlich von dem Mörder geschrieben wurde. Zu den kindischen und hasserfüllten Neckereien, spöttischen Kommentaren und Verhöhnungen in den Briefen des Rippers gehören:

»Ha Ha Ha«
»Fangt mich, wenn Ihr könnt«
»Was für ein hübscher Spaß«
»Ist es nicht ein nettes Tänzchen, zu dem ich bitte?«
»Herzliche Grüße, Jack the Ripper«
»Ihr Freund, Jack the Ripper«

»Um Euch nur einen kleinen Hinweis zu geben«
»Ich sagte ihr, ich sei Jack the Ripper, und zog den Hut«
»Nicht locker lassen, Ihr schlauen Polypen«
»Für jetzt Auf Wiedersehen vom Ripper und vom Schlitzohr«
»Liebe Grüße an alle«
»Mit herzlichen Grüßen der Eure«
»Um Euch nur einen kleinen Hinweis zu geben«
»Na, Boss, wär's nicht schön, die guten alten Zeiten wiederzuhaben?«
»Ihr könntet Euch an mich erinnern, wenn Ihr Euch Mühe gäbt und ein bisschen nachdächtet Ha Ha«
»Vorsicht«
»Mit großem Vergnügen teile ich Euch meinen Aufenthaltsort mit, zur gefälligen Verwendung durch die Jungs von Scotland Yard«
»Ich hoffe, es geht Euch allen recht gut«
»Die Polizisten alias Po-Läuse (englisch: *police* – po-lice) halten sich für teuflisch schlau«
»Ihr Esel, Ihr scheinheiligen Dummköpfe«
»Seid doch so nett, ein paar Eurer schlauen Polizisten herzuschicken«
»Jeden Tag gehen Polizisten dicht an mir vorbei, ich werde jetzt dicht an einem vorbeigehen, um diesen Brief einzuwerfen«
»Hah Hah Hah«
»Ha! Ha!«
»Ihr habt Euch geirrt, wenn Ihr dachtet, dass ich Euch nicht sehen tat ...«
»Und noch einmal die guten alten Zeiten«
»Ich hätte Euch allen wirklich gern einen kleinen Streich gespielt, aber ich hatte nicht mehr genügend Zeit, um Euch Gelegenheit zu geben, Katz und Maus mit mir zu spielen«
»Au revoir, Boss«

»Ein hübscher Streich, den ich ihnen da gespielt habe«

»Danke, danke«

»Über diesen Scherz mit der Lederschürze habe ich mich kaputtgelacht«

»Nur eine kleine Zeile, um Euch wissen zu lassen, dass ich meine Arbeit liebe«

»Sie sehen so schlau aus und sprechen davon, auf der richtigen Spur zu sein«

»PS Ihr könnt mich durch dieses Schreiben hier nicht aufspüren, also lasst es bleiben«

»Ich glaube, Ihr schlaft bei Scotland Yard«

»Ich bin Jack the Ripper, fangt mich, wenn Ihr könnt«

»Ich werde jetzt nach Paris reisen und dort meine Spielchen treiben«

»Oh, das letzte Mal war es wirklich saubere Arbeit«

»Ha! ha!«

»Ha! ha! ha!«

»In Liebe der Eure«

»Küsse«

»Mit den allerherzlichsten Grüßen«

»Ich bin noch immer auf freiem Fuß ... Ha, ha, ha!«

»Dass ich nicht lache«

»Ich denke, bis jetzt bin ich sehr gut gewesen«

»Mit freundlichen Grüßen, Euer Mathematicus«

»Lieber Boss ... gestern Abend habe ich mich mit zwei oder drei Deiner Männer unterhalten«

»Seid auf der Hut«

»Was sind die Polizisten bloß für Narren, ich habe ihnen sogar die Straße genannt, wo ich wohne«

»Aber die, in der ich war, haben sie nicht durchsucht, die ganze Zeit habe ich die Polizisten beobachtet«

»Also wirklich, gestern bin ich an einem Polizisten vorbeigekommen, und er hat keine Notiz von mir genommen«

»Die Polizei hält meine Arbeit jetzt für einen Streich, wohl wahr, Jacky ist ein rechter Streich-Spieler«
»Ich bin Euer Freund«
»Ich bin sehr amüsiert«
»Hier ist mein Foto, ich gelte als sehr gut aussehender Gentleman«
»Ihr seht, ich treibe mich noch immer herum«
»Ich bebe, während ich diese Zeilen schreibe«
»Ihr werdet Schwierigkeiten haben, mich zu fassen«
»Versucht gar nicht erst, mich zu fassen, es wird nicht klappen«
»Ihr habt mich nie gefasst und werdet mich nie fassen Ha Ha«

> »Ha! Ha!
> Und Tschüss,
> Werter Herr,
> der Ihre,
> Wenn Sie mich fangen«

Mein Vater, der Rechtsanwalt war, sagte immer, man wisse viel über einen Menschen, wenn man wisse, was ihn zornig mache. Eine Durchsicht der 211 Ripper-Briefe im britischen Staatsarchiv, dem Public Records Office in Kew, zeigt seinen intellektuellen Hochmut. Selbst wenn sich der Ripper in seinen Schreiben verstellte, um unwissend, ungebildet oder verrückt zu erscheinen, mochte er es gar nicht, wenn man ihn dessen bezichtigte. Dann konnte er der Versuchung nicht widerstehen, die Welt gelegentlich durch einen Brief mit einwandfreier Orthographie, sauberer oder schöner Handschrift und überaus gewählter Ausdrucksweise an seinen wahren Bildungsstand zu erinnern. Mehr als einmal protestierte der Ripper in seinen von Polizei und Presse zunehmend ignorierten Nachrichten: *I ain't* [Slang für: am not] *a maniac as you say I am to dam* [richtig: too damn] *clever for you* (»Ich bin kein Irrer, wie Ihr sagt, ich bin bloß zu verdammt schlau für Euch«) und *Do you think I am mad What a mistake you make.* (»Glaubt Ihr, ich bin verrückt Was für einen Fehler, den Ihr da macht.«)

Es ist wenig wahrscheinlich, dass ein analphabetischer Cockney ein Wort wie *conundrum* – ein nicht gerade umgangssprachlicher Ausdruck für Rätsel oder Problem – verwenden und als »Mathematicus« unterschreiben würde. Es ist wenig wahrscheinlich, dass eine ungebildete Bestie die Menschen, die sie ermordet hat, »Opfer« nennt und die Verstümmelung einer Frau »Kaiserschnitt«. Der Ripper verwendete auch vulgäre Ausdrücke wie *cunt* (Fotze), gab sich große Mühe, orthographische Fehler zu machen, Wörter zu entstellen und mit miserabler Handschrift zu schreiben, um die hingeschmierten Briefe dann – »Ich hab keine Briefmarke« – in Whitechapel aufzugeben, als wäre Jack the Ripper ein Slum-Bewohner. Doch die meisten armen Leute aus Whitechapel konnten überhaupt nicht lesen und schreiben. Ohnehin waren viele Bewohner des Viertels Ausländer und sprachen kein Englisch. Die meisten Menschen, die falsch schreiben, begehen phonetische Fehler und wiederholen diese gleich bleibend. Der Ripper dagegen schrieb in manchen Briefen ein Wort auf mehrere unterschiedliche Arten falsch.

Das wiederholt verwendete Wort *games* (Spiele) und das noch häufiger verwendete »ha ha« waren charakteristische Äußerungsformen des gebürtigen Amerikaners James McNeill Whistler. Besonders sein ha! ha! oder »Gegacker«, wie Sickert es nannte, war berüchtigt und gefürchtet – ein Lachen, das das englische Ohr verletzte. Mit ihm konnte Whistler das Gespräch einer Tischgesellschaft zum Erliegen bringen. Die Ankündigung seines Kommens genügte, um seine Feinde in Schrecken zu versetzen oder zum Verlassen der Gesellschaft zu bewegen. »Ha ha« war weit eher amerikanisch als englisch, und man kann sich unschwer vorstellen, wie oft sich Sickert das irritierende »Ha ha« im Laufe eines Tages anhören musste, wenn er mit Whistler zusammen war oder im Atelier des Meisters arbeitete. Man kann Hunderte von viktorianischen Briefen lesen, ohne auf ein einziges »Ha ha« zu stoßen, doch in den Briefen des Rippers wimmelt es davon.

Generationen haben sich in die Irre führen lassen durch die Annahme, die Ripper-Briefe seien schlechte Scherze, Versuche eines Journalisten, auf Biegen und Brechen eine Sensationsstory zu kreieren, oder verwirrte Produkte von »Geistesgestörten«. Denn das war die Ansicht von Presse und Polizei. Die Ermittlungsbeamten und die meisten Leute, die sich später mit den Ripper-Verbrechen beschäftigten, haben sich mehr mit der Handschrift als der Sprache befasst. Die Handschrift lässt sich leicht verstellen, besonders wenn man ein ausgezeichneter Maler ist, doch der charakteristische und wiederholte Gebrauch bestimmter sprachlicher Wendungen in einer Vielzahl verschiedener Texte ist wie der geistige Fingerabdruck einer Person.

Zu Walter Sickerts Lieblingsbeleidigungen gehörte es, andere Menschen als *fools* (Narren) zu beschimpfen. Auch der Ripper hatte eine Schwäche für dieses Wort; für ihn war jeder ein Narr, ausgenommen er selbst. Psychopathen glauben in der Regel, sie könnten die Leute austricksen, die hinter ihnen her sind. Der Psychopath hat Spaß daran, sein Spiel mit den anderen zu treiben, sie zu reizen und zu verhöhnen. Wie lustig, so ein Chaos zu stiften, sich zurückzulehnen und es zu beobachten. Walter Sickert war gewiss nicht der erste Psychopath, der solche Spielchen spielte, der die Welt verhöhnte, sich lustig machte, glaubte, er sei klüger als alle anderen und käme mit seinen Morden ungeschoren davon, doch vielleicht war er der originellste und kreativste Mörder, den es je gab.

Sickert war ein gebildeter Mann und hatte möglicherweise den IQ eines Genies. Er war ein begabter Maler, dessen Werk sehr geschätzt wird, aber nicht unbedingt Begeisterungsstürme auslöst. Seinen Bildern fehlen die eigenwilligen, zarten, träumerischen Elemente. Er hat allerdings auch nie behauptet, das »Schöne« darstellen zu wollen, und handwerklich war er sicherlich besser als die meisten seiner Zeitgenossen, Whistler eingeschlossen. Sickert, der »Mathematicus«, war ein Techniker. »Alle Linien in der Natur … liegen irgendwo in Radianten, die sich innerhalb der 360 Grad von vier rechten Winkeln befinden«, schrieb er. »Alle Geraden … und alle Kurven lassen sich als Tangenten solcher Linien betrachten.« Er lehrte seine Schüler: »Die Grundlage des Zeichnens ist eine hoch entwickelte Empfindlichkeit für die genaue Richtung von Linien … innerhalb der 180 Grad von rechten Winkeln.« Und fügte erläuternd hinzu: »Man könnte sagen, dass Kunst … der individuelle Fehlerkoeffizient … in den Bemühungen [des Künstlers] ist, die Form auszudrücken.« Whistler und Degas haben die Kunst nicht in solchen Begriffen definiert. Ich bin noch nicht einmal sicher, ob sie auch nur ein Wort von Sickerts Ausführungen verstanden hätten. Wie exakt und mathematisch Sickerts Verstand arbeitete, wird nicht nur in solchen Beschreibungen deutlich, sondern auch in seiner Malweise. Seine Methode bestand darin, seine Skizzen durch Rastervergrößerung geometrisch so auszudehnen, dass die exakten Perspektiven und Proportionen erhalten blieben. Auf einigen seiner Bilder ist hinter der Farbe noch schwach das Gitternetz seiner mathematischen Methode zu erkennen, wie hinter den Spielen und Gewaltverbrechen von Jack the Ripper das Gitternetz des Verstandes zu erahnen ist, der für all diese Machenschaften verantwortlich ist.

Als Sickert fünf Jahre alt war, hatte er bereits drei entsetzliche Operationen an einer »Fistel« hinter sich.

In jeder Biographie, die ich über Sickert gelesen habe, werden diese Operationen lediglich mit ein paar kurzen Worten erwähnt, und meines Wissens hat nie jemand genauer ausgeführt, was es mit dieser Fistel auf sich hatte oder warum zu ihrer Behebung drei lebensgefährliche Operationen erforderlich waren. Zudem fehlt bis heute ein wissenschaftliches, objektives Buch, das die 81 Jahre seines Lebens eingehend und ausführlich behandelt.

Zwar lässt sich Denys Suttons 1976 erschienene Sickert-Biographie mit Gewinn lesen, weil der Autor ein gründlicher Forscher ist und sich auf Interviews mit Personen stützt, die den »alten Meister« noch gekannt haben. Aber Sutton musste einige Kompromisse eingehen, weil er von der Sickert-Stiftung die Genehmigung zur Veröffentlichung urheberrechtlich geschützter Dokumente, wie zum Beispiel der Briefe, benötigte. Diese gesetzlichen Beschränkungen des Abdrucks von Sickert-Material – seine Kunstwerke eingeschlossen – sind der einschüchternde Berg, den es zu erklimmen gilt, um das Gesamtbild der mit Konflikten beladenen und komplizierten Persönlichkeit dieses Mannes in den Blick zu bekommen. In einer Aufzeichnung, die sich in Suttons Archiv an der University of Glasgow befindet, scheint es einen Hinweis auf ein Ripper-Gemälde zu geben, das Sickert in den 1930er gemalt haben soll. Falls dieses Gemälde wirklich existiert, habe ich es nirgendwo sonst erwähnt gefunden.

Es gibt andere Hinweise auf Sickerts eigenartiges Verhalten, die jeden, der sich eingehend mit ihm beschäftigt hat, zumindest hätten stutzig machen müssen. In einem Brief aus Paris vom 16. November 1968 schrieb ein Mann namens Dumoyer de Seconzac an Sutton, dass er Sickert um 1930 gekannt habe. Er könne sich lebhaft daran erinnern, dass Sickert behauptet habe, er hätte in Whitechapel in demselben Haus »gelebt« wie Jack the Ripper, und dass Sickert ihm »angeregt von dem heimlichen und faszinierenden Leben dieses monströsen Mörders« erzählt habe.

Die Kunsthistorikerin und Sickert-Expertin Dr. Anna Guertzner-Robins von der Reading University sagt, sie begreife nicht, wie man sich intensiv mit Sickert beschäftigen könne, ohne Verdacht zu schöpfen, dass er Jack the Ripper sei. Einige der Studien, die sie über seine Werke veröffentlicht hat, enthalten Beobachtungen, die offenbar allzu hellsichtig für den offiziellen Sickert-Geschmack waren. Anscheinend ist die Wahrheit über Sickert noch heute in ebenso dichten Nebel gehüllt wie einst die Wahrheit über Jack the Ripper. Jeder Versuch, einen Aspekt seines Lebens zu erhellen, der kein so günstiges Licht auf den berühmten Maler werfen könnte, gilt als Blasphemie.

Anfang 2002 setzte sich Howard Smith, der Kurator der Manchester City Art Gallery, mit mir in Verbindung, weil er wissen wollte, ob mir bekannt sei, dass Walter Sickert 1908 ein sehr düsteres Gemälde mit dem Titel *Jack the Ripper's Bedroom* (»Jack the Rippers Schlafzimmer«) gemalt habe. 1980 wurde das Werk dem Kunstmuseum gestiftet, und der damalige Kurator benachrichtigte Dr. Wendy Baron – die über Sickert promoviert und mehr über ihn veröffentlicht hatte als irgendein anderer Wissenschaftler –, um sie über diesen bemerkenswerten Fund zu unterrichten. »Wir haben gerade aus einem Vermächtnis zwei Ölgemälde von Sickert erhalten ...«, schrieb der Kurator Julian Treuherz am 2. September 1980 an Dr. Baron. Eines von ihnen sei »Jack the Ripper's Bedroom, Öl auf Leinwand, 50 x 41«.

Dr. Baron antwortete Mr. Treuherz am 12. Oktober und

bestätigte, dass das Schlafzimmer auf dem Gemälde das Schlafzimmer einer Pension in Camden Town (Mornington Crescent 6) sei, in der Sickert die zwei obersten Etagen gemietet hatte, als er 1906 aus Frankreich zurück nach London gezogen war. Zudem bemerkte Dr. Baron, dass während der 1880er Jahre in diesem Gebäude in Camden Town »Jack the Ripper nach Sickerts Überzeugung gewohnt« habe. Ich habe keinerlei Hinweise auf die Adresse in Mornington Crescent und auf Sickerts Meinung, dass der Ripper dort einst logiert habe, gefunden. Das schließt jedoch nicht die Möglichkeit aus, dass Sickert während der Serienmorde von 1888 in diesem Gebäude insgeheim ein Zimmer gemietet hatte. In Briefen, die der Ripper geschrieben hat, sagte er jedenfalls, er sei in eine Pension gezogen. Es könnte durchaus diejenige in Mornington Crescent 6 gewesen sein – wo Sickert 1907 lebte, gerade als einer weiteren Prostituierten die Kehle durchgeschnitten wurde, keine anderthalb Kilometer von seiner Unterkunft entfernt.

Gern erzählte Sickert Freunden die Geschichte von der Pensionswirtin, bei der er einst gewohnt hatte und die behauptete, Jack the Ripper habe während der Verbrechen bei ihr logiert und sie wisse, wer er sei – ein kränklicher Student der Veterinärmedizin, der schließlich in eine Nervenheilanstalt gekommen sei. Sie habe ihm, Sickert, auch den Namen des Serienmörders genannt, den er sich in dem Exemplar von Casanovas Memoiren notiert habe, das er damals gerade gelesen habe. Doch leider konnte sich Sickert trotz seines fotografischen Gedächtnisses nicht an den Namen erinnern, und sein Casanova-Exemplar wurde im Zweiten Weltkrieg zerstört.

Unbeachtet blieb das Gemälde *Jack the Ripper's Bedroom* zweiundzwanzig Jahre lang auf dem Speicher. Es hat den Anschein, als wäre *Jack the Ripper's Bedroom* eines der wenigen bekannten Gemälde, das Dr. Baron in ihren Veröffentlichungen nicht berücksichtigt hat. Jedenfalls habe ich nie davon gehört. Auch Dr. Robins nicht oder die Tate Gallery oder irgendjemand sonst, dem ich im Zuge dieser Recherchen begegnet bin. Offenbar ist niemand besonders erpicht auf eine Veröffentlichung dieses Bildes. Der Gedanke, dass Sickert Jack the Ripper gewesen ist, sei »Quatsch«, erklärte Sickerts Neffe John Lessore, der nicht direkt blutsverwandt mit ihm ist, sondern über dessen dritte Ehefrau Thérèse Lessore.

Während ich dieses Buch schrieb, hatte ich keinerlei Kontakt mit der Sickert-Stiftung. Weder die Leute, die dort das Sagen haben, noch igendjemand sonst hat mich davon abgebracht, zu veröffentlichen, was ich für die reine Wahrheit halte. Ich habe mich auf die Erinnerungen von Zeitgenossen Walter Sickerts gestützt – zum Beispiel von Whistler und den beiden ersten Ehefrauen Sickerts –, die keinerlei rechtliche Verpflichtungen gegenüber der Sickert-Stiftung hatten.

Ich habe die Wiederholung von Ungenauigkeiten vermieden, die sich von Buch zu Buch potenzieren, wenn ein Autor vom anderen abschreibt. Wie ich herausfand, kann man Informationen, die seit Sickerts Tod verbreitet werden, nur dann als einigermaßen verlässlich ansehen, wenn darin nicht absichtlich negativ oder indiskret über sein Privatleben gesprochen wird. Die Fistel galt nicht als wichtig, weil denjenigen, die darüber berichteten, wohl nicht klar war, welche verheerenden Folgen sie möglicherweise in Sickerts Psyche hervorgerufen hatte. Ich jedenfalls war schockiert, als ich John Lessore nach der Fistel seines Onkels fragte und er mir eröffnete – als wäre es allgemein bekannt –, die Fistel sei »ein Loch in [Sickerts] Penis« gewesen.

Ich glaube wirklich, dass Lessore nicht die geringste Ahnung hatte, was er mir da mitteilte und welche Bedeutung es unter Umständen hatte. Auch glaube ich kaum, dass Denys Sutton viel über Sickerts Fistel gewusst hat. Zu diesem Problem schreibt Sutton lediglich, Sickert sei zweimal »in München an einer Fistel« operiert worden, und 1865, während die

Familie Sickert in Dieppe geweilt habe, sei von Miss Sheep-shanks ein dritter Versuch durch einen bekannten Londoner Chirurgen vorgeschlagen worden.

Helena erwähnt in ihren Memoiren das medizinische Problem ihres Bruders überhaupt nicht, aber man muss sich fragen, wie viel sie davon wusste. Es ist unwahrscheinlich, dass die Genitalien ihres ältesten Bruders Gegenstand von Familiengesprächen waren. Helena war noch ein Säugling, als Sickert operiert wurde, und es spricht einiges dafür, dass Sickert zu dem Zeitpunkt, da sie alt genug war, um sich für Fortpflanzungsorgane zu interessieren, nicht mehr geneigt war, nackt vor ihr herumzulaufen – oder vor irgendjemand anders. Er selbst spielte gelegentlich indirekt auf seine Fistel an, indem er zu witzeln pflegte, er sei nach London gekommen, um sich »beschneiden« zu lassen.

Im 19. Jahrhundert waren Fisteln des Anus, des Rektums und der Vagina so häufig, dass das St. Mark's Hospital in London ausschließlich solche Fälle behandelte. »Fisteln des Penis« werden in der Literatur, die ich finden konnte, überhaupt nicht erwähnt, aber ich vermute, dass der Terminus unscharf verwendet wurde, um Anomalien des Penis wie diejenige, unter der Sickert litt, zu beschreiben. Die Fistel – von lateinisch *fistula* (Röhre oder Rohrpfeife) – wird in der Regel als abnormer Kanal beschrieben, der so scheußliche Absonderlichkeiten bewirkt wie eine Verbindung zwischen Rektum und Blase oder zwischen Harnleiter und Vagina.

Eine Fistel kann angeboren sein, wird aber häufig durch einen Abszess hervorgerufen, der sich den Weg des geringsten Widerstands durchs Gewebe oder die Hautoberfläche sucht und eine Öffnung »gräbt«, durch die dann Urin, Kot oder Eiter ausgeschieden werden. Wie sich unschwer vorstellen lässt, konnten Fisteln außerordentlich lästig, peinlich und gefährlich sein, wovon frühe medizinische Zeitschriften anschaulich zu berichten wussten: äußerst schmerzhafte Geschwüre, Därme, die sich in Blasen entleerten, Därme oder

Blasen, deren Inhalt in Vaginen oder Gebärmütter gelangte, und Monatsblutungen, die durch das Rektum abflossen.

Mitte des 19. Jahrhunderts machten die Ärzte alle möglichen Ursachen für Fisteln verantwortlich: das Sitzen an feuchten Orten, den Aufenthalt auf Außenplattformen von Bussen nach körperlicher Betätigung, das Verschlucken kleiner Knochen oder Nadeln, »falsche« Ernährung, Alkohol, ungeeignete Kleidung, die »verschwenderische« Verwendung von Kissen oder die mit bestimmten Berufen verbundene sitzende Tätigkeit. Dr. Frederick Salmon, der Gründer des St. Mark's Hospital, behandelte Charles Dickens wegen einer Fistel, die nach seiner Ansicht dadurch verursacht worden war, dass der große Schriftsteller zu viel an seinem Schreibtisch saß.

St. Mark's wurde 1835 gegründet, um die Armen bei Mastdarmerkrankungen und deren »verderblichen Varietäten« zu behandeln. 1864 wurde es nach Islington in die City Road verlegt. Als der Krankenhausdirektor 1865 mit 400 Pfund, einem Viertel des jährlichen Budgets, das Weite suchte, geriet das Krankenhaus in große finanzielle Bedrängnis. Ein geplantes Festbankett, bei dem die fehlenden Mittel aufgebracht werden sollten, fiel ins Wasser, als der prominente Fistel-Patient Dickens die Einladung ablehnte. Im Herbst desselben Jahres wurde Walter Sickert ins St. Mark's Hospital eingeliefert, um von dem kürzlich berufenen Chirurgen Dr. Alfred Duff Cooper »geheilt« zu werden, der später die Tochter des Duke of Fife heiratete und von King Edward VII. zum Ritter geschlagen wurde.

Mit 27 Jahren war Dr. Cooper ein aufgehender Stern am Himmel seiner Zunft. Sein Spezialgebiet war die Behandlung von Mastdarm- und Geschlechtskrankheiten. Weder bei Durchsicht seiner Veröffentlichungen noch der Prüfung der restlichen einschlägigen Literatur bin ich auf eine Erwähnung so genannter »Fisteln des Penis« gestoßen. Der Schweregrad von Sickerts »Fistel« könnte von mittel bis schrecklich gereicht haben. Es ist denkbar, dass er unter einer genetischen Missbildung der Genitalien gelitten hat, die man als Hypospadie bezeichnet und bei der der Harnleiter unterhalb der Penisspitze austritt. In der deutschen medizinischen Literatur aus der Zeit von Sickerts Geburt ist zu lesen, ein Fall von einfacher Hypospadie sei »geringfügig« und häufiger als allgemein bekannt. »Geringfügig« hieß in diesem Fall, dass die Fistel die Zeugung nicht beeinträchtigte und keinen chirurgischen Eingriff erforderlich machte, der damals das Risiko von Infektion und Tod heraufbeschwor.

Da bei Sickerts Missbildung drei Operationen notwendig waren, dürfen wir wohl davon ausgehen, dass sein Problem nicht »geringfügig« war. Dr. Johann Ludwig Casper, Professor für forensische Medizin an der Universität Berlin, berichtete 1864 über eine sehr ernste Art von Hypospadie, deren Behandlung keineswegs geringfügig war: die Öffnung des Harnleiters an der »Wurzel« oder Basis des Penis. Noch schlimmer ist die Epspadie, bei der der Harnleiter geteilt ist und wie eine »flache Rinne« an der Rückseite eines rudimentären oder nur unvollständig ausgebildeten Penis verläuft. Solche Fälle wurden Mitte des 19. Jahrhunderts in Deutschland als eine Art von Hermaphroditismus oder Fälle von »zweifelhaftem Geschlecht« betrachtet.

Es ist durchaus denkbar, dass Sickerts Geschlecht bei seiner Geburt als zweifelhaft angesehen wurde, das heißt, dass sein Penis klein, möglicherweise missgestaltet und ohne Harnleiter war. In diesem Falle wäre die Blase mit einem Kanal verbunden, der sich an der Basis des Penis – oder in der Nähe des Anus – öffnete, und im Skrotum hätte sich eine Spalte befunden, die dem weiblichen Geschlechtsorgan geähnelt hätte – Klitoris, Vagina und Schamlippen. Unter Umständen blieb Sickerts Geschlecht unbekannt, bis seine Hoden in den so genannten Schamlippen entdeckt wurden und man feststellte, dass er keine Gebärmutter hatte. In Fällen von ambigen Genitalien ist der Betroffene, wenn sich herausstellt, dass er männlich ist, nach Erreichen der Geschlechtsreife in der Regel in jeder Hinsicht normal und gesund, abgesehen von seinem Penis, der vielleicht funktionsfähig, aber sicherlich nicht normal ist. In der Frühzeit der Chirurgie endeten die Versuche, schwerwiegend missgebildete Genitalien zu korrigieren, meist mit einer Verstümmelung.

Ohne medizinische Berichte kann ich natürlich nicht genau feststellen, was für eine Anomalie des Penis bei Sickert vorgelegen hat, doch wenn es sich um eine »geringfügige« Hypospadie gehandelt hat, warum sind seine Eltern das Risiko der Operationen eingegangen? Warum haben Vater und Mutter so lange gewartet, bevor sie zu korrigieren versuchten, was sich als sehr unangenehme Beeinträchtigung erwiesen haben dürfte? Der dritten Operation wurde Sickert erst unterzogen, als er fünf Jahre alt war, was darauf schließen lässt, dass er die ersten beiden Male in Deutschland auch nicht im Säuglingsalter operiert wurde. Vielleicht haben diese erfolglosen Eingriffe Komplikationen nach sich gezogen. Auf jeden Fall war Sickerts Behinderung so schwer wiegend, dass seine Tante ihn zu einer weiteren Operation nach London holte – alles Ereignisse, die darauf schließen lassen, dass die Eingriffe ziemlich rasch aufeinander folgten. Falls er drei oder vier Jahre alt war, als seine albtraumhafte medizinische Leidensgeschichte begann, ist anzunehmen, dass seine Eltern die Operationen aufgeschoben haben, bis sie über sein Geschlecht Klarheit gewonnen hatten. Ich weiß nicht, wann Sickert die Namen Walter Richard erhielt. Bisher ist noch keine Geburtsurkunde und kein Taufschein aufgetaucht.

In Helenas Memoiren heißt es, in der Kindheit hätten »wir« Walter und seine Brüder immer als »Walter und die Jungs« bezeichnet. Wer ist »wir«? Ich bezweifle, dass seine Brüder von *Walter und den Jungs* sprachen, noch kann ich mir vorstellen, dass die kleine Helena die Wendung geprägt hat. Für wahrscheinlicher halte ich, dass die Bezeichnung *Walter und die Jungs* von einem oder beiden Elternteilen kam.

In ihren Memoiren leitet Helena daraus die Annahme ab,

Walter sei so frühreif und dominant gewesen, habe eine solche Sonderrolle innegehabt, dass er nicht derselben Kategorie zugeordnet wurde wie die Brüder. So sei es zu *Walter und die Jungs* gekommen. Es könnte aber auch sein, dass er sich körperlich von den Brüdern unterschied – oder vielleicht von Jungs im Allgemeinen. Falls dies der wirkliche Grund war, dass seine Mutter, sein Vater oder beide von *Walter und den Jungs* sprachen, wäre das demütigend und grausam gewesen und hätte ihn in seiner männlichen Identität beschädigt.

Sickerts frühe Kindheit war überschattet vom Trauma schmerzhafter medizinischer Eingriffe. Werden Eingriffe zur Korrektur einer Hypospadie im Alter von mehr als achtzehn Monaten vorgenommen, können sie Kastrationsängste auslösen. Sickerts Operationen könnten also möglicherweise Einschränkungen und Narben hervorgerufen haben, die Erektionen unter Umständen schmerzhaft oder unmöglich gemacht hätten. Vielleicht ist eine Teilamputation vorgenommen worden. Auf keinem seiner Bilder sind nackte Männer zu sehen, abgesehen von zwei Skizzen, die ich gefunden habe und die er offenbar als Halbwüchsiger oder auf der Kunstschule angefertigt hat. Auf beiden Bildern haben die nackten männlichen Figuren schemenhafte Penisstümpfe, die alles andere als normal aussehen.

Zu den auffälligsten Merkmalen der Ripper-Briefe gehört der Umstand, dass so viele davon mit einem Zeichenstift geschrieben und mit leuchtender Tinte oder Wasserfarben bekleckst oder verschmiert sind. Sie verraten die geübte Hand eines geschulten Künstlers. Auf mehr als einem Dutzend dieser Briefe befinden sich phallusähnliche Zeichnungen von Messern – alles lange, dolchartige Gerätschaften, ausgenommen zwei seltsam kurze, gestutzte Klingen in wüsten, höhnischen Briefen. Einer dieser Briefe mit solch seltsam gestutzten Messern ist mit schwarzer Tinte auf billigem Papier ohne Wasserzeichen geschrieben. Er wurde am 22. Juli 1889 abgeschickt:

London West

Lieber Boss,
Wieder zurück & wieder die alten Tricks. Willst Du
mich kriegen? Ich denke, Du solltest hier mal nachsehen – ich verlass meine Bude – in der Nähe der Conduit Str. heute Abend gegen 22 Uhr 30 behalt die Conduit Str. & und Umgebung im Auge-Ha-Har Ich for-
der Dich heraus noch vier Leben noch vier Fotzen
sind zu meiner kleinen Sammlung hinzuzufügen & ich
werd zufrieden sein Tu was Du willst Du findest keinen Schlaf ... keine lange Klinge, aber scharf (notiert
Jack the Ripper neben der Zeichnung des Messers)[4]

Nach der Unterschrift kommt noch ein Postskript, das mit
den sehr deutlichen Buchstaben »R.St.w.« endet. Auf den
ersten Blick scheinen sie die Abkürzung für eine Adresse zu
sein, vor allem, da im Brief »St« zweimal als Abkürzung für
Straße verwendet wird und »W« für Westen stehen könnte.
Allerdings gibt es in London keine Adresse R Street West,
doch ich nehme an, man könnte das »R.St.« auch als eine
merkwürdige Abkürzung für Regent Street verstehen, die
auf die Conduit Street stößt. Nach meiner Einschätzung sind
die kryptischen Buchstaben allerdings doppeldeutig – noch
ein »kriegt mich, wenn ihr könnt«. Möglicherweise enthalten sie Hinweise auf die Identität des Mörders und seinen
zeitweiligen Aufenthalt.

---

[4] Dear Boss
   Back again & up to the old tricks. Would you like catch me? I guess you
   would well look here – I leave my diggings – close to Conduit St to night
   at about 10:30 watch Conduit St & close round there-Ha-Har I dare you
   4 more lives four more cunts to add to my little collection & I shall rest
   content Do what you will you will never nap ... Not a big blade but sharp
   (Jack the Ripper jots beside his drawing of the knife)

Auf einer Reihe seiner Bilder kürzte Sickert seinen Namen »St.« ab. In späteren Jahren verwirrte er die Kunstwelt durch den Entschluss, nicht Walter, sondern Richard Sickert zu sein oder R.S. beziehungsweise R.St. In einem anderen Brief, den der Ripper am 30. September 1889 – nur zwei Monate nach dem eben zitierten – an die Polizei schrieb, ist eine ähnlich verstümmelte Messerklinge zu sehen und ein skalpell- oder rasiermesserähnliches Werkzeug, auf dessen Klinge sehr schwach die Initialen R (möglicherweise W) S eingeritzt sind. Meines Wissens sind diese rätselhaften Initialen nie bemerkt worden, was Sickert wohl enttäuscht haben dürfte. Zwar wollte er nicht gefasst werden, es muss ihn jedoch geärgert haben, dass die Polizei seine kryptischen Hinweise völlig übersah.

Regent und New Bond Street sind Walter Sickert wahrscheinlich sehr vertraut gewesen. 1881 trottete er Ellen Terry hinterher, als sie die Läden in der Regent Street auf der Suche nach Kleidern für ihre Rolle als Ophelia im Lyceum abklapperte. In der New Bond Street befand sich die Fine Art Society, die Galerie, in der die Gemälde James McNeill Whistlers ausgestellt und verkauft wurden. Im Brief vom Juli 1889 verwendet der Ripper das Wort *diggings*, das in amerikanischem Slang Haus und Unterkunft, aber auch Büro bedeutet. Sickert dürfte mit der Fine Art Society, die in der »Umgebung« der Conduit Street lag, geschäftlich zu tun gehabt haben.

Spekulationen darüber, was der Ripper mit diesem Brief gemeint haben könnte, sind sicherlich verlockend, können aber kaum wirklichen Aufschluss darüber geben, was in Sickerts Kopf vor sich ging. Aber es gibt viele Gründe für die Annahme, dass Sickert den Roman Der seltsame Fall des *Dr. Jekyll und Mr. Hyde* von Robert Louis Stevenson gelesen hat, der 1885 erschienen war. Auch dürfte er wohl kaum die Bühnenversionen versäumt haben, deren Aufführungen im Sommer 1888 begannen. Vielleicht hat ihm Stevensons

Dichtung die eigene Gespaltenheit zu Bewusstsein gebracht. Es gibt viele Parallelen zwischen Jack the Ripper und Mr. Hyde: wiederholtes unerklärliches Verschwinden, unterschiedliche Handschriften, Nebel, Verkleidungen, geheime Unterkunfte, in denen Verkleidungen verwahrt wurden, Verstellung von Gestalt, Größe und Gang. Mit diesem Schauerroman lieferte Stevenson eine bemerkenswert genaue Beschreibung der Psychopathie. Er berichtet, der gute Mensch Dr. Jekyll habe eine seltsame Vorliebe – eine Art »Hörigkeit« – für den geheimnisvollen Mr. Hyde, der »vom Geist des ewig Bösen beseelt« sei. Nachdem Hyde einen Mord begangen hat, entkommt er durch die dunklen Straßen und fühlt sich durch die blutige Tat in eine euphorische Stimmung versetzt. Schon malt er sich den nächsten Mord aus.

Dr. Jekylls böse Seite sei das »Tier«, das in ihm lebe, schrieb Stevenson, das keine Furcht kenne und die Gefahr liebe. In der »zweiten Persönlichkeit« des Mr. Hyde verfüge Dr. Jekyll über »außerordentlich geschärfte« Verstandeskräfte. Wenn der grundgütige, allseits beliebte Arzt sich in Hyde verwandelte, wurde er von Wut und dem unbezähmbaren Drang übermannt, jeden, der ihm über den Weg lief, zu quälen und zu ermorden. »Diesem Geschöpf der Hölle wohnt nichts Menschliches inne«, sagte Stevenson. Das galt auch für Sickert, wenn sein anderes Selbst »aus der Hölle« seine verstümmelte Männlichkeit durch eine Messerklinge ersetzte.

Als wären die Operationen und nachfolgenden Funktionsstörungen noch nicht schrecklich genug gewesen, litt Sickert auch noch unter einer, wie es ihm 19. Jahrhundert hieß, »depravierten Beschaffenheit des Blutes«. Aus Briefen, die Sickert später schrieb, ging hervor, dass er periodisch an schweren Abszessen und Furunkeln erkrankte, die ihn zwangen, das Bett zu hüten. Er weigerte sich, einen Arzt zu konsultieren. Eine exakte Diagnose von Sickerts angeborener Missbildung und anderen damit zusammenhängenden Gesundheitsproblemen dürfte nie mehr möglich sein, obwohl er selbst 1899 schrieb, seine »Zeugungsorgane« seien sein »ganzes Leben lang leidend« gewesen, und sein »körperliches Elend« erwähnte. Im St. Mark's Hospital wurden systematische Patientenakten erst ab 1900 geführt; auch hat es nicht den Anschein, als hätte Sir Alfred Duff Cooper irgendwelche Aufzeichnungen über die Operation aufbewahrt, die er 1865 an Sickert vorgenommen hatte. In Familienbesitz befinden sich Coopers Aufzeichnungen jedenfalls nicht, wie mir dessen Enkel, der Historiker und Schriftsteller John Julius Norwich, mitteilte.

Eine Operation war Mitte des 19. Jahrhunderts sicherlich keine angenehme Erfahrung, schon gar nicht, wenn sie am Penis vorgenommen wurde. Etwa dreißig Jahre zuvor hatte man die Narkosemittel Äther, Distickstoffoxid (Lachgas) und Chloroform entdeckt. Doch erst ab 1847 begann man in Großbritannien Chloroform zu verwenden, das für den kleinen Walter noch keine große Hilfe gewesen sein dürfte. Dr. Salmon vom St. Mark's Hospital war kein Befürworter der Narkose und gestattete in seinem Krankenhaus keine Verwendung von Chloroform, weil es bei falscher Dosierung leicht zum Tode führen konnte.

Ob Walter bei seinen beiden Operationen in Deutschland Chloroform bekam, wissen wir nicht, allerdings erwähnt er in einem Brief an Jacques Émile Blanche, er erinnere sich, dass er chloroformiert wurde, während sein Vater Oswald Sickert ihn ansah. Es lässt sich schwer entscheiden, von welchem Ereignis Sickert hier spricht, wann und wie viele Male es stattgefunden hat – oder ob er überhaupt die Wahrheit sagt. Doch egal, ob Sickert eine Narkose bekommen hat oder nicht, als ihn Dr. Alfred Cooper 1865 operierte, am erstaunlichsten ist in jedem Falle, dass der kleine Junge nicht gestorben ist.

Erst ein Jahr zuvor, 1864, hatte Louis Pasteur entdeckt, dass Krankheiten durch Keime verursacht werden. Drei Jahre darauf, 1867, sollte Joseph Lister den Vorschlag machen, Krankheitserreger mit Karbolsäure zu bekämpfen. Infektionen waren eine so häufige Todesursache in Krankenhäusern, dass viele Menschen es ablehnten, sich operieren zu lassen, und lieber Krebs, Wundbrand, schwerwiegende Infektionen, die durch Verletzungen wie Brandwunden und Brüche hervorgerufen wurden, oder andere potenziell tödliche Krankheiten in Kauf nahmen. Walter überlebte, aber es ist unwahrscheinlich, dass er sich gern an Krankenhauserfahrungen erinnert hat.

Wir können nur versuchen, uns den Schrecken auszumalen, der von dem Fünfjährigen Besitz ergriff, als er von seinem Vater in die fremde Großstadt London gebracht wurde. Der Junge wurde von der Mutter und den Geschwistern getrennt und befand sich in der Obhut eines Elternteils, das sich nicht gerade durch Mitleid und Freundlichkeit auszeichnete. Als Oswald Sickert mit seinem Sohn in einer Droschke ins St. Mark's Hospital fuhr, war er seinem Charakter gemäß wohl kaum dazu aufgelegt, dem kleinen Jungen die Hand zu halten und liebevolle, tröstliche Worte für ihn zu finden. Weit eher dürfte der Vater einfach geschwiegen haben.

Im Krankenhaus wurden Walter und die kleine Tasche mit seinen Habseligkeiten der Oberschwester übergeben, sehr wahrscheinlich Mrs. Elizabeth Wilson, einer 72-jährigen Witwe, deren Glaubensbekenntnis Sauberkeit und Disziplin war. Sie wird ihm ein Bett zugewiesen, seine Habseligkeiten in einen Schrank geräumt, ihn entlaust und gebadet und ihm schließlich die Krankenhausregeln vorgelesen haben. Damals stand Mrs. Wilson nur eine Schwester zur Seite; eine Nachtschwester gab es nicht.

Ich weiß nicht, wie lange Walter im Krankenhaus lag, bis Dr. Cooper den Eingriff vornahm, noch kann ich mit absoluter Sicherheit behaupten, dass kein Chloroform, keine fünfprozentige Kokainlösung und kein Schmerzmittel anderer Art verwendet wurde. Doch da im St. Mark's Hospital die Narkose von Patienten erst 1882 zur Norm wurde, muss man das Schlimmste annehmen.

Im Operationssaal brannte ein offenes Kaminfeuer, um den Raum zu erwärmen und um Eisen zur Blutstillung zu erhitzen. Nur Stahlinstrumente wurden sterilisiert, Kittel und Handtücher nicht. Die meisten Chirurgen trugen schwarze Gehröcke, nicht unähnlich den Kleidungsstücken, die die Metzger in den Schlachthäusern anhatten. Je steifer und dreckiger ein Gehrock von Blut und Schmutz war, desto mehr sprach er für die Erfahrung und Geltung des Chirurgen. Wer Wert auf Sauberkeit legte, galt als »pingelig und affektiert«. Ein Londoner Krankenhauschirurg dieser Zeit verglich einen Arzt, der seinen Gehrock reinigen ließ, mit einem Henker, der seine Nägel manikürte, bevor er jemandem den Kopf abhackte.

Der Operationstisch im St. Mark's war ein Bettgestell – fast immer aus Eisen –, bei dem man Kopf- und Fußteil entfernt hatte. Wie schrecklich muss sich ein kleiner Junge auf solch einem eisernen Bettgestell gefühlt haben. Auf der Station lag er in einem Eisenbett, und operiert wurde er ebenfalls in einem. Nur allzu verständlich, wenn er fortan eiserne Bettgestelle mit blutigem, schmerzhaftem Schrecken assoziierte – und mit Wut. Walter war allein. Der Vater wird kein großer Trost gewesen sein und die Entstellung des Sohnes mit Scham oder Abscheu zur Kenntnis genommen haben. Walter war Deutscher, zum ersten Mal in London. Ohnmächtig sah er sich einem Englisch sprechenden Gefängnis ausgeliefert, von leidenden Menschen umgeben und den Befehlen, Untersuchungen, Reinlichkeitsattacken und bitteren Arzneien einer alten, strengen Krankenschwester ausgeliefert.

Mrs. Wilson – gesetzt den Fall, dass sie zur Zeit von Walters Operation Dienst tat – hätte bei dem Eingriff assistiert, indem sie Walter auf den Rücken gelegt und ihm die Schenkel gespreizt hätte. In der Regel wurden die Patienten an Händen und Füßen fixiert, damit sie sich nicht bewegen konnten. Wahrscheinlich band man Walter mit Stoffbinden fest, zusätzlich hat die Schwester vielleicht noch seine Beine festgehalten, während Dr. Cooper mit dem Skalpell, entsprechend dem Standardverfahren des Krankenhauses, einen Schnitt in ganzer Länge der Fistel vornahm.

Falls Walter Glück hatte, begann seine Leidensgeschichte damit, dass er Erstickungsängste ausstand, als ihm Nase und Mund mit einem chloroformgetränkten Lappen bedeckt wurden, ein Verfahren, das ihm hinterher mit Sicherheit heftigste Übelkeit verursacht hat. Wenn er weniger Glück hatte, war er hellwach und erlebte den ganzen Schrecken, der ihm widerfuhr. Kein Wunder, dass Sickert sein Leben lang wenig Sympathie empfand für »diese schrecklichen Krankenschwestern mit ihren Manschetten, Einläufen & Rasierklingen ...«, wie er über fünfzig Jahre später schrieb.

Vielleicht hat Dr. Cooper ein stumpfes Messer genommen, um das Gewebe zu zerteilen, oder er hat einen *curved director*, eine Stahlsonde, durch die Öffnung des Penis eingeführt oder das zarte Fleisch mit einem Trokar durchstochen. Durch die neue Öffnung könnte er einen »derben Faden« gezogen und am Ende fest verknotet haben, um das Gewebe im Laufe der Zeit so einzuschnüren, wie man das Loch in einem frisch gelochten Ohrläppchen durch einen Faden oder einen Draht offen hält. Das hängt davon ab, was mit Walters Penis tatsächlich nicht in Ordnung war. In jedem Fall aber dürften Dr. Coopers geschickte Korrekturen noch umfänglicher und schmerzhafter gewesen sein als die beiden Operationen, die Walter zuvor in Deutschland über sich hatte ergehen lassen müssen. Mit Sicherheit hat sich Narbengewebe gebildet. Und es könnte weitere verheerende Folgen gegeben haben, etwa eine Striktur (Verengung) oder eine teilweise oder beinahe vollständige Amputation.

In Dr. Coopers Veröffentlichungen werden keine Penis-Fisteln – oder Hypospadien – erwähnt, aber wie aus den Beschreibungen seiner Methode hervorgeht, führte er eine Fisteloperation an einem Kind so rasch wie möglich durch, um einen Schock zu verhindern und dafür zu sorgen, dass der »kleine Patient« nicht »länger als unbedingt notwendig … exponiert« war oder »offene Wunden« hatte. Am Ende dieses Martyriums schloss Dr. Cooper jeden Schnitt mit Seidenfäden, so genannten »Ligaturen«, und stopfte Watte in die Wunden. Während Walter all dies – und wer weiß, was noch – erduldete, assistierte die ältliche Mrs. Wilson in ihrer gestärkten Uniform in jeder erforderlichen Hinsicht, nach Kräften bemüht, die zuckenden Gliedmaßen zu beruhigen und die Schreie zu ersticken, falls Walter keine Narkose erhalten hatte. Falls doch, war ihr Gesicht das Letzte, was er erblickte, bevor das eklig süße Chloroform ihm das Bewusstsein raubte. Möglicherweise war sie auch die erste Person, die er sah, als er sich durch pochenden Schmerz und würgende Übelkeit wieder ans Licht des Bewusstseins kämpfte.

Charles Dickens wurde 1841 ohne Narkose operiert. Er schrieb darüber in einem Brief: »Ich litt Todesqualen, während sie alle auf mich einredeten, tat mir aber Gewalt an und blieb sitzen. Ich konnte es kaum ertragen.« Eine Operation am Penis muss noch schmerzhafter gewesen sein als alle rektalen oder analen Eingriffe, zumal wenn man ein fünfjähriger Ausländer war, der keine Möglichkeit hatte, die Geschehnisse zu verarbeiten, weder das Erkenntnisvermögen noch vielleicht die Englischkenntnisse besaß, um zu verstehen, was vor sich ging, wenn Mrs. Wilson ihm den Verband wechselte, Arzneien verabreichte oder mit Schröpfköpfen an seinem Bett erschien, weil er eine Entzündung hatte, die man auf einen Überschuss von Blut zurückführte.

Vielleicht hatte Mrs. Wilson eine freundliche Art im Umgang mit den Kranken. Oder sie war streng und humorlos. Eine typische Einstellungsvoraussetzung für Krankenschwestern war damals, dass sie unverheiratet oder verwitwet waren, damit sie all ihre Zeit dem Krankenhaus widmen konnten. Ihr Arbeitstag war lang und anstrengend, und sie waren unterbezahlt. Außerdem arbeiteten sie unter höchst schwierigen und gefährlichen Bedingungen. Nicht selten schauten die Krankenschwestern ein bisschen »zu tief ins Glas«, liefen auf ihr Zimmer, um ein Schlückchen zu nehmen, und tauchten ein bisschen angeheitert wieder bei der Arbeit auf. Wie es um Mrs. Wilson stand, weiß ich nicht. Vielleicht war sie Abstinenzlerin.

Walters Krankenhausaufenthalt muss eine endlose Spanne von schrecklich freudlosen Tagen gewesen sein – Frühstück um acht, Milch und Suppe um 11 Uhr 30, die Hauptmahlzeit am späten Nachmittag und Licht aus um 21 Uhr 30. Tagein, tagaus, in Schmerzen und Dunkelheit, ohne eine Nachtschwester, die ihn hören konnte, ohne jemanden, der ihn in seiner Muttersprache hätte trösten und seine Hand halten können. Hätte er einen heimlichen Hass auf Schwester Wilson entwickelt, niemand hätte es ihm vorwerfen können. Hätte er die Überzeugung gewonnen, sie hätte seinen Penis verstümmelt und ihm so viel Schmerzen zugefügt, wäre das durchaus verständlich gewesen. Hätte er seine Mutter gehasst, die während seiner Leiden so weit fort war, wen hätte es überrascht?

Im 19. Jahrhundert war es ein schreckliches Stigma, unehelich oder als Kind eines unehelichen Elternteils geboren zu werden. Sickerts Großmutter mütterlicherseits hatte eine außereheliche sexuelle Beziehung, aus der ein Kind hervorging, folglich litt sie nach viktorianischen Maßstäben unter der gleichen genetischen Störung wie Prostituierte. Nach allgemeiner Überzeugung wurde ein solcher Erbfehler von einer Generation an die nächste weitergereicht und war ein »ansteckendes Blutgift«, vor dem in den Zeitungen immer wieder gewarnt wurde: »… eine Krankheit, die seit unvordenklichen Zeiten der Fluch der Menschheit ist, ein Fluch, der seine verderbliche Wirkung bis ins dritte und vierte Glied entfaltet.«

Vielleicht hat Sickert die Qualen und Demütigungen seiner Kindheit, seine verstümmelte Männlichkeit auf einen Erbfehler oder ein »Blutgift« zurückgeführt, das er von seiner unmoralischen Großmutter und seiner unehelichen Mutter geerbt hatte. Die psychischen Folgen des körperlichen Leids dürften für den kleinen Walter tragisch und kompliziert gewesen sein. Er hatte nicht nur körperlichen Schaden davongetragen; und wenn man die Sprache des Erwachsenen genauer betrachtet, zeigt sich, dass ihn die »medizinischen Dinge« auch dann nicht losließen, wenn er über etwas ganz anderes schrieb.

Überall in seinen Briefen und Kunstkritiken tauchen Metaphern auf wie Operationstisch, Operation, Diagnose, Sektion, Bloßlegen, Chirurg, Ärzte, kastriert, ausgeweidet, *aller* deiner Organe beraubt, narkotisiert, Anatomie, verknöchert, Deformation, Impfen. Einige dieser Sprachbilder sind ziemlich schockierend, sogar abstoßend, wenn sie sich plötzlich mitten in einem Abschnitt über Kunst oder Alltagsereignisse finden. Sie zeigen sich genauso unvermittelt wie Sickerts gewaltträchtige Metaphern. Wenn er Kunstfragen erörtert, rechnet der Leser nicht damit, plötzlich auf Wendungen zu stoßen wie morbider Schrecken, Schreckensbilder, tödlich, Tod, tot, Herzen toter Damen, sich selbst in Stücke hackend, fürchterlich erschrecken, gewalttätig, Gewalt, ausweiden, Kannibalismus, Albtraum, tot geboren, totes Werk, tote Zeichnungen, Blut, ein Rasiermesser an seine Kehle setzen, Särge zunageln, verwest, Rasiermesser, Messer, schneidend.

1912 schrieb er in einem Artikel für die *English Review:* »Vergrößerte Fotografien von nackten Leichen sollten in jeder Kunstakademie als Standardvorlagen für Aktzeichnungen zur Verfügung stehen.«

Der Gentleman-Slummer

In der letzten Woche des Oktobers 1888 wurden die heftigsten Regenfälle des Jahres verzeichnet. Im Durchschnitt drang die Sonne nicht mehr als eine Stunde pro Tag durch den Dunst.

Die Temperaturen blieben zu kalt für die Jahreszeit, daher brannten in den Behausungen die Kohlenfeuer, bliesen schwarzen Rauch in die Luft und trugen zur schlimmsten Luftverschmutzung in der Geschichte der Stadt bei. Im viktorianischen Zeitalter gab es noch keinen Emissionsschutz, und das Wort *Smog* war noch nicht geprägt worden. Doch die Probleme, die durch die Kohle geschaffen wurden, waren nicht neu.

Man war mit ihnen vertraut, seit man im 17. Jahrhundert in England aufgehört hatte, mit Holz zu heizen. Seither schädigte der Rauch aus der Kohleverbrennung das Leben und die Gebäude der Menschen, was sie aber nicht dazu bewegen konnte, auf die Verwendung von Kohle zu verzichten. Man schätzt, dass es im 18. Jahrhundert 40 000 Häuser mit 360 000 Schornsteinen in der Metropole gab. Ende des Jahrhunderts hatte der Kohleverbrauch noch zugenommen, vor allem bei den Armen. Der Besucher, der sich London näherte, roch es, lange bevor er es sah.

Der Himmel war trüb und fleckig, die Straßen waren mit Ruß bedeckt, die Sandsteingebäude und Eisenkonstruktionen angefressen. Der verschmutzte und dicke Nebel hielt sich länger und wurde dichter, und der schmutzige Dampf hatte eine andere Farbe als früher. Kanäle, die seit römischen Zeiten bestanden, wurden so dreckig, dass man sie zuschüttete. In einem Gesundheitsbericht aus dem Jahr 1889 hieß es, wenn London die Verschmutzung im bisherigen Tempo fortsetze, sei man bald gezwungen, die Themse zuzuschütten, weil sie jedes Mal, wenn die Flut käme, mit den Exkrementen von Millionen Einwohnern verpestet werde. Man tat gut daran, dunkle Kleidung zu tragen, und an manchen Tagen war die schweflige, rauchige Luft so aggressiv und der Gestank der ungeklärten Abwässer so unerträglich, dass die Londoner mit brennenden Augen und Lungen umhergingen und sich Taschentücher vors Gesicht hielten.

Nach einem Bericht der Heilsarmee gab es unter den rund 5,6 Millionen Einwohnern der Großen Metropole 30 000 Prostituierte und 32 000 Männer, Frauen und Jugendliche, die in Gefängnissen einsaßen. Ein Jahr zuvor, 1889, waren 160 000 Personen wegen Trunkenheit verurteilt worden, 2297 hatten Selbstmord begangen, und 2157 waren tot aufgefunden worden. In der Großen Metropole war knapp ein Fünftel der Bevölkerung obdachlos, befand sich in Arbeits- oder Armenhäusern, in Krankenhäusern oder lebte in äußerster Armut und war dem Verhungern nahe. Diese »tobende See« der Not, wie sie General William Booth, der Gründer der Heilsarmee nannte, brandete größtenteils im East End. Dort die betrunkenen, obdachlosen Prostituierten abzuschlachten war für ein raffiniertes Raubtier wie Jack the Ripper ein Kinderspiel.

Als der Ripper das East End in Angst und Schrecken versetzte, wurde die Bevölkerung seiner Jagdgründe auf eine Million geschätzt. Rechnet man die überfüllten Nachbarbezirke hinzu, kommt man auf die doppelte Zahl. East London, zu dem die Londoner Docks und die verfallenden Viertel von Whitechapel, Spitalfields und Bethnal Green gehörten, wurde im Süden begrenzt von der Themse, im Westen von der City of London, im Norden von Hackney und Shoreditch und im Osten von dem Fluss Lea. Das East End war rasch gewachsen, weil die Straße von Aldgate über Whitechapel nach Mile End eine wichtige Ausfallstraße war und weil der Boden eben und guter Baugrund war.

Der Rettungsanker für das East End war das Armenkrankenhaus, das London Hospital, das immer noch in der Whitechapel Road liegt, aber heute Royal London Hospital heißt. Ich sah es zum ersten Mal, als John Grieve von Scotland Yard mich zu den Schauplätzen der Ripper-Morde führte, soweit sie noch erhalten waren. Unser Treffpunkt war das Royal London Hospital, ein düsteres viktorianisches Backsteingebäude, das seit seiner Erbauung offenbar nicht wesentlich modernisiert worden war. Die Trostlosigkeit des Ortes ist sicherlich nur ein schwacher Abklatsch des Eindrucks, den er Ende des 19. Jahrhunderts gemacht haben dürfte, als Joseph Carey Merrick – von dem Schausteller, der ihn zuletzt »besaß«, irrtümlicherweise John Merrick genannt – Unterkunft in zwei der hinteren Räume im ersten Stock des Krankenhauses erhielt.

Merrick – dazu verdammt, für alle Zeit nur als der »Elefantenmensch« bekannt zu sein – wurde durch Sir Frederick Treves, einen mutigen und freundlichen Arzt, vor Qual und sicherem Tod errettet. Dr. Treves war im November 1884 am London Hospital beschäftigt, als Merrick auf der anderen Straßenseite in einer leer stehenden Gemüsehandlung als Schauobjekt einer Jahrmarktsbude wie ein Sklave gehalten wurde. Vor dem Gebäude pries ein riesiges Plakat eine lebensgroße »schreckliche Kreatur, wie man sie nur aus Albträumen kennt«, an, so berichtete Dr. Treves Jahre später, als er Leibarzt bei König Edward VII. war.

Für zwei Pence konnte man sich Zugang zu dieser barbarischen Zurschaustellung verschaffen. Kinder und Erwachsene strömten in das kalte, leer stehende Gebäude und drängten sich um eine rote Tischdecke, die von der Decke herabhing. Unter den *Ohs* und *Ahs* und erschreckten Ausrufen des Publikums zog der Schausteller den Vorhang beiseite und gab den Blick frei auf die zusammengekauerte Gestalt von Merrick, der auf einem Hocker saß, lediglich mit einer schmutzigen, abgetragenen Hose bekleidet. Dr. Treves gab

Anatomiekurse und hatte fast jede vorstellbare Form von Entstellung und Schmutz gesehen, war aber noch nie einem Geschöpf begegnet, das so abstoßend aussah und roch.

Merrick litt an der Recklinghausen-Krankheit, hervorgerufen durch Mutationen in zwei Genen, die für die Förderung und Hemmung des Zellwachstums zuständig sind. Zu seinen körperlichen Missbildungen gehörten Knochenverformungen, die so grotesk waren, dass sein Kopf einen Umfang von fast neunzig Zentimetern hatte, und eine Gewebemasse, die aus seiner linken Braue hervorwuchs und ein Auge verschloss. Der Oberkiefer glich einem Stoßzahn, wobei die Oberlippe nach außen gerollt war, sodass Merrick äußerste Schwierigkeiten mit dem Sprechen hatte. »Sackartige Fleischmassen, von … einer scheußlichen, blumenkohlartigen Haut bedeckt«, hingen von seinem Rücken, seinem rechten Arm und anderen Teilen des Körpers herab, das Gesicht war zu einer unmenschlichen Maske erstarrt, die keines Ausdrucks fähig war. Bis zum Eingreifen von Dr. Treves galt Merrick als beschränkt und geistig behindert, obwohl er in Wirklichkeit außerordentlich intelligent, phantasievoll und warmherzig war.

Wie Dr. Treves zu Recht bemerkte, hätte man erwarten müssen, dass Merrick sich nach all dem, was ihm die Menschen im Laufe seines Lebens angetan hatten, zu einem verbitterten, hasserfüllten Mann gewandelt hätte. Wie war es möglich, dass er freundlich und sensibel war, obwohl er nichts als Hohn und Grausamkeit kennen gelernt hatte? Niemand konnte durch seine Geburt mehr Benachteiligung erfahren. Wie Treves darlegte, wäre es für Merrick sicherlich besser gewesen, wäre er unsensibel gewesen und hätte nichts von seinem hässlichen Aussehen gewusst. Welch größeres Unglück kann es in einer Welt geben, die die Schönheit anbetet, als unter so abstoßender Hässlichkeit zu leiden? Trotzdem würde wohl niemand behaupten, dass Merricks Entstellung tragischer war als Walter Sickerts Missbildung.

Es ist durchaus möglich, dass Sickert irgendwann seine zwei Pence Eintritt gezahlt und einen Blick auf Merrick hinter seinem Vorhang aus Tischtuch geworfen hat. 1884 lebte Sickert in London und war verlobt. Noch immer lernte er bei Whistler, der mit den East-End-Trödlerszenen in den Slums von Shoreditch und Petticoat Lane vertraut war und sie 1887 in seinen Radierungen festhielt. Wo der Meister sich aufhielt, war Sickert nicht weit, es sei denn, er durchstreifte auf eigene Faust das Elend und den Schmutz dieser Viertel. Der »Elefantenmensch« war genau die Art von grausamer, entwürdigender Zurschaustellung, die Sickert amüsiert haben könnte. So befanden sich Merrick und Sickert vielleicht einen Augenblick lang Auge in Auge. Es wäre eine Szene voller Symbolik gewesen, denn jeder war die genaue Umkehrung des anderen.

1888 führten Joseph Merrick und Walter Sickert gleichzeitig geheime Leben im East End. Merrick war ein unersättlicher Leser und außerordentlich wissbegierig. Ganz gewiss wird er von den schrecklichen Morden außerhalb der Krankenhausmauern gehört haben. Das Gerücht machte die Runde, dass Merrick des Nachts in seinem schwarzen Kapuzenumhang hinausschlich und Unglückliche abschlachtete. Das Ungeheuer Merrick ermorde Frauen, weil sie ihn verschmähten. Der Verzicht auf jegliche Sexualität müsse einen Mann doch in den Wahnsinn treiben, vor allem so ein Ungeheuer wie dieses Jahrmarktsmonster, das sich nur in der Dunkelheit in den Krankenhausgarten traue. Zum Glück nahm kein vernünftiger Mensch solchen Unsinn ernst.

Merricks Kopf war so schwer, dass er ihn kaum bewegen konnte, und wäre er ihm jemals nach hinten gekippt, hätte ihm das das Genick gebrochen. Er wusste nicht, wie es war, sich nachts in ein Kissen zu legen, und in seiner Phantasie legte er sich zum Schlafen nieder und betete zu Gott, er möge ihn segnen mit süßen Liebkosungen und Küssen einer Frau, am besten einer Blinden. Dr. Treves sah eine tragische Ironie darin, dass Merricks Zeugungsorgane keineswegs dem Rest seines Körpers glichen, dass dieser Mann, der zur sexuellen Liebe durchaus in der Lage gewesen wäre, jedoch nie in ihren Genuss kommen würde. Merrick schlief im Sitzen und ließ dabei den riesigen Kopf herabhängen. Gehen konnte er nur mit Hilfe eines Stocks.

Es ist nicht bekannt, ob die haltlosen Gerüchte, er sei der Whitechapel-Mörder, jemals die Ruhe seiner beiden kleinen Zimmer gestört haben. An den Wänden hingen viele Fotos von Prominenten und Angehörigen der königlichen Familie, die gekommen waren, um ihn zu sehen. Wie gnädig und tolerant, jemanden wie ihn zu besuchen und sich nichts anmerken zu lassen. Was für eine Geschichte, die man Freunden, Herzögen und Herzoginnen, Lords und Ladys, ja der Queen selbst erzählen konnte! Ihre Majestät war von allen Mysterien und Kuriositäten des Lebens aufs höchste fasziniert, besondere Freude hatte ihr der Liliputaner Tom Thumb gemacht. Es war leichter, die abgeschiedene Welt der harmlosen und amüsanten Mutanten zu betreten, als durch den »bodenlosen Schmutz des verfaulenden Lebens« zu waten, wie Beatrice Webb das East End nannte, wo die Mieten überhöht waren, denn durch die Überfüllung hatten die Miethaie leichtes Spiel.

Bei einem Gegenwert von einem Euro bis einem Euro fünfzig pro Woche betrug die Miete etwa ein Fünftel des Lohnes eines Arbeiters. Wenn einer dieser an Ebenezer Scrooge erinnernden Vermieter beschloss, die Miete zu erhöhen, fand sich manchmal eine ganze Familie auf der Straße wieder, ihr weltliches Habe in einer Schubkarre. Selbst ein Jahrzehnt später, als Jack London inkognito ins East End ging, um mit eigenen Augen zu sehen, wie es dort war, hatte er noch schreckliche Geschichten von Armut und Schmutz zu erzählen, etwa über eine ältere Frau, die man tot in ihrem Zimmer auffand und die so von Ungeziefer befallen war, dass ihre Kleidung »grau von Insekten« war. Die Frau war nur noch

Haut und Knochen, mit Schwären bedeckt, das Haar starrte vor »Schmutz« und war ein einziges »Ungeziefernest«. Im East End, sagte Jack London, sei jeder Versuch zur Sauberkeit eine »riesige Farce«, und wenn Regen fiele, sei er »mehr Schmiere als Wasser«.

Dieser schmierige Regen tröpfelte und nieselte im East End am Donnerstag, dem 30. August, fast den ganzen Tag lang herab. Pferdewagen und Handkarren wurden durch das schlammige Wasser der mit Abfall übersäten Straßen gezogen, die zu eng und überfüllt waren, in denen Wolken von Fliegen summten und Menschen nach verlorenen Pennys suchten. Die meisten Bewohner dieses heruntergekommenen Teils der Großen Metropole wussten nicht, wie echter Kaffee, Tee oder Schokolade schmeckte, und in den Genuss von Obst oder Fleisch kamen sie nur, wenn es überreif oder verdorben war. Einrichtungen wie Buchhandlungen oder anständige Cafés gab es nicht, auch keine Hotels, zumindest nicht solche, die zivilisierte Menschen aufgesucht hätten. Unglückliche konnten sich nur vor dem Wetter flüchten und ein bisschen Essen ergattern, wenn es ihnen gelang, einen Mann zu überreden, sie einzuladen oder ihnen ein paar Münzen zu überlassen, sodass sie sich in einer der heruntergekommenen Pensionen, die man *Doss-Houses* nannte, ein Bett für die Nacht leisten konnten.

Doss war ein Slang-Wort für Bett, und ein typisches Doss-House war eine höllische, verfallende Behausung, wo Männer und Frauen für vier oder fünf Pence in einem Gemeinschaftsraum schlafen konnten. In dem Raum standen kleine Bettgestelle aus Eisen, die mit grauen Decken versehen waren. Angeblich wurde die Bettwäsche einmal pro Woche gewaschen. Die *casual poor*[5], wie die Gäste genannt wurden, saßen in überfüllten Schlafsälen herum, rauchten, stopften ihre Sachen, manchmal unterhielten sie sich, scherzten oder

---

[5] Menschen, die vorübergehend in Armut geraten waren.

erzählten trübselige Geschichten, je nachdem, ob sie ihren Optimismus noch nicht verloren hatten und daran glaubten, dass das Leben sich noch einmal zum Besseren wenden würde, oder ob ihre Seele sich in dem hoffnungslosen Leben des East End verschlissen hatte. In der Küche versammelten sich Männer und Frauen, um zu kochen, was sie tagsüber gefunden oder gestohlen hatten. Trinker streckten ihre zitternden Hände aus, dankbar für jeden Knochen und Brocken, der ihnen unter grausamem Gelächter zugeworfen wurde, während sie sich wie Tiere auf die Abfälle stürzten und sie abnagten. Kinder bettelten und wurden verprügelt, wenn sie dem Feuer zu nahe kamen.

In diesen unmenschlichen Einrichtungen galten strenge, entwürdigende Regeln, die an den Wänden angeschlagen waren und vom Torwächter oder Leiter durchgesetzt wurden. Wer gegen die Regeln verstieß, wurde vor die Tür gesetzt, und am frühen Morgen mussten alle Mieter das Haus verlassen, es sei denn, sie bezahlten im Voraus für die nächste Nacht. Gewöhnlich befanden sich Doss-Houses im Besitz von besser gestellten Leuten, die in ganz anderen Vierteln lebten, diese Unterkünfte nicht selber führten und sie möglicherweise nie zu Gesicht bekamen. Für ein bisschen Kapital konnte man einen Anteil an einem Armenhaus erwerben, ohne die geringste Ahnung, dass diese Investitionen in »vorbildliche Pensionen« in Wirklichkeit entsetzliche Behausungen finanzierten, deren »Verwalter« die verzweifelten Mieter häufig mit üblen und gewalttätigen Methoden schikanierten.

Viele dieser Doss-Houses wurden von kriminellen Elementen frequentiert, unter anderem auch von den Unglücklichen, die nach einer guten Nacht unter Umständen ein paar Pennys für ein Dach über dem Kopf hatten. Vielleicht konnten sie einen Freier auch dazu bewegen, mit ihnen in ein Bett zu gehen, was sicherlich besser war als Sex auf der Straße, wenn man erschöpft, betrunken und hungrig war. Mieter ganz anderer Art waren die *Gentleman Slummers*, die Gentlemen, die sich in den Slums herumtrieben, die – wie viele Männer unserer Zeit – auf der Suche nach dem »Kick« waren und dafür ihre respektablen Häuser und Familien verließen, um sich in ganz anderen Gesellschaftsschichten zu bewegen, sich von Pub zu Pub treiben ließen, in Nachtklubs saßen und billigen, anonymen Sex hatten. Einige Männer aus den nobleren Vierteln der Stadt wurden süchtig nach diesen verstohlenen Vergnügungen, und Walter Sickert war einer von ihnen.

Sein bekanntestes künstlerisches Leitmotiv ist ein eisernes Bettgestell, darauf liegt eine nackte Prostituierte, und ein Mann beugt sich aggressiv über sie. Manchmal sitzen beide, der Mann und die nackte Prostituierte, doch stets ist der Mann bekleidet. Zu Sickerts Gewohnheiten gehörte es, in jedem Atelier, das er damals benutzte, ein Eisenbett aufzustellen, und er ließ viele Modelle auf ihnen posieren. Gelegentlich war er selbst das männliche Modell auf dem Bett, dann legte er eine hölzerne Gliederpuppe hinein, die angeblich William Hogarth, einem seiner künstlerischen Vorbilder, gehört hatte.

Gern schockierte er Gäste, die er zum Tee eingeladen hatte. Einmal, kurz nachdem 1907 eine Prostituierte in Camden Town ermordet worden war, trafen die Gäste in Sickerts dämmrig beleuchtetem Atelier in Camden Town die hölzerne Figur in anzüglicher Pose mit dem Meister im Bett an, während er ausgelassen über den Mord scherzte. Niemand schien sich bei dieser Darbietung oder anderen Seltsamkeiten seines Verhaltens etwas zu denken. Schließlich war er Sickert. Keiner seiner Zeitgenossen – so wenig wie die meisten der Kunstkritiker und Wissenschaftler, die sich heute mit ihm beschäftigen – hat sich gefragt, warum er solche Gewaltphantasien auslebte und so besessen war von berüchtigten Verbrechen, unter anderem denen von Jack the Ripper.

Sickert befand sich in einer günstigen, unangreifbaren Position, um Unglückliche oder andere Bewohner dieser Viertel zu ermorden und ungeschoren davonzukommen. Er gehörte einer Gesellschaftsschicht an, die über jeden Verdacht erhaben war, und er besaß eine geniale Begabung, sich buchstäblich in viele verschiedene Charaktere zu verwandeln. Es wäre ein Leichtes und aufregend für ihn gewesen, sich als East-End-Bewohner oder Gentleman-Slummer zu verkleiden, um die Pubs und Doss-Houses von Whitechapel und die nahe gelegenen Spelunken voyeuristisch zu durchstreifen. Als Maler war er in der Lage, seine Handschrift zu verstellen und höhnische Briefe aufzusetzen, die den brillanten Zeichner verrieten. Doch niemandem fiel die bemerkenswerte Beschaffenheit dieser Mitteilungen auf, bis die Kunsthistorikerin Dr. Robins und die Papierkonservatorin Anne Kennett im Juni 2002 die Originaldokumente im britischen Staatsarchiv (Public Record Office) untersuchten.

Was man bis dahin immer für Menschen- oder Tierblut auf den Ripper-Briefen gehalten hatte, erwies sich jetzt als Siena- oder Sepiatinte – oder eine Mischung, die eine verblüffende Ähnlichkeit mit altem Blut hat. Diese verwischten Blutspuren, -tropfen und -flecken wurden mit dem Pinsel eines Künstlers aufgetragen oder sind Stoff- oder Fingerabdrücke. Teilweise schrieb der Ripper auf kostspieligem Pergament oder anderem Papier mit Wasserzeichen. Offenbar hat sich die Polizei bei der Untersuchung der Ripper-Morde nie um die faserigen Pinselstriche oder Papiersorten gekümmert. Offenbar hat niemand auf die mehr als zwanzig verschiedenen Wasserzeichen der Briefe geachtet, die man für Fälschungen hielt, für die Produkte ungebildeter oder geisteskranker Trittbrettfahrer. Offenbar hat sich niemand gefragt, ob es wahrscheinlich war, dass so ein Trittbrettfahrer über Zeichenstifte, farbige Tinte, Federn für Lithographien oder Porzellanmalerei, Ätzgrund, Künstlerfarben oder Hadernpapier verfügte.

Wenn irgendwo in Sickerts Anatomie sein gesamtes Wesen symbolisiert ist, dann nicht in seinem verstümmelten Penis, sondern in seinen Augen. Er beobachtete. Jemanden zu beobachten, auszuspionieren, mit Augen und Füßen zu verfolgen, das sind beherrschende Eigenheiten psychopathischer Mörder, im Gegensatz zu desorganisierten Straftätern, die triebhaft oder unter dem Einfluss vermeintlich außerirdischer oder göttlicher Botschaften handeln. Psychopathen beobachten und betrachten Menschen. Sie betrachten Pornographie, besonders Gewaltpornographie. Sie sind sehr unheimliche Voyeure.

Moderne Technik ermöglicht es ihnen, Videos zu betrachten, auf denen sie selbst zu sehen sind, wie sie ihre Opfer vergewaltigen, quälen und umbringen. Wieder und wieder lassen sie aufleben, wie sie Leben vernichten, und masturbieren dabei. Für einige Psychopathen besteht die einzige Möglichkeit, zum Orgasmus zu kommen, darin, zu beobachten, zu verfolgen, zu phantasieren und ihr letztes Verbrechen noch einmal durchzuspielen. Laut Bill Hagmaier, einem ehemaligen FBI-Profiler, hat Ted Bundy, wenn er seine Opfer von hinten würgte und vergewaltigte, steigende Erregung verspürt, sobald ihnen Zunge und Augen hervortraten. Seinen Höhepunkt erreichte er, wenn sie starben.

Dann stellen sich die Phantasien ein, die Bilder der vergangenen Verbrechen, bis die sexuell-gewalttätige Spannung unerträglich wird und die Mörder wieder zuschlagen. Die Spannung löst sich erst beim Anblick des sterbenden oder toten Opfers. Die Abkühlungsphase ist der sichere Hafen, die Zeit, die Erleichterung bringt und in der das Verbrechen immer wieder durchlebt werden kann. Und dann beginnen wieder die Phantasien. Und die Spannung baut sich wieder auf. Und sie suchen sich ein neues Opfer. Und sie ergänzen das Szenario durch neue Elemente, die mehr Kitzel und Aufregung versprechen: Fesselung, Folter, Verstümmelung, Zerstückelung, groteske Spielarten blutigen Gemetzels, Kannibalismus.

Wie mir der frühere Profiler und Dozent der FBI Academy, Edward Sulzbach, im Laufe der Jahre immer wieder ins

Gedächtnis gerufen hat: »Neben den Phantasien ist der tatsächliche Mord nur zweitrangig.« Als ich ihn das 1984 zum ersten Mal sagen hörte, war ich verblüfft und glaubte ihm nicht. Naiv, wie ich war, dachte ich, der große »Kick« sei der Mord selbst. Ich hatte als Polizeireporterin für den *Charlotte Observer* in North Carolina gearbeitet und hatte so manch einen Tatort gesehen. Ich dachte, alles drehe sich um das grausige *Ereignis*. Ohne das Ereignis gab es keine Geschichte. Heute ist mir peinlich, wie simpel und unsensibel ich die Sache gesehen habe. Ich bildete mir ein, das Böse zu verstehen, aber ich hatte keine Ahnung davon.

Ich hielt mich für einen alten Hasen in der Erforschung des Schrecklichen, und in Wirklichkeit wusste ich gar nichts. So begriff ich nicht, dass Psychopathen den gleichen Verhaltensmustern folgen wie »normale« Menschen, nur dass der Psychopath in einer Weise vom Weg abkommt, die das innere Navigationssystem des durchschnittlichen Menschen gar nicht kennt. Die meisten von uns haben erotische Phantasien, die oft aufregender sind als ihre Verwirklichung. Überhaupt ist die Vorfreude oft schöner als das tatsächliche Ereignis, egal, worum es sich handelt. Nicht anders ergeht es gewalttätigen Psychopathen bei der Antizipation ihrer Verbrechen.

Sulzbach pflegt auch zu sagen: »Such nicht nach Einhörnern, bevor dir die Ponys ausgegangen sind.«

Oft sind Gewaltverbrechen höchst banal. Ein eifersüchtiger Liebhaber tötet einen Nebenbuhler oder die Partnerin, die ihn betrogen hat. Eine Partie Karten läuft falsch, und jemand wird erschossen. Ein Junkie will Geld für Drogen und ersticht sein Opfer. Ein Dealer wird niedergeschossen, weil er schlechten Stoff verkauft hat. Das sind die Ponys. Jack the Ripper war kein Pony. Er war ein Einhorn. Sickert war viel zu schlau, um in den 1880er und 1890er Jahren Mordbilder zu malen oder seine Freunde mit bizarren Darbietungen zu unterhalten, solange auf den Straßen der ungeklärte Schrecken noch anhielt. Das Verhalten, das ihn verdächtig macht, trat 1888 noch nicht zutage, als er jung war, sich um Geheimhaltung bemühte und Furcht vor Entdeckung hatte. Nur die Ripper-Briefe an die Zeitungen und die Polizei lieferten Anhaltspunkte, doch man übersah sie oder betrachtete sie mit Gleichgültigkeit und vielleicht sogar einem leichten Schmunzeln.

Es gebe zwei Laster, die er verabscheue, erklärte Sickert Bekannten. Das eine sei der Diebstahl, das andere der Alkoholismus, der in seiner eigenen Familie vorkomme. Es gibt keinen Grund zu der Annahme, dass Sickert jemals etwas gestohlen, noch, dass er getrunken hat, jedenfalls nicht im Übermaß, sieht man von den letzten Lebensjahren ab. Soweit wir wissen, hat er auch keine Drogen und Medikamente genommen, noch nicht einmal aus medizinischen Gründen. Ungeachtet aller Risse und Verwerfungen in seiner Psyche, war Sickert stets bei klarem Verstand und berechnend. Er hatte ein waches Interesse an allem, was seinen künstlerischen Blick fesselte oder im Fokus seiner psychopathischen Neigungen auftauchte, und es gab viel, was ihn interessiert haben dürfte an diesem Donnerstagabend des 30. August 1888, an dem gegen 21 Uhr ein Lagerhaus voller Branntwein Feuer fing und das ganze East End in seinen flackernden Schein tauchte.

Von weit her kamen die Menschen und starrten durch verschlossene Eisentore auf das Inferno, gegen das auch das viele Wasser der Feuerwehr nichts auszurichten vermochte. Unglückliche wurden von der Glut angezogen, neugierig und in der Hoffnung, das unerwartete Ereignis könnte ihr Geschäft beleben. In den nobleren Bezirken der Stadt wurde der Abend durch andere Vergnügungen belebt: Der berühmte Richard Mansfield zog die Theaterbesucher des Lyceums mit seiner glänzenden Darbietung als Dr. Jekyll und Mr. Hyde in seinen Bann. Außerdem hatte die Komödie *Uncles and Aunts* gerade Premiere gehabt und eine glänzende Kritik in der Times bekommen. Sehr gut waren auch *The Paper Chase* und *The Union Jack* besucht. Die Theater begannen um 20 Uhr 15, 20 Uhr 30 oder 21 Uhr, je nachdem, was gezeigt wurde, und als sie zu Ende waren, tobte das Feuer in den Docks noch immer. Lagerhäuser und Schiffe entlang der Themse leuchteten viele Kilometer weit im orangefarbenen Widerschein. Gleichgültig, ob Sickert zu Hause, in einem der Theater oder in einem Nachtklub war, er dürfte wohl kaum die dramatischen Ereignisse am South und Spirit Quay versäumt haben, die eine so aufgeregte Menge anzogen.

Natürlich ist die Behauptung, Sickert habe sich zum Fluss begeben, um das Geschehen zu beobachten, reine Spekulation. Vielleicht war er an diesem Abend gar nicht in London, obwohl es dafür keine Anhaltspunkte gibt. Ich habe keine Briefe, Dokumente, Zeitungsnotizen, Zeichnungen oder Bilder gefunden, die darauf schließen lassen, dass Sickert nicht in London war; zu erraten, was er getan hat, heißt häufig, zu entdecken, was er nicht getan hat.

Sickert hatte kein Interesse daran, die Menschen wissen zu lassen, wo er sich aufhielt. Seine lebenslange Gewohnheit, sich mindestens drei geheime »Ateliers« gleichzeitig zu mieten, war berüchtigt. Diese Schlupfwinkel befanden sich an Orten, die so geheim, unerwartet und unvorhersehbar waren, dass seine Frau, Kollegen und Freunde keine Ahnung hatten, wo sie waren. Die allgemein bekannten Ateliers, deren Zahl sich im Laufe seines Lebens auf fast zwanzig belief, waren oft versteckte »kleine Zimmer« von chaotischer Unordnung, die ihn »inspirierte«. Sickert arbeitete allein, hinter verschlossenen Türen. Nur selten empfing er jemanden, und wenn, war für einen Besuch in einem dieser inspirierenden Rattenlöcher ein Telegramm oder ein besonderes Klopfzeichen erforderlich. In späteren Jahren ließ er hohe schwarze Tore vor seiner Haustür errichten und kettete einen Wachhund an die Eisenstäbe.

Wie jeder gute Schauspieler wusste Sickert seine Auftritte und Abgänge wirkungsvoll zu inszenieren. Er hatte die Angewohnheit, tage- oder wochenlang zu verschwinden, ohne Ellen oder seiner zweiten oder dritten Frau oder Freunden mitzuteilen, warum und wohin er ging. Manchmal lud er Freunde zum Essen ein und erschien nicht. Wenn es ihm beliebte, kam er zurück, meist, ohne eine Erklärung abzugeben. Ging er aus, blieb er oft lange verschollen, denn er besuchte gern allein das Theater oder Varieté, um hinterher bis in die frühen, dunstigen Morgenstunden durch die Nacht zu wandern.

Die Wege, die Sickert dabei nahm, waren eigenartig und unlogisch, besonders wenn er von den Theatern oder Varietés im Zentrum Londons den Strand entlang nach Hause ging. Denys Sutton schreibt, dass Sickert oft nach Norden bis Hoxton lief und dann praktisch denselben Weg zurückging, südwärts nach Shoreditch an der südlichen Grenze von Whitechapel. Von dort aus musste er sich nordwestlich halten, um in das Haus Broadhurst Gardens Nr. 54 zurückzukehren, wo er wohnte. Laut Sutton war der Grund für diese seltsamen Wege und Umwege durch einen gefährlichen Teil von East London, dass Sickert »eine lange, stille Wanderung« brauchte, »um zu verarbeiten, was er gerade [im Varieté oder Theater] gesehen hatte«. Der Künstler meditierte. Der Künstler betrachtete eine düstere, Unheil verkündende Welt und die Menschen, die in ihr lebten. Der Künstler, der die Frauen hässlich mochte.

Mary Ann Nichols war etwa 42 Jahre alt, und ihr fehlten fünf Zähne.

Sie war einen Meter sechzig groß und füllig, mit einem flachen, fleischigen Gesicht, braunen Augen und ergrauendem dunkelbraunem Haar. In ihrer Ehe mit dem Schlosser William Nichols hatte sie fünf Kinder bekommen, das älteste war zur Zeit ihrer Ermordung 21, das jüngste acht oder neun Jahre alt.

Rund sieben Jahre zuvor hatte sich William wegen ihrer Trunk- und Streitsucht von ihr getrennt. Seine wöchentliche Unterstützung von fünf Shilling hatte er eingestellt, wie er der Polizei später mitteilte, als er erfahren hatte, dass sie als Prostituierte lebte. Mary Ann war nichts geblieben, noch nicht einmal ihre Kinder. Schon vor Jahren hatte sie das Sorgerecht verloren, als ihr Ex-Mann das Gericht darüber informiert hatte, dass sie in Sünde mit einem Schmied namens Drew lebte, der sie bald darauf ebenfalls verließ. Der frühere Ehemann hatte Mary Ann zum letzten Mal im Juni 1886 lebend gesehen – auf der Beerdigung eines Sohnes, der verbrannt war, als eine Paraffinlampe explodierte.

Während dieser trostlosen Jahre war Mary Ann in zahlreichen Armenhäusern gewesen. Diese schrecklichen, riesigen Kasernen waren mit bis zu tausend Männern und Frauen voll gestopft, die keine andere Bleibe hatten. Obwohl die Bedürftigen die Armenhäuser verabscheuten, standen sie an kalten, unfreundlichen Morgen in endlosen Schlangen davor und hofften auf Einlass in die, wie es hieß, »vorübergehenden Unterkünfte«. War das Armenhaus nicht »besetzt« und wurde man von dem Pförtner hineingelassen, musste man eine eingehende Befragung über sich ergehen und sich nach Geld durchsuchen lassen. Wurde auch nur ein einziger Penny entdeckt, landete man sofort wieder auf der Straße. Tabak wurde konfisziert, Messer und Streichhölzer waren nicht erlaubt. Jeder Insasse wurde entkleidet, in derselben Badewanne gewaschen und mit Gemeinschaftshandtüchern abgetrocknet. Man gab ihm Anstaltskleidung und führte ihn auf stinkende, rattenverseuchte Stationen, wo Leinenbetten wie Hängematten zwischen Pfosten aufgespannt waren.

Das Frühstück um sechs Uhr bestand aus Brot und einer Grütze, die *Skilly* hieß, einer Mischung aus Haferbrei und schimmeligem Fleisch. Dann mussten die Insassen an die Arbeit gehen, die aus der gleichen erbarmungslosen Plackerei bestand, mit der man Kriminelle seit Hunderten von Jahren bestrafte: Steineklopfen, Schrubben, Wergzupfen (alte Seile aufdrehen, um den Hanf wieder zu verwenden), Dienst auf der Krankenstation oder in der Leichenhalle, um die Station zu säubern oder die Toten vorzubereiten. Unter den Insassen hielt sich hartnäckig das Gerücht, die Unheilbaren auf der Krankenstation würden mit Gift »erledigt«. Abendessen gab es um 20 Uhr, dann bekamen die Insassen, was die Patienten auf der Krankenstation übrig gelassen hatten. Schmutzige Finger griffen gierig nach großen Haufen von Speiseabfällen und stopften sie in hungrige Mäuler. Manchmal gab es Suppe aus Nierenfett.

Gäste der »vorübergehenden Unterkünfte« mussten mindestens zwei Nächte und einen Tag bleiben, und wer sich weigerte zu arbeiten, war sofort wieder obdachlos. Freundlichere Berichte über diese entwürdigenden Schweineställe fanden sich in geschönten Veröffentlichungen, wo von »Obdachlosenheimen« die Rede war, in denen die Armen unbequeme, aber saubere Betten vorfänden und eine »gute Fleischsuppe« nebst Brot erhielten. Derart zivilisierte Nächstenliebe war im East End nur in den Unterkünften der Heilsarmee zu finden. Doch die wurden von den meisten

Armen gemieden, hatte man sie doch früh gelehrt, dass Gott zu dienen durchaus nicht hieß, Essen und andere Belohnungen erwarten zu dürfen. Regelmäßig suchten die Damen der Heilsarmee die Doss-Houses auf, um den Armen Gottes Barmherzigkeit zu predigen, doch die wussten es besser. Für gefallene Frauen wie Mary Ann Nichols gab es keine Hoffnung. Die Bibel konnte sie nicht retten.

Zwischen Weihnachten und April 1888 hatte sie sich mehrfach im Lambeth-Armenhaus aufgehalten. Im Mai hatte sie gelobt, ihre Lebensweise zu ändern, und trat eine begehrte Stellung als Hausmädchen in einer anständigen Familie an. Doch ihre guten Vorsätze hatten nicht lange Bestand, schon im Juli musste sie das Haus in Schande verlassen, weil sie Kleidung im Wert von drei Pfund, zehn Shilling gestohlen hatte. Abermals verfiel Mary Ann ihrer Trunksucht und nahm wieder ihr Leben als Unglückliche auf. Eine Zeit lang teilte sie sich mit einer anderen Prostituierten namens Nelly Holland ein Bett in einem Doss-House im Labyrinth der verfallenen Häuser in der Thrawl Street, die in Whitechapel ein paar Blocks weit zwischen Commercial Street und Brick Lane in westöstlicher Richtung verlief.

Nach einiger Zeit zog Mary Ann ins White House in der nahe gelegenen Flower and Dean Street und blieb dort, bis ihr das Geld ausging und sie am 29. August vor die Tür gesetzt wurde. In der folgenden Nacht lief sie durch die Straßen und trug alles am Leib, was sie besaß: einen braunen Ulster mit großen Messingknöpfen, auf denen ein Mann und ein Pferd eingraviert waren, ein braunes Kleid, zwei graue Wollunterröcke mit dem Zeichen des Lambeth-Armenhauses und zwei braune Korsetts aus Walfischknochen, Flanellunterzeug, gerippte schwarze Wollstrümpfe, Männerknöpfstiefel, die oben, an den Spitzen und den Hacken aufgeschnitten waren, damit sie besser passten, und einen schwarzen, samtgeschmückten Hut. In einer Tasche steckten ein weißes Handtuch, ein Kamm und eine Spiegelscherbe.

Mehrere Male wurde Mary Ann zwischen 23 Uhr und 2 Uhr 30 gesehen, und jedes Mal war sie allein. Erst erblickte man sie auf der Whitechapel Road und dann vor dem Pub Frying Pan. Gegen 1 Uhr 40 befand sie sich in der Küche ihrer ehemaligen Pension Thrawl Street Nr. 18. Dort erklärte sie, sie habe zwar keinen Penny, aber man möge ihr trotzdem ihr Bett freihalten, sie werde bald mit genügend Geld zurückkommen. Laut Zeugenaussagen war sie betrunken. Auf dem Weg zur Tür verkündete sie, sie werde bald zurück sein, und prahlte mit ihrem »famosen« Hut, den sie offenbar erst kürzlich erworben hatte.

Um 2 Uhr 30 wurde Mary Ann zum letzten Mal lebend gesehen, als ihre Freundin Nelly Holland ihr an der Ecke Osborn Street und Whitechapel Road gegenüber der Pfarrkirche begegnete. Mary Ann war betrunken und torkelte an der Mauer entlang. Nelly erzählte sie, sie habe in der Nacht bisher dreimal so viel verdient, wie sie für das Bett in der Pension brauche, es aber schon alles wieder ausgegeben. Obwohl ihre Freundin sie bat, mitzukommen und zu Bett zu gehen, beharrte Mary Ann darauf, noch ein letztes Mal zu versuchen, ein paar Pennys zu verdienen. Die Uhr der Pfarrkirche schlug, als Mary Ann in Schlangenlinien der Whitechapel Road folgte und in der Dunkelheit verschwand.

Ungefähr eineinviertel Stunden später und 750 Meter entfernt, in einer Straße namens Bucks Row, die an den jüdischen Friedhof in Whitechapel grenzt, kam der Fuhrmann George Cross auf dem Weg zur Arbeit an einem dunklen Schatten auf dem Fußweg vorbei, neben dem Tor, das auf den Hof eines Stalles führte. Zuerst hielt er den Schatten für eine »Wagenplane«, dann erkannte er, dass es eine reglose Frau war, den Kopf nach Osten gewendet, der Hut rechts von ihr auf dem Boden, die Hand an dem geschlossenen Tor, das in den Hof führte. Als Cross versuchte, sie sich genauer anzusehen und herauszufinden, was ihr fehlte, hörte er

Schritte, wandte sich um und sah einen anderen Fuhrmann namens Robert Paul in der Straße erscheinen.

»Schau dir die an«, rief Cross, berührte die Hand der Frau und sagte: »Ich glaube, sie ist tot.« Robert Paul hockte sich hin und legte eine Hand auf ihre Brust. Er meinte, eine leichte Bewegung zu spüren, und sagte: »Ich glaube, sie atmet noch.« Ihre Kleidung war in Unordnung und ihr Rock über die Hüften hinaufgeschoben, was die Männer zu der Vermutung veranlasste, ihr sei »Schlimmes« angetan worden. Sittsam ordneten sie ihre Kleider, um sie zu bedecken, ohne irgendwelches Blut zu bemerken, denn zu diesem Zeitpunkt war es noch zu dunkel. Dann liefen Paul und Cross fort, um einen Polizisten zu suchen, und stießen auf Constable F. Mizen 55 Division H, der sich auf seiner Runde in der Nähe der Ecke Hanbury und Old Montague Street befand, an der Westseite des jüdischen Friedhofs. Die Männer informierten den Constable, dass eine Frau auf dem Gehsteig liege und entweder tot oder »sternhagelvoll« sei.

Als Mizen und die beiden Männer wieder zu dem Stall in der Bucks Row kamen, war Constable John Neil bereits auf die Leiche gestoßen und alarmierte andere Polizisten in der Umgebung, indem er Rufe ausstieß und seine Blendlaterne schwenkte. Die Kehle der Frau wies einen tiefen Schnitt auf, daher wurde Dr. Rees Ralph Llewellyn, der ganz in der Nähe, in der Whitechapel Road Nr. 152, wohnte, sofort aus dem Schlaf gerissen und zum Tatort gebracht, wo Dr. Llewellyn feststellte, dass sie »vollkommen tot« sei. Ihre Handgelenke seien kalt, ihr Körper und ihre unteren Extremitäten sehr warm, es gebe keinen Zweifel daran, dass sie erst weniger als eine halbe Stunde tot sei und dass sie sich ihre Verletzungen »nicht selbst beigebracht« habe. Er bemerkte zudem, dass es sowohl an ihrem Hals als auch auf dem Boden wenig Blut gab.

Er veranlasste, dass der Leichnam in die nahe gelegene Leichenhalle des Whitechapel-Armenhauses geschafft wurde, ein privates »Totenhaus« für die Insassen des Armenhauses und sicherlich nicht geeignet für eine fachgerechte gerichtsmedizinische Untersuchung. Llewellyn erklärte, er werde gleich da sein, um sich die Tote genauer anzusehen, während Constable Mizen einen Mann losschickte, damit er einen Krankenwagen von der Bethnal Green Police schickte. Damals hatten die Londoner Krankenhäuser noch keine Krankenwagen oder Notarztteams.

Gewöhnlich schaffte man schwer kranke oder verletzte Menschen in das nächstgelegene Krankenhaus, indem Freunde oder barmherzige Samariter den Patienten an Armen und Beinen packten und ihn dorthin trugen. Gelegentlich ertönte der Ruf: »Wir brauchen einen Fensterladen!«, dann wurde der Betroffene auf einen Fensterladen gelegt und damit wie auf einer Bahre getragen. Ambulanzen hatte nur die Polizei. Auf den meisten Polizeirevieren befand sich einer dieser plumpen Handkarren mit Holzwänden, einem derben schwarzen Lederbezug für den Boden und dicken Lederriemen. Ein braunes Klappdach konnte entfaltet werden, hatte aber wahrscheinlich keine andere Funktion, als notdürftigen Schutz vor neugierigen Blicken und schlechtem Wetter zu bieten.

In den meisten Fällen wurden die Ambulanzen dazu benutzt, Betrunkene aus der Öffentlichkeit zu entfernen, aber gelegentlich war ihre Fracht auch ein Toter. Für einen Constable dürfte es kein leichtes Unterfangen gewesen sein, einen Handkarren des Nachts durch unbeleuchtete, enge und ausgefahrene Straßen zu lenken. Eine solche Ambulanz ist außerordentlich schwer, auch ohne Patienten, und nur sehr mühsam zu lenken, zumindest nach der zu urteilen, die ich auf dem Speicher der Metropolitan Police entdeckte. Ich nehme an, der Karren wiegt mehrere Hundert Pfund. Um ihn auch nur die geringste Steigung hinaufzuziehen, musste der Constable, der ihn schob, vermutlich sehr stark sein und einen festen Griff haben.

Ein solch makabres Gefährt hätte Walter Sickert also gesehen, wenn er in der Dunkelheit gelauert und den Abtransport seiner Opfer beobachtet hätte. Was für ein Kitzel, den Constable zu betrachten, wie er den Karren schnaufend und ächzend fortschob, während Mary Ann Nichols' fast abgetrennter Kopf von einer Seite zur anderen rollte, die großen Räder durch die Furchen sprangen und das Blut auf die Straße tropfte.

Man weiß, dass Sickert auf seinen Zeichnungen, Radierungen und Gemälden nur festgehalten hat, was er gesehen hat. Das traf ohne Ausnahme zu. Er hat einen Handkarren gemalt, der fast identisch ist mit dem Exemplar, das ich auf dem Polizeispeicher gesehen habe. Das Bild ist undatiert und trägt den Titel *The Handcart, Rue St Jean, Dieppe* (»Der Handkarren, Rue St. Jean, Dieppe«). In einigen Katalogen heißt es *The Basket Shop* (»Der Korbladen«). Auf dem Bild sieht man einen Handkarren von hinten, der mit etwas versehen ist, was sehr gut ein zusammengeklapptes Faltdach sein könnte. Vor dem Laden, auf der anderen Seite der engen, verlassenen Straße, sind Waren aufgestapelt, die wie große, lange Körbe aussehen, ähnlich denen, die die Franzosen als Totenbahren benutzen. Eine kaum sichtbare Gestalt, möglicherweise ein Mann, der eine Art Hut trägt, geht auf dem Bürgersteig entlang und blickt hinüber, um zu erkennen, was sich in dem Karren befindet. Zu seinen Füßen befindet sich eine unerklärliche quadratische Form, die ein Gepäckstück sein könnte, aber möglicherweise auch ein Teil des Bürgersteigs ist; unter Umständen wäre vorstellbar, dass es sich um einen offenen Kanaleinstieg aus Eisen handelt. Im Mordfall Mary Ann Nichols wurde in den Zeitungen berichtet, die Polizei glaube nicht, dass ein »Kanaleinstieg« in der Straße geöffnet worden sei, was heißen sollte, dass der Mörder nicht durch das Labyrinth der mit Backsteingewölben versehenen Abwasserkanäle entflohen war, die sich unterhalb der großen Metropole erstrecken.

Einem solchen Kanaleinstieg ganz ähnlich ist die Falltür im Bühnenboden, durch die Requisiten, Bühnenbilder und Schauspieler zum Entzücken der ahnungslosen Zuschauer herbei- und fortgezaubert werden können. Bei Aufführungen von Shakespeares *Hamlet* tritt der Geist auf diese Weise auf und ab. Vermutlich kannte sich Sickert weit besser mit Bühnenfalltüren als mit Kanaleinstiegen aus. 1881 spielte Sickert den Geist in Henry Irvings *Hamlet* am Lyceum Theatre. Die dunkle Form zu Füßen der Gestalt könnte die Falltür einer Bühne sein. Oder vielleicht doch ein Kanaleinstieg. Möglicherweise war es auch einfach ein weiteres Detail, mit dem Sickert die Betrachter verwirren wollte.

Mary Ann Nichols' Leichnam wurde von der Straße gehoben, in ein hölzernes Behältnis gelegt und im Karren festgezurrt. Zwei Polizisten begleiteten das jüngste Opfer des East-End-Mörders zur Leichenhalle, wo es zunächst draußen im Hof auf dem Karren blieb. Inzwischen war es 4 Uhr 30 geworden, und während die Polizeibeamten an der Leichenhalle auf Inspektor John Spratling warteten, half ein Junge, der in den George Yard Buildings wohnte, der Polizei bei der Säuberung des Tatorts. Eimerweise ergoss sich Wasser auf den Boden, und das Blut floss in den Rinnstein. Eine dünne Spur zwischen den Steinen war alles, was zurückblieb.

Police Constable John Phail sagte später aus, er habe, als der Gehsteig abgewaschen wurde, »Mengen von geronnenem Blut« unter der Leiche entdeckt, einen Fleck von etwa fünfzehn Zentimeter Durchmesser. Im Gegensatz zu Dr. Llewellyn hat er viel Blut gesehen. Offenbar war es vom Hals der ermordeten Frau unter ihren Rücken und bis zur Taille geflossen. Das wäre auch Dr. Llewellyn nicht entgangen, hätte der die Leiche umgedreht.

Inspektor Spratling traf bei der Leichenhalle ein und wartete ungeduldig in der Dunkelheit auf den Hausmeister mit den Schlüsseln. Als Mary Ann Nichols' Leiche hineingetragen wurde, muss es schon nach fünf gewesen sein; sie war jetzt seit mindestens zwei Stunden tot. Ihr Körper, der sich noch immer in dem Behälter befand, wurde auf eine Holzbank gelegt, wie sie damals in Leichenhallen benutzt wurde. Es heißt, manchmal seien diese Bänke oder Tische gebraucht in den örtlichen Schlachthäusern erstanden worden. Inspektor Spratling zog Mary Anns Kleid hinauf, um beim Schein der Gaslampe eine genauere Untersuchung vorzunehmen, und entdeckte, dass ihr Unterleib aufgeschlitzt worden war, sodass die Gedärme heraustraten. Am Samstagmorgen, dem 1. September, nahm Dr. Llewellyn »irgendwann« die Obduktion vor, und Wynne Edwin Baxter, der Coroner der South-Eastern Division von Middlesex, eröffnete die Untersuchung des Todes von Mary Ann Nichols.

Anders als die Grand-Jury-Verhandlungen in den Vereinigten Staaten, an denen außer den vorgeladenen Personen niemand teilnehmen darf, sind die Coroner-Untersuchungen in Großbritannien öffentlich. 1854 hieß es in einer Abhandlung über die Rechte und Pflichten von Coronern, es sei zwar nicht erlaubt, Beweismittel zu veröffentlichen, die sich für den Prozess als wichtig erweisen könnten, diese Tatsachen seien aber bisher – und würden auch in Zukunft – routinemäßig bekannt gegeben worden und dienten der Öffentlichkeit. Einzelheiten könnten abschreckende Wirkung haben, und durch Bekanntgabe der Tatsachen könne die Öffentlichkeit – vor allem wenn es keine Verdächtigen gebe – an der Aufklärung mitwirken. Vielleicht lese jemand von dem Fall und erkenne, dass er nützliche Informationen liefern könne.

Ob diese Überlegungen stichhaltig sind oder nicht, mag dahingestellt bleiben, jedenfalls waren 1888 die Coroner-Untersuchungen und selbst so genannte Ex Parte Proceedings (Verfahren bis zur Bekanntmachung) gewöhnlich eine ergiebige Quelle für Journalisten, solange ihre Artikel wahrheitsgemäß und ausgewogen waren. So schockierend es uns, die wir nicht daran gewöhnt sind, von Beweisen und

Aussagen vor Beginn des eigentlichen Prozesses zu erfahren, auch erscheinen mag, hätten die Briten nicht diese offene Rechtsordnung gehabt, wäre uns praktisch keine Einzelheit über die Ermittlungen gegen Jack the Ripper erhalten geblieben. Mit Ausnahme einiger verstreuter Blätter gibt es keine Obduktionsberichte mehr. Viele sind im Zweiten Weltkrieg verloren gegangen oder vielleicht in einem Bermudadreieck aus Bürokratie, Schlampigkeit und Unehrlichkeit verschwunden.

Es ist bedauerlich, dass so viele Dokumente verloren sind, denn wir hätten viel mehr in Erfahrung bringen können, wenn wir Zugang gehabt hätten zu den ursprünglichen Polizeiberichten, Fotografien, Aktennotizen und all den anderen Unterlagen, deren Verlust zu beklagen ist. Doch ich glaube nicht, dass irgendetwas »vertuscht« worden ist. Es gab kein »Rippergate«, das von den Polizeibehörden und Politikern inszeniert wurde, um einen Skandal unter den Teppich zu kehren. Doch bis heute überbieten die Skeptiker einander mit ihren Theorien: Scotland Yard habe immer gewusst, wer der Ripper war, habe ihn aber geschützt; Scotland Yard habe ihn unabsichtlich entwischen lassen oder ihn in eine Nervenheilanstalt gesteckt und die Öffentlichkeit nicht informiert; die königliche Familie sei darin verwickelt gewesen; Scotland Yard sei nicht an ermordeten Prostituierten interessiert gewesen und habe verheimlichen wollen, wie wenig die Polizei getan habe, um die Morde aufzuklären.

Stimmt nicht. Egal, wie stümperhaft die Metropolitan Police die Ripper-Untersuchung geführt hat, ich habe keinen Hinweis auf eine vorsätzliche Lüge oder Desinformation gefunden. Die langweilige Wahrheit ist, dass die meisten Pannen auf reine Ignoranz zurückzuführen sind. Jack the Ripper war ein moderner Mörder, der hundert Jahre zu früh geboren wurde, um gefasst zu werden, und im Laufe der Jahrzehnte sind die Dokumente, unter ihnen auch der ursprüngliche Obduktionsbericht über Mary Ann Nichols, verloren gegangen, verlegt worden oder auf andere Weise verschwunden. Einige davon gelangten in die Hände von Sammlern. Ich selbst habe für 1500 Dollar einen angeblich echten Ripper-Brief gekauft.

Ich vermute, dass dieses Dokument echt ist und wahrscheinlich sogar von Sickert geschrieben wurde. Wenn im Jahr 2001 ein Ripper-Brief über einen Antiquar erhältlich war, dann muss dieser Brief irgendwann aus den Ermittlungsakten verschwunden sein. Wie viele andere sind ebenfalls verschwunden? Offizielle Vertreter von Scotland Yard haben mir gesagt, der Hauptgrund, aus dem man schließlich alle Ripper-Akten dem Staatsarchiv in Kew übergeben habe, sei die Tatsache, dass so viele davon abhanden gekommen waren. Die Polizei fürchtete, dass eines Tages nichts mehr davon übrig sein könnte als die Signaturen auf leeren Aktenordnern.

Der Umstand, dass das Innenministerium alle Ripper-Unterlagen für hundert Jahre unter Verschluss gehalten hat, hat natürlich den Verdacht der Anhänger von Verschwörungstheorien noch verstärkt. Maggie Bird, die Leiterin des Scotland-Yard-Archivs, hat mir die historischen Hintergründe erläutert. Es sei Ende des 19. Jahrhunderts üblich gewesen, alle Personalakten eines Polizeibeamten zu vernichten, sobald er das 61. Lebensjahr erreicht hatte, was erklärt, warum es keine wichtigen Informationen über die mit den Ripper-Fällen beschäftigten Polizisten zu geben scheint. Auch die Personalakten von Chefinspektor Frederick Abberline, der die Untersuchung leitete, und von seinem Top-Ermittler Inspektor Donald Swanson existieren nicht mehr.

Auch heute noch bleiben, so Inspektor Bird, die Akten viel beachteter Mordfälle grundsätzlich 25, 50 oder 75 Jahre unter Verschluss, je nachdem, wie schrecklich das Verbrechen war und ob die Privatsphäre der Familie des oder der Opfer betroffen ist. In den Ripper-Fällen erwies sich die hundertjährige Unzugänglichkeit der Akten als glücklicher Umstand.

Zwei Jahre nach Freigabe der Dokumente war laut Ms. Bird die »Hälfte von ihnen« verloren oder gestohlen.

Gegenwärtig werden Scotland Yards Akten in einer riesigen Lagerhalle aufbewahrt. Die Schachteln sind beschriftet, nummeriert und in ein Computersystem eingegeben. Ms. Bird schwört »Hand aufs Herz«, dass es keine Ripper-Akten gibt, die irgendwo in diesen Schachteln versteckt schlummern oder falsch eingeordnet sind. Soweit sie weiß, sind sie alle dem Staatsarchiv übergeben worden. Lücken in den Beständen führt sie auf »nachlässigen Umgang, die menschliche Natur (Klauen) und die Bombenangriffe des Zweiten Weltkriegs« zurück. Bei einem Luftangriff wurde das Hauptquartier von Scotland Yard, wo die Akten lagerten, teilweise zerstört.

Wenn es auch sicherlich angebracht war, die Publikation der drastischen Einzelheiten und Leichenschauhaus-Fotografien von nackten, verstümmelten Körpern für einige Zeit zu verhindern, habe ich doch den Verdacht, dass Diskretion und Feingefühl nicht die einzigen Beweggründe waren, die Akten wegzuschließen und den Schlüssel zu verstecken. Schließlich musste man die Welt nicht unbedingt daran erinnern, dass es Scotland Yard nie gelungen war, den Mann zu fassen, und man musste auch nicht an die große Glocke hängen, dass damals eines der hässlichsten Kapitel in der englischen Polizeigeschichte geschrieben wurde und einer der schlimmsten Polizeipräsidenten Schande über das Metropolitan Police Department gebracht hatte.

Ihre Majestät die Königin muss das Opfer irgendeines bösen Zaubers gewesen sein, als sie beschloss, einen tyrannischen General aus Afrika abzuziehen und ihm die zivile Polizei einer Stadt zu unterstellen, in der die *Blue Bottles,* die »Blauen Flaschen«, und die *Coppers,* die »Polypen«, ohnehin schon verhasst genug waren.

Charles Warren war ein schroffer, arroganter Mann, der prächtige Uniformen trug. Als die Ripper-Verbrechen 1888 begannen, war Warren seit zwei Jahren Polizeichef, und er kannte nur zwei Antworten auf alle Probleme, denen er sich gegenübersah: politische Tricks und brutale Gewalt. Das hatte er beispielsweise im Vorjahr am 13. November, dem *Bloody Sunday,* bewiesen, als er eine friedliche sozialistische Demonstration auf dem Trafalgar Square verboten hatte. Warrens Anordnung war ungesetzlich und wurde von sozialistischen Reformern wie Annie Besant und dem Parlamentsmitglied Charles Bradlaugh missachtet, die die friedliche Demonstration wie geplant durchführten.

Auf Warrens Befehl griff die Polizei die nichts ahnenden und unbewaffneten Demonstranten an. Berittene Polizisten sprengten heran und »warfen Männer und Frauen wie Kegel um«, schrieb Annie Besant. Soldaten kamen hinzu, feuerten und schlugen mit Schlagstöcken auf die Menge ein. Zurück blieben friedliebende, gesetzestreue Arbeiter und Arbeiterinnen mit zerschmetterten Gliedern. Zwei waren tot, viele verwundet und noch mehr ohne jede gesetzliche Grundlage verhaftet. Daraufhin gründete man die Law and Liberty League, die Liga für Gesetz und Freiheit, die sich den Schutz aller Opfer von Polizeiwillkür auf die Fahnen schrieb.

Seinen Machtmissbrauch trieb Charles Warren auf die Spitze, als er beim Begräbnis eines der Polizeiopfer dem Trauerzug verbot, eine der Hauptstraßen westlich der Waterloo Bridge zu benutzen. Die große Prozession bewegte sich durch Aldgate, durch Whitechapel und gelangte schließlich zum Bow Road Cemetery, zog also durch genau das Gebiet, in dem ein Jahr später der Ripper seine Morde an jenen Unglücklichen beging, denen Annie Besant, Charles Bradlaugh und andere zu helfen versuchten. Sickerts Schwager, T. Fisher Unwin, verlegte Annie Besants Autobiographie, und Sickert malte gleich zweimal ein Porträt von Charles Bradlaugh. Beides war kein Zufall. Sickert kannte diese Leute, weil Ellen und ihre Angehörigen aktive Sozialisten waren und in liberalen politischen Kreisen verkehrten. Als Sickert mit der Malerei begann, half ihm Ellen, indem sie ihn mit prominenten Vertretern dieser politischen Kräfte bekannt machte, die ihre Porträts bei ihm in Auftrag gaben.

Annie Besant und Charles Bradlaugh widmeten ihr Leben den Armen. Walter Sickert nahm es ihnen, und es war ein Skandal, dass einige Zeitungen insinuierten, die Ripper-Verbrechen könnten einen sozialistischen Hintergrund haben. Hier versuche jemand auf drastische Weise die Schattenseiten des Klassensystems und die schmutzigen Geheimnisse der größten Stadt der Welt anzuprangern. Walter Sickert ermordete kranke und Not leidende Prostituierten die lange vor der Zeit gealtert waren. Er ermordete sie, weil sie so leichte Opfer waren.

Seine Beweggründe waren Gier nach sexueller Gewalt, Hass und ein unersättliches Bedürfnis nach Aufmerksamkeit. Mit einer politischen Bekundung sozialistischer Tendenz hatten seine Morde nicht das Geringste zu tun. Er mordete, um seinen unkontrollierbaren psychopathischen Drang nach Gewalttaten zu befriedigen. Gewiss dürfte Sickert, als die Zeitungen nach Motiven suchten – vor allem wenn sie soziale oder moralische Aspekte ins Spiel brachten –, insgeheim entzückt gewesen sein und sich an seiner Macht berauscht haben. »Ha! ha! ha!«, schrieb der Ripper. »Um die Wahrheit zu sagen, Ihr solltet mir dankbar sein, dass ich dieses Geschmeiß vernichte, denn es ist zehnmal schlimmer als Männer.«

Während der Regierungszeit von George III. herrschten Wegelagerer über die Haupt- und Nebenstraßen, und die meisten Schurken konnten sich durch Bestechung allen Ärger vom Leibe halten.

London wurde von Nachtwächtern beschützt, die bewaffnet waren mit Knüppeln, Laternen und Lärminstrumenten, so genannten Rasseln, die laut klapperten, wenn man ihren Kopf rotieren ließ. Erst 1750 begannen sich die Zeiten zu ändern. Henry Fielding, besser bekannt als Schriftsteller denn als Friedensrichter, versammelte eine zuverlässige Schar von Polizisten unter seinem Befehl. Mit 400 Pfund, die ihm die Regierung bewilligte, organisierte Fielding die erste Abteilung von »Dieb-Fängern« *(thief-takers)*.

Sie jagten die Banden und Halunken, die die Londoner terrorisierten, und als Henry Fielding sich anderen Aufgaben zuwandte, folgte ihm sein Bruder John auf dem Posten, in dessen Fall Justitia wirklich blind war. John Fielding hatte sein Augenlicht verloren und trug gewissermaßen als Markenzeichen eine Binde über den Augen, wenn er Gefangene verhörte. Es hieß, er erkenne Kriminelle an der Stimme.

Unter Sir John Fieldings Leitung hatten die »Dieb-Fänger« ihr Hauptquartier in der Bow Street und wurden bald Bow Street Patrol genannt und dann Bow Street Runners. Zu dieser Zeit hatte die Polizei noch einen halb privaten Charakter. So untersuchte ein Bow Street Runner den Einbruch in eine Villa vielleicht gegen ein Honorar oder bewog den Täter, wenn er ihn fasste, dazu, einer Einigung mit dem Opfer zuzustimmen. Straf- und Zivilrecht waren auf merkwürdige Weise verquickt. Zwar war es ungesetzlich, Straftaten zu

begehen, aber man konnte durch Abkommen und außerge-
richtliche Einigungen die Ordnung wiederherstellen und sich
eine Menge Umstände und Unannehmlichkeiten ersparen.

Besser, man bekam die Hälfte seines Eigentums zurück als
gar nichts. Besser, man gab die Hälfte seines Diebesguts
zurück, als alles zu verlieren und im Gefängnis zu landen.
Einige Bow Street Runner gingen als wohlhabende Männer
in den Ruhestand. Wenig ließ sich gegen Aufruhr, Raub und
Mord ausrichten, die an der Tagesordnung waren wie viele
andere Straftaten. Hunde wurden gestohlen und ihres Fells
wegen getötet. Rinder wurden bei der »Ochsen-Hatz« zu
Tode gequält, bei der ein johlender Mob die vor Angst halb
wahnsinnigen Tiere jagte, bis sie zusammenbrachen und
starben. Vom Ende des 17. Jahrhunderts bis 1868 waren
Hinrichtungen öffentlich und zogen riesige Mengen von
Schaulustigen an.

Hinrichtungstage waren Feiertage, und man glaubte, das
grausige Spektakel habe eine abschreckende Wirkung. In
den Tagen der »Dieb-Fänger« und Bow Street Runners
gehörten zu den Gesetzesübertretungen, die mit dem Tod
bestraft wurden, Pferdediebstahl, Geldfälschen und Laden-
diebstahl. 1788 versammelten sich Tausende am Newgate-
Gefängnis, um zuzusehen, wie die 30-jährige Phoebe Harris
auf dem Scheiterhaufen verbrannt wurde, weil sie falsche
Münzen geprägt hatte. Straßenräuber wurden wie Helden
verehrt, und ihre Anhänger jubelten ihnen zu, wenn sie
gehängt wurden, während verurteilte Angehörige der Oberklasse verspottet wurden, egal, was sie verbrochen hatten.

Als Gouverneur Joseph Wall 1802 gehängt wurde, prügelten
sich anschließend die Zuschauer um das Seil, mit dem die
Exekution durchgeführt worden war. Es wurde dann für
einen Shilling pro Zoll verkauft. 1807 versammelten sich
40 000 Neugierige, um der Hinrichtung zweier verurteilter
Mörder beizuwohnen, ein Ereignis, bei dem Männer, Frauen
und Kinder zu Tode getrampelt wurden. Nicht jeder Todes-

kandidat starb rasch und planmäßig; teilweise gab es grausig anzusehende Todeskämpfe. Der Knoten verrutschte oder zog sich nicht richtig zusammen, sodass er nicht die Halsschlagader zusammenpresste und eine rasche Ohnmacht bewirkte. Dann mussten mehrere Männer die zappelnden Beine des Delinquenten packen und kräftig daran ziehen, um den Tod zu beschleunigen. Meist verlor er dabei die Hose und wand sich nackt vor der johlenden Menge. In den alten Zeiten des Schafotts konnte die Weigerung, dem Henker ein paar Extramünzen in die Hand zu drücken, einen schlecht gezielten Hieb veranlassen, der ein paar zusätzliche Schläge mit der Axt erforderlich machte.

1829 überzeugte Sir Robert Peel die Regierung und die Bürger davon, dass sie ein Recht hätten, sicher in ihren Häusern zu schlafen und sich ohne Angst auf den Straßen zu bewegen. Das Metropolitan Police Department wurde gegründet, und seine Zentrale wurde in dem Gebäude Whitehall Place Nr. 4 eingerichtet, dessen Hintereingang auf den Scotland Yard führte, auf dem einst ein sächsischer Palast gestanden hatte, der als Residenz für Besuche der schottischen Könige diente. Ende des 17. Jahrhunderts war der Palast weitgehend verfallen und zerstört. In den noch erhaltenen Teilen waren britische Regierungsbüros untergebracht. Viele berühmte Männer hatten einst am Scotland Yard der Krone gedient – unter anderem die Architekten Inigo Jones und Christopher Wren sowie der große Dichter John Milton, der damals Latein-Sekretär bei Oliver Cromwell war. Der Architekt und Komödiendichter Sir John Vanbrugh erbaute am Standort des alten Palastes ein Haus, das Jonathan Swift mit einer »Gänsepastete« verglich.

Nur wenigen Menschen ist klar, dass Scotland Yard immer ein Platz gewesen ist und keine Polizeiorganisation. Seit 1829 bezeichnet man mit Scotland Yard die Zentrale der Metropolitan Police, und das ist bis auf den heutigen Tag so geblieben, obwohl die offizielle Bezeichnung heute New

Scotland Yard lautet. Ich vermute, die Öffentlichkeit wird nie von der Vorstellung abzubringen sein, dass Scotland Yard eine Horde von Schnüfflern à la Sherlock Holmes und dass ein uniformierter Polizist in London ein »Bobby« ist. Vermutlich wird es immer Bücher und Filme geben, in denen Provinzpolizisten, völlig überfordert von einem Kapitalverbrechen, den herrlich abgedroschenen Satz von sich geben: »Ich glaube, das ist ein Fall für Scotland Yard.«

Von Anfang an waren Scotland Yard und seine uniformierten Abteilungen in der Öffentlichkeit schlecht angesehen. Die Arbeit der Polizei empfand man als eine Einschränkung der britischen Bürgerrechte und setzte sie gleich mit Militärrecht, Bespitzelung und Schikane durch die Regierung. Als die Metropolitan Police eingerichtet wurde, war man nach Kräften bemüht, ein allzu militärisches Erscheinungsbild zu vermeiden, daher kleidete man die Beamten in blaue Jacken und Hosen und setzte ihnen einen Zylinder aus Kaninchenfell auf, den man mit Stahl verstärkt hatte, für den Fall, dass ein festgenommener Krimineller auf die Idee kam, einem Polizisten mit einem harten Gegenstand auf den Kopf zu schlagen. So ein Hut war auch gut als Trittleiter zu gebrauchen, um über Zäune und Mauern zu klettern und über Fenster einzusteigen.

Zuerst hatte das Metropolitan Police Department keine Detektive. Es war schon schlimm genug, dass es die Bobbys in Blau gab, doch die Vorstellung, dass Beamte in normaler Straßenkleidung herumschlichen, um Leute zu schnappen, stieß auf den erbitterten Widerstand der Öffentlichkeit und sogar der uniformierten Polizisten, die verstimmt waren, weil die Detektive besser bezahlt wurden, und die befürchteten, die eigentliche Aufgabe dieser Beamten in Zivil sei es, die unteren Dienstgrade zu bespitzeln. Beim Aufbau einer regulären Detektivabteilung im Jahr 1842 und bei der Einführung verdeckter Ermittler Mitte der 1840er Jahre gab es einige Fehlgriffe, unter anderem die nicht sehr kluge Entscheidung, gebildete Gentlemen einzustellen, die keine Polizeiausbildung hatten. Man stelle sich vor, wie solch ein Herr einen betrunkenen East-End-Bewohner vernimmt, der seiner Frau gerade den Schädel mit einem Hammer eingeschlagen oder ihr die Kehle mit einem Rasiermesser durchgeschnitten hat.

Offiziell wurde das Central Investigation Department (CID) erst 1878 gegründet, also knapp zehn Jahre bevor Jack the Ripper London zu terrorisieren begann. 1888 hatte sich die öffentliche Meinung über Detektive noch nicht sonderlich gewandelt. Noch immer gab es Vorbehalte gegen Polizisten, die Zivil trugen oder Leute durch »Tricks« ins Gefängnis brachten. Es war den Polizisten untersagt, den Bürgern »Fallen zu stellen«. Scotland Yard achtete streng darauf, dass Zivilfahnder nur in Bezirken tätig wurden, wo sich die Straftaten eindeutig häuften. Es ging um Strafverfolgung, nicht um Vorbeugung. Diese Grundsätze führten dazu, dass Scotland Yard mit der Entscheidung, verdeckte Ermittlungen anzuordnen, zögerte, als der Ripper seine Mordserie im East End begann.

Scotland Yard war vollkommen unvorbereitet auf einen Serienmörder wie den Ripper, und nach der Ermordung von Mary Ann Nichols begann sich die Öffentlichkeit auf die Polizei einzuschießen – sie erntete nichts als Kritik, Spott und Vorwürfe. Bis ins kleinste Detail berichteten alle großen Zeitungen im Lande über den Mordfall Mary Ann Nichols und die Coroner-Untersuchung. Ihr Fall gelangte auf die Titelseiten von Sensationsblättern wie den *Illustrated Police News* und von Billigerzeugnissen wie *Famous Crimes,* die man für einen Penny bekam. Zeichner fertigten grelle, voyeuristische Darstellungen der Morde an, und niemand – weder die Verantwortlichen im Innenministerium noch die Polizisten, Detektive oder die hohen Tiere bei Scotland Yard, nicht einmal Queen Victoria – hatte die geringste Ahnung von dem eigentlichen Problem, geschweige denn seiner Lösung.

Als der Ripper seine Kreise zu ziehen begann, gab es nur uniformierte Beamte, die ihre Runden machten, alle waren sie müde und unterbezahlt. Ihre Standardausrüstung bestand aus einer Pfeife, einem Schlagstock, vielleicht einer Rassel und einer Blendlaterne, die den Spitznamen *Dark Lantern* (dunkle Laterne) hatte, weil sie im Grunde nichts weiter tat, als ihren Träger spärlich zu beleuchten. Eine Blendlaterne war ein gefährliches, unhandliches Gerät, das aus einem Stahlzylinder von 25 Zentimeter Höhe und einer Abdeckung bestand, die wie eine geriffelte Staubkappe geformt war. Die Vergrößerungslinse hatte einen Durchmesser von siebeneinhalb Zentimetern und bestand aus dickem, rund geschliffenem Glas. Im Inneren der Lampe waren eine kleine Ölpfanne und ein Docht.

Die »Helligkeit« der Flamme ließ sich durch Drehung des Zylinders regulieren. Dann drehte sich die innere Metallröhre und verdeckte so viel von der Flamme wie erforderlich. Auf diese Weise konnte der Polizeibeamte Leuchtzeichen geben und einem Kollegen in einiger Entfernung Signale übermitteln. *Leuchtzeichen* mag ein bisschen übertrieben erscheinen, wenn man das funzelige Licht einer solchen Blendlaterne sieht. Ich konnte mehrere sehr rostige, aber echte Blendlaternen der Firma Hiatt & Co. aus Birmingham auftreiben, die Mitte des 19. Jahrhunderts hergestellt wurden, genau das Modell, das die Polizei während der Untersuchung der Ripper-Fälle verwendete. Eines Abends ging ich mit einer dieser Laternen auf die Terrasse und zündete ein kleines Feuer in der Ölpfanne an. Die Linse verwandelte sich in ein flackerndes orangerötliches Auge. Doch aus bestimmten Blickwinkeln betrachtet, bringt die Konvexität des Glases das Licht zum Verschwinden.

Als ich meine Hand davor hielt, konnte ich meine Handfläche nur noch schemenhaft erkennen, obwohl sie nur fünfzehn Zentimeter von der Laterne entfernt war. Rauchfahnen stiegen auf, und der Zylinder wurde heiß genug, so damals die Mär unter den Polizisten, um Tee zu kochen. Ich stellte mir vor, ein armer Streifenbeamter drehte seine Runden und hielt ein solches Ding an den beiden Metallgriffen oder hakte die Laterne mit einer Schlangenschnalle an seinem Ledergürtel fest. Ein Wunder, dass er sich damit nicht selbst in Brand steckte.

Der durchschnittliche Viktorianer dürfte wohl keine Ahnung von der Unbrauchbarkeit der Blendlaternen gehabt haben. Zeitschriften und Groschenblätter bildeten Polizeibeamte ab, die dunkle Ecken und Gänge mit grellen Lichtstrahlen ausleuchteten, während verdächtige Subjekte vor dem hellen Glanz erschreckt zurückwichen. Falls diese comicartigen Zeichnungen nicht absichtlich übertrieben waren, nehme ich an, dass die meisten Menschen des viktorianischen Zeitalters nie eine Blendlaterne im Einsatz gesehen haben. Was vielleicht gar nicht so überraschend war. Polizeibeamte, die in den sicheren, nobleren Vierteln der Metropole Streife gingen, brauchten ihre Laternen nicht anzuzünden. Nur in den verrufenen Gegenden leuchteten die blutunterlaufenen Augen der Laternen auf, ohne den Weg der Beamten richtig erhellen zu können, und die meisten Londoner, die zu Fuß oder in Droschken unterwegs waren, mieden diese Viertel.

Walter Sickert dagegen liebte die Nacht und die Slums. Bei ihm dürfen wir davon ausgehen, dass er genau wusste, wie eine Blendlaterne aussah, denn es gehörte zu seinen Gewohnheiten, nach Besuchen in Varietétheatern und Nachtklubs durch die verrufenen Viertel zu wandern. Während seiner »Camden-Town-Periode«, in der einige seiner gewaltträchtigsten Bilder entstanden, malte er seine Mordgemälde im geisterhaften Schein einer Blendlaterne. Seine Künstlerkollegin Marjorie Lilly, die sich das Haus und eines seiner Ateliers mit ihm teilte, beobachtete ihn dabei mehr als einmal und beschrieb ihn später als »Dr. Jekyll«, der »zu Mr. Hyde« wurde.

Ihre dunkelblauen Wolluniformen und -umhänge hielten die Polizisten bei schlechtem Wetter weder warm noch trocken, und an heißen Tagen müssen sie sich schrecklich unbehaglich gefühlt haben. Es war gar nicht daran zu denken, dass sie den Gürtel oder die Jacke lockerten oder den militärisch geformten Helm mit dem glänzenden Brunswick-Stern abnahmen. Wenn die schlecht sitzenden, von der Polizei gestellten hohen Lederstiefel ihre Füße zerdrückten, konnten sie sich entweder von ihrem eigenen kargen Lohn ein Paar eigene kaufen oder schweigend leiden.

1887 vermittelte ein Angehöriger der Metropolitan Police einen Eindruck davon, wie das Leben eines durchschnittlichen Polizeibeamten aussah. In einem anonymen Artikel für die Zeitschrift *The Police Review and Parade Gossip* schilderte er, wie seine Frau, er selbst und ihr vierjähriger, todkranker Sohn in zwei Zimmern in einer Pension in der Bow Street zurechtkommen mussten. Von den vierundzwanzig Shilling, die der Polizist in der Woche verdiente, musste er zehn für die Miete ausgeben. Es gebe große Unruhe in der Öffentlichkeit, schrieb er, und die Polizisten seien erbitterter Feindseligkeit ausgesetzt.

Mit keiner anderen Waffe ausgerüstet als einem kleinen Schlagstock, der in einer Spezialtasche am Hosenbein steckte, gingen die Beamten Tag für Tag und Nacht für Nacht ihre Runden, »am Rande der Erschöpfung von [unserer] ständigen Begegnung mit armen Teufeln, die von Not und Gier in den Wahnsinn getrieben werden«. Zornige Bürger schrien unflätige Beleidigungen und warfen der Polizei vor, sie sei »gegen das Volk und die Armen«. Andere, besser gestellte Londoner warteten nach einem Raub oder Einbruch manchmal vier bis sechs Stunden, bevor sie die Polizei benachrichtigten, und beklagten sich dann öffentlich darüber, dass die Ordnungshüter nicht in der Lage seien, die Täter ihrer gerechten Strafe zuzuführen.

Polizeiarbeit war nicht nur eine undankbare Aufgabe, sondern auch eine unlösbare, da ein Sechstel der 15 000 Mann starken Polizeitruppe ständig krank, beurlaubt oder suspendiert war. Das angebliche Verhältnis von einem Polizisten auf 450 Bürger war irreführend. Wie viele Beamte tatsächlich auf den Straßen patrouillierten, hing von der Schicht ab, und da sich die Zahl der Dienst tuenden Polizisten während der Nachtschicht (22 Uhr bis 6 Uhr morgens) immer verdoppelte, folgte daraus, dass während der Tagschicht (6 bis 14 Uhr) und der Spätschicht (14 bis 22 Uhr) nur jeweils etwa 2000 Polizisten arbeiteten. Das heißt, ein Polizist kam auf 4000 Bürger oder auf zehn Kilometer Straße. Im August war das Verhältnis sogar noch schlechter, da 2000 Mann Urlaub nahmen.

Während der Nachtschicht hatte ein Constable seine Patrouille innerhalb von zehn bis fünfzehn Minuten mit einer Durchschnittsgeschwindigkeit von vier Kilometern pro Stunde zu absolvieren. Zu der Zeit, als der Ripper seine Verbrechen begann, war diese Vorschrift zwar nicht mehr in Kraft, aber die Gewohnheit war tief verwurzelt. Besonders Kriminelle konnten die gleichmäßigen, lederknarrenden Schritte der Polizisten schon auf weite Entfernung erkennen. Das Gebiet von Groß-London umfasste 1800 Quadratkilometer, und selbst wenn die Zahl der Polizisten in den frühen Morgenstunden verdoppelt wurde, konnte der Ripper die Gassen, Gänge, Höfe und kleinen Nebenstraßen des East End durchstreifen, ohne einen einzigen Brunswick-Stern zu sehen. Näherte sich ein Polizist, war der Ripper rechtzeitig durch den unverkennbaren Schritt gewarnt. Nach dem Mord konnte er im tiefen Schatten der Mauern verschwinden und in aller Ruhe abwarten, bis die Leiche entdeckt wurde. Er war sogar in der Lage, die aufgeregten Unterhaltungen der Zeugen, des Arztes und der Polizei zu belauschen. Jack the Ripper konnte die flackernden orangefarbenen Augen der Blendlaternen sehen, ohne befürchten zu müssen, selbst gesehen zu werden.

Psychopathen schätzen es, die Dramen zu betrachten, deren Drehbücher sie geschrieben haben. Nicht selten kehren

Serienmörder an den Tatort zurück oder mischen sich in die Ermittlungen ein. Dass ein Mörder die Beerdigung seines Opfers besucht, ist so häufig, dass die Polizei heutzutage Zivilfahnder hinschickt, um die Trauergäste unauffällig auf Video aufzunehmen. Brandstifter lieben es, das von ihnen gelegte Feuer zu betrachten. Vergewaltiger arbeiten gern für soziale Organisationen. Ted Bundy war ehrenamtlich in einer Zentrale für telefonische Krisenintervention tätig.

Nachdem Robert Chambers Jennifer Levin im New Yorker Central Park erdrosselt hatte, setzte er sich auf eine Mauer auf der anderen Straßenseite und wartete zwei Stunden lang, bis die Leiche entdeckt wurde, die Polizei eintraf, der Leichensack zugezogen und in eine Ambulanz gehoben wurde. »Er fand es amüsant«, berichtete Linda Fairstein, die Staatsanwältin, die ihn hinter Gitter brachte.

Sickert war ein Entertainer. Und er war ein gewalttätiger Psychopath. Er muss geradezu einen inneren Zwang verspürt haben, am Tatort zu bleiben, den Polizisten und Ärzten bei der Untersuchung der Leichen zuzuschauen und sich so lange in der Dunkelheit herumzudrücken, bis seine Opfer in der Ambulanz fortgeschoben wurden. Dann ist er ihnen vielleicht in einiger Entfernung gefolgt, um einen Blick darauf zu erhaschen, wie die Leiber in die Leichenhalle eingeliefert wurden. Möglicherweise hat er auch die Beerdigungen beobachtet. Anfang des 19. Jahrhunderts hat er ein Bild gemalt, auf dem zwei Frauen aus dem Fenster blicken. Unerklärlicherweise trägt es den Titel A Passing Funeral (»Ein vorbeikommender Leichenzug«). In mehreren Ripper-Briefen ist höhnisch die Rede davon, dass er die Polizei am Tatort beobachtet oder die Beerdigung des Opfers besucht hat.

»Ich sehe sie, und sie können mich nicht sehen«, schrieb der Ripper.

Sir Charles Warren, der Chef der Metropolitan Police, kümmerte sich wenig um Verbrechen, und er wusste auch wenig darüber. Er war ein leichtes Opfer für einen Psychopathen von der Intelligenz und Kreativität Walter Sickerts, dem es viel Vergnügen bereitet haben dürfte, Warren zum Narren zu halten und seine Karriere zu ruinieren. Und am Ende war es Warrens Unfähigkeit, den Ripper zu fassen, die, neben anderen Fehlern, am 8. November 1888 zu seinem Rücktritt führte.

Die öffentliche Aufmerksamkeit auf die beklagenswerten Verhältnisse im East End gelenkt und London von Warren befreit zu haben sind vermutlich die einzigen guten Taten von Jack the Ripper, auch wenn seine Beweggründe alles andere als altruistisch waren.

Bei der Coroner-Untersuchung sagte Dr. Llewellyn aus, Mary Ann Nichols habe eine leichte Risswunde an der Zunge und einen Bluterguss am rechten Unterkiefer gehabt, von einem Faustschlag oder dem »Druck eines Daumens«. Auf der linken Gesichtsseite habe sich ein kreisförmiger Bluterguss befunden, möglicherweise verursacht durch den Druck eines Fingers.

Der Hals wies zwei Einschnitte auf, der eine, zehn Zentimeter lang, begann zweieinhalb Zentimeter unterhalb des linken Unterkiefers, direkt unter dem linken Ohr. Ebenfalls auf der linken Seite setzte der zweite Einschnitt an, befand sich aber noch einmal zweieinhalb Zentimeter tiefer als der erste und fing etwas vor dem Ohr an. Der zweite Einschnitt sei »kreisförmig« gewesen, wie Dr. Llewellyn erklärte. Ich weiß nicht, was er mit »kreisförmig« meinte, wenn er damit nicht zum Ausdruck bringen wollte, dass der Schnitt gekrümmt war und nicht gerade. Der Schnitt war zwanzig Zentimeter lang und durchtrennte Blutgefäße, Muskelgewebe und Knorpel, bevor er die Wirbel einkerbte und unterhalb des rechten Kiefers endete.

Was Dr. Llewellyn über die Unterleibsverletzungen von Mary Ann zu sagen hatte, war genauso verschwommen wie seine anderen Auskünfte. Auf der linken Seite befand sich ein gezackter Einschnitt, »im unteren Teil des Abdomens«, während »drei oder vier« ähnliche Schnitte auf der rechten Seite des Unterleibs abwärts verliefen. Außerdem gab es »mehrere« Schnitte, die quer über den Unterleib verliefen, und kleine Stiche in ihrem »Intimbereich«. Abschließend kam Dr. Llewellyn zu dem Ergebnis, die Unterleibswunden hätten ausgereicht, um den Tod zu verursachen, und er sei der Meinung, sie seien dem Opfer beigebracht worden, bevor der Täter ihm die Kehle durchgeschnitten habe. Bei dieser Schlussfolgerung stützte er sich auf den Umstand, dass er am Tatort nur wenig Blut in der Umgebung ihres Halses entdeckt hatte, unterschlug aber dem Coroner und den Geschworenen, dass er versäumt hatte, die Leiche umzudrehen. Vielleicht wusste er noch immer nicht, dass er eine Menge Blut und einen geronnenen Fleck von 15 Zentimeter Durchmesser übersehen hatte.

Laut Aussage von Dr. Llewellyn verliefen alle Verletzungen von links nach rechts, was ihn zu dem Schluss veranlasste, dass der Mörder ein »Linkshänder« sein müsse. Die Waffe – und dieses Mal sei es nur eine gewesen, wie er erklärte – sei ein Messer mit langer Klinge von »mittlerer« Schärfe, das mit »großer Gewalt« geführt worden sei. Die Blutergüsse auf Kiefer und Gesicht würden sich ebenfalls mit der Annahme decken, dass es sich um einen linkshändigen Angreifer gehandelt habe. Nach seiner Theorie habe der Mörder Mary Ann die rechte Hand über den Mund gelegt, um sie am Schreien zu hindern, während er ihr mit der linken mehrfach den Unterleib aufgeschlitzt habe. Wenn man versucht, sich dieses Szenario vorzustellen, muss man davon ausgehen, dass der Mörder Mary Ann gegenüberstand, als er sie plötzlich angriff. Entweder standen beide, oder der Mörder hatte sie bereits zu Boden geworfen, und es gelang ihm irgendwie zu verhindern, dass sie schrie und um sich schlug, als er ihr die Kleider hochschob und ihr durch Haut und Fett bis in die Gedärme schnitt. Für einen überlegten, intelligenten Mörder wie Jack the Ripper ergibt es keinen Sinn, der Frau zunächst den Unterleib aufzuschlitzen und ihr reichlich Gelegenheit zu geben, sich verzweifelt zu wehren, während sie Schrecken, Panik und Schmerz in unvorstellbarem Ausmaß empfindet. Hätte der Coroner Dr. Llewellyn genauer nach den medizinischen Einzelheiten befragt, hätte sich vielleicht ein ganz anderes Bild von dem Mord an Mary Ann Nichols ergeben. Möglicherweise hat sich der Mörder seinem Opfer von vorne genähert. Möglicherweise hat sie nie ein Wort mit ihm gewechselt. Möglicherweise hat sie ihn nie gesehen.

Üblicherweise wird angenommen, Jack the Ripper habe seine Opfer angesprochen, bevor er sie an einsame, dunkle Orte geführt habe, um sie dort plötzlich und rasch zu töten. Eine Zeit lang habe auch ich vermutet, der Ripper sei in allen Fällen so vorgegangen. Wie zahllose andere Kommentatoren habe ich mir vorgestellt, der Ripper habe sich als Freier ausgegeben, um seine Opfer zum Mitkommen zu bewegen. Da die Prostituierte dem Freier beim Geschlechtsakt oft den Rücken zukehrte, schien das die ideale Gelegenheit für den Ripper, ihr die Kehle durchzuschneiden, bevor sie wusste, wie ihr geschah.

Ich möchte nicht kategorisch ausschließen, dass der Ripper so vorgegangen ist – zumindest in einigen Fällen. Es war mir wirklich nie in den Sinn gekommen, dass es überhaupt in irgendeinem der Fälle anders gewesen sein könnte, bis ich in den Weihnachtsferien 2001, als ich mit meiner Familie in Aspen war, einen Augenblick der Erleuchtung hatte. Einen Abend verbrachte ich allein in einem Apartment am Fuße des Ajax Mountain und hatte wie gewöhnlich mehrere Koffer Recherchematerial bei mir. Zufällig hatte ich einen Kunstband über Sickert zur Hand genommen und blätterte ihn wohl zum zwanzigsten Mal durch, als ich plötzlich bei dem berühmten Gemälde *Ennui* stutzte. Ich konnte mir nicht erklären, warum ausgerechnet diese Arbeit als so außergewöhnlich galt, dass Ihre Majestät Queen Elizabeth, die Königinmutter, eine der fünf existierenden Versionen erwarb und im Clarence House aufhängte. Andere Versionen befinden sich in Privatbesitz oder hängen in so renommierten Museen wie der Tate Gallery.

In allen fünf Fassungen von *Ennui* sitzt ein gelangweilter älterer Mann an einem Tisch, mit brennender Zigarre, vor sich ein hohes Glas, in dem sich, wie ich vermute, Bier befindet. Er blickt vor sich hin, tief in Gedanken und vollkommen uninteressiert an seiner Frau, die hinter ihm steht, an eine Kommode gelehnt, den Kopf in die Hand gestützt, während sie unglücklich auf ausgestopfte Tauben unter einer Glasglocke schaut. Im Mittelpunkt befindet sich das Gemälde einer Frau, einer Diva, das an der Wand hinter den Köpfen des Ehepaars hängt. Nachdem ich mehrere Versionen von *Ennui* gesehen hatte, wurde mir klar, dass die Diva jedes Mal etwas anders aussieht.

Auf dreien von ihnen trägt sie offenbar eine dicke Federboa um die nackten Schultern. Doch auf der späten Version im Besitz der Königinmutter und derjenigen in der Tate Gallery gibt es keine Federboa, sondern nur eine undefinierbare rötlichbraune Form, die ihre linke Schulter umhüllt und ihr über den Oberarm und die linke Brust reicht. Erst als ich in dem Aspener Apartment selber Ennui – Langeweile – empfand, bemerkte ich über der linken Schulter der Diva einen schmalen, senkrecht verlaufenden Halbmond von fleischig weißer Farbe. Diese fleischig weiße Form hat an der linken Seite eine leichte Ausbuchtung, die wie ein Ohr aussieht.

Bei genauerem Hinsehen erweist sich die Form als das Gesicht eines Mannes im Halbschatten. Er tritt von hinten an die Frau heran. Sie scheint im Begriff, den Kopf zu wenden, als bemerke sie seine Annäherung. Unter der geringen Vergrößerung einer Lupe betrachtet, tritt das im Halbschatten befindliche Gesicht des Mannes deutlicher hervor, und das Gesicht der Frau sieht wie ein Schädel aus. Doch bei stärkerer Vergrößerung löst sich das Bild in einzelne Striche von Sickerts Pinsel auf. Ich fuhr nach London, schaute mir das Originalgemälde in der Tate Gallery an und kam zu keinem anderen Ergebnis. Schließlich schickte ich ein Diapositiv des Gemäldes an das Virginia Institute of Forensic Science and Medicine, um zu sehen, ob man dort mit Hilfe moderner Technik mehr herausfand.

Die digitale Bildverbesserung entdeckt Hunderte von Grautönen, die das menschliche Auge nicht sehen kann, und macht eine verschwommene Fotografie oder eine ausradierte Schrift sicht- und erkennbar. Zwar hat sich die forensische Bildverbesserung bei schlechten Videobändern oder Fotos hervorragend bewährt, doch bei Gemälden funktioniert sie nicht. All unsere Bemühungen führten bei *Ennui* lediglich dazu, die einzelnen Pinselstriche Sickerts zu isolieren, bis wir bei der Umkehrung dessen landeten, was unsere Wahrnehmung herstellt, wenn sie die Striche zusammenfügt. Wie so oft bei dem Ripper-Fall wurde ich daran erinnert, dass wissenschaftliche, gerichtsmedizinische Methoden niemals die menschlichen Fähigkeiten ersetzen können – Spürsinn, Logik, Erfahrung, gesunden Menschenverstand und sehr viel Fleiß.

Schon lange bevor ich über Sickerts *Ennui* nachdachte, wurde das Gemälde im Rahmen der Ripper-Ermittlungen erwähnt, allerdings in einem ganz anderen als dem von mir beschriebenen Zusammenhang. In einer Version des Gemäldes weist die Federboa, die die Diva umhüllt, einen weißen Fleck auf ihrer linken Schulter auf, der entfernt an eine der ausgestopften Tauben unter der Glasglocke auf der Kommode erinnert. Einige Ripper-Enthusiasten behaupten, bei dem »Vogel« handle es sich um eine *Sea Gull*, eine Möwe, und Sickert habe die Möwe listig in sein Gemälde eingeschmuggelt, um darauf hinzuweisen, dass Jack the Ripper niemand anders sei als Sir William Gull, Queen Victorias Leibarzt. Das alles hat etwas mit der so genannten Theorie der königlichen Verschwörung zu tun, derzufolge Dr. Gull und der Duke of Clarence fünf Ripper-Morde begangen haben sollen.

Diese Theorie wurde in den 1970er Jahren entwickelt, und obwohl ich nicht die Absicht habe, mich in diesem Buch mit der Frage zu beschäftigen, wer der Ripper nicht war, möchte ich doch feststellen, dass es weder Dr. Gull noch der Duke of Clarence war. 1888 war Dr. Gull 71 Jahre alt und hatte schon einen Schlaganfall hinter sich. Und der Duke of Clarence war auch nicht in bester Verfassung. Eddy, wie er genannt wurde, war zwei Monate zu früh geboren worden, weil seine Mutter ihrem Mann beim Eishockey zuschauen wollte. Offenbar ist sie bei diesem Anlass zu heftig in einem Schlitten »herumgewirbelt« worden. Da sie sich nicht wohl fühlte, brachte man sie nach Frogmore zurück, wo sich nur ein alter Provinzarzt fand, um Eddys unerwartete Geburt zu beaufsichtigen.

Seine Entwicklungsschwierigkeiten hatten wahrscheinlich weniger mit der Tatsache zu tun, dass er eine Frühgeburt war, als mit dem Umstand, dass er nur auf den kleinen königlichen Genpool zurückgreifen konnte. Eddy war niedlich, aber beschränkt. Zwar war er sensibel und freundlich, aber ein hoffnungsloser Schüler. Er konnte sich kaum auf einem Pferd halten, gab während seiner Militärzeit keine sehr eindrucksvolle Vorstellung und hatte eine viel zu große Vorliebe für prächtige Kleidung. Die einzige Kur, die seinem enttäuschten Vater, dem Duke of Wales, und seiner Großmutter, der Queen, einfiel, bestand darin, Eddy von Zeit zu Zeit auf sehr lange Reisen in sehr ferne Länder zu schicken.

Hartnäckige Gerüchte über seine sexuellen Neigungen und über Indiskretionen halten sich bis auf den heutigen Tag. Mag sein, dass er homosexuelle Beziehungen unterhielt, aber er war auch an Frauen interessiert. Vielleicht war Eddy sexuell unreif und experimentierte mit beiden Geschlechtern. Er wäre nicht das erste Mitglied einer königlichen Familie gewesen, das an beiden Ufern weidete. Emotionale Bindungen knüpfte Eddy aber zu Frauen, vor allem zu seiner schönen, ihn abgöttisch liebenden Mutter, der die Tatsache, dass ihn Kleidung mehr interessierte als die Krone, keine übermäßige Sorge zu bereiten schien.

Am 12. Juli 1884 schrieb Eddys frustrierter Vater, der Prince of Wales und künftige König, an Eddys deutschen Hauslehrer: »Mit aufrichtigem Bedauern haben wir von Ihnen vernommen, dass unser Sohn die Morgenstunden so schrecklich vertrödelt ... Er wird die verlorene Zeit durch zusätzliche Studien aufholen müssen ...« In dem sieben Seiten langen, höchst unzufriedenen Schreiben, das der Vater im Marlborough House aufsetzte, verlangt er nachdrücklich – wenn nicht verzweifelt –, dass sich sein Sohn, der unmittelbare Thronfolger, »gewaltig anstrengen muss«.

Eddy hatte weder die Energie noch die Neigung, auf Prostituiertenjagd zu gehen; etwas anderes zu behaupten ist lächerlich. In mindestens drei Mordnächten war er angeblich nicht in London und noch nicht einmal in der Nähe der Stadt – nicht dass er ein Alibi brauchte. Außerdem setzten sich die Morde nach seinem frühen Tod am 14. Januar 1892 fort. Selbst wenn der königliche Leibarzt Dr. Gull nicht alt und gebrechlich gewesen wäre, hätte er genug damit zu tun gehabt, sich um die Gesundheit von Queen Victoria und des recht anfälligen Eddy zu kümmern. Er hätte gar nicht Zeit gehabt, um nachts in einer königlichen Karosse durch Whitechapel zu fahren und Prostituierte aufzuschlitzen, die Eddy erpressten, weil er skandalöserweise mit einer von ihnen eine »geheime Ehe« geschlossen hatte. Oder so ähnlich. Wahr ist jedoch, dass Eddy schon einmal erpresst wurde, wie zwei Briefe belegen, die er dem hervorragenden Anwalt George Lewis schrieb. Dieser hat später Whistler in einem Prozess vertreten, in dem auch Walter Sickert eine Rolle spielte. Eddy schrieb Lewis 1890 und 1891, weil er sich in eine kompromittierende Situation mit zwei Damen von niederem Stand gebracht hatte, eine von ihnen war eine gewisse Miss Richardson. Er versuchte sich aus der misslichen Lage zu befreien, indem er für die Rückgabe der Briefe bezahlte, die er ihr und einer mit ihr befreundeten Dame unvorsichtigerweise geschrieben hatte.

»Mit großer Freude höre ich, dass Sie sich mit Miss Richardson einigen konnten«, schrieb Eddy im November 1890 an Lewis, »obwohl 200 Pfund ziemlich viel Geld für Briefe sind.« Er fährt fort, er habe von Miss Richardson »vor kurzem« gehört und sie verlange weitere 100 Pfund. Eddy verspricht, dass er »alles, was in meiner Macht steht«, tun werde, um die Briefe zurückzubekommen, die er an die »andere Dame« geschrieben habe.

Zwei Monate später schreibt Eddy im »November« (durchgestrichen) »Dezember« 1891 aus seinen *Cavelry* [richtig: *Cavalry] Barracks,* seiner Kavalleriekaserne, und schickt Lewis ein Geschenk »in Anerkennung für die Freundlichkeit, die Sie mir kürzlich erwiesen, als Sie mich aus Schwierigkeiten befreiten, in die ich mich törichterweise gebracht hatte«. Doch offenbar war »die andere Dame« nicht so leicht zufrieden zu stellen, denn Eddy sagte, er habe einen Freund bei ihr vorbeischicken müssen, »der sie aufforderte, die zwei oder drei Briefe herauszugeben, die ich ihr geschrieben hatte ... Sie können sicher sein, dass ich in Zukunft darauf achten werde, nicht mehr in Schwierigkeiten dieser Art zu geraten.« Was in den Briefen stand, die der Duke of Clarence an Miss Richardson und »die andere Dame« schrieb, scheint nicht bekannt zu sein, aber man kann wohl aus den Umständen schließen, dass er in einer Weise gehandelt hat, die der königlichen Familie einige Unannehmlichkeiten bereitet hätte. Er war sich sehr wohl bewusst, dass Nachrichten von seinen Beziehungen zu Frauen, die nicht davor zurückschreckten, ihn zu erpressen, in der Öffentlichkeit nicht gut aufgenommen worden wären, von seiner Großmutter gar nicht zu reden. Jedenfalls zeigt dieser Erpressungsversuch, dass Eddy in einer Situation wie dieser nicht dazu neigte, die Erpresser zu ermorden und zu verstümmeln, sondern sie auszuzahlen. Möglicherweise enthalten Sickerts Kunstwerke »Hinweise«, aber sie gelten ihm selbst, dem, was er fühlte und tat. Seine Kunst gibt wieder, was er sah, gefiltert durch ein Vorstellungsvermögen, das manchmal kindlich und manchmal barbarisch war. In seinen meisten Bildern verrät die Perspektive, dass er Menschen von hinten beobachtete. Er konnte sie sehen, sie ihn aber nicht. Er konnte seine Opfer sehen, sie ihn aber nicht. Er wird Mary Ann Nichols eine Zeit lang beobachtet haben, bevor er zugeschlagen hat. Er wird ihren Grad von Trunkenheit eingeschätzt und sich seine Vorgehensweise genau zurechtgelegt haben.

Vielleicht hat er sich ihr in der Dunkelheit genähert, hat ihr eine Münze gezeigt und ein paar Worte zu ihr gesagt, bevor er hinter sie getreten ist. Oder er ist lautlos aus dem feuchten Nebel aufgetaucht und hat sie plötzlich gepackt. Falls ihre Verletzungen richtig beschrieben worden sind, passen sie zu der Vermutung, dass der Mörder die Frau von hinten umfasst, ihr den Kopf zurückgebogen und die schutzlos preisgegebene Kehle durchschnitten hat. Vielleicht hat sie sich auf die Zunge gebissen, was die Risswunde erklären würde, die Dr. Llewellyn entdeckt hat. Wenn sie versucht hat, sich ihm zu entwinden, würde das erklären, warum der erste Einschnitt unvollständig und praktisch ein fehlgeschlagener Versuch war. Die Blutergüsse auf Kiefer und Gesicht sind möglicherweise entstanden, als ihr Mörder seinen Griff verstärkte, um den zweiten Schnitt sicherer ansetzen zu können. Dieses Mal ging das Messer so tief, dass es sie fast enthauptete.

Dadurch, dass er sich hinter sie stellte, verhinderte er, dass er von arteriellem Blut bespritzt wurde, das aus der durchtrennten linken Halsschlagader gesprudelt sein muss. Wenige Mörder hätten Gefallen daran gefunden, Blut ins Gesicht zu bekommen, schon gar nicht das Blut eines Opfers, das wahrscheinlich unter Krankheiten litt – zumindest unter sexuell übertragbaren Krankheiten. Als Mary Ann auf dem Rücken lag, wandte sich der Mörder ihrer unteren Körperhälfte zu und schob ihr die Kleider hoch. Sie konnte nicht mehr schreien. Vermutlich hat sie keinen Laut von sich gegeben, außer dem rhythmischen Gurgeln, das entstand, als sie krampfhaft Luft und Blut in ihre durchtrennte Luftröhre sog. Sie dürfte ihr eigenes Blut eingeatmet haben und an ihm erstickt sein, während ihr praktisch all ihr Blut entströmte. All das dauerte Minuten.

In den Berichten von Coronern – so auch dem von Dr. Llewellyn – heißt es gewöhnlich, dass das Opfer »auf der Stelle tot war«. Das gibt es nicht. Man kann sofort außer Gefecht gesetzt sein, wenn man einen Kopfschuss erhält, doch es dauert Minuten, bis jemand verblutet, erstickt, ertrinkt oder bis alle Körperfunktionen infolge eines Schlaganfalls oder eines Herzstillstands zum Erliegen gekommen sind. Daher ist es durchaus möglich, dass Mary Ann noch bei Bewusstsein war und mitbekam, was vor sich ging, als der Mörder begann, ihr den Unterleib aufzuschneiden. Vielleicht war sogar noch schwaches Leben in ihr, als er sie auf dem Hinterhof liegen ließ.

Robert Mann war Insasse des Whitechapel-Armenhauses und an dem Morgen, als ihre Leiche gebracht wurde, zuständig für die Leichenhalle. Bei der Untersuchung am 17. September sagte Mann aus, die Polizei sei gegen 4 Uhr morgens im Armenhaus aufgetaucht und habe ihn aus dem Bett geholt. Man habe ihm erklärt, vor der Leichenhalle liege eine Tote auf einem Wagen und er solle sich beeilen. Daraufhin habe er sie zur Ambulanz begleitet, die draußen auf dem Hof gestanden habe. Sie hätten die Leiche hineingetragen, dann seien Inspektor Spratling und Dr. Llewellyn kurz eingetreten und hätten sie sich angesehen. Als die Polizei ging, war es nach Manns Erinnerung etwa 5 Uhr früh. Er habe dann die Tür der Leichenhalle abgeschlossen und sei zum Frühstück gegangen.

Etwa eine Stunde später kehrten Mann und ein anderer Insasse namens James Hatfield zur Leichenhalle zurück und begannen die Leiche zu entkleiden, ohne dass die Polizei oder sonst jemand zugegen war. Mann beteuerte gegenüber Coroner Baxter, niemand habe ihn angewiesen, den Leichnam nicht anzurühren, und er sei sich sicher, dass kein Polizist anwesend gewesen sei. »Sie sind sich dessen absolut sicher?« Ja, das sei er, na ja, vielleicht doch nicht. Er könne sich irren. Er erinnere sich nicht genau. Wenn die Polizei behaupte, es seien Beamte anwesend gewesen, dann seien wohl auch welche da gewesen. Mann wurde im Laufe seiner Zeugenaussage immer verwirrter und »das Opfer krampfhaften Stotterns ... sodass seine Äußerungen kaum verlässlich« gewesen seien, berichtete die *Times*.

Wynne Baxter war Rechtsanwalt und ein erfahrener Coroner, der zwei Jahre später die Untersuchung im Fall Joseph Merrick leiten sollte. Baxter duldete keine Lügen in seinem Gerichtssaal oder Verstöße gegen die übliche Verfahrensweise in einem Fall. Er war mehr als ein bisschen verärgert darüber, dass die Armenhausbewohner Mary Ann Nichols' Kleidung entfernt hatten. Streng befragte er den verwirrten, stammelnden Mann, der hartnäckig bei der Aussage blieb, die Kleidung sei weder zerrissen noch zerschnitten gewesen, als die Leiche eingetroffen sei. Er und Hatfield hätten die tote Frau lediglich ausgezogen und gewaschen, bevor der Arzt gekommen sei, damit er seine Zeit nicht damit verschwenden musste.

Sie zerschnitten und zerrissen die Kleidungsstücke, um schneller voranzukommen und sich die Aufgabe zu erleichtern. Sie trug viele Schichten übereinander, und einige waren steif von getrocknetem Blut. Es ist sehr schwierig, Kleidungsstücke über die Arme und Beine einer Leiche zu ziehen, die steif wie eine Statue ist. Als Hatfield den Zeugenstand betrat, bestätigte er Manns Aussage in jedem Punkt. Die beiden Insassen schlossen die Leichenhalle nach dem Frühstück auf. Sie waren allein, als sie der toten Frau die Kleidung aufschnitten und abrissen.

Sie wuschen sie, waren noch immer allein mit der Leiche und hatten keinen Grund zu der Annahme, falsch zu handeln. Die Protokolle ihrer Zeugenaussagen bei der Coroner-Untersuchung vermitteln den Eindruck, dass die Männer eingeschüchtert und verwirrt waren, weil sie befürchten mussten, etwas Unrechtes getan zu haben. Sie selbst fanden das nicht und begriffen nicht, warum so viel Aufhebens von der Sache gemacht wurde. Schließlich war die Leichenhalle des Armenhauses nicht für polizeiliche Ermittlungen gedacht. Sie war nur eine Zwischenstation für die toten Insassen auf ihrem Weg ins Armengrab.

Forensisch leitet sich von lateinisch *forum ab,* einem öffentlichen Platz, auf dem römische Anwälte und Redner ihre Fälle Richtern vortrugen. Die forensische Medizin ist also die Gerichtsmedizin, die 1888 praktisch noch nicht existierte. Die traurige Wahrheit ist, dass es nicht viele konkrete Beweismittel gab, die im Mordfall Mary Ann Nichols hätten verwendet oder zerstört werden können. Doch der Umstand, dass wir nicht mit Sicherheit wissen, ob Mary Anns Kleidung bereits zerrissen oder zerschnitten war, als die Tote in die Leichenhalle geschafft wurde, ist ein erheblicher Informationsverlust. Alles, was der Mörder tat, könnte Aufschlüsse über ihn und seine Gefühle zum Zeitpunkt des Mordes geben.

Nach der Beschreibung, die wir von Mary Anns Leiche am Tatort haben, nehme ich an, dass ihre Kleidung in Unordnung war, aber nicht zerschnitten oder zerrissen. An diesem frühen Morgen des 31. August erreichte der Ripper seine nächsthöhere Stufe der Gewalt. Er schob ihr den Mantel, die Wollunterröcke, das Flanellunterzeug und die Röcke hoch, führte einen gezackten, dann »drei oder vier« rasche Schnitte abwärts aus und setzte schließlich »mehrere« quer verlaufende, sodass sich fast ein Gittermuster ergab. Noch ein paar kleine Stiche in die Genitalien, und er war fort, verschwunden in der Dunkelheit.

Ohne Obduktionsdiagramme oder Fotografien lassen sich Verletzungen nur sehr schwer rekonstruieren. Dann sind kaum noch Rückschlüsse auf die Handlungen und Gefühle des Mörders möglich. Wunden können auf eine heftige oder ängstliche Verwendung der Waffe schließen lassen. Sie können Zögern oder Wut verraten. Drei oder vier oberflächliche Schnitte an einem Handgelenk, zusätzlich zu dem tiefen

Schnitt, der die Blutgefäße durchtrennt, verraten einen anderen Hergang eines Selbstmords als ein einziger entschlossener Einschnitt.

Psychiater deuten Gemütszustände und emotionale Bedürfnisse eines Patienten anhand seines Benehmens und seiner Aussagen über Gefühle und Verhaltensweisen. Die Mediziner, die sich mit den Toten befassen, nehmen ähnliche Interpretationen vor, mit Hilfe der Blindenschrift in Gestalt von alten und neuen Verletzungen, von Rückständen am oder im Körper, von der Weise, wie der Ermordete gekleidet ist, und von dem Ort, an dem er gestorben ist. Zu hören, was die Toten erzählen, ist eine besondere Gabe und verlangt eine sehr spezielle Ausbildung. Die Sprache der Stille ist schwer zu erfassen, aber die Toten lügen nicht. Sie mögen schwer zu verstehen sein, und wir können sie falsch interpretieren oder erst finden, wenn ihre Nachrichten bereits zu verschwinden beginnnen. Doch wenn sie noch etwas zu sagen haben, ist ihre Wahrhaftigkeit unbeeinträchtigt. Manchmal sprechen sie noch, wenn schon lange nichts mehr von ihnen übrig ist als Knochen.

Wenn Menschen viel getrunken haben und sich ins Auto setzen oder Streit miteinander bekommen, verraten ihre Leichen es durch den Alkoholspiegel. War jemand heroin- oder kokainsüchtig, lässt sein toter Körper die Nadelspuren erkennen, während die Stoffwechselprodukte Morphin und Benzoylecgonin im Urin, in der Glaskörperflüssigkeit des Auges und im Blut nachzuweisen sind. Praktiziert jemand häufig Analverkehr, hat er eine Schwäche für Genitaltätowierungen oder Piercing, hat sich eine Frau die Schamhaare abrasiert, weil ihr Freund sich dann besser vorstellen kann, er hätte Sex mit einem Kind – diese Menschen sprechen nach ihrem Tod ganz offen darüber. Hat ein Halbwüchsiger versucht, sich beim Masturbieren einen intensiveren Orgasmus zu verschaffen, indem er sich in Leder gekleidet und die Blutgefäße in seinem Hals mit einer Schlinge teilweise abgedrückt hat – aber keineswegs die Absicht gehabt hat, von dem Stuhl zu gleiten, auf dem er stand, und sich zu erhängen –, dann wird er es gestehen. Scham und Lügen sind nur etwas für die Hinterbliebenen.

Es ist erstaunlich, was die Toten alles zu erzählen haben. Immer wieder hat es mich erstaunt und bedrückt. Ein junger Mann war so entschlossen zu sterben, dass er sich mit seiner Armbrust in die Brust schoss und den Pfeil, als der ihn nicht getötet hatte, herauszog, um ihn sich noch einmal in den Leib zu jagen. Wut. Verzweiflung. Hoffnungslosigkeit. Kein Blick zurück. Ich möchte sterben, mache aber trotzdem Pläne für den Familienurlaub und schreibe genaue Anweisungen auf für meine Beerdigung, damit meiner Familie keine Unannehmlichkeiten entstehen. Ich möchte sterben, aber ich möchte auch hübsch aussehen, daher lege ich Make-up auf, richte mir das Haar und schieße mir ins Herz, um mir das Gesicht nicht zu verunstalten, beschloss eine Frau, nachdem ihr Mann mit einer Jüngeren davongelaufen war.

Ich schieß dir in den Mund, du blöde Zicke, weil ich dein Genörgel satt habe. Ich werf dich in die Badewanne und begieß dich mit Säure, du alte Fotze. Das hast du davon, dass du ständig auf meinen Nerven rumtrampelst. Ich stech dir die Augen aus, weil ich es dicke hab, dass du mich ständig anstarrst. Ich lass dir das Blut rauslaufen und trink es, weil die Außerirdischen meins genommen haben. Ich zerstückel dich und koch die Teile, damit ich dich im Klo runterspülen kann, dann merkt niemand was. Steig hinten auf meine Harley, du Nutte, ich nehm dich mit in ein Hotel, schneid hundert Mal mit einem Rasiermesser oder einer Schere in dich rein und schau zu, wie du langsam stirbst, weil das notwendig ist, um in die Gang aufgenommen zu werden.

Die Wunden, die Mary Ann Nichols hatte, teilen uns mit, dass der Ripper sie daran hindern wollte, sich zu wehren oder zu schreien, und dass er damit seinen nächsten Schritt vorbereitete, nämlich das Messer tiefer anzusetzen und ihren nackten Körper zu verstümmeln. Doch diesen Schritt beherrschte er noch nicht und kam nur bis hierhin und nicht weiter. Er entfernte keine Gedärme und Organe. Seine Schnitte waren noch nicht besonders tief. Er nahm keine Körperteile als Trophäen oder Talismane mit, an denen sich seine sexuellen Phantasien und Glücksgefühle entzünden konnten, wenn er sich wieder allein in seinen geheimen Zimmern befand. Zum ersten Mal, denke ich, hatte der Ripper, der »Schlitzer«, geschlitzt und musste darüber eine Zeit lang nachdenken, um herauszufinden, was für ein Gefühl das war und ob er mehr wollte.

»Ich hätte gern mehr Blut bei der Arbeit«, schrieb der Ripper am 5. Oktober.

»Ich muss etwas mehr haben«, schrieb der Ripper am 2. November.

Kaum eine Woche später bezeichnete sich der Ripper öffentlich mit seinem infernalischen Bühnennamen. Vielleicht ergibt das durchaus einen Sinn. Vor seinem Mord an Mary Ann Nichols hatte er noch nicht »geschlitzt«. Bei seinem Bühnennamen »Mr. Nemo« hatte sich Sickert etwas gedacht, und seine Gründe waren nicht gerade aus Bescheidenheit geboren. Sickert dürfte auch bei der Entscheidung für »Jack the Ripper« einen guten Grund gehabt haben. Wir können nur Vermutungen darüber anstellen.

»Jack« war ein Slang-Ausdruck für Seemann oder Mann, und »Ripper« ist jemand, der »schlitzt«. Doch Walter Sickert hielt sich nie an das Offenkundige. Nachdem ich Dutzende von Wörterbüchern und Enzyklopädien aus der Zeit zwischen 1755 und 1906 gewälzt und die Definitionen miteinander verglichen hatte, wurde mir klar, dass Sickert durch seine Shakespeare-Kenntnisse auf »Jack the Ripper« gekommen sein könnte. Wie Helena Sickert in ihren Memoiren berichtet, waren sie und ihre Brüder in ihrer Kindheit und Jugend alle »Shakespeare-verrückt«, und es ist überliefert, dass Sickert als Schauspieler lange Shakespeare-Passagen rezitiert hat. Sein Leben lang unterhielt er Freunde und Bekannte damit, dass er bei Abendessen aufstand und Shakespeare-Monologe deklamierte. Das Wort »Jack« kommt in *Coriolanus, Der Kaufmann von Venedig* und *Cymbeline* vor. Das Wort »Ripper« verwendet Shakespeare zwar nicht, aber Abwandlungen davon stehen in *Leben und Tod des Königs Johann und Macbeth*.

An Definitionen von »Jack« sind zu nennen: Stiefel; Diminutiv von John, abwertend für einen frechen Kerl; Page, der seinem Herrn die Stiefel auszieht; Schrei; ein Mann; amerikanischer Slang für Fremder; amerikanischer Slang für Esel; gerissener Bursche, der alles kann, wie zum Beispiel in *Jack of all trades* (Hansdampf in allen Gassen). Zu den Definitionen von »Ripper« gehören: jemand, der schlitzt; jemand, der reißt; jemand, der schneidet; ein hübscher Bursche, der sich gut kleidet; ein gutes, schnelles Pferd; ein gutes Theaterstück oder eine gute Rolle darin.

Jack the Ripper war der Fremde, der Hansdampf in allen Gassen. Er schlug »sich die Hand voll« und war ein »Kampfhahn, an den sich kein anderer traut«. Er war der, der »den Leib zerfleischt/der Mutter England«[6]. Ganz tief in den Rissen und Winkeln seiner Psyche hat Sickert vielleicht das Gefühl gehabt, er sei seiner Mutter frühzeitig aus dem Schoß gerissen *(ripp'd)* worden. Was im Schoß seiner Mutter geschehen war, war ungerecht und nicht seine Schuld. Das würde er vergelten.

---

[6] Shakespeare-Zitate in der Reihenfolge ihrer Nennung: Cymbeline II, 1; König Johann V, 2

Mary Ann Nichols' Augen waren weit geöffnet, als ihre Leiche auf dem Gehsteig entdeckt wurde. Sie starrte blind in die Dunkelheit, das Gesicht fahlgelb im schwachen Licht einer Blendlaterne.

In seiner Abhandlung *Der Ausdruck der Gemütsbewegungen bei den Menschen und den Tieren* beschreibt Charles Darwin weit aufgerissene Augen als eine Begleiterscheinung des »Schreckens«, was er mit »extremer Angst« oder »entsetzlichen Folterqualen« verbindet. Zwar ist es ein jahrhundertealter Trugschluss, dass die letzte Empfindung eines Menschen auf seinem Gesicht erstarrt, doch metaphorisch betrachtet scheint Mary Anns Ausdruck das Letzte, was sie in ihrem Leben gesehen hat, festzuhalten – die dunkle Silhouette ihres Mörders, der ihr das Messer an die Kehle setzte. Wenn die Polizisten ihre weit offenen, starrenden Augen ausdrücklich erwähnen, kommt darin vielleicht zum Ausdruck, was die Männer in Blau auf den Straßen allmählich beim Gedanken an den Whitechapel-Mörder empfanden: Er war ein Monster, ein Phantom, das, wie Inspektor Abberline sagte, nicht »den geringsten Hinweis« hinterließ.

Das Bild einer Frau, die mit durchschnittener Kehle auf dem Gehsteig liegt und mit weit aufgerissenen Augen blind nach oben starrt, wird sicherlich niemand leicht vergessen können, der es einmal gesehen hat. Sickert wird es bestimmt nicht vergessen haben. Mehr als irgendjemandem sonst wird ihm der Ausdruck in Erinnerung geblieben sein, den ihre Augen zeigten, als das Leben aus ihr wich. 1903, falls seine Datierung verlässlich ist, hat er die Skizze einer Frau mit weit offenen, starrenden Augen gezeichnet. Sie sieht tot aus und hat eine unerklärliche dunkle Linie um die Kehle. Die Skizze trägt den nichts sagenden Titel *Two Studies of a Venetian Women's Head* (»Zwei Studien eines venezianischen Frauenkopfes«). Drei Jahre später folgte ein Aktgemälde, ein nackter Frauenkörper in grotesker Stellung auf einem Eisenbett. *Nuit d'Été* lautet der Titel, »Sommernacht« – und eine Sommernacht war es, in der Mary Ann Nichols ermordet wurde. Die Frauen auf der Skizze und auf dem Gemälde gleichen einander. Ihre Gesichter haben Ähnlichkeit mit Mary Ann Nichols, nach einem Foto zu urteilen, das man von ihr gemacht hat, als sie in ihrem Behälter in der Leichenhalle lag und von den Armenhausinsassen Mann und Hatfield bereits »gesäubert« worden war.

Die Fotos in der Leichenhalle wurden mit einer großen Boxkamera aus Holz aufgenommen, die nur direkt von vorn fotografieren konnte. Leichen, die die Polizei fotografieren musste, wurden aufrecht an die Wand gelehnt oder gestützt, weil sich mit der Kamera keine Aufnahmen schräg von oben nach unten machen ließen. Manchmal hängte man die Toten am Nacken mit einem Haken, Nagel oder Pflock an die Wand. Eine genaue Inspektion des Fotos eines späteren Opfers, Catherine Eddows, zeigt, dass ihr nackter Leichnam aufgehängt wurde. Der eine Fuß berührt kaum den Boden.

Diese grausamen, entwürdigenden Bilder waren nur zur erkennungsdienstlichen Verwendung und wurden nicht veröffentlicht. Mary Ann Nichols' Aussehen konnte nur jemand kennen, der die Tote in der Leichenhalle oder am Tatort erblickt hatte. Wenn Sickerts Skizze der tot aussehenden venezianischen Frauenköpfe tatsächlich das blicklos starrende Gesicht von Mary Ann Nichols wiedergibt, dann ist Sickert am Tatort gewesen oder in den Besitz der Polizeiberichte gekommen – es sei denn, diese Einzelheit war in einem Zeitungsartikel abgedruckt, der mir irgendwie entgangen ist. Selbst wenn Sickert Mary Ann vor der Leichenhalle gesehen hätte, wären ihre Augen zu diesem Zeitpunkt geschlossen gewesen wie auf ihrer Fotografie. Als man sie aufnahm, als sie von den Personen in Augenschein genommen wurde, die sie möglicherweise identifizieren konnten, und als die Geschworenen der Coroner-Untersuchung einen Blick auf sie warfen, waren die Wunden, die sie beim Mord und bei der gerichtsmedizinischen Untersuchung davongetragen hatte, wieder vernäht, und ihr Leichnam war bis zum Kinn bedeckt, um die tiefen Schnitte an ihrem Hals zu verdecken.

Leider gibt es nur wenige solcher Fotografien von Ripper-Opfern. Die wenigen, die sich im Staatsarchiv befinden, sind klein und von schlechter Auflösung, sodass sie an Qualität verlieren, wenn man sie vergrößert. Die digitale Bildverbesserung hilft ein bisschen, aber nicht viel. Von Martha Tabran habe ich keine Fotografie gefunden. Andere Opfer, die damals – oder nie – mit dem Ripper in Verbindung gebracht wurden, sind nicht fotografiert worden. Oder wenn doch, scheinen auch diese Fotos verschwunden zu sein. Tatort-Fotografien machte man im Allgemeinen nicht, es sei denn, das Opfer wurde in einem geschlossenen Raum aufgefunden, und selbst dann musste der Fall den Polizisten ungewöhnlich erscheinen, damit sie bereit waren, ihre schwere Boxkamera herbeizuschaffen.

Bei heutigen Ermittlungen werden Leichen mehrfach, aus vielen verschiedenen Perspektiven und mit vielen unterschiedlichen Apparaten aufgenommen, doch als der Ripper sein blutiges Unwesen trieb, sah man nur selten die Notwendigkeit, eine Kamera einzusetzen. Nur in den seltensten Fällen waren Leichenhallen oder Totenhäuser mit einem solchen Apparat ausgerüstet. Die technische Entwicklung war noch nicht so weit gediehen, dass man bei Nacht fotografieren konnte. Diese Einschränkungen haben dafür gesorgt, dass der Nachwelt kaum visuelle Dokumente von den Verbrechen des Rippers erhalten geblieben sind, es sei denn, man blättert einen Kunstband über Sickert durch oder wirft einen Blick auf seine »Mordbilder« und Akte, die in renommierten Museen und Privatsammlungen hängen. Sieht man einmal von allen ästhetischen und kunsthistorischen Kriterien ab, fällt auf, dass Sickerts liegenden Akte verstümmelt und tot aussehen.

Viele Nackte und andere Frauengestalten haben bei ihm entblößte Hälse, die von schwarzen Linien umgeben sind, als sollte damit eine durchschnittene Kehle oder eine Enthauptung angedeutet werden. Einige dunkle Flächen in der Umgebung der Hälse sind Schatten und Schattierungen, doch die dunklen, durchgezogenen Linien, von denen ich spreche, sind verwirrend. Es handelt sich nicht um Schmuck – wenn Sickert also nur zeichnete und malte, was er sah, was sind das dann für Linien? Noch mysteriöser ist es im Fall eines Gemäldes mit dem Titel *Patrol* (»Streife«), datiert auf 1921. Es zeigt eine Polizistin mit hervorquellenden Augen und einer Uniformjacke mit offenem Kragen, der den Blick auf eine dicke schwarze Linie um ihren Hals freigibt.

Was man über *Patrol* weiß, ist vage. Sickert malte das Bild höchstwahrscheinlich nach einer Fotografie von einer Polizistin, möglicherweise Dorothy Peto von der Polizei in Birmingham. Offenbar hat sie das Gemälde gekauft und ist nach London gezogen, wo sie bei der Metropolitan Police arbeitete, der sie das lebensgroße Porträt schließlich stiftete. Nach Auskunft eines Archivars der Metropolitan Police könnte das Bild wertvoll sein, aber es sei unbeliebt, besonders bei Frauen. Als ich *Patrol* sah, hing es hinter einer verschlossenen Tür und war an die Wand gekettet. Niemand scheint so recht zu wissen, was man damit anfangen soll. Ich denke, es ist ein weiteres »Ha Ha« des Rippers – wenn auch ein zufälliges –, dass Scotland Yard ein Gemälde von dem berüchtigtsten Mörder besitzt, den es nie fassen konnte.

Patrol ist wohl kaum als Verbeugung vor den Frauen oder der Polizeiarbeit gedacht, sondern nur eine weitere von Sickerts subtilen, gewaltträchtigen Phantasien. Der verängstigte Gesichtsausdruck der Polizistin straft die Macht, über die sie kraft ihres Amtes verfügt, Lügen, und in typischer Sickert-Manier breitet sich die Patina der Morbidität über dem Gemälde aus und vermittelt dem Betrachter den Eindruck, dass »etwas sehr Schlimmes geschehen wird«. Die holzgerahmte 191-mal-117-Zentimeter-Leinwand *Patrol* ist ein dunkler Spiegel in den hellen Galerien der Kunstwelt, ganz selten, dass es einmal erwähnt oder abgedruckt wird. Bestimmte Gemälde scheinen so geheim zu sein wie die vielen versteckten Zimmer Sickerts, aber die Entscheidung, sie unter Verschluss zu halten, lag möglicherweise nicht allein bei ihren Besitzern. Sickert nahm stets Einfluss darauf, welche seiner Bilder ausgestellt werden sollten. Selbst wenn Sickert ein solches Gemälde einem Freund schenkte – wie im Fall von *Jack the Ripper's Bedroom* –, hätte er diesen doch bitten können, es an Museen und Ausstellungen auszuleihen. Doch das tat er nicht. Einige seiner Arbeiten gehörten offenbar zu seinem Kriegt-mich-wenn-ihr-könnt-Spiel. Er war dreist genug, Szenen von unverhohlenem Ripper-Charakter zu malen, aber nicht so tollkühn, sie auszustellen. Erst jetzt, da die Suche begonnen hat, tauchen immer neue verräterische Werke auf. Jüngst wurde eine noch nicht katalogisierte Skizze Sickerts entdeckt, die eine Reminiszenz an seine Varieté-Zeit 1888 zu sein scheint. Sickert fertigte sie 1920 an; sie zeigt einen bärtigen Mann im Gespräch mit einer Prostituierten. Der Mann wendet dem Betrachter teilweise den Rücken zu, aber nicht hinreichend, um seinen entblößten Penis und die Spitze des Messers in seiner rechten Hand zu verbergen. Am unteren Rand der Skizze befindet sich offenbar eine Frau mit aufgeschlitztem Bauch und verstümmelten Armen – als wollte Sickert das Vorher und Nachher eines seiner Morde zeigen. Die Kunsthistorikerin Dr. Robins glaubt, diese Arbeit sei deswegen so lange unbemerkt geblieben, weil Leute wie sie selbst, Museumskuratoren und Sickert-Experten eben nicht in erster Linie nach solchen Gewaltdarstellungen in Sickerts Werk gesucht hätten.

Doch wenn man genau hinsieht und weiß, wonach man zu suchen hat, stößt man auf Ungewöhnliches, auch Zeitungsartikel. Wer sich für die Presseberichte über die Morde von Jack the Ripper interessiert, greift in der Regel auf Reproduktionen oder Mikrofilme in Archiven zurück. Als ich mit meiner Untersuchung begann, entschied ich mich dafür, die Fälle in der *Times* zu verfolgen, und hatte das Glück, die Originale der Jahre 1888-1891 zu entdecken. Damals hatten die Zeitungen einen so hohen Anteil an Baumwollfasern, dass die *Times*-Exemplare, die sich in meinem Besitz befinden, gebügelt, geheftet und gebunden werden konnten. Sie sind so gut wie neu.

Immer wieder überrascht es mich, wie viele Zeitungsexemplare mehr als hundert Jahre überstanden haben und noch immer so gut erhalten sind, dass man ihre Seiten unbesorgt umblättern kann. Da ich als Journalistin angefangen habe, weiß ich sehr gut, dass jede Story viele verschiedene Seiten hat und dass man die ganze Wahrheit nur in den Blick bekommen kann, wenn man möglichst viele Einzelheiten der Berichterstattung berücksichtigt. Die Ripper-Fälle sind in den großen Blättern der Zeit ausführlich behandelt worden, darüber sind aber die leiseren Berichte in weniger bekannten Zeitungen wie dem *Sunday Dispatch* oft übersehen worden. Eines Tages rief mich mein Händler beim Antiquariat Peter Harrington in Chelsea, London, an, um mir mitzuteilen, er habe auf einer Auktion eine Art Hauptbuch gefunden, das vermutlich jeden *Sunday-Dispatch*-Artikel enthalte, der jemals über die Ripper-Morde und über möglicherweise mit ihnen zusammenhängende Ereignisse geschrieben worden sei. Die Artikel, die ziemlich nachlässig ausgeschnitten und in das Buch eingeklebt wurden, reichen vom 12. August 1888 bis zum 29. September 1889. Das Buch gibt mir nach wie vor Rätsel auf. Überall wurden Dutzende von Seiten mit einem Rasiermesser herausgetrennt, von denen ich zu gern wüsste, was auf ihnen gestanden hat, und neben den Zeitungsausschnitten stehen faszinierende Anmerkungen in blauer und schwarzer Tinte, mit grauem, blauem und lila Buntstift. Wer hat sich so viel Mühe gegeben und warum – und wo hat sich das Buch mehr als hundert Jahre lang befunden?

Die Anmerkungen erwecken den Eindruck, dass sie von jemandem stammen, der mit den Verbrechen sehr vertraut war und die polizeilichen Ermittlungen mit großem Interesse verfolgte. Nachdem ich das Buch erstanden hatte, bildete ich mir zunächst ein, es sei von Jack the Ripper selbst angelegt worden. Der Sammler dieser Ausschnitte, wer immer es auch war, beschäftigte sich offenbar intensiv mit dem, was die Polizei wusste, und bringt in seinen Anmerkungen Zustimmung oder Kritik an der Arbeit der Ermittler zum Ausdruck. Einige Einzelheiten sind durchgestrichen, weil sie ihm ungenau erschienen. Neben bestimmten Passagen in den Artikeln finden sich Kommentare wie »Ja, wahrhaftig«, »unbefriedigend«, »unbefriedigend – sehr« oder »wichtig. Findet die Frau« und, am merkwürdigsten überhaupt, »7 Frauen 4 Männer«. Manche Sätze sind unterstrichen, besonders wenn sie Beschreibungen betreffen, die Zeugen von den zuletzt mit den Opfern gesehenen Männern lieferten. Vermutlich werde ich nie herausfinden, ob dieses Buch von einem Amateurdetektiv, einem Polizeibeamten oder einem Reporter geführt wurde, jedenfalls passt die Handschrift zu keinem der leitenden Beamten von Scotland Yard – Abberline, Swanson und anderen –, deren Berichte ich gelesen habe. Die Schrift in dem Buch ist klein und sehr nachlässig, vor allem für eine Zeit, in der Handschriften im Allgemeinen sehr gepflegt, wenn nicht sogar elegant waren. Beispielsweise schrieben die meisten Polizisten sehr gut, in einigen Fällen sogar ausgesprochen schön. Tatsächlich erinnert mich die Handschrift in dem Buch mit den Zeitungsausschnitten an die ziemlich ungezügelte und manchmal vollkommen unleserliche Art, in der Walter Sickert schrieb. Seine Handschrift unterscheidet sich deutlich von der des durchschnittlichen

Engländers, vielleicht weil Sickerts Muttersprache Deutsch war. Da der frühreife Sickert sich das Lesen und Schreiben wahrscheinlich selbst beigebracht hat, wurde er als Kind nicht in der traditionellen Schönschrift unterwiesen, obwohl seine Schwester Helena sagt, er sei durchaus zu einer »schönen Handschrift« fähig gewesen, wenn es ihm gepasst habe. Hat das Buch Sickert gehört? Wahrscheinlich nicht. Ich habe keine Ahnung, von wem es stammt, doch die Artikel aus dem *Sunday Dispatch* fügen den zeitgenössischen Berichten eine weitere Dimension hinzu. Der Journalist, der für den *Dispatch* über Verbrechen berichtete, war anonym – damals waren Verfasserangaben ebenso selten wie Reporterinnen –, verfügte aber über eine ausgezeichnete Beobachtungsgabe und sehr viel Scharfsinn. Seine Schlussfolgerungen, Fragen und Wahrnehmungen gewinnen Fällen wie beispielsweise dem Mord an Mary Ann Nichols ganz neue Facetten ab. Der *Dispatch* berichtete, die Polizei hege den Verdacht, Mary Ann Nichols sei das Opfer einer Bande. Damals streiften Horden gewalttätiger junger Männer durch London, die sich arme und wehrlose Opfer suchten. Diese Rowdys reagierten wütend, wenn sie versuchten, eine Unglückliche auszurauben, und sich herausstellte, dass sie kein Geld hatte.

Die Polizei blieb dabei, dass Mary Ann nicht an der Stelle getötet worden sei, wo man ihre Leiche gefunden habe, genauso wenig wie Martha Tabran. Die beiden ermordeten Frauen habe man »in den frühen Morgenstunden im Rinnstein« gefunden, und in beiden Fällen hätte niemand Schreie vernommen. Daher müssten sie woanders umgebracht worden sein, möglicherweise von einer Bande, und man habe die Leichen dort einfach abgeladen. Offenbar hat der anonyme *Dispatch*-Reporter Dr. Llewellyn gefragt, ob der Mörder Mary Ann Nichols auch von hinten und nicht von vorn angefallen haben könnte, was aus dem Täter einen Rechtshänder machen würde und keinen Linkshänder, wie Dr. Llewellyn behauptete.

Wenn der Mörder hinter dem Opfer gestanden hätte, als er der Frau die Kehle durchschnitt, so erläutert der Verfasser des Artikels, und wenn die tiefsten Wunden sich auf der linken Seite befanden und nach rechts oberflächlicher würden, dann hätte der Mörder das Messer in der rechten Hand halten müssen. Dr. Llewellyn hat eine falsche Schlussfolgerung gezogen, der Reporter eine ausgezeichnete. Walter Sickert war Rechtshänder. Auf einem seiner Selbstporträts scheint er einen Pinsel in der linken Hand zu halten. Doch das ist eine optische Täuschung, die dadurch zustande kam, dass er sein Spiegelbild malte.

Vermutlich nahm Dr. Llewellyn die Auffassung eines Journalisten nicht so ernst, wie er es vielleicht hätte tun sollen, denn wenn das Spezialgebiet des *Dispatch*-Reporters Verbrechen waren, dann hatte er wahrscheinlich schon mehr durchgeschnittene Kehlen gesehen als Dr. Llewellyn. Jemandem die Kehle durchzuschneiden war keine ungewöhnliche Tötungsart, vor allem in Fällen häuslicher Gewalt. Es war auch keine ungewöhnliche Art, Selbstmord zu begehen, doch Menschen, die sich die Kehle durchschnitten, benutzten dazu Rasierklingen, selten Messer, und fast nie durchtrennten sie ihren Hals bis hin zur Wirbelsäule.

Das Royal London Hospital bewahrt noch immer die Aufnahme- und Entlassungsbücher aus dem 19. Jahrhundert auf, und eine Durchsicht der Eintragungen zeigt, welche Krankheiten und Verletzungen für die 1880er und 1890er Jahre typisch waren. Dabei ist zu bedenken, dass die Patienten für lebendig gehalten wurden, als sie in das Krankenhaus eingeliefert wurden, das nur für das East End zuständig war. Die meisten Menschen, die sich die Kehle durchschnitten, hätten es, wenn sie eines der großen Blutgefäße durchtrennt hätten, nicht mehr in ein Krankenhaus geschafft und wären gleich in die Leichenhalle gekommen. Sie hätten keinen Eingang in das Aufnahme- und Entlassungsbuch gefunden. Nur einer der Morde, die in dem Zeitraum von 1884 bis

1890 erwähnt werden, wurde als mögliche Ripper-Tat zu den Akten genommen – der Mord an Emma Smith, 45 Jahre alt, in der Thrawl Street, Whitechapel. Am 2. April 1888 war sie, wie sie angab, von einer Bande junger Männer angegriffen worden, die sie schlugen, ihr fast ein Ohr abrissen und ihr ein Objekt, möglicherweise einen Stock, in die Vagina schoben. Zu diesem Zeitpunkt war sie betrunken gewesen, aber sie schaffte es bis nach Hause, und Freunde brachten sie ins London Hospital, wo sie aufgenommen wurde und zwei Tage später an einer Bauchfellentzündung starb.

Ein großer Streitpunkt unter den Ripper-Experten ist die Frage, wann er mit seinen Morden angefangen und wann er aufgehört hat. Da sein bevorzugtes Betätigungsfeld das East End gewesen zu sein scheint, sind die Unterlagen des London Hospital von Bedeutung, nicht weil man hoffen kann, die tot aufgefundenen Opfer des Rippers in den Büchern zu entdecken, sondern weil bestimmte wiederkehrende Muster in der Art und Weise, wie Menschen sich selbst und andere verletzten, aufschlussreich sein können. So hatte ich die Vermutung, dass einige »durchgeschnittene Kehlen« fälschlicherweise als Selbstmorde eingestuft worden sein könnten, während es sich in Wirklichkeit um weitere Morde des Rippers handelte.

Leider enthalten die Aufzeichnungen des Krankenhauses nicht viel mehr Angaben als den Namen, das Alter, die Adresse, in einigen Fällen auch den Beruf, die Krankheit oder die Verletzung des Patienten und das Datum seiner Entlassung. Außerdem wollte ich bei der Durchsicht der Bücher des London Hospital die Frage klären, ob es irgendwelche statistischen Veränderungen in Zahl und Art der gewaltsamen Tode vor, während und nach den Ripper-Untaten Ende 1888 gab. Die Antwort lautet: nicht wirklich. Aber das allein sagt schon einiges über diese Zeit aus, besonders über die beklagenswerten Zustände im East End und das Leid und die Hoffnungslosigkeit der Menschen, die dort lebten und eines unnatürlichen Todes starben.

Es hat den Anschein, als wären einige Jahre lang Gift die bevorzugte Art gewesen, sich das Leben zu nehmen – einleuchtend, denn man konnte damals unter einem reichhaltigen Angebot von giftigen Substanzen wählen, die alle leicht zu beschaffen waren. Zu den Stoffen, mit denen sich Männer und Frauen aus dem East End zwischen 1884 und 1890 vergifteten, zählten: Oxalsäure, Laudanum, Opium, Chlorwasserstoff, Belladonna, Ammoniak, Salpetersäure, Karbol, Blei, Alkohol, Terpentin, mit Kampfer versetztes Chloroform, Zink, Strychnin. Auch durch Ertrinken, Erschießen, Erhängen und Sprünge aus dem Fenster versuchten sich die Menschen das Leben zu nehmen. Einige Fenstersprünge waren jedoch unbeabsichtigte Todesfälle und darauf zurückzuführen, dass die Opfer sich vor einem Häuserbrand in Sicherheit bringen wollten.

Es lässt sich unmöglich feststellen, in wie vielen Todesfällen oder Fast-Todesfällen flüchtig oder gar nicht ermittelt wurde, daher vermute ich, dass einige Menschen, bei denen man Selbstmord annahm, in Wirklichkeit ermordet wurden. Am 12. September 1886 wurde die 23-jährige Esther Goldstein aus der Mulberry Street in Whitechapel ins London Hospital eingeliefert: Selbstmord mit durchschnittener Kehle. Wie man zu diesem Urteil kam, weiß ich nicht, aber es ist schwer vorstellbar, dass sie sich dabei den »Schildknorpel« durchschnitten hat. Ein Schnitt durch ein Hauptgefäß dicht unter der Haut reicht völlig aus, um den Tod herbeizuführen. Der Schnitt durch die Knorpel und Muskeln des Halses ist weit typischer für einen Mord, weil ein größerer Kraftaufwand erforderlich ist.

Falls Esther Goldstein ermordet wurde, heißt das noch lange nicht, dass sie ein Opfer von Jack the Ripper war, was ich im Übrigen bezweifle. Ich glaube nicht, dass er nur so hin und wieder die eine oder andere Frau aus dem East End ermordet hat. Vielmehr setzte er mit dem ersten Mord etwas in Gang, was ihn unaufhaltsam vorwärts trieb. Er wollte, dass die

Welt von seinen Verbrechen erfuhr. Doch ich kann nicht mit Sicherheit sagen, wann er seinen ersten Mord beging.

Im gleichen Jahr, als die Ripper-Verbrechen vermutlich begannen, 1888, starben vier weitere Frauen aus dem East End mit durchschnittenen Kehlen – in allen Fällen angeblich Selbstmord. Als ich das erste Mal in den modrigen Seiten der alten Krankenhausbücher blätterte und bemerkte, wie viele Frauen mit durchgeschnittenen Kehlen eingeliefert worden waren, nahm ich zunächst an, all diese Todesfälle könnten mögliche Ripper-Morde gewesen sein, die man für Selbstmorde gehalten hatte. Doch mit der Zeit und weiteren Recherchen stellte sich heraus, dass durchschnittene Kehlen gar nicht so ungewöhnlich waren in einer Zeit, in der die meisten Armen keinen Zugang zu Schusswaffen hatten.

DER JUNGE UND SCHÖNE

Die Bewohner des East End wurden aus ihrer Not durch Infektionen und Krankheiten erlöst, besonders durch Tuberkulose, Rippenfellentzündung, Emphysem und Pneumokoniose (Staublunge). Männer, Frauen und Kinder kamen durch Verbrennungen und Verbrühungen bei Haus- und Arbeitsunfällen zu Tode.

Hunger tötete, ebenso Cholera, Keuchhusten und Krebs. Durch Unterernährung geschwächt, inmitten von Schmutz und Ungeziefer, wurde das Immunsystem von Eltern und Kindern nicht mehr mit Krankheiten fertig, die normalerweise nicht tödlich verliefen. Aus Erkältung und Grippe wurden Bronchitis, Lungenentzündung und Tod. Säuglinge überlebten nicht lange in der Welt des East End. Die Menschen, die dort lebten und litten, hassten das London Hospital und mieden es, wenn sie konnten. Dorthin zu gehen hieß für sie, kränker zu werden, einen Arzt an sich heranzulassen, zu sterben. Oft genug stimmte das auch. War ein Zeh von einem Abszess befallen und musste amputiert werden, konnte das Knochenhautentzündung und Tod heraufbeschwören. Ein Schnitt, der genäht werden musste, konnte zu einer Staphylokokken-Entzündung führen – und zum Tod.

Eine Stichprobe der Krankenhauseinweisungen wegen vermuteten Selbstmords zeigt, dass 1884 fünf Männer versuchten, sich das Leben zu nehmen, indem sie sich die Kehle durchschnitten, während sich vier Frauen die Kehle und zwei die Pulsadern durchtrennten. 1885 wurden fünf Frauen genannt, die sich mit Gift umgebracht oder es versucht hatten, eine war ins Wasser gegangen. Acht Männer schnitten sich die Kehle durch, einer erschoss sich, und ein weiterer nahm den Strick. 1886 haben fünf Frauen Selbstmordversuche unternommen, indem sie sich die Kehle durchschnitten. Zwölf Frauen und sieben Männer versuchten sich zu vergiften, und weitere zwölf Männer schnitten sich die Kehle durch, erstachen oder erschossen sich.

Es ist einfach nicht möglich herauszufinden, wer wirklich Selbstmord beging und wer möglicherweise ermordet wurde, denn wenn das Opfer zum »Pack« im East End gehörte und der Selbstmord oder versuchte Selbstmord von Zeugen beobachtet worden war, neigte die Polizei in der Regel dazu, den Zeugen Glauben zu schenken, um den Fall abzuschließen. Eine Frau, die verbrannte, nachdem ihr völlig betrunkener Ehemann zwei Öllampen nach ihr geworfen hatte, erklärte der Polizei im Sterben, es sei ganz allein ihr Fehler gewesen. Der Mann wurde nicht angeklagt und ihr Tod als Unfall deklariert.

Man kann noch nicht einmal mit Gewissheit davon ausgehen, dass die Todesart – oder -ursache – stimmt, es sei denn, ein Fall ist vollkommen eindeutig. Wurde eine Frau mit durchschnittener Kehle in der Wohnung aufgefunden und lag die Waffe in der Nähe, ging die Polizei davon aus, dass sie sich selbst umgebracht hatte. Annahmen wie diese, und dazu gehörten auch diejenigen, die Dr. Llewellyn geäußert hatte, brachten die Polizei nicht nur auf eine falsche Spur – wenn sie überhaupt bereit war, ihr zu folgen –, sondern schlechte Diagnosen und falsche Feststellungen der Todesursachen verurteilten natürlich auch jeden Prozess zum Scheitern. Die Gerichtsmedizin war zur Zeit von Dr. Llewellyn einfach noch nicht sehr weit entwickelt, und das – eher als mangelnde Sorgfalt – ist die wahrscheinlichste Erklärung für seine übereilten, haltlosen Schlussfolgerungen.

Hätte er wenigstens den Gehsteig untersucht, nachdem Mary Anns Leichnam aufgehoben und in die Ambulanz gelegt worden war, hätte er das Blut und den Blutklumpen bemerkt, den Constable Phail gesehen hatte. Vielleicht wäre ihm auch Blut oder Blutflüssigkeit aufgefallen, die in den Rinnstein tropfte. Da die Sichtverhältnisse so schlecht waren, hätte er vielleicht etwas von dieser Flüssigkeit aufwischen sollen, um erstens zu bestimmen, ob es Blut war, und zweitens, ob sich das Serum bereits von dem Blut trennte, wie das bei der Gerinnung der Fall ist, was einen weiteren Hinweis auf den Todeszeitpunkt geliefert hätte.

Wenn auch die Messung der Außentemperatur am Tatort und der Körpertemperatur des Leichnams noch nicht zum Standard bei der Ermittlung der Todesursache gehörte, hätte Dr. Llewellyn zumindest den Grad der *Rigor mortis,* der Totenstarre, bestimmen müssen, zu der es kommt, weil der Körper kein Andenosin-Triphosphat (ATP) mehr herstellt, das für die Muskelkontraktion erforderlich ist. Und er hätte nach den *Livores,* den Totenflecken, Ausschau halten müssen, die entstehen, weil das Blut nicht mehr zirkuliert und infolge der Schwerkraft absinkt. Handelt es sich beispielsweise um Tod durch Erhängen, nehmen die unteren Partien der Leiche eine dunkelrote Färbung an, wenn das Opfer länger als eine halbe Stunde am Hals aufgehängt war. Die Totenflecken sind nach ungefähr acht Stunden fixiert. Die Totenflecken hätten nicht nur über den Zeitpunkt von Mary Ann Nichols' Tod Auskunft geben können, sondern sie hätten Dr. Llewellyn auch sagen können, ob ihre Leiche nach dem Tod noch bewegt wurde.

Ich entsinne mich eines Falles, der sich vor Jahren zutrug; die Polizei fand am Tatort eine Leiche vor, die steif wie ein Brett war und an einem Sessel lehnte. Die Leute im Haus wollten verheimlichen, dass er mitten in der Nacht im Bett gestorben war, deshalb hatten sie versucht, ihn in einen Sessel zu setzen. Die Totenstarre verkündete: »Lüge!« In einem anderen Todesfall während meiner ersten Zeit bei der Gerichtsmedizin wurde ein vollständig bekleideter Mann ins Leichenschauhaus gebracht, von dem es hieß, man habe ihn tot auf dem Fußboden gefunden. Die Totenflecken antworteten:

»Lüge!« Das Blut hatte sich im unteren Teil des Körpers abgesetzt, und auf seinem Gesäß zeichnete sich die genaue Form des Toilettensitzes ab, auf dem er noch stundenlang gesessen hatte, nachdem sein Herz von der tödlichen Rhythmusstörung überrascht worden war.

Den Todeszeitpunkt anhand eines einzigen der Todesumstände zu bestimmen ist wie die Diagnose einer Krankheit aufgrund eines einzigen Symptoms. Bei der Bestimmung des Todeszeitpunkts spielen viele Faktoren eine Rolle, die alle miteinander zusammenhängen. Die Totenstarre kann beschleunigt werden durch das Körpergewicht des Opfers, die Lufttemperatur, den Blutverlust und sogar die Betätigung, die dem Tod vorausgegangen ist. Der dünne, nackte Leichnam einer Frau, die bei zehn Grad Celsius im Freien verblutet ist, wird rascher abkühlen, starr werden und Totenflecken aufweisen als der bekleidete Leichnam einer Frau von gleicher Statur, die in einem warmen Zimmer liegt und erdrosselt worden ist.

Umgebungstemperatur, Körpergröße, Bekleidung, Lage, Todesursache und viele weitere Einzelheiten der Todesumstände können unartige kleine Klatschmäuler sein, die die Fachleute fürchterlich an der Nase herumführen. Besonders die Totenflecken lassen sich leicht – gerade zur Zeit Dr. Llewellyns – für frische Blutergüsse halten. Ein Gegenstand, der gegen die Leiche drückt, zum Beispiel ein Teil eines umgekippten Stuhls, der unter dem Handgelenk des Toten eingeklemmt ist, kann eine weiße Fläche in Form dieses Gegenstands hervorrufen. Werden diese Flecken als »Druckstellen« fehlinterpretiert, kann aus einem natürlichen Tod plötzlich ein Kriminalfall werden.

Es lässt sich gar nicht im Einzelnen aufzählen, wie hoffnungslos im Fall der Ripper-Morde geschlampt wurde und wie viel Beweismaterial verloren ging, doch man kann sicher sein, dass der Mörder Spuren hinterlassen hat, die Rückschlüsse auf seine Identität und sein Alltagsleben zugelassen hätten.

Sie hätten am Blut auf dem Körper und dem Boden gehaftet. Ferner hat er Beweismittel wie Haare, Fasern und Blut des Opfers mit sich davongetragen. 1888 gehörte es noch nicht zur Routine von Polizisten und Medizinern, nach Haaren, Fasern oder anderen winzigen Spuren zu suchen, die man unter dem Mikroskop hätte untersuchen können. Fingerabdrücke hießen »Fingerspuren« und bedeuteten einfach, dass ein Mensch ein Objekt wie etwa eine Fensterscheibe angefasst hatte. Selbst wenn ein sichtbarer Fingerabdruck mit deutlich erkennbaren Papillarlinien entdeckt wurde, spielte das keine Rolle. Das änderte sich erst, als Scotland Yard 1901 sein erstes Central Finger Print Bureau einrichtete.

Fünf Jahre zuvor – 1896 – fanden sich zwei sichtbare Fingerabdrücke in roter Tinte auf einem Ripper-Brief, den die Polizei am 14. Oktober erhielt. Der Brief ist mit roter Tinte geschrieben, und die Fingerabdrücke in roter Tinte scheinen vom Zeige- und Mittelfinger der linken Hand zu stammen. Die Papillarlinien sind deutlich genug für einen Vergleich. Vielleicht wurden die Abdrücke absichtlich hinterlassen – Sickert war sicherlich mit den neuesten Ermittlungsmethoden vertraut. Die Fingerabdrücke wären also ein weiteres »Ha Ha« gewesen.

Die Polizei hätte sie nicht mit ihm in Verbindung gebracht. Sie bemerkte sie gar nicht, soweit ich festgestellt habe, und fast sechzig Jahre nach seinem Tod ist es noch immer unwahrscheinlich, dass jemals ein Vergleich zwischen diesen Fingerabdrücken und denen von Sickert vorgenommen wird. Wir haben seine Abdrücke nicht. Sie sind mit ihm verbrannt, als er eingeäschert wurde. Bisher habe ich nur einen kaum sichtbaren Abdruck in der Tinte auf einer seiner Kupferstichplatten gefunden. Eine Übereinstimmung müsste sich erst noch erweisen, und man müsste auch die Möglichkeit in Betracht ziehen, dass er nicht von Sickert, sondern von einem Drucker stammt.

Fingerabdrücke kannte man schon lange, bevor der Ripper

mit seinen Morden begann. Die Papillarlinien auf den Fingerbeeren sorgen dafür, dass wir besser zugreifen können, und sind für jedes Individuum unverwechselbar, sogar bei eineiigen Zwillingen. Es wird angenommen, dass die Chinesen ihre rechtlichen Dokumente schon vor etwa 3000 Jahren mit Fingerabdrücken »unterzeichneten«, doch wir wissen nicht, ob dieser Vorgang zeremoniellen Charakter hatte oder der Identifikation diente. In Indien wurden Fingerabdrücke bereits um 1870 als Mittel zur »Unterzeichnung von Verträgen« benutzt. Sieben Jahre später schlug ein amerikanischer Mikroskopierer in einem Zeitschriftenartikel vor, Fingerabdrücke zur Identifizierung zu verwenden, und diesen Vorschlag wiederholte 1880 ein schottischer Arzt, der in einem Krankenhaus in Japan arbeitete. Doch wie bei jedem größeren wissenschaftlichen Fortschritt – denken wir nur an die DNA – dauerte es eine Zeit lang, bis die Methode verstanden, angewendet und vor Gericht anerkannt wurde.

Im viktorianischen Zeitalter war das wichtigste Verfahren zur Identifizierung einer Person und zum Nachweis, dass sie mit einem Verbrechen in Verbindung stand, die »Wissenschaft« der Anthropometrie, die 1870 von dem französischen Kriminologen Alphonse Bertillon entwickelt wurde. Er glaubte, Menschen ließen sich durch eine detaillierte Beschreibung der Gesichtsmerkmale und elf verschiedener Körperindizes einteilen, darunter: Größe, Armlänge, Kopfbreite und Länge des linken Fußes. Bertillon behauptete, Skelette wiesen höchst individuelle Merkmale auf, daher wurden Straftäter und Verdächtige bis zur Wende vom 19. zum 20. Jahrhundert mit Hilfe der Anthropometrie klassifiziert.

Die Anthropometrie war nicht nur fehlerhaft, sie war auch gefährlich. Sie stützte sich auf körperliche Attribute, die durchaus nicht so individuell waren, wie man meinte. Diese Pseudowissenschaft legte viel zu viel Wert auf das Aussehen eines Menschen und verleitete die Polizei dazu, bewusst oder unbewusst die abergläubischen und verbohrten Vorstellungen der Physiognomik zu übernehmen, nach denen sich die kriminellen, moralischen und intellektuellen Anlagen eines Menschen in seiner Körpergestalt und seinen Gesichtszügen ausdrücken. Danach sind Diebe gewöhnlich »gebrechlich«, während gewalttätige Menschen meist »stark« und »bei guter Gesundheit« sind. Alle Diebe haben eine überdurchschnittliche »Fingerlänge«, und alle weiblichen Straftäter sind »hässlich, wenn nicht abstoßend«. Vergewaltiger sind in der Regel »blond«, während Pädophile oft »zart« sind und »kindlich« aussehen.

Wenn Menschen im 21. Jahrhundert nicht glauben wollen, dass ein psychopathischer Mörder attraktiv, liebenswert und intelligent wirken kann, dann stellen Sie sich die Schwierigkeiten vor, die man im viktorianischen Zeitalter hatte, als sich in den kriminologischen Standardwerken lange Darstellungen der Anthropometrie und Physiognomik fanden. Die viktorianische Polizei war darauf programmiert, Verdächtige anhand des Skelettbaus und der Gesichtszüge zu identifizieren und davon auszugehen, dass ein bestimmtes »Aussehen« mit einer bestimmten Verhaltensweise in Verbindung zu bringen sei.

Walter Sickert wäre zur Zeit der Ripper-Morde kaum als Verdächtiger in Frage gekommen. Der »junge und schöne Sickert« mit »seinem allbekannten Charme«, wie Degas ihn einmal beschrieben hat, konnte doch unmöglich fähig sein, einer Frau die Kehle durchzuschneiden und ihr den Unterleib aufzuschlitzen. Sogar in den letzten Jahren hat man mir entgegengehalten: Selbst wenn ein Künstler wie Sickert gewalttätige Neigungen hätte, würde er sie doch durch seine kreative Tätigkeit sublimiert und ausgelebt haben.

Bei ihrer Suche nach Jack the Ripper legte die Polizei großen Wert auf die Beschreibungen der Männer, die zuletzt mit den Opfern gesehen wurden. Die Ermittlungsberichte zeigen, dass man Merkmalen wie Haarfarbe, Teint und Größe viel

Aufmerksamkeit schenkte, wobei die Polizei offenbar nicht berücksichtigte, dass all diese Merkmale nach Belieben verändert werden können. Die Größe eines Individuums kann allein schon durch dessen Haltung, Hüte und Schuhwerk variieren und durch »Tricks« erst recht modifiziert werden. Schauspieler tragen Schuhe mit besonderen Absätzen oder hohe Hüte. Unter weiten Mänteln oder Umhängen können sie den Rücken krümmen und in den Knien etwas einknicken. Wenn sie dann noch Mützen tragen, die sie bis zu den Augen herabziehen, erscheinen sie unter Umständen viele Zentimeter kleiner, als sie tatsächlich sind.

Frühe juristische und gerichtsmedizinische Veröffentlichungen beweisen, dass man weit mehr wusste, als man in der kriminalistischen Praxis anwendete. Doch 1888 bearbeitete man Kriminalfälle noch immer vorwiegend auf der Grundlage von Zeugenbeschreibungen und nicht auf der konkreter Beweismittel. Es gab keinerlei praktikable Möglichkeiten, Beweismittel zu überprüfen, selbst wenn die Polizeibeamten etwas über kriminaltechnische Ermittlungsmethoden gewusst hätten. Das Innenministerium – dem Scotland Yard unterstand – hatte damals noch keine kriminaltechnischen und gerichtsmedizinischen Labors.

Ein Arzt wie Dr. Llewellyn hatte möglicherweise noch nie ein Mikroskop angerührt oder jemals davon gehört, dass Haare, Knochen und Blut als menschlich identifiziert werden können. Dabei hatte Robert Hooke schon zweihundert Jahre zuvor über die mikroskopischen Eigenschaften von Haaren, Fasern und sogar Gemüseabfällen und Bienenstichen geschrieben, aber dem Ermittler der Mordkommission und dem durchschnittlichen Arzt dürfte die Mikroskopie als eine ebenso exotische Wissenschaft wie Raketentechnik oder Astronomie erschienen sein.

Dr. Llewellyn hatte das London Hospital Medical College besucht und war seit acht Jahren niedergelassener Arzt. Seine Praxis war nur »300 Yards« von der Stelle entfernt, an der Mary Ann Nichols ermordet wurde. Er hatte eine eigene Praxis, und obwohl die Polizei ihn gut genug kannte, um ihn namentlich anzufordern, als die Leiche entdeckt wurde, gibt es keinen Grund zu der Annahme, dass Llewellyn ein *Divisional Surgeon* bei Scotland Yard war, das heißt ein Arzt, der einen Teil seiner Zeit für die Arbeit in einer bestimmten Abteilung reservierte, in diesem Fall der H Division, die für Whitechapel zuständig war.

Ein solcher Polizeiarzt hatte die Beamten ärztlich zu betreuen. Die kostenlose medizinische Versorgung gehörte zu den Vorteilen, in deren Genuss die Angehörigen der Metropolitan Police kamen. Ein Polizeiarzt musste zur Verfügung stehen, wenn es galt, Gefangene zu untersuchen, er wurde ins örtliche Gefängnis gerufen, um festzustellen, ob ein Bürger betrunken, ob er krank war oder ob er unter einem Übermaß an »animalischen Geistern« litt, was, wie ich vermute, Übererregung oder Hysterie bezeichnete. Ende der 1880er Jahre erschien der Polizeiarzt auch an den Tatorten von Tötungsdelikten, um für ein Honorar von einem Pfund und einem Shilling die Untersuchung des Opfers vorzunehmen. Zwei Pfund und zwei Shilling erhielt er für eine Obduktion. Dennoch wurde keinesfalls erwartet, dass er mit dem Mikroskop und all den Feinheiten der Verletzungen, Vergiftungen und der vielen Hinweise vertraut war, die ein Körper auch nach dem Tod noch liefern kann.

Höchstwahrscheinlich war Dr. Llewellyn einfach ein Arzt vor Ort, den zu rufen für die Polizeibeamten am bequemsten war, und es ist sehr gut möglich, dass Dr. Llewellyn aus humanitären Gründen in Whitechapel praktizierte. Seit 1875 hatte er seine Approbation, war Mitglied der British Gynaecological Society und dürfte daran gewöhnt gewesen sein, nachts gerufen zu werden. Als die Polizei an diesem kühlen, bedeckten Morgen des 31. August an seine Tür klopfte, wird er vermutlich so rasch wie möglich an den Tatort geeilt sein. Seine Ausbildung erlaubte ihm nicht viel mehr, als den Tod des Opfers festzustellen und eine Vermutung über die wahrscheinliche Todesursache abzugeben.

Wenn die Leiche sich am Unterleib noch nicht grün verfärbte, ein Zeichen für das Anfangsstadium der Verwesung, wartete man in den frühen Tagen der Todesfallermittlungen mindestens 24 Stunden mit der Obduktion, um die entfernte Möglichkeit auszuschließen, dass das Opfer noch am Leben sein und »zu sich kommen« könnte, während es aufgeschnitten wurde. Seit Jahrhunderten hatten die Menschen schreckliche Angst davor, als Scheintote lebendig begraben zu werden. Man erzählte sich makabre Geschichten von Menschen, die plötzlich versucht hatten, sich in ihren Särgen aufzurichten, und war jemand von solchen Erzählungen hinreichend in Angst und Schrecken versetzt worden, konnte er sein Grab mit einer Glocke ausstatten lassen, die über eine Schnur mit dem Inneren des Sargs verbunden war. Einige Geschichten waren einfach versteckte Hinweise auf Fälle von Nekrophilie. In einem Fall war eine Frau in ihrem Sarg nicht wirklich tot, als ein Mann Sex mit ihr hatte. Sie war gelähmt, wie sich herausstellte, aber bewusst genug, »um der Schwäche des Fleisches« nachzugeben.

Die Polizeiberichte über den Mordfall Mary Ann Nichols lassen wenig Zweifel daran, dass Dr. Llewellyn keine wissenschaftlichen Methoden verwendete, um die Todeszeit zu bestimmen. Er schien kein besonderes Interesse an der Kleidung des Opfers zu haben – schon gar nicht an den schmutzigen Lumpen einer Prostituierten. Kleidung wurde nicht als Beweismittel angesehen, es sei denn, sie diente zur Identifizierung. Vielleicht konnte jemand ein Opfer daran erkennen, was es für Kleidung trug. Ende des 19. Jahrhunderts führte man keine Ausweispapiere mit sich, abgesehen von Pässen oder Visa. Doch das kam selten vor. Beides war für britische Bürger nicht erforderlich, um auf den Kontinent zu reisen. Eine Leiche konnte nicht identifiziert werden, wenn sie von der Straße aufgelesen und in die Leichenhalle gebracht wurde, es sei denn, er oder sie war den Anwohnern oder der Polizei bekannt.

Ich habe mich oft gefragt, wie viele arme Teufel nicht identifiziert oder mit falschem Namen ins Grab gelegt worden sind. Es dürfte damals nicht schwer gewesen sein, jemanden zu ermorden und die wahre Identität des Opfers zu verbergen oder seinen eigenen Tod vorzutäuschen. Bei der Untersuchung der Ripper-Morde wurden keine Versuche gemacht, menschliches Blut von Fisch-, Vogel- oder Säugetierblut zu unterscheiden. Befand sich das Blut nicht an der Leiche, in ihrer unmittelbaren Nähe oder an einer Waffe, die am Tatort lag, konnte die Polizei nicht entscheiden, ob das Blut etwas mit dem Verbrechen zu tun hatte oder ob es von einem Pferd, einem Schaf oder einer Kuh stammte. In den 1880er Jahren waren die Straßen von Whitechapel und Umgebung mit Blut und Eingeweiden aus Schlachthäusern bedeckt, und Männer gingen mit Blut an Kleidung und Händen umher.

Dr. Llewellyn hat fast jedes Detail im Mordfall Mary Ann Nichols falsch gedeutet. Doch vermutlich war es das Beste, was er angesichts seiner begrenzten Ausbildung und der Möglichkeiten der Zeit leisten konnte. Interessant ist die Überlegung, was wohl geschehen wäre, wenn Mary Ann Nichols in heutiger Zeit ermordet worden wäre. Lassen Sie mich daher den Tatort in die Gegenwart und nach Virginia verlegen – nicht weil ich dort einmal gearbeitet habe und von dort noch immer Rat und Hilfe bekomme, sondern weil dieser Staat über eines der besten zentral organisierten gerichtsmedizinischen Systeme Amerikas verfügt.

In Virginia verfügt jeder der vier Bezirke über ein eigenes Institut mit Gerichtsmedizinern, die gelernte Pathologen sind und eine Ausbildung in allen Teilbereichen der Gerichtsmedizin erhalten haben – was in den Vereinigten Staaten eine fachärztliche Ausbildung von zehn Jahren bedeutet, nicht mitgerechnet die drei zusätzlichen Jahre, wenn der Gerichtsmediziner noch einen juristischen

Abschluss erwerben möchte. Gerichtsmediziner führen die Obduktion durch, während der *Medical Examiner*, der Leichenbeschauer – ein Arzt beliebiger Fachrichtung, der einen Teil seiner Zeit opfert, um dem Pathologen und der Polizei zu helfen –, an den Schauplatz eines plötzlichen, unerwarteten oder gewaltsamen Todes gerufen wird.

Wenn Dr. Rees Ralph Llewellyn in Virginia angestellt wäre, hätte er eine eigene Praxis und würde einen Teil seiner Zeit für die Tätigkeit als Leichenbeschauer in einem der vier Bezirke reservieren, je nachdem, wo er wohnte. Wäre Mary Ann Nichols zu dem Zeitpunkt ermordet worden, da ich diese Zeilen schreibe, hätte die örtliche Polizeidienststelle Dr. Llewellyn zum Tatort gerufen, den sie abgesperrt und nach Möglichkeit vor Schaulustigen und dem schlechten Wetter geschützt hätte. Wenn nötig, hätte man ein Zelt errichtet und starke Scheinwerfer aufgebaut; über dem Ganzen läge das rhythmische Blinken der Blaulichter, während Polizeibeamte die Neugierigen zurückhielten und den Verkehr umleiteten.

Die Untersuchung würde folgendermaßen vor sich gehen: Dr. Llewellyn führt ein langes Thermometer in das Rektum ein, um die Körpertemperatur zu messen, dann ermittelt er die Lufttemperatur. Eine rasche Berechnung liefert ihm eine grobe Ahnung, wann Mary Ann umgebracht worden ist, weil eine Leiche unter normalen Umständen während der ersten zwölf Stunden um rund 0,8 Grad Celsius pro Stunde abkühlt. Dann überprüft er die Stadien von Leichenflecken und Leichenstarre und nimmt eine sorgfältige äußere Untersuchung der Leiche vor, wobei er auch berücksichtigt, was sich in ihrer Umgebung und unter ihr befindet. Er macht Fotos und sammelt alle Beweismittel, die sich beim Transport der Leiche lösen oder die verunreinigt werden könnten. Den Polizisten stellt er viele Fragen und macht sich Notizen. Dann schickt er die Leiche ins Institut für Rechtsmedizin oder ins Leichenschauhaus, wo ein Rechtsmediziner die Obduktion vornimmt. Um alle anderen Beweismittel und

Fotografien kümmern sich die Kriminalbeamten oder die Spurensicherung.

Im Prinzip unterscheidet sich diese Vorgehensweise nicht sonderlich von der Art und Weise, wie man einen Mord heute in Großbritannien behandeln würde, nur dass sich an die Ermittlungen am Tatort und die Untersuchung der Leiche noch die Untersuchung durch den Coroner anschlösse. Vor dem Coroner und einer Jury trüge man alle Informationen und Zeugenaussagen zusammen. Dann würde ein Urteil darüber gefällt, ob es sich um natürlichen Tod, Unfall, Selbstmord oder Mord handelt. Im Unterschied zu unserer Vorgehensweise in Virginia obläge die Entscheidung über die Todesart nicht allein dem Gerichtsmediziner und den Erkenntnissen, die er im Zuge der Obduktion gewänne. In England würde diese Entscheidung von Geschworenen gefällt, was misslich sein kann, wenn sie in ihrer Mehrheit die gerichtsmedizinischen Anhaltspunkte nicht verstehen, die gelegentlich nur andeutungsweise vorhanden sind.

Andererseits können Geschworene auch einen Schritt weiter gehen als der Gerichtsmediziner und das subjektive Element der Meinung hinzufügen, durch das gelegentlich ein »unentschiedener« Fall vor Gericht gebracht werden kann. Ich denke da an den Fall einer »ertrunkenen« Frau, deren Mann gerade eine hohe Lebensversicherung auf sie abgeschlossen hatte. Zu den Aufgaben des medizinischen Sachverständigen gehört es nicht, Schlussfolgerungen zu ziehen, egal, wie seine Privatmeinung aussieht. Doch Geschworene können das sehr wohl. Sie können in ihrem Beratungszimmer zusammenkommen, den Verdacht äußern, dass der habgierige Ehemann seine Frau ermordet hat, und den Fall ans Gericht verweisen.

Die amerikanische Art der Todesfallermittlung wurde aus England eingeführt. Doch im Laufe der Jahrzehnte haben die einzelnen Bundesstaaten, Verwaltungsbezirke und Städte sich langsam von der Institution des »Coroners« gelöst, der in der Regel ein Nichtmediziner ist, gewählt und mit der Macht ausgestattet wird, darüber zu entscheiden, wie jemand ums Leben gekommen und ob er einem Verbrechen zum Opfer gefallen ist. Als ich in Richmond für das Office of the Chief Medical Examiner zu arbeiten begann, war ich entsetzt, als ich hörte, dass viele gewählte Coroner Inhaber von Bestattungsinstituten waren, was im besten Fall zu einem Interessenkonflikt führt. Im schlimmsten Fall führt es zu gerichtsmedizinischer Inkompetenz und finanzieller Ausbeutung der Hinterbliebenen.

Die Vereinigten Staaten haben nie einen nationalen Standard für Todesfallermittlungen festgelegt, und wir sind auch heute noch weit davon entfernt. In einigen Städten oder Staaten gibt es auch weiterhin gewählte Coroner, die den Tatort inspizieren, aber nicht die Obduktionen vornehmen, weil sie keine Rechtsmediziner oder Ärzte sind. Dann gibt es rechtsmedizinische Institute, beispielsweise das in Los Angeles, in dem der Chief Medical Examiner den Titel Coroner trägt, obwohl er nicht gewählt wird und Rechtsmediziner ist.

Schließlich gibt es Bundesstaaten, die in einigen Städten Rechtsmediziner und in anderen Coroner beschäftigen. Einige Kommunen haben niemanden, dort gibt es einen Rechtsmediziner im »mobilen Einsatz«, wie ich es nennen möchte, der für ein lächerlich geringes Honorar herumfährt und sich um die einschlägigen Fälle kümmert, meist an unzulänglich ausgerüsteten – manchmal entsetzlichen – Orten wie zum Beispiel Beerdigungsinstituten. Die schlimmste derartige Einrichtung, an die ich mich erinnere, war in Pennsylvania. Die Obduktion wurde in der »Leichenhalle« eines Krankenhauses vorgenommen, die als vorübergehendes Lager für tot geborene Säuglinge und amputierte Körperteile genutzt wurde.

Zeter und Mordio

Das englische System der Todesfallermittlungen kann über achthundert Jahre zurückverfolgt werden, bis zur Regierungszeit von Richard I., in der verfügt wurde, dass in jeder Grafschaft Seiner Majestät Beamte *pleas of the crown* (Strafklagen) zu vertreten hätten. Diese Männer hießen *Crowners,* ein Wort, aus dem schließlich »Coroner« wurde.

Coroner wurden von den Grundbesitzern einer Grafschaft gewählt und mussten Edelleute sein, in finanziell gesicherten Verhältnissen leben, soziales Ansehen genießen und vor allem objektiv und ehrlich sein beim Einzug der Einkünfte, die der Krone zustanden. Ein plötzlicher Todesfall war nämlich eine potenzielle Einnahmequelle für den König, wenn sich feststellen ließ, dass es mit unrechten Dingen zugegangen war, dass beispielsweise ein Mord oder Selbstmord vorlag, oder auch nur, dass derjenige, der eine Leiche gefunden hatte, sich unangemessen verhalten hatte – etwa indem er es nicht gemeldet und einfach weggeschaut hatte.

Es liegt in der menschlichen Natur, »Zeter und Mordio« zu schreien, wenn man über eine Leiche stolpert, doch im Mittelalter riskierte man Strafen und finanzielle Einbußen, wenn man es nicht tat. Starb jemand eines plötzlichen Todes, war der Coroner umgehend zu benachrichtigen. Der begab sich, so rasch er konnte, an den Tatort und berief, wie bei einer heutigen Untersuchung auch, eine Jury. Erschreckend ist der Gedanke, wie viele Todesfälle wohl als unrechtmäßig eingestuft wurden, obwohl die armen Teufel in Wirklichkeit nur an einem Bissen Hammelfleisch erstickten, einem Schlaganfall erlagen oder in jungen Jahren tot umfielen, weil sie an einem angeborenen Herzfehler oder einem Aneurysma litten. Selbstmorde und Morde waren Sünden gegen Gott und König. Nahm man sich selbst oder einem anderen das Leben, befanden der Coroner und die Geschworenen, dass der Verstorbene oder der Täter eine Missetat begangen habe, woraufhin der gesamte Besitz des Übeltäters dem Staatssäckel zufiel. Dadurch war der Coroner stets in Versuchung, bei Schuldeingeständnissen im Gegenzug milde Urteile zu fällen, ein bisschen Mitleid zu zeigen und mit reicher Beute abzuziehen.

Mit der Zeit brachten seine Machtbefugnisse den Coroner in eine Art Richterposition, und er wurde zum Vollstrecker des Gesetzes. Verdächtige, die sich in Kirchen flüchteten, sahen sich bald dem Coroner gegenüber, der ein Geständnis von ihnen verlangte und den Einzug ihres Vermögens im Namen der Krone anordnete. Coroner waren an der schauerlichen Praxis der Gottesurteile beteiligt, bei denen Verdächtige ihre Unschuld beweisen mussten, indem sie ihre Hand ins Feuer hielten und dabei weder Schmerz zeigen noch eine Verletzung davontragen durften, oder anderen schrecklichen Foltern unterworfen wurden, während der Coroner dabeisaß und sie finster beobachtete. Vor den Tagen der rechtsmedizinischen Obduktionen und polizeilichen Ermittlungen war der tödliche Treppensturz einer Frau Mord, wenn ihr Ehemann nicht fürchterliche Qualen aushalten und dabei unversehrt bleiben konnte.

Ein Coroner dieser Zeit würde heutzutage einem Rechtsmediziner ohne medizinische Ausbildung entsprechen, der mit einem Leichenwagen an den Tatort fährt, sich die Leiche ansieht, Zeugen verhört, abschätzt, wie groß das Vermögen des Toten ist, befindet, dass ein plötzlicher Todesfall infolge eines Bienenstichs Mord durch Vergiften ist, die Unschuld der Ehefrau überprüft, indem er ihr den Kopf unter Wasser drückt, und entscheidet, dass sie unschuldig ist, wenn sie nach fünf oder zehn Minuten noch nicht ertrunken ist. Ist sie dagegen ertrunken, wird sie schuldig gesprochen, und ihr

Vermögen fällt an Queen Elizabeth oder den Präsidenten der Vereinigten Staaten, je nachdem, wo das Verbrechen geschehen ist. In dem Coroner-System jener fernen Vergangenheit konnte man die Geschworenen bestechen. Die Coroner konnten ihr Vermögen vermehren. Unschuldige konnten alles verlieren, was sie besaßen, oder gehängt werden. Es war besser, nach Möglichkeit keines plötzlichen Todes zu sterben.

Doch die Zeiten wandelten sich zum Besseren. Im 16. Jahrhundert wurden die Aufgaben des Coroners darauf beschränkt, plötzliche Todesfälle zu untersuchen, und mit der Durchsetzung der Gesetze und Gottesurteilen hatte er nichts mehr zu tun. 1860 – in dem Jahr, als Walter Sickert geboren wurde – empfahl ein Ausschuss, die Wahl der Coroner genauso ernst zu nehmen wie die Wahl von Parlamentsmitgliedern. Das wachsende Bewusstsein für die Bedeutung kompetenter postmortaler Untersuchungen und des richtigen Umgangs mit Beweismitteln wertete das Amt des Coroners weiter auf, und 1888 – als die Ripper-Morde begannen – wurde per Gesetz festgelegt, dass die Ergebnisse einer Todesfallermittlung durch Coroner der Krone keine finanziellen Vorteile mehr bringen dürften.

Diese wichtigen gesetzgeberischen Schritte finden kaum jemals im Zusammenhang mit den Ripper-Verbrechen Erwähnung. Der Objektivität bei Todesfallermittlungen wurde fortan Priorität eingeräumt, und die Möglichkeit, dass die Krone finanzielle Vorteile daraus zog, wurde beseitigt. Die Gesetzesänderungen bedeuteten zugleich eine Änderung der Einstellung – der Coroner durfte und sollte sich fortan auf die Gerechtigkeit konzentrieren und nicht mehr auf den versteckten Druck der Obrigkeit reagieren. Die Krone konnte sich keine Vorteile von einer Intervention bei der Untersuchung des Todes von Martha Tabran, Mary Ann Nichols oder der anderen Ripper-Opfer versprechen – selbst wenn die Frauen der Oberklasse angehört und über Einfluss und Reichtum verfügt hätten. Der Coroner hatte nichts zu gewinnen, sondern nur viel zu verlieren, wenn ihn die freie Presse als unfähigen Dummkopf, Lügner oder habgierigen Tyrannen brandmarkte. Männer wie Wynne Baxter lebten von ihrer achtbaren Tätigkeit auf anderen juristischen Feldern. Durch ihren Vorsitz bei den Coroner-Untersuchungen erhöhten sie ihr Einkommen nicht wesentlich, brachten aber ihren Lebensunterhalt in Gefahr, wenn ihre Integrität und ihre beruflichen Fähigkeiten öffentlich in Zweifel gezogen wurden.

1888 hatte die Entwicklung des Coroner-Systems eine neue Stufe der Objektivität und Seriosität erreicht, und das bestärkt mich in meiner Überzeugung, dass es keine Verschwörung der Ermittlungsbehörden oder politischer Kreise gab mit dem Ziel, irgendein schändliches Geheimnis während der Ripper-Mordserie oder nach ihrem vermeintlichen Ende zu »vertuschen«. Das heißt nicht, dass es nicht die üblichen bürokratischen Versuche gab, peinliche Enthüllungen dadurch zu vermeiden, dass man Polizeibeamte an der Veröffentlichung ihrer Memoiren hinderte und offizielle Aktennotizen, die nie für die Augen der Öffentlichkeit bestimmt waren, unter Verschluss hielt. Geheimhaltung solcher Art ist vielleicht nicht besonders öffentlichkeitsfreundlich, heißt aber nicht unbedingt, dass sich dahinter ein Skandal verbirgt. Auch ehrliche Menschen löschen persönliche E-Mails und verwenden Aktenvernichter. Doch so sehr ich mich auch bemühte – und ich habe mich lange bemüht –, für das Schweigen des geheimnisvollen Inspektors Abberline konnte ich lange Zeit keine Entschuldigung finden. Viel ist von ihm berichtet worden. Wenig ist bekannt. Als hätte er nie an den Ripper-Ermittlungen teilgenommen, die er doch in Wirklichkeit leitete.

Frederick George Abberline war ein bescheidener, höflicher Mann von hohen moralischen Maßstäben, der so zuverlässig und methodisch war wie die Uhren, die er reparierte, bevor er 1863 in die Metropolitan Police eintrat. In seinen dreißig Dienstjahren erhielt er 84 Belobigungen und Auszeichnungen von Richtern, Friedensrichtern und dem Polizeipräsidenten. Wie Abberline selbst es in seiner nüchternen Art ausdrückte: »Ich glaube, man hielt mich für ziemlich außergewöhnlich.«

Von den Kollegen und der Öffentlichkeit, der er diente, wurde er bewundert, wenn nicht gar verehrt. Er schien es nicht darauf anzulegen, andere auszustechen, war aber sehr stolz, wenn er eine Aufgabe gut erledigt hatte. Sehr aufschlussreich finde ich die Tatsache, dass es offenbar nicht ein einziges Foto von ihm gibt, aber ich glaube nicht, dass das daran liegt, dass sie alle aus Scotland Yards Archiven und Akten »verschwunden« sind. Ich nehme an, »entwendete« Bilder hätten über Jahre hinweg unter Sammlern zirkuliert und bei jedem Weiterverkauf höhere Preise erzielt. Ich vermute auch, dass jedes vorhandene Bild zumindest einmal irgendwo veröffentlicht worden wäre.

Doch falls es irgendwo ein Foto von Abberline gibt, ist es mir nicht bekannt, und mein einziger Hinweis darauf, wie er ausgesehen haben könnte, sind ein paar Skizzen von ihm in Zeitschriften, in denen sein Name nicht immer richtig geschrieben wurde. Künstlerische Darstellungen des legendären Inspektors zeigen einen unauffällig aussehenden Mann mit Backenbart, kleinen Ohren, einer geraden Nase und hoher Stirn. 1885 scheinen ihm die Haare ausgegangen zu sein. Offenbar hat er eine nachlässige Haltung gehabt und war nicht besonders groß. Wie das sagenumwobene East-End-Ungeheuer, das Abberline gejagt, aber nie erlegt hat, scheint der Detektiv die Fähigkeit besessen zu haben, nach Belieben zu verschwinden und in der Menge unterzutauchen.

Seine Liebe zu Uhren und der Gärtnerei sagt viel über ihn aus. Das sind einsame, friedliche Liebhabereien, die Geduld, Konzentration, Beharrlichkeit, Genauigkeit, Behutsamkeit und die Liebe zu allem Lebendigen voraussetzen und auf ein Interesse an der Art und Weise, wie die Dinge funktionieren, schließen lassen. Ich kann mir kaum bessere Eigenschaften für einen Detektiv vorstellen, ausgenommen natürlich Ehrlichkeit, und ich habe keinen Zweifel daran, dass Frederick Abberline lauter wie Gold war. Obwohl er nie eine Autobiographie geschrieben und niemand anderem gestattet hat, seine Geschichte zu erzählen, hat er eine Art Tagebuch geführt, ein Buch, in dem er auf etwa hundert Seiten Zeitungsausschnitte über die von ihm untersuchten Verbrechen eingeklebt hat, versehen mit Kommentaren in seiner ansprechenden, großzügigen Handschrift.

Nach der Anordnung dieser Sammlung von Zeitungsausschnitten zu urteilen, würde ich vermuten, dass er sich erst nach seiner Pensionierung damit beschäftigt hat. Als er 1929 starb, blieben diese Pressebelege seiner glänzenden Karriere im Besitz seiner Nachkommen, die sie schließlich zum Gegenstand einer Schenkung machten – an wen, ist nicht bekannt. Wo sich diese wenig bekannte Sammlung von Zeitungsausschnitten befunden hat, seit Abberline sie eingeklebt hat, und wann sie von der Familie übergeben wurde, sind Fragen, die ich nicht beantworten kann. Ich wusste überhaupt nichts von ihr, bis ich 2002 zu weiteren Recherchen in London weilte und ein Vertreter des Yard mir ein schwarzes Buch von 20 mal 28 Zentimetern zeigte. Ich weiß nicht, ob es dem Yard gerade jemand geschenkt hatte oder ob es jetzt erst aufgetaucht war. Genauso wenig weiß ich, ob es tatsächlich Scotland Yard gehört oder nur jemandem, der dort arbeitet. Geheimnisse, wie sie typisch für Abberline sind, der mysteriös bleibt und uns bis auf den heutigen Tag nur wenig über sich verrät.

Sein Tagebuch hat weder Bekenntnischarakter, noch enthält es Einzelheiten über sein Leben, aber durch die Art, wie er Fälle bearbeitete, und durch die Kommentare, die er an den Rand schrieb, sind uns doch einige Rückschlüsse auf seine

Persönlichkeit möglich. Er war ein mutiger, intelligenter Mann, der sein Wort hielt und Vorschriften befolgte, wozu auch gehörte, dass er keine Einzelheiten über ebenjene Fälle verlauten ließ, auf die ich irgendwo in seinem Buch mit Zeitungsausschnitten zu stoßen hoffte. Abberlines Eintragungen brechen im Oktober 1887 plötzlich mit einem Fall von, wie er schreibt, »spontaner Verbrennung« ab und werden erst im März 1891 mit einem Fall von Säuglingshandel wieder aufgenommen.

Nicht einen einzigen Hinweis auf Jack the Ripper findet sich. Kein Wort über den Skandal, den es 1889 um das Männerbordell in der Cleveland Street gegeben hat und der für Abberline eine Art vermintes Gelände gewesen sein muss, waren doch prominente und dem Thron nahe stehende Persönlichkeiten wie der Duke of Clarence darin verwickelt. Liest man Abberlines Tagebuch, könnte man auf den Gedanken kommen, die Ripper-Morde und den Skandal in der Cleveland Street hätte es nie gegeben, und ich habe keinen Anlass zu der Vermutung, irgendjemand hätte die entsprechenden Seiten aus dem Buch mit den Zeitungsausschnitten entfernt. Offenbar hat Abberline es vorgezogen, das fortzulassen, was, wie er sehr wohl wusste, die gefragtesten und umstrittensten Details seiner gesamten Polizeilaufbahn sein würden.

Auf den Seiten 44 bis 45 liefert er eine Erklärung für sein Schweigen:

> Ich denke, aus den verschiedenen Zeitungsausschnitten wie aus den anderen Angelegenheiten, die ich untersucht habe und die nie in die Öffentlichkeit gedrungen sind, lässt sich schließen, dass ich von vielen Dingen schreiben könnte, die eine höchst interessante Lektüre abgeben würden.
>
> Als ich in den Ruhestand ging, waren die zuständigen Behörden strikt dagegen, dass pensionierte Polizei-

beamte irgendwelche Artikel für die Presse schrieben, da in der Vergangenheit Kriminalbeamte im Ruhestand sehr indiskrete Informationen veröffentlicht haben. Meines Wissens wurden sie aufgefordert, ihr Verhalten zu erklären, und man drohte ihnen sogar mit Verleumdungsklagen.

Abgesehen davon besteht kein Zweifel daran, dass man Straftätern wertvolle Informationen zukommen lässt, wenn man beschreibt, wie man bestimmte Verbrechen aufgedeckt hat, und in einigen Fällen erklärt man ihnen sogar, wie sie Verbrechen begehen müssen. Wie das Beispiel der Fingerabdruck-Methode zeigt, hat es dazu geführt, dass gewiefte Diebe heutzutage Handschuhe tragen.

Die Einwände, die vorgesetzte Behörden dagegen hatten, dass ehemalige Polizeibeamte ihre Memoiren schrieben, hat nicht alle davon abgehalten, weder die Männer von Scotland Yard noch die der City of London Police. Ich habe drei Beispiele auf meinem Schreibtisch liegen: Sir Melville Macnaghten, *Day of My Years;* Sir Henry Smith, *From Constable to Commissioner;* und Benjamin Leeson, *Lost London: The Memoirs of an East End Detective.* In allen drei Büchern finden sich Ripper-Anekdoten und -Analysen, die ich für so überflüssig halte wie einen Kropf. Es ist traurig, dass sich Männer, deren Leben und Beruf mit den Ripper-Fällen in Berührung kamen, Theorien aus den Fingern saugen, die fast genauso haltlos sind wie einige der Vermutungen von Menschen, die zur Zeit der Verbrechen noch nicht einmal geboren waren.

Henry Smith war während der Morde von 1888 Präsident der City of London Police und erklärt in aller Bescheidenheit: »Kein lebender Mensch weiß so viel über diese Morde wie ich.« Er erklärt, nach dem »zweiten Verbrechen« – wohl dem Mord an Mary Ann Nichols, der nicht in seinem

Zuständigkeitsbereich verübt wurde – habe er einen Verdächtigen »entdeckt«, bei dem es sich mit an Sicherheit grenzender Wahrscheinlichkeit um den Mörder handele. Smith beschrieb ihn als ehemaligen Medizinstudenten, der in einer Heilanstalt behandelt worden sei und »seine ganze Zeit« mit Prostituierten verbracht habe, die er betrogen habe, indem er ihnen polierte Farthings als Sovereigns angedreht habe.

Diese Information gab Smith an Charles Warren weiter, der den Verdächtigen aber laut Smith nicht fassen konnte. Das war auch gut so. Der einstige Insasse einer Heilanstalt erwies sich als eine falsche Spur. Ich möchte hinzufügen, dass ein Sovereign auch eine ungewöhnlich großzügige Bezahlung für eine Unglückliche gewesen wäre, die eher daran gewöhnt gewesen sein dürfte, ihre Gunst für Farthings zu verkaufen. Der Schaden, den Smith für die Ripper-Ermittlungen heraufbeschwor, lag darin, dass er den Mythos verewigte, der Ripper sei ein Arzt oder ein Medizinstudent oder habe in anderer Weise mit der Medizin zu tun gehabt.

Ich weiß nicht, warum Smith bereits beim »zweiten Fall« auf diese Vermutung kam, als die Opfer noch nicht ausgeweidet und ihnen noch keine Organe herausgenommen worden waren. Nach dem Mord an Mary Ann Nichols wurde noch keine Vermutung laut, dass die Waffe ein Skalpell gewesen sein oder dass der Mörder irgendwelche chirurgischen Fertigkeiten besessen haben müsste. Smith wird wohl einfach die Zeiten durcheinander bekommen haben, denn für die Polizei gab es zu diesem frühen Zeitpunkt der Untersuchung noch keinen Anlass für den Verdacht, dass eine Person mit angeblich medizinischer Ausbildung im Spiel sein könnte.

Offenbar hat Charles Warren auf Smith' Mitteilung überhaupt nicht reagiert, woraufhin Smith, wie er in seinen Memoiren berichtet, »fast ein Drittel« seiner Polizeikräfte in Zivilkleidung gesteckt und sie angewiesen habe, »lauter Dinge zu tun, die ein Polizeibeamter unter normalen Umständen nicht tun dürfte«. Zu diesen verdeckten Ermittlungen gehörte, dass sie auf Eingangsstufen saßen, Pfeife rauchten, in Pubs herumlungerten und mit den Einheimischen schwatzten. Derweil war auch Smith nicht müßig. Er besuchte »jede Schlachterei in der Stadt«, eine fast komische Vorstellung, wie ich finde: Der Polizeipräsident – vielleicht verkleidet oder in Schlips und Anzug – betritt diese Läden ganz beiläufig und befragt die Schlachter nach verdächtig aussehenden Kollegen, die möglicherweise herumschleichen und Frauen aufschneiden. Ich bin mir ziemlich sicher, dass die Metropolitan Police nicht gerade begeistert war von diesem Übereifer und der Kompetenzüberschreitung.

Wahrscheinlich hat Sir Melville Macnaghten die Ripper-Ermittlungen ständig behindert oder in eine völlig falsche Richtung gelenkt mit seinen Gewissheiten, die nicht auf Informationen aus erster Hand beruhten oder auf den unvoreingenommenen und auf Erfahrung gestützten Schlussfolgerungen eines Abberline. 1889 trat Macnaghten als stellvertretender Leiter des CID in die Metropolitan Police ein. Seine einzige Empfehlung für diesen Posten waren zwölf Jahre Arbeit auf der Teeplantage seiner Familie in Bengalen, wo er sich jeden Morgen auf den Weg machte, um Wildkatzen, Füchse und Alligatoren zu schießen oder sich an einem lustigen Saustechen zu beteiligen.

Als er 1914 seine Memoiren herausbrachte, vier Jahre nachdem Henry Smith, der ehemalige Chef der London City Police, seine eigenen Erinnerungen veröffentlicht hatte, hielt sich Macnaghten 55 Seiten lang zurück, bevor er sich ein bisschen in literarischem Saustechen übte, gefolgt von amateurhafter Detektivarbeit und einer guten Portion Aufgeblasenheit. Henry Smith bescheinigte er ein Dasein »auf den Zehenspitzen der Erwartung« und ein »prophetisches Gemüt«, habe er doch den Mörder schon gejagt, bevor überhaupt der erste Mord begangen worden sei – so jedenfalls Macnaghten. Smith hielt den Mord vom 7. August an Martha Tabran für das Debüt des Rippers, während Macnaghten überzeugt war, der erste Mord sei am 31. August an Mary Ann Nichols begangen worden.

Im Fortgang beschwört Macnaghten die Erinnerung an die schrecklichen, nebligen Abende und die »rauen Schreie« der Zeitungsjungen, die von einem »Weiteren schrecklichen Mord ...!« kündeten. Das Bild, das er entwirft, wird mit jeder Seite dramatischer, bis man verärgert wünscht, seine Autobiographie hätte zu denen gehört, die vom Innenministerium unterdrückt wurden. Ich halte es durchaus für möglich, dass Macnaghten die rauen Schreie der Zeitungsjungen hörte und die unheilschwangeren Nebelnächte erlebte, aber ich bezweifle, dass er jemals einen Fuß in die Nähe des East End gesetzt hat.

Er war gerade aus Indien zurückgekehrt und arbeitete noch immer für seine Familie. Bei Scotland Yard begann er erst acht Monate, nachdem die Ripper-Morde angeblich aufgehört hatten und nicht mehr zu den vordringlichen Interessen des Yards gehörten, doch das hinderte ihn nicht daran, nicht nur eine eigene Theorie zu entwickeln, wer der Ripper aller Wahrscheinlichkeit nach war, sondern auch zu entscheiden, dass er tot war und fünf Opfer, »& nur fünf« ermordet hatte: Mary Ann Nichols, Annie Chapman, Elizabeth Stride, Catherine Eddows und Mary Kelly. Nach Melville Macnaghtens »schlüssiger Theorie« hielt nach dem »fünften« Mord am 9. November 1888 des Rippers »Gehirn nicht mehr stand«, woraufhin er Selbstmord beging.

Als der junge, depressive Rechtsanwalt Montague Druitt Ende 1888 in die Themse ging, brachte er sich damit ungewollt auf die Liste der drei Hauptverdächtigen, die Macnaghten im blutigen Drama um Jack the Ripper namhaft machte. Die anderen beiden, die weit tiefer auf Macnaghtens Liste standen, waren ein polnischer Jude namens Kosminski, der »irrsinnig« war und »einen großen Hass gegen Frauen hegte«, und Michael Ostrog, ein russischer Arzt, der in eine »Heilanstalt« eingewiesen wurde.

Aus irgendeinem Grund glaubte Macnaghten, Montague John Druitt sei Arzt. Lange Zeit hielt sich dieser Irrglaube hartnäckig, und ich vermute, einige Leute sind noch heute der Meinung, Druitt sei Arzt gewesen. Ich weiß nicht, wie Macnaghten zu dieser Überzeugung gelangt ist; vielleicht hat er den jungen Mann einfach verwechselt, denn Montagues Onkel Robert Druitt war ein bekannter Arzt und Medizinschriftsteller, und Montagues Vater William war Chirurg. Ich fürchte, Montague oder »Monty« wird immer ein bisschen verschwommen bleiben, weil es offenbar nicht viel Information über ihn gibt.

1876 war Druitt ein dunkler, gut aussehender und sportlicher Neunzehnjähriger, der sich am New College der Oxford University einschrieb und später am Inner Temple, einem Londoner Rechtskollegium, seine juristische Ausbildung fortsetzte. Er war ein guter Student und ein hochbegabter Cricketspieler. Einen Teil seiner Zeit unterrichtete er als Hilfslehrer an der Valentine's School, einer Internatsschule für Jungen in Blackheath. Homosexualität oder Kindesmissbrauch oder beides hält man für die Gründe, warum Druitt – ein 31-jähriger Junggeselle, als er starb – im Herbst 1888 von der Valentine's School entlassen wurde. In seinen Memoiren behauptete Macnaghten, Druitt habe an einer »sexuellen Geisteskrankheit« gelitten, was im viktorianischen Zeitalter durchaus Homosexualität bezeichnen konnte. Doch Macnaghten konnte seine Anschuldigungen auf nichts anderes gründen als so genannte verlässliche Informationen, die er angeblich vernichtet hatte.

Geisteskrankheit kam in Druitts Familie häufiger vor. Seine Mutter wurde im Sommer 1888 in eine Heilanstalt eingewiesen und hatte mindestens einmal versucht, Selbstmord zu begehen. Später nahm sich auch eine von Druitts Schwestern das Leben. Als Druitt sich in der Themse ertränkte, erklärte er in einem Abschiedsbrief, er wolle nicht so enden wie seine Mutter, und daher sei es das Beste für ihn, freiwillig aus dem

Leben zu scheiden. Die Unterlagen seiner Familie in den Archiven Dorset Record und West Sussex Offices enthalten nur einen Brief von ihm, den er im September 1876 an seinen Onkel Robert schrieb. Obwohl Druitts Handschrift und Sprache in keiner Hinsicht irgendwelche Ähnlichkeit mit den angeblichen Ripper-Briefen aufweisen, wäre schon die Absicht, anhand dieses Briefes irgendwelche Schlussfolgerungen zu ziehen, sinnlos und ungerechtfertigt. 1876 war Druitt noch keine zwanzig Jahre alt. Handschrift und Sprachgewohnheiten lassen sich nicht nur verstellen – in der Regel verändern sie sich auch mit dem Alter.

Zu einem Verdächtigen in den Ripper-Fällen wurde Druitt einfach deshalb, weil er sich zufällig kurz nach dem Mord am 9. November 1888, den Macnaghten für das letzte Ripper-Verbrechen hielt, das Leben nahm. Vermutlich hatte der junge Rechtsanwalt keine andere Schuld auf sich geladen, als an einer erblichen Geisteskrankheit zu leiden. Den letzten Anstoß zu seinem schicksalsschweren Entschluss gab vermutlich das Vergehen, dessen man ihn an der Valentine's School verdächtigt und das man zum Grund seiner Entlassung genommen hatte. Natürlich wissen wir nicht, was er an diesem Punkt seines Lebens gedacht oder gefühlt hat, jedenfalls war seine Verzweiflung groß genug, um sich die Taschen seines Mantels mit schweren Steinen zu füllen und in die eisige, schmutzige Themse zu springen. Sein Leichnam wurde am letzten Tag des Jahres 1888 aus dem Wasser gefischt, doch aufgrund der Verwesung gelangte man zu dem Schluss, Montague John Druitt sei seit ungefähr einem Monat tot. Bei der Coroner-Untersuchung in Chiswick kam die Jury zu dem Ergebnis: »Selbstmord in einem Zustand geistiger Umnachtung.«

Ärzte und Geisteskranke schienen die Lieblingskandidaten bei der Suche nach Ripper-Verdächtigen zu sein. Benjamin Leeson, der zur Zeit der Ripper-Morde Constable war, berichtete in seinen Memoiren, als er seine Polizeilaufbahn begonnen habe, habe die Ausbildung aus einer zehntägigen Hospitation am Polizeigericht und »ein paar Stunden« Unterweisung durch einen Chefinspektor bestanden. Den Rest habe man durch Erfahrung lernen müssen. Leeson schreibt: »Ich fürchte, ich kann überhaupt kein Licht in das Dunkel der Ripper-Identität bringen.« Allerdings, so fügt er hinzu, sei da ein »gewisser Arzt« nie sehr weit gewesen, wenn einer der Morde begangen worden sei. Ich vermute, Leeson war auch nie sehr weit, als die Verbrechen begangen wurden, sonst hätte er kaum immer »denselben« Arzt bemerken können.

Vielleicht hat Frederick Abberline darauf verzichtet, über die Ripper-Fälle zu schreiben, weil er intelligent genug war, um seine Unkenntnis nicht in aller Ausführlichkeit auszubreiten. In dem Buch mit den Zeitungsausschnitten berücksichtigt er nur Fälle, die er persönlich untersucht und gelöst hat. Die Zeitungsartikel, die er auf die Seiten klebte und unterstrich (exakt mit einem Lineal), und seine Kommentare sind weder besonders ausführlich noch überschwänglich. Er macht auch keinen Hehl daraus, dass er sehr hart arbeitete und nicht immer glücklich darüber war. Als beispielsweise am 24. Januar 1885 der Tower of London zum Ziel eines Bombenanschlags wurde, war er »besonders überarbeitet, weil der Innenminister Sir William Harcourt jeden Morgen über die Fortschritte des Falls informiert werden wollte, sodass ich nach harter Tagesarbeit viele Nächte bis vier und fünf Uhr morgens aufbleiben musste, um die Berichte für ihn fertig zu stellen«.

Wenn es Abberline schon beim Bombenanschlag auf den Tower so erging, dürfen wir ganz sicher sein, dass er während der Ripper-Morde nachts gar nicht zum Schlafen kam und sich gleich morgens zum Rapport beim Innenminister melden musste. Beim Anschlag auf den Tower war Abberline »unmittelbar nach der Explosion« vor Ort und ordnete an, alle Leute, die am Tatort waren, festzuhalten und zu verhören. Viele dieser Verhöre nahm Abberline selbst vor. Dabei fasste er einen der Täter, weil er ihm durch »das Zögern in seinen Antworten und sein allgemeines Benehmen« auffiel. Über das Bombenattentat und Abberlines ausgezeichnete Detektivarbeit wurde damals viel geschrieben, und wenn sein Name vier Jahre später in der Öffentlichkeit nicht mehr so präsent zu sein schien, lag es vermutlich an seiner Diskretion und daran, dass er in der Hierarchie aufgestiegen war. Er war ein Mensch, der unermüdlich arbeitete und die öffentliche Anerkennung nicht brauchte – noch immer der stille Uhrmacher, dem es nicht um Aufmerksamkeit ging, sondern darum, zu reparieren, was entzwei war.

Ich vermute, die Ripper-Morde haben ihm sehr zugesetzt, und er wird nachts oft durch die Straßen gegangen sein, vertieft in Spekulationen, Schlussfolgerungen und den Versuch, der nebligen, schmutzigen Luft irgendwelche Hinweise zu entlocken. Als Kollegen, Freunde, Angehörige und Kaufleute des East End bei seiner Pensionierung ein Festessen für ihn gaben, überreichten sie ihm als Dank für seine vorbildliche und außerordentlich erfolgreiche Arbeit in der Verbrechensbekämpfung ein silbernes Tee- und Kaffeeservice. Laut einem Bericht im *East London Observer* berichtete der Chef der H Division, Arnold, den versammelten Gästen, während der Ripper-Morde habe sich Abberline »ständig im East End aufgehalten und all seine Zeit geopfert, um diese Verbrechen aufzuklären. Doch leider haben die Umstände einen Erfolg unmöglich gemacht.«

Für Abberline muss es ein schmerzlicher und empörender Augenblick gewesen sein, als er der Presse im Herbst 1888 eingestehen musste, er habe »nicht den geringsten Hinweis gefunden«. Eigentlich war er daran gewöhnt, Straftäter zu überlisten. Es heißt, er habe so intensiv an der Lösung der Ripper-Morde gearbeitet, »dass er unter dem Druck fast zusammenbrach«. Oft ging er überhaupt nicht zu Bett und verzichtete tagelang auf Schlaf. In Zivil mischte er sich bis in die frühen Morgenstunden unter das »schäbige Volk« in den Doss-House-Küchen. Doch egal, wohin Abberline sich auch wandte, der »Übeltäter« war nicht dort. Ich frage mich, ob er Walter Sickert jemals begegnet ist. Es würde mich nicht wundern, wenn die beiden Männer von Zeit zu Zeit miteinander gesprochen hätten und wenn Sickert ihm gute Ratschläge gegeben hätte. Was für ein »fideler Spaß« wäre das gewesen.

»Theorien!«, schimpfte Abberline später, wenn man ihn auf die Ripper-Morde ansprach. »Wir gingen fast unter in Theorien. Es gab so viele davon.« Nach allem, was wir wissen, hatte er es nicht gern, wenn man ihn in späteren Jahren, als er schon längst mit anderen Fällen beschäftigt war, nach dem Ripper fragte. Lieber berichtete er von der verbesserten Kanalisation im East End oder erzählte, wie er eine Serie von Aktiendiebstählen aufklärte, indem er einer Spur bis zu einer herrenlosen Hutschachtel in einem Bahnhof folgte.

Trotz all seiner Erfahrung und Begabung gelang es Abberline nicht, den größten Kriminalfall seines Lebens zu lösen. Das war eine Schande, die ihn noch in den Jahren des Ruhestands gelegentlich bei der Gartenarbeit innehalten ließ, von Enttäuschung und Ärger überwältigt. Bis zu seinem Tod hatte Frederick Abberline keine Ahnung, mit wem er es zu tun gehabt hatte. Walter Sickert war ein Mörder wie kein anderer.

HÄKELARBEITEN UND BLUMEN

Mary Ann Nichols' Leichnam blieb bis Donnerstag, dem 6. September, in der Leichenhalle von Whitechapel, erst dann gewährte man ihrem verwesenden Fleisch die Ruhe und Abgeschiedenheit des Grabes.

Sie wurde in einem »solide aussehenden« Holzsarg verschlossen und in einem von Pferden gezogenen Leichenwagen zum zehn Kilometer entfernten Ilford Cemetery geschafft, wo man sie beerdigte. Nur fünf Minuten schien die Sonne an diesem Tag, es war diesig und regnerisch.

Am folgenden Tag beschäftigte sich die 58. Jahrestagung der British Association mit so wichtigen Fragen wie der richtigen Anbringung und Wartung von Blitzableitern, den unberechenbaren Launen von Gewittern und den großen Schäden, die sie und Wildgänse Telegraphenleitungen zufügen konnten. Man erörterte die hygienischen Vorteile des elektrischen Lichts, während ein Physiker und ein Ingenieur über die Frage debattierten, ob Elektrizität eine Form von Materie oder von Energie sei. Es wurde verkündet, dass Armut und Elend besiegt werden könnten, »wenn es gelingt, Schwäche, Krankheit, Faulheit und Dummheit auszumerzen«. Schließlich feierte man noch die Nachricht, dass Thomas Edison gerade eine Fabrik gegründet hatte, in der pro Jahr 18 000 Phonographen für 20 oder 25 Pfund das Stück hergestellt werden sollten.

Das Wetter an diesem Tag war noch schlechter als am Vortag, man konnte von gar keinem Sonnenschein berichten, stattdessen peitschten von Norden her Regenschauer über die Stadt. Wolkenbrüche und Eisregen gingen nieder. Die Londoner tasteten sich durch kalten Nebel zur Arbeit und später in die Theater. Noch immer lockte *Dr. Jekyll and Mr. Hyde* große Zuschauermengen ins Lyceum, während das Royalty Theatre seit einiger Zeit eine Parodie mit dem Titel *Hide and Seekyll*[7] brachte. Das Stück *She* wurde in den Zeitungen als »eindrucksvolles Theaterexperiment« gewürdigt, bot es den Besuchern des Gaiety Theatre doch Mord und Kannibalismus. Das Alhambra, Walter Sickerts bevorzugtes Varietétheater, eröffnete sein Programm um 22 Uhr 30 mit den Darbietungen einer Truppe von Revue-Girls sowie mit Captain Clives und seinem »wunderbaren Hund«.

Annie Chapman schlief den Rausch ihres letzten Glases Schnaps aus, während London sich auf die Nacht vorbereitete. Die Woche war schlimm gewesen, schlimmer als gewöhnlich. Annie war 47 Jahre alt, und ihr fehlten zwei Vorderzähne. Sie war einen Meter fünfzig groß, übergewichtig, mit blauen Augen und dunklem Haar, das kurz und wellig war. Wie es später im Polizeibericht hieß: »Sie hatte bessere Tage gesehen.« Auf der Straße nannte man sie »Dark Annie«. In einigen Berichten wird der von ihr getrennt lebende Ehemann als Tierarzt bezeichnet, meist aber als Kutscher angegeben, der in den Diensten eines Gentlemans in der königlichen Gemeinde Windsor stand.

Nach der Trennung hatten Annie und ihr Mann keinen Kontakt mehr miteinander, und sie hatte sich nie darum gekümmert, was aus ihm geworden war, bis die Unterhaltszahlungen Ende 1886 unvermittelt aufhörten. Eines Tages erschien eine heruntergekommene Frau, die wie eine Landstreicherin aussah, im Pub Merry Wives of Windsor und fragte nach Chapman. Sie berichtete, sie sei die mehr als dreißig Kilometer von London zu Fuß gekommen, habe unterwegs in einer Pension übernachtet und wolle wissen, ob ihr Mann krank sei oder ob er das nur als Vorwand benutze, um ihr kein Geld mehr zu schicken. Die Frau an der Tür des Merry

---

[7] Wortspiel, das sich in dem Titel Hide and Seek (Versteckspiel) verbirgt.

Wives of Windsor unterrichtete die Landstreicherin darüber, dass Mr. Chapman am ersten Weihnachtsfeiertag gestorben sei. Er hinterließ Annie nichts als zwei Kinder, die sie nie sah: einen Jungen, der in einem Heim für Behinderte untergebracht war, und eine Tochter, die eine gute Erziehung genossen hatte und in Frankreich lebte.

Für eine Zeit lang zog Annie zu einem Siebmacher, und als der sie verließ, borgte sie sich kleine Summen von ihrem Bruder, bis dieser ihr schließlich alle weiteren Zuwendungen verweigerte. In der Folgezeit hatte sie keinen Kontakt mehr zu irgendwelchen Angehörigen. Wenn es ihre Gesundheit erlaubte, verdiente sie sich ein paar Pennys mit dem Verkauf von Häkelarbeiten und Blumen. Nach Aussagen von Bekannten war sie »gescheit« und von Natur aus fleißig, doch je mehr ihr Leben von der Alkoholsucht bestimmt wurde, desto weniger kümmerte es sie, womit sie ihren Lebensunterhalt verdiente.

In den vier Monaten vor ihrem Tod suchte Annie mehrfach das Krankenhaus auf. Ihre Nächte verbrachte sie in den Doss-Houses von Spitalfields, zuletzt in der Dorset Street Nr. 35, einer Straße, die die Commercial Road und die Crispin Street wie eine kurze Leitersprosse miteinander verband. Es gab etwa 5000 Betten in den üblen Absteigen von Spitalfields. In der *Times* hieß es später zur Coroner-Untersuchung von Annies Tod: »Der kurze Blick auf dieses Leben ... reichte aus, um [den Geschworenen] das Gefühl zu geben, es gebe in der Zivilisation des 19. Jahrhunderts viele Dinge, auf die stolz zu sein sie wenig Grund hätten.« In Annie Chapmans Welt würden die Armen »zusammengepfercht wie Vieh« und seien »dem Hungertod nah«. Tag und Nacht komme es zu Ausbrüchen von Gewalt, die von Not, Alkohol und Wut genährt würden.

Die Tage vor ihrem Tod waren gekennzeichnet durch mehrere Krankenhausaufenthalte, zu wenig Nahrung und zu viel Alkohol. Vier Nächte vor ihrem Tod hatte sie eine Auseinandersetzung mit einer Mitbewohnerin namens Eliza Cooper, die ihr in der Küche der Pension Vorwürfe machte und die Rückgabe eines Stücks Seife verlangte, das sie Annie geliehen hatte. Zornig warf Annie ihr ein Halbpennystück auf den Tisch und sagte ihr, sie solle sich eins kaufen. Die beiden Frauen begannen einen heftigen Streit, den sie in dem nahe gelegenen Pub Ringer fortsetzten, wo Annie Eliza mit der flachen Hand ins Gesicht schlug und Eliza Annie einen Faustschlag auf das linke Auge und die Brust versetzte.

Annies blaue Flecken waren am frühen Morgen des 8. September noch immer zu erkennen, als John Donovan, der Verwalter der Pension in der Dorset Street acht Penny für ein Bett verlangte, falls sie die Absicht habe zu bleiben. Sie erwiderte: »Ich hab sie nicht. Ich bin krank und schwach und war im Krankenhaus.« Donovan sagte, sie kenne die Regeln. Sie antwortete, sie würde fortgehen und das Geld besorgen, er solle ihr Bett doch bitte niemand anders überlassen. Später berichtete Donovan der Polizei, sie habe »unter Alkoholeinfluss gestanden«, als der Nachtwächter sie hinausgebracht habe.

Annie bog gleich nach rechts in die Little Paternoster Row ein, und als der Nachtwächter sie zum letzten Mal sah, befand sie sich in der Brushfield Street, die von Osten nach Westen verlief zwischen, wie es damals hieß, Bishopsgate Without Norton Fulgate und Commercial Street. Wäre sie in der Commercial Street nur wenige Blocks nach Norden gegangen, hätte sie Shoreditch erreicht, wo es mehrere Varietétheater gab (das Shoreditch Olympia, Harwood's und Griffin Music Hall and Public House). Ein wenig weiter nördlich befand sich Hoxton – also die Strecke, der Walter Sickert manchmal folgte, wenn er nach einem Abend, den er in verschiedenen Varietés, Theatern oder wer weiß, wo noch, verbracht hatte, auf seinen obsessiven Wanderungen in den späten Nacht- und frühen Morgenstunden nach Broadhurst Gardens 54 zurückkehrte.

Um zwei Uhr morgens, als Annie auf die Straßen des East End hinaustrat, war es nass und kalt – zehn Grad. Sie trug einen schwarzen Rock, eine lange schwarze Jacke, die am Hals zugehakt wurde, eine Schürze, Wollstrümpfe und Stiefel. Um den Hals hatte sie ein Stück Wollschal geschlungen, den sie vorne mit einem Knoten zusammengebunden hatte, darunter hatte sie ein Taschentuch gelegt, das sie kürzlich von einer Mitbewohnerin erstanden hatte. Auf den Ringfinger der linken Hand hatte sie drei Ringe aus Billigmetall gesteckt, so genannte »Talmiringe«. In einer Tasche an der Innenseite ihres Rocks befand sich ein kleines Kammetui, ein Stück grober Musselin und der abgerissene Teil eines Umschlags, den sie, wie Zeugen gesehen hatten, vom Fußboden der Pension aufgehoben hatte, um zwei Tabletten hineinzustecken, die sie im Krankenhaus bekommen hatte. Der zerrissene Umschlag trug eine rote Briefmarke.

Falls irgendjemand Annie während der nächsten dreieinhalb Stunden lebendig sah, hat er sich nie als Zeuge gemeldet. Um 4 Uhr 45 morgens befand sich der 37-jährige John Richardson, Lastenträger auf dem Spitalfields-Markt, auf dem Weg zur Hanbury Street 29, einer Pension für arme Leute, wie so viele heruntergekommene Häuser in Spitalfields. Einst war das Gebäude ein scheunenartiger Arbeitsplatz für Weber an Handwebstühlen gewesen, bis die Dampfmaschinen sie arbeitslos gemacht hatte. Richardsons Mutter hatte das Haus gemietet und die Hälfte der Zimmer an siebzehn Menschen untervermietet. Als pflichtbewusster Sohn wollte er schnell noch einmal vorbeischauen, wie er es immer tat, wenn er früh aufgestanden war, um die Sicherheit des Kellers zu überprüfen. Vor zwei Monaten war jemand eingebrochen und hatte zwei Sägen und zwei Hämmer gestohlen. Seine Mutter betrieb auch ein Geschäft mit Packkisten, da war gestohlenes Werkzeug nicht auf die leichte Schulter zu nehmen.

Zufrieden, dass der Keller fest verschlossen war, wandte sich Richardson in einen Gang, der in den Hinterhof führte, und setzte sich auf die Stufen, um ein störendes Stück Leder von seinem Stiefel zu schneiden. Sein Messer sei »ein altes Tischmesser« gewesen, wie er später in der Untersuchung erklärte, »ungefähr dreizehn Zentimeter lang«, mit dem er sich zuvor ein »Stück Karotte« abgeschnitten und das er sich dann zerstreut in die Tasche gesteckt habe. Nach seiner Schätzung hatte er nicht länger als einige Minuten auf der Treppe gesessen, den Fuß auf einer Steinplatte, die sich wenige Zentimeter von der Stelle befand, an der man später Annie Chapmans verstümmelte Leiche finden sollte. Er habe niemanden gehört oder gesehen. Richardson verschnürte seinen reparierten Stiefel wieder und machte sich auf den Weg zum Markt, als die Sonne gerade aufging.

Albert Cadosch wohnte gleich nebenan in der Hanbury Street Nr. 25. Sein Hinterhof war von der Hanbury Street 29 durch einen provisorischen Holzzaun von einem Meter fünfzig bis einen Meter fünfundsechzig Höhe getrennt. Später berichtete er der Polizei, um 5 Uhr 25 sei er auf seinen Hinterhof gegangen und habe von der anderen Seite des Zauns eine Stimme »Nein« sagen gehört. Einige Minuten später sei etwas Schweres gegen den Zaun gefallen. Er habe nicht nachgeschaut, was das Geräusch verursacht und wer da »Nein« gesagt habe.

Fünf Minuten später, um 5 Uhr 30, ging Elisabeth Long in westlicher Richtung die Hanbury Street entlang, auch auf dem Weg zum Spitalfields-Markt, als sie einen Mann und eine Frau miteinander sprechen sah, nur wenige Schritte von dem Hofzaun der Hanbury Street 29 entfernt, dort, wo Annie Chapmans Leiche knapp eine halbe Stunde später gefunden werden sollte. Mrs. Long erklärte bei der Coroner-Untersuchung, sie sei sich »sicher«, dass es sich bei der Frau um Annie Chapman gehandelt habe. Annie und der Mann hätten laut miteinander gesprochen, erinnerte sich Mrs. Long, schienen aber miteinander auszukommen. Das einzige Bruchstück ihrer Unterhaltung, das Mrs. Long mitbekam, als sie die Straße entlangging, war, dass der Mann fragte: »Willst du?«, und die Frau, die Mrs. Long als Annie identifizierte, antwortete: »Ja.«

Offensichtlich standen die Zeiten, die die Zeugen angaben, miteinander im Widerspruch, und sie haben bei der Coroner-Untersuchung nie erklärt, woher sie wussten, wie spät es war, als sie an irgendwelchen Menschen vorbeikamen oder über irgendwelche Leichen stolperten. Damals stützten sich die meisten Menschen bei Zeitangaben auf Erfahrungswerte, den Stand der Sonne am Himmel oder die Kirchenglocken, die alle halbe Stunde läuteten. Harriet Hardiman, wohnhaft Hanbury Street 29, sagte bei der Untersuchung aus, sie sei sich sicher, dass es sechs Uhr morgens gewesen sei, als sie von einem Spektakel vor ihrem Fenster geweckt worden sei. Sie verkaufte Fleischnahrung für Katzen und betrieb ihr Geschäft in einem Haus, das eine Pension beherbergte. Ihren Lebensunterhalt verdiente sie sich damit, dass sie in einer Schubkarre stinkende Fische und Schlachtereiabfälle sammelte, die sie an Katzenbesitzer verkaufte, während ihr ein langer Zug von Katzen folgte.

Harriet lag im Erdgeschoss in tiefem Schlaf, als aufgeregte Stimmen sie aus dem Schlummer rissen. Da sie befürchtete, das Gebäude stehe in Flammen, weckte sie ihren Sohn und wies ihn an, hinauszugehen und nachzuschauen, was los war. Als er wieder hereinkam, sagte er, eine Frau sei auf dem Hof ermordet worden. Mutter und Sohn hatten die ganze Nacht fest geschlafen. Harriet Hardiman sagte später aus, sie habe häufig Menschen auf den Stufen und im Gang zum Hof gehört, aber alles sei ruhig geblieben. John Richardsons Mutter Amelia hatte die halbe Nacht wach gelegen und hätte sicherlich gehört, wenn jemand gestritten oder geschrien hätte. Doch auch sie behauptete, sie hätte nicht einen Laut gehört.

Die Bewohner der Pension Hanbury Street 29 gingen ständig ein und aus, daher wurden Vorder- und Hintertür nie abgeschlossen, ebenso wenig wie das Tor, das auf den geschlossenen Hof hinter dem Haus führte. Jeder hätte das Tor ohne Schwierigkeiten öffnen und in den Hof gehen können. Und genau das muss Annie Chapman getan haben, kurz bevor sie ermordet wurde. Um 5 Uhr 55 machte sich der Träger John Davis, der in der Pension wohnte, auf den Weg zum Markt und hatte das große Pech, Annie Chapmans Leiche in dem Hof zwischen dem Haus und dem Zaun zu entdecken, ganz in der Nähe der Stelle, an der Richardson etwa eine Stunde zuvor auf den Steinstufen gesessen und seinen Stiefel repariert hatte.

Sie lag auf dem Rücken, die linke Hand auf der linken Brust, den rechten Arm an der Seite, die Beine gebeugt. Ihre durcheinander gebrachten Kleider waren bis zu den Knien hochgeschoben, und ihre Kehle war so tief durchgeschnitten, dass der Kopf sich fast vom Körper gelöst hatte. Der Mörder hatte Annie Chapman den Unterleib aufgeschnitten und ihr die Eingeweide und einen Hautlappen des Bauches entfernt. Sie lagen in einer Pfütze Blut am Boden neben ihrer linken Schulter, eine Anordnung, die symbolische Bedeutung haben kann, aber nicht muss.

Sehr wahrscheinlich war die Anordnung der Körperorgane und der Gewebefetzen von praktischen Erwägungen bestimmt – der Ripper wollte sie aus dem Weg haben. Später stellte sich nämlich heraus, dass es ihm um die Nieren, die Gebärmutter und die Vagina ging, aber man kann die einleuchtende Möglichkeit nicht ganz außer Acht lassen, dass er die Leute schockieren wollte. Und das gelang ihm auch. John Davis machte auf dem Absatz kehrt, lief hinauf in sein Zimmer und stürzte ein Glas Branntwein hinunter. Dann eilte er in die Werkstatt, griff sich eine Plane, breitete sie über die Leiche und lief los, um den nächsten Polizeibeamten zu suchen.

Wenige Augenblicke später erschien Inspektor Chandler vom Polizeirevier Commercial Street am Tatort. Als er sah, womit er es zu tun hatte, schickte er nach dem Polizeiarzt Dr. Phillips. Inzwischen hatte sich eine Menschenmenge versammelt, in der einzelne Stimmen laut wurden, die riefen: »Schon wieder eine Frau ermordet!« Dr. Phillips brauchte kaum mehr als einen kurzen Blick, um zu entscheiden, dass dem Opfer die Kehle durchtrennt worden sei, bevor man ihm den »Magen« verstümmelt habe, und dass die Frau seit ungefähr zwei Stunden tot sei. Er bemerkte, dass ihr Gesicht geschwollen war und dass ihre Zunge zwischen den Vorderzähnen hervorquoll. Sie sei erdrosselt worden, erklärte Dr. Phillips, oder zumindest bis zur Bewusstlosigkeit gewürgt worden, bevor der Mörder ihr die Kehle durchgeschnitten habe. Die Totenstarre setzte gerade ein, und der Arzt notierte »sechs Flecken« Blut auf der Rückwand, ungefähr einen halben Meter über Annies Kopf.

Die Tropfen reichten in der Größe von sehr klein bis ungefähr zu den Ausmaßen eines Sixpencestücks, und jeder »Fleck« war zu einer dichten Traube angeordnet. Außerdem gab es »Blutspuren« auf dem Zaun hinter dem Haus. Säuberlich zu Annies Füßen ausgebreitet lagen ein Stück grober Musselin, ein Kamm und ein blutiger Abriss von einem Umschlag mit dem Waffenrock des Sussex-Regiments darauf und einem Londoner Poststempel mit dem Datum des 20. August 1888. Unweit davon befanden sich noch zwei Tabletten. Ihre billigen Metallringe fehlten, und eine Hautabschürfung an ihrem Finger ließ darauf schließen, dass sie mit Gewalt entfernt worden waren. Auf einer undatierten, unsignierten Postkarte, von der man annimmt, dass der Ripper sie an die City Police geschickt habe, zeichnete der Absender mit großem Geschick die Karikatur einer Figur mit durchgeschnittener Kehle. Er schrieb »arme Annie« und behauptete, die Ringe seien »in meinem Besitz«.

Keines von Annies Kleidungsstücken war zerrissen, sie hatte ihre Stiefel noch an, und ihr schwarzer Mantel war zugeknöpft und zugehakt. Innen und außen war der Kragen des

Mantels mit Blut befleckt. Phillips bemerkte auch Blutstropfen auf ihren Strümpfen und ihrem linken Ärmel. In den Zei-
tungsartikeln und Polizeiberichten wird es zwar nicht
erwähnt, aber Dr. Phillips muss ihre Gedärme und anderen
Körpergewebe mit einer Schaufel aufgenommen und sie wieder in die Bauchhöhle zurückgelegt haben, bevor er die Leiche mit einer Sackleinwand bedeckte. Die Polizisten halfen
ihm, sie in den gleichen Behälter zu legen, in dem Mary Ann
Nichols' Leiche zwei Tage zuvor befördert worden war, als
man sie endlich zur Beerdigung freigegeben hatte. Die Polizei schob Annie Chapmans Leiche auf einer Ambulanz zur
Leichenhalle in Whitechapel.

Inzwischen herrschte Tageslicht. Hunderte von aufgeregten
Menschen eilten zum Hinterhof in der Hanbury Street 29.
Nachbarn zu beiden Seiten der Pension nahmen Eintrittsgeld
von Leuten, die Einlass in ihre Wohnungen begehrten, um
einen besseren Ausblick auf das blutbefleckte Stück Hof zu
haben, wo Annie ermordet worden war.

Haben Sie den Teufel gesehen
Wenn nicht
zahlen Sie einen Penny & treten Sie ein

schrieb Jack the Ripper am 10. Oktober.
Auf derselben Postkarte fügte der Ripper hinzu: »Ich warte
jeden Abend auf die Polypen in Hampstead Heath ...«, einer
20 Hektar großen Grünfläche, die berühmt war für ihre
Heilquellen, Badeteiche und den Reiz, den sie seit jeher auf
Maler und Dichter ausübte, unter anderem Dickens, Shelley,
Pope, Keats und Constable. Bis zu 100 000 Menschen suchten an Feiertagen die wogenden Felder und dichten Wäldchen auf. Walter Sickerts Haus in South Hampstead war nur
zehn Minuten von Hampstead Heath entfernt.
Angebliche Ripper-Mitteilungen streuten nicht nur Hinweise ein – wie auf der »Haben-Sie-den-Teufel-gesehen«-Post-

karte, wo er möglicherweise auf die East-End-Bewohner anspielte, die Geld für einen Blick auf Ripper-Tatorte nahmen –, sondern ließen nach und nach auch ein geographisches Profil erkennen. Viele der örtlichen Gegebenheiten, die erwähnt werden – einige von ihnen wiederholt –, sind Stätten und Gebiete, die Walter Sickert wohl bekannt waren: das Bedford-Varieté, das er mehrfach malte, sein Haus in Broadhurst Gardens Nr. 54 und die Stadtviertel, in denen Sickert Theater besuchte, malte oder geschäftlich zu tun hatte.

Zu den Poststempeln und Erwähnungen von Orten in unmittelbarer Nachbarschaft der Bedford Music Hall gehören Hampstead Road, King's Cross, Tottenham Court, Somers Town, Albany Street, St. Pancras Church.

In der Nähe von Broadhurst Gardens befanden sich: Kilburn, Palmerston Road (nur wenige Blocks von seinem Haus entfernt), Princess Road, Kentish Town, Alma Street, Finchley Road (eine Fortsetzung von Broadhurst Gardens).

Poststempel und Orte, die nahe bei Theatern, Varietés, Kunstgalerien und Stadtgebieten von geschäftlichem oder persönlichem Interesse für Sickert liegen, sind: Piccadilly Circus, Haymarket, Charing Cross, Battersea (in der Nähe von Whistlers Atelier), Regent Street North, Mayfair, Paddington (wo sich der Paddington-Bahnhof befindet), Islington (wo das St. Mark's Hospital liegt), Worcester (ein von Malern sehr geschätzter Ort), Greenwich, Gipsy Hill (in der Nähe des Kristallpalastes), Portman Square (nicht weit von der Fine Art Society und auch der Sitz der Heinz Gallery, einer Sammlung von Architekturzeichnungen), Conduit Street (ganz in der Nähe der Fine Art Society und zu viktorianischer Zeit der Sitz der 19th Century Art Society und des Royal Institute of British Architects).

Sickerts Skizzen sind bemerkenswert detailliert, sein Bleistift hielt fest, was die Augen sahen, sodass er das Bild später malen konnte. Seine mathematische Methode der »Rastervergrößerung«, bei der er eine geometrische Formel verwendete, mit der er seine Zeichnungen vergrößern konnte, ohne die Proportionen und die Perspektive zu verlieren, verrät einen geschulten und wissenschaftlichen Verstand. Sickert hat im Laufe seines Lebens viele komplizierte Gebäude gemalt, besonders bemerkenswert darunter seine detaillierten Kirchen von Dieppe und Venedig. Man sollte annehmen, dass er an Architektur interessiert war und möglicherweise die Heinz Gallery besucht hat, die über die weltweit größte Sammlung von Architekturzeichnungen verfügte.

Zunächst war Sickert, wie berichtet, Schauspieler, ein Beruf, von dem man annimmt, er habe ihn 1879 aufgenommen. In einem der frühesten Sickert-Briefe – er schrieb ihn 1880 an den Historiker und Biographen T. E. Pemberton – schildert Sickert, wie er in Birmingham auf einer Tournee in *Heinrich V.* einen »alten Mann« spielte. »Diese Rolle mag ich am liebsten«, schrieb er. Trotz der immer wieder zu lesenden Geschichte, Sickert habe die Schauspielerei aufgegeben, weil seine wahre Berufung die Malerei gewesen sei, vermitteln die von Denys Sutton gesammelten Briefe ein anderes Bild. »Walter wollte unbedingt Schauspieler werden«, hieß es in einem Brief. Doch, so schrieb Sickerts Bekannter weiter: »Er war nicht sehr erfolgreich, also hat er mit der Malerei begonnen.« Anfang zwanzig war Sickert noch immer Schauspieler und ging mit Henry Irvings Truppe auf Tournee. Er war mit dem berühmten Architekten Edward W. Godwin bekannt, einem Theaternarren, Kostümbildner und guten Freund von Whistler. In Sickerts erster Zeit als Schauspieler lebte Godwin mit Ellen Terry zusammen und hatte Whistlers Haus gebaut – das White House in der Tite Street in Chelsea. Godwins Witwe Beatrice hatte Whistler am 11. August 1888 geheiratet. Zwar kann ich nicht beweisen, dass biographische und geographische Einzelheiten wie diese in Sickerts Psyche nachwirkten, als die Ripper-Briefe an den genannten Londoner Orten aufgegeben oder angeblich geschrieben wurden, doch vermag ich zumindest zu belegen, dass ihm diese Orte vertraut waren. Mit Sicherheit handelte es sich nicht um Gegenden, in denen man »geisteskranke Mörder« oder »East-End-Pack« vermuten würde.

Gewiss, viele Ripper-Briefe sind im East End aufgegeben worden, viele aber auch nicht. Doch der Ripper hat einen Großteil seiner Zeit im East End verbracht und kannte diesen heruntergekommenen Teil Londons wahrscheinlich besser als die Polizei. Die Dienstordnung gestattete den Beamten der Metropolitan Police nicht, Pubs zu betreten oder sich unter die Bewohner der Viertel zu mischen. Von Streifenpolizisten wurde erwartet, dass sie stur ihre Runden gingen. Wer ohne Grund Pensionen oder Pubs betrat oder auch einfach von dem vorgeschriebenen Weg um genau bezeichnete Blocks abwich, musste damit rechnen, verwarnt oder suspendiert zu werden. Sickert dagegen konnte sich nach Belieben unter die Leute mischen. Kein Ort war ihm verwehrt.

Die Polizei schien unter einer Art East-End-Kurzsichtigkeit zu leiden. Egal, wie sehr sich der Ripper bemühte, ihre Ermittlungen auf andere Orte und Stätten zu lenken, man ging nicht darauf ein. Offenbar hat die Polizei auf keine Poststempel und keine Briefe reagiert, die nicht aus dem East End stammten. Erst recht hat sie sich nicht um Briefe gekümmert, die angeblich in anderen Städten Großbritanniens aufgegeben wurden. Nicht alle Briefumschläge sind heute noch erhalten, und ohne einen Poststempel haben wir nur den Ort, wo der Ripper den Brief nach eigenem Bekunden geschrieben hat. Dort kann er sich zu der Zeit aufgehalten haben, muss es aber nicht.

Nach den Poststempeln oder seinen eigenen Angaben waren seine Aufenthaltsorte zu verschiedenen Zeiten Birmingham, Liverpool, Manchester, Leeds, Bradford, Dublin, Belfast, Limerick, Edinburgh, Plymouth, Leicester, Bristol, Clapham, Woolwich, Nottingham, Portsmouth, Croydon, Folkestone, Gloucester, Leith, Lille (Frankreich), Lissabon (Portugal), Philadelphia (USA).

Einige dieser Orte sind außerordentlich unwahrscheinlich, vor allem Portugal und die Vereinigten Staaten. Soweit bekannt, ist Walter Sickert nie in einem der beiden Länder gewesen. Andere Briefe und ihre angeblichen Daten lassen es fast ausgeschlossen erscheinen, dass er beispielsweise am gleichen Tag, dem 8. Oktober, Briefe in London, Lille, Birmingham und Dublin aufgegeben oder geschrieben haben könnte. Doch auch hier ist nach 114 Jahren – nachdem so viele Umschläge verloren gegangen sind und die Poststempel fehlen und sich die Beweismittel nicht mehr überprüfen lassen, da die Zeugen tot sind – unklar, ob die Briefe wirklich an einem bestimmten Datum geschrieben wurden und wo das geschehen ist. Nur Poststempel und Augenzeugen könnten hier Klarheit bringen.

Natürlich sind nicht alle Ripper-Briefe von Sickert geschrieben worden, doch ich glaube, er hat die meisten von ihnen verfasst. Sickert konnte seine Handschrift sicherlich besser verstellen als die meisten anderen Menschen, und bis jetzt gibt es noch keinen Beweis dafür, dass er nicht an einem bestimmten Tag in einer bestimmten Stadt gewesen sein könnte. Der Oktober 1888 war eine Zeit intensiver Korrespondenz für den Ripper. Etwa achtzig Briefe aus dieser Periode gibt es noch, und es erscheint auch durchaus sinnvoll, dass er nach mehreren Morden in so kurzen Abständen erst einmal eine Pause einlegte. Wie der Ripper selbst in mehreren Briefen schrieb, wurde Whitechapel zu heiß für ihn, weshalb er an entfernten Orten Ruhe und Frieden suchte.

Aus modernen Fällen wissen wir, dass Serienmörder in der Regel sehr mobil sind. Einige leben buchstäblich in ihren Autos. Der Oktober wäre für Sickert eine Zeit gewesen, in der er bequem aus London hätte verschwinden können. Seine Frau Ellen gehörte einer liberalen Delegation an, die in Irland Kundgebungen zur Unterstützung der Home Rule und des Freihandels abhielt. Fast den ganzen Oktober hindurch war sie nicht in England. Falls sie und Sickert in der

Zeit der Trennung Kontakt miteinander hatten, sind jedenfalls keine Briefe oder Telegramme, die sie einander geschrieben haben, erhalten.

Sickert war ein leidenschaftlicher Briefschreiber und entschuldigte sich bei Freunden gelegentlich dafür, dass er ihnen so oft welche schickte. Regelmäßig schrieb er Briefe an Zeitungen. Sein Geschick, Neuigkeiten in Umlauf zu bringen, war so groß, dass sich die Zahl der Briefe, die er geschrieben hat, und der Artikel, die über ihn erschienen, in manchen Jahren auf 600 beläuft. Es ist einfach überwältigend, sein Archiv in den Islington Public Libraries durchzusehen und die Unmengen von Zeitungsausschnitten zu sichten. Mit ihrer Sammlung begann Sickert um die Jahrhundertwende, später beauftragte er Agenturen damit, seine scheinbar grenzenlose Publicity zu dokumentieren. Trotzdem galt er sein Leben lang als ein Mann, der keine Interviews gab. Es gelang ihm, den Mythos zu erschaffen, er sei »schüchtern« und verabscheue die Öffentlichkeit.

Einige Zeitungen brachte Sickert mit seiner besessenen Leserbriefschreiberei geradezu in Verlegenheit. In manch einer Redaktion stöhnte man auf, wenn ein weiterer Brief einging, in dem Sickert sich über die Kunst ausließ, über die ästhetische Qualität von Telegrafenmasten oder darüber, warum alle Engländer Kilts tragen sollten und welche Nachteile gechlortes Wasser habe. Die meisten Redaktionen wollten den berühmten Maler nicht vor den Kopf stoßen, indem sie ihn ignorierten oder seine Ergüsse an irgendeine stiefmütterliche Stelle ihres Blattes verbannten.

Vom 25. Januar bis zum 25. Mai 1924 verfasste Sickert eine Reihe von Vorträgen und Artikeln, die im *Southport Visiter* in Southport, einem Seebad nördlich von Liverpool, veröffentlicht wurden. Obwohl diese Artikel auf mehr als 130 000 Wörter kamen, reichte ihm das noch nicht. Am 6., 12., 15., 19. und 22. Mai schrieb und telegrafierte Sickert an W. H. Stephenson vom *Visiter*: »Ich frage mich, ob der *Visiter* noch einen Artikel von mir verkraften könnte … Wenn ja, können Sie ihn sofort haben«, das »Schreiben« habe ihm »großes Vergnügen« gemacht; »Bitte veranlassen Sie den Drucker doch, sechs Vorabdrucke zu machen«; »Darf ich Ihnen noch einen einzigen Artikel schicken?«; »Wenn Sie von irgendwelchen Regionalzeitungen wissen, die im Sommer Serien bringen würden, teilen Sie es mir bitte mit.«

Sein Leben lang bewies Sickert eine erstaunliche literarische Produktivität. Sein Buch mit Zeitungsausschnitten in den Islington Public Libraries enthält mehr als 12 000 Artikel über ihn und Briefe, die er allein an britische Redaktionen geschrieben hat, die meisten zwischen 1911 und Ende der 1930er Jahre. Er veröffentlichte rund 400 Vorträge und Artikel, und ich bin der Überzeugung, dass diese ihm zugeschriebenen Veröffentlichungen nicht seine gesamte literarische Produktion repräsentieren. Sickert gehorchte einer Art Schreibzwang und genoss es, Menschen mit seinen Worten zu beeinflussen, zu manipulieren und zu beeindrucken. Er war auf ein Publikum angewiesen. Er war süchtig danach, seinen Namen gedruckt zu sehen. Seinem Charakter hätte es durchaus entsprochen, eine verblüffende Anzahl von Ripper-Briefen zu schreiben und einige davon an weit über die Landkarte verstreuten Orten aufzugeben.

Er könnte weit mehr von ihnen geschrieben haben, als einige Experten für möglich halten, weil man einen Fehler begeht, wenn man Walter Sickert nach den üblichen graphologischen Kriterien beurteilt. Er war ein vielseitig begabter Maler mit einem erstaunlichen Gedächtnis. Er sprach mehrere Sprachen. Er war ein unersättlicher Leser und ein gelernter Schauspieler. Damals waren mehrere Bücher über Graphologie auf dem Markt, und die Handschriften in vielen Ripper-Briefen wiesen auffällige Ähnlichkeiten mit Schriftformen auf, die viktorianische Graphologen mit bestimmten Berufen und Persönlichkeiten in Zusammenhang brachten. Sickert hätte jedes beliebige graphologische

Werk aufschlagen und die Stile nachahmen können, die dort abgebildet waren. Der Gedanke an die Graphologen, die sich kundig über die Ripper-Briefe beugten, muss Sickert höchst amüsant erschienen sein.

Die Untersuchung von Tinten, Farben und Papier mit chemischen Stoffen und hoch empfindlichen Instrumenten zählt zu den wissenschaftlichen Methoden. Der Handschriftenvergleich nicht. Er ist eine Untersuchungsmethode, die hilfreich und überzeugend sein kann, besonders wenn es darum geht, Fälschungen aufzudecken. Doch wenn ein Verdächtiger sich darauf versteht, seine Handschrift zu verstellen, kann der Vergleich enttäuschend oder unmöglich sein. Die Polizeibeamten, die die Ripper-Fälle untersuchten, waren so erpicht darauf, die Unterschiede in den Handschriften dingfest zu machen, dass sie die Möglichkeit, der Mörder könnte viele unterschiedliche Schriften benutzt haben, ganz außer Acht ließen. Auch andere Hinweise, etwa Städte, die der Ripper erwähnte, und Poststempel auf Umschlägen, wurden nicht verfolgt. Hätte man es getan, wäre man vielleicht darauf gekommen, dass die meisten der entfernten Städte Gemeinsamkeiten aufwiesen, wie zum Beispiel Theater und Pferderennbahnen. Viele dieser Orte würden auf einer Karte von Sickerts Reisen auftauchen.

Beginnen wir mit Manchester. Sickert hatte mindestens drei Gründe, diese Stadt zu besuchen und recht vertraut mit ihr zu sein. Die Familie seiner Frau, die Cobdens, besaßen Immobilien in der Stadt. Sickerts Schwester Helena lebte in Manchester. Außerdem hatte Sickert Freunde und Geschäftsverbindungen in Manchester. In mehreren Ripper-Briefen wird Manchester erwähnt. Einer von ihnen – derjenige, den der Ripper am 22. November 1888 in Manchester geschrieben haben will – weist ein Stück des Wasserzeichens von »A Pirie & Sons« auf. Ein anderer Brief, den der Ripper nach eigenem Bekunden in East London geschrieben hat, trägt das gleiche Wasserzeichen. Das Briefpapier, das Walter und Ellen Sickert nach ihrer Hochzeit am 10. Juni 1885 zu verwenden begannen, hatte das Wasserzeichen von »A Pirie & Sons«.

Dr. Paul Ferrara, Direktor des Virginia Institute of Forensic Science and Medicine, stellte die erste Verbindung zwischen den Wasserzeichen her, als wir Originalbriefe vom Ripper und von Sickert in London und Glasgow untersuchten. Diapositive der Briefe und ihrer Wasserzeichen wurden an das Institut übersandt. Als man das fragmentarische Wasserzeichen der Ripper-Briefe und das vollständige Wasserzeichen eines Sickert-Schreibens in einen Computer für digitale Bildverbesserung einscannte und auf dem Bildschirm übereinander legte, deckten sie sich vollkommen. Gleiches galt für die Größe und Farbe des Papiers und den Abstand zwischen den so genannten Rippen, den sichtbaren Linien, die durch die Drähte des Papiersiebs hervorgerufen werden.

Im Juli 2002 erhielt das Virginia Institute of Forensic Science and Medicine von der britischen Regierung die Erlaubnis, zerstörungsfreie forensische Untersuchungen an den Originalen der Ripper-Briefe im Public Record Office in Kew vorzunehmen. Zusammen mit Dr. Ferrara, der DNA-Analytikerin Lisa Schiermeier, dem forensischen Dokumentenprüfer Mike Moor und dem Experten für digitale Bildverbesserung Chuck Pruitt reiste ich nach London, wo wir uns jeden Ripper-Brief vornahmen. Die Umschläge, die uns am verheißungsvollsten erschienen, weil ihre Briefmarken und Laschen noch unversehrt waren, wurden angefeuchtet, sodass wir mit großer Vorsicht Abstriche vornehmen konnten. Wir machten Fotos und verglichen die Handschriften.

Von London aus suchten wir andere Archive auf, wo wir Papiersorten untersuchten und DNA-Proben von den Briefen, Umschlägen und Briefmarken analysierten, die wir Walter Richard Sickert, seiner ersten Frau Ellen Cobden Sickert, James McNeill Whistler und dem angeblichen Ripper-Verdächtigen Montague Druitt zuordnen konnten. Einige dieser

Tests hatten lediglich Ausschlussfunktion. Natürlich sind weder Ellen Sickert noch Whistler jemals verdächtigt worden, aber Walter Sickert hatte in Whistlers Atelier gearbeitet. Er hatte Briefe für ihn aufgegeben und in engem körperlichen Kontakt zum Meister und seinen personlichen Dingen gelebt. Möglicherweise könnte Whistlers DNA – ganz gewiss aber Ellens DNA – Sickert zuzurechnende Beweismittel verunreinigt haben.

Die Wissenschaftler nahmen Abstriche von Whistlers Umschlägen und Briefmarken an der University of Glasgow, wo sein riesiges Archiv aufbewahrt wird. Wir nahmen Abstriche von Umschlägen und Briefmarken im Archiv von West Sussex, wo sich das Familienarchiv von Ellen Cobden Sickert befindet – und zufälligerweise auch das Familienarchiv von Montague John Druitt. Leider ist nur ein Brief von ihm erhalten, geschrieben im Jahr 1876, als Druitt in Oxford studierte. Die DNA-Ergebnisse von der Umschlaglasche und der Briefmarke sind verunreinigt, wir werden die Tests aber wiederholen.

Andere Dokumente, die wir noch testen werden, sind zwei Umschläge, die meiner Meinung nach von dem Duke of Clarence adressiert und versiegelt wurden, und ein Umschlag von Dr. William Gull, dem Leibarzt von Queen Victoria. Ich glaube nicht, dass Druitt oder einer der anderen angeblichen Verdächtigen das Geringste mit Mord und Verstümmelung zu tun hatte, und ich würde sie, wenn ich kann, gern von jedem Verdacht reinwaschen. Wir werden die DNA-Tests fortsetzen, bis alle praktischen Möglichkeiten erschöpft sind; das kann noch jahrelang dauern. Die Bedeutung dieser Tests reicht weit über die Ripper-Untersuchung hinaus.

Niemand ist mehr da, den man anklagen und verurteilen könnte. Jack the Ripper und alle, die ihn gekannt haben, sind seit Jahrzehnten tot. Doch es gibt keine Verjährungsfrist für Mord, und die Ripper-Opfer haben einen Anspruch auf

Gerechtigkeit. Ferner ist alles, was unsere Kenntnisse auf dem Gebiet der Spurensicherung und Gerichtsmedizin voranbringt, jeden Aufwand wert. Ich hatte nicht damit gerechnet, dass wir eine DNA-Übereinstimmung erhalten würden, war aber doch überrascht und ziemlich niedergeschlagen, als wir nach der ersten Testreihe in allen 55 Proben nicht eine einzige Spur von menschlichem Leben entdeckt hatten. Ich beschloss, die Tests zu wiederholen, wobei wir dieses Mal Abstriche von anderen Bereichen der Umschläge und Briefmarken nahmen.

Noch immer kam nichts dabei heraus. Für dieses enttäuschende Ergebnis gibt es zahlreiche mögliche Erklärungen: Das eine Milliardstel Gramm Zellen im menschlichen Speichel, das auf eine Briefmarke oder eine Umschlaglasche gelangt, hatte die vielen Jahre nicht überstanden; die hundert Jahre auf Speichern und in Archiven hatten die Zersetzung und Zerstörung der DNA bewirkt; vielleicht war auch die Gummierung daran schuld.

Der »Leimüberzug«, wie die Gummierung Mitte des 19. Jahrhunderts genannt wurde, wurde aus Pflanzenextrakten, wie etwa Akazienrinde, gewonnen. Im viktorianischen Zeitalter geriet das Postsystem unter den Einfluss der Industriellen Revolution. So wurde die erste Briefmarke der Welt, die *One Penny Black,* am 2. Mai 1840 in Bath aufgegeben. Die Briefumschlagmaschine wurde 1845 patentiert. Viele Menschen hatten aus »hygienischen« Gründen etwas dagegen, an Umschlägen oder Briefmarken zu lecken, und verwendeten einen Schwamm. Bei unserem Versuch, dem Problem mit wissenschaftlichen Methoden beizukommen, hatten wir auch deshalb schlechte Karten, weil wir bei unseren Abstrichen nicht wissen konnten, wer an den Gummierungen der Umschläge und Briefmarken geleckt hatte und wer nicht. Die letzte genetische Option, die uns offen stand, war eine dritte Testreihe – die Suche nach mitochondrialer DNA.

Wenn in modernen Kriminalfällen oder Vaterschaftstests DNA erwähnt wird, ist gewöhnlich von Zellkern-DNA die Rede, die sich praktisch in jeder Körperzelle befindet und von beiden Elternteilen stammt. Mitochondriale DNA befindet sich zwar auch in den Zellen, aber außerhalb des Zellkerns. Stellen Sie sich ein Ei vor – die Zellkern-DNA wäre gewissermaßen das Eigelb und die mitochondriale DNA das Eiweiß. Die mitochondriale DNA stammt nur von der Mutter. Zwar enthält die mitochondriale Region einer Zelle mehr »DNA-Kopien« als der Kern, doch mitochondriale DNA-Tests sind sehr kompliziert und kostspielig, und die Ergebnisse haben unter Umständen nur begrenzte Aussagekraft, weil die DNA nur von einem Elternteil stammt.

Die Extrakte aller 55 DNA-Proben wurden an die Bode Technology Group geschickt, ein international renommiertes DNA-Labor, das dadurch berühmt geworden ist, dass es das pathologische Institut der US-Streitkräfte (Armed Forces Institute of Pathology, AFIP) dabei unterstützt hat, die Identität des Unbekannten Soldaten des amerikanischen Vietnamkrieges zu ermitteln. Jüngst hat Bode mit Hilfe mitochondrialer DNA Opfer des Terroranschlags auf das World Trade Center am 11. September identifiziert. Die Untersuchung unserer Proben dauerte Monate. Während ich inzwischen wieder mit Kunst- und Papierfachleuten im Londoner Nationalarchiv war, rief mich Dr. Paul Ferrara an und teilte mir mit, Bode hätte die Testreihe abgeschlossen und in jeder Probe mitochondriale DNA gefunden. Die meisten genetischen Profile waren verunreinigt, nutzlose Mischungen von verschiedenen Individuen. Doch sechs Proben wiesen dieselben Markersequenzen auf, die auf dem Openshaw-Umschlag gefunden wurden.

»Marker« sind Loci, Genorte. Die Marker in den »Ripper-Sickert-Tests« sind Basenpositionen der DNA-Sequenz auf der D-loop (Verdrängungsschleife) der mitochondrialen Region – was für die meisten Menschen genauso leicht vorstellbar ist wie für mich die mathematische Gleichung der Relativitätstheorie, $E=mc^2$. Für DNA-Experten ist es immer wieder schwierig, dem Laien begreiflich zu machen, was es mit der DNA auf sich hat und was diese Tests bedeuten. Schaubilder, die übereinstimmende genetische Fingerabdrücke zeigen, ernten bei Geschworenen in der Regel fahriges Kopfnicken und einen Chor von »Ah, ja, verstehe«. Doch die Analyse menschlichen Blutes hat – sobald sie über die frischen oder getrockneten Blutflecken an Kleidungsstücken, Waffen oder Tatorten hinausgeht – schon immer leere Blicke und offene Münder hervorgerufen.

ABO-Blutgruppenbestimmungen waren bereits verwirrend genug. Bei der DNA knallen uns alle Transistoren im Gehirn durch, da kann auch die abgedroschene Erklärung, dass ein DNA-»Fingerabdruck« wie ein Strichcode auf einer Suppendose im Supermarkt aussieht, nicht helfen. Ich vermag mir mein Fleisch und Blut nicht als Milliarden von Strichcodes vorzustellen, die man in einem Labor einscannen und dann zu einem Abbild von mir zusammensetzen kann. Daher verwende ich gern Analogien, denn ich muss gestehen, dass ich ohne sie oft genug an den Abstraktionen der Naturwissenschaften und Medizin scheitern würde, obwohl ich meinen Lebensunterhalt damit verdiene, über sie zu schreiben.

Wir können uns die Abstrichproben im Fall Jack the Ripper als 55 Blatt weißes Papier vorstellen, die mit Tausenden von verschiedenen Zahlenkombinationen bedeckt sind. Die meisten Papierbögen haben Flecken, unleserliche Zahlen und Zahlenmischungen, die darauf schließen lassen, dass sie von verschiedenen Menschen stammen. Doch zwei Blatt Papier weisen jeweils eine Zahlenfolge auf, die von einem einzelnen Donor stammt – das heißt von nur einem einzigen Menschen: Der eine Bogen stammt von James McNeill Whistler, und der andere ist der Teil einer Briefmarke auf der Rückseite eines Briefes, den der Ripper an Dr. Thomas Openshaw, den Kurator des London-Hospital-Museums, schrieb.

Die Whistler-Sequenz weist keine Gemeinsamkeiten mit irgendeinem Ripper-Brief oder einer anderen nicht von Whistler stammenden Probe auf, die wir getestet haben. Doch die Openshaw-Sequenz fand sich noch in fünf weiteren Proben. Diese fünf Proben stammen nicht von einem einzigen Spender, soweit wir das zum gegenwärtigen Zeitpunkt sagen können, und lassen eine Mischung mit anderen Basenpositionen oder »Loci« in der mitochondrialen Region erkennen. Das könnte heißen, dass die Probe einfach von der DNA anderer Menschen verunreinigt wurde. Ein Haken unserer Analyse liegt darin, dass uns der ach so scheue Walter Sickert bis heute sein DNA-Profil schuldig geblieben ist. Als er eingeäschert wurde, gingen unsere besten Beweismittel in Feuer und Rauch auf. Falls wir nicht doch noch eine prämortale Blut-, Haut-, Haar-, Zahn- oder Knochenprobe von ihm finden, wird es uns nie gelingen, Walter Richard Sickert in einem Labor auferstehen zu lassen. Vielleicht haben wir aber Stücke von ihm gefunden.

Die saubere, von einem einzigen Spender stammende Sequenz, die wir auf dem Fragment einer Briefmarke auf der Rückseite des Openshaw-Umschlags gefunden haben, ist unsere beste Vergleichsgrundlage. Ihre Sequenz besteht aus den drei Markern 16294–73–263, die die Loci der DNA-Sequenz in der mitochondrialen Region anzeigen, ganz so wie die Gitternetzkoordinaten A7, G10, D12 und so weiter den Ort auf einer Landkarte festlegen. Die fünf Proben, die jeweils die gleiche von nur einem Spender stammende Openshaw-Sequenz 16294–73–263 aufweisen, haben wir von der vorderen Briefmarke auf dem Openshaw-Briefumschlag, einem Ellen-Sickert-Briefumschlag, dem Umschlag eines Walter-Sickert-Briefs, einer Briefmarke von einem Walter-Sickert-Umschlag und einem Ripper-Briefumschlag mit einem Fleck, bei dem es sich nachweislich um Blut handelt, aber möglicherweise nicht mehr feststellen lässt, ob es von einem Menschen stammt.

Die Ergebnisse auf dem Ellen-Sickert-Brief wären damit zu erklären, dass sie Umschlag und Briefmarke mit dem gleichen Schwamm befeuchtet hat wie Walter – vorausgesetzt, einer von ihnen hätte einen Schwamm verwendet. Oder Sickert hätte die Gummierung auf der Umschlaglasche und der Briefmarke berührt oder beleckt, vielleicht weil er den Brief für sie aufgab.

Andere Proben enthielten ein oder zwei Marker, die in der Sequenz eines einzigen Spenders in der Openshaw-Probe gefunden wurden. Beispielsweise hatte eine Reihe weißer Overalls, die Sickert beim Malen trug, eine Mischung aus Markern, zu denen auch 73 und 263 gehörten. Das Erstaunliche an diesem Ergebnis ist, dass es überhaupt ein Ergebnis gab. Die Overalls sind rund 80 Jahre alt und wurden gewaschen, gebügelt und gestärkt, bevor sie der Tate Gallery gestiftet wurden. Ich hielt es für vollkommen sinnlos, Abstriche vom Kragen, den Ärmeln, dem Schritt und den Armen zu nehmen, trotzdem taten wir es.

Der Openshaw-Brief, der die mitochondrialen DNA-Ergebnisse zutage förderte, war auf Briefpapier von »A Pirie & Sons« geschrieben. Der Brief trägt einen Poststempel vom 29. Oktober 1888, aufgegeben in London, und hat folgenden Wortlaut:

Umschlag: Dr. Openshaw
             Pathological curator
             London Hospital
             White chapel

Brief: Old Boss, Du hattest Recht, es war
             die linke Niere, die ich mich anschickte
             zu operieren, wieder in der Nähe Deines
             Krankenhauses. Gerade als ich ansetzte,
             mein Messer durch ihre
             verflixte Kehle zu ziehen,

verdarben mir die verfluchten Polypen
das Spiel. Aber ich nehme an, ich werde mich
schon bald wieder an die Arbeit machen und
Dir ein paar weitere
Innereien schicken

                                        Jack the ripper.

Oh, hast Du den Teufel gesehen,
mit seinem Mikroskop und Skalpell,
auf eine Niere blickend
mit aufgerichtetem Objektträger[8]

Ein Grund, warum ich diesen Brief für echt halte, ist der Umstand, dass er so offenkundig gefälscht ist. Die schlechte
Handschrift sieht verstellt aus und steht in so auffälligem
Widerspruch zur Handschrift von jemandem, der Zugang zu
Feder und Tinte und kostspieliges Briefpapier mit Wasserzeichen hat. Die Anschrift auf dem Briefumschlag lässt auf
jemanden schließen, der sehr gut lesen und schreiben kann,
die Orthographie ist fehlerlos und hebt sich eklatant von den
übertriebenen und uneinheitlichen orthographischen Fehlern des Briefes ab: »kidny« und »Kidney«, »wil« und
»will«. Stewart P. Evans und Keith Skinner weisen in ihrem
sehr aufschlussreichen Buch *Jack the Ripper: Letters from
Hell* darauf hin, dass das Postskriptum in dem Brief an
Dr. Openshaw auf einen Vers in einem cornischen Volksmärchen von 1871 anspielt:

---

[8] Old Boss, you were rite, it was / the left kidny, i was goin to / hopperate
agin close to your / ospitle just as i was goin / to dror mi nife along of / er
blooming throte them / cusses of coppers spoilt / the game but i guess i
wil / be on the job soon and will / send you another bit of / innerds Jack
the ripper / O have you seen the devle / with his mikerscope and scalpul /
lookin at a Kidney / with a slide cocked up

Auf den Teufel!
Mit seiner hölzernen Spitzhacke und der Schaufel
fördert er Zinn in rauen Mengen,
mit aufgerichtetem Schwanz![9]

Eine Anspielung auf ein cornisches Volksmärchen ergibt keinen Sinn, wenn wir annehmen sollen, dieser Brief an Openshaw sei von einem ungebildeten, geistesgestörten Mörder geschrieben worden, der einem Opfer eine Niere herausriss und sie mit der Post verschickte. Walter Sickert hat Cornwall als Junge besucht. Als er bei Whistler in der Lehre war, hat er Cornwall gemalt. Sickert kannte Cornwall und seine Einwohner. Er war belesen und kannte sich aus mit Volksmusik und Varietéliedern. Es ist kaum vorstellbar, dass ein armer, ungebildeter Bewohner des East End nach Cornwall reiste oder in den Slums saß und cornische Volksmärchen las.

Man könnte – und sollte – die Ansicht vertreten, dass wir keine zuverlässige und bekannte Referenzquelle haben – in diesem Fall Walter Sickerts DNA – und deshalb auch keinen schlüssigen wissenschaftlichen Beweis für die Annahme, dass die Sequenz eines einzelnen Spenders auf dem Openshaw-Brief von Walter Sickert alias Jack the Ripper stammt. Nichts dergleichen dürfen wir behaupten.

Auch wenn die Sequenz eines einzelnen Spenders statistisch betrachtet 99 Prozent der Bevölkerung ausschließt, sagt Dr. Ferrara: »Die Übereinstimmung der Sequenzen könnte ein Zufall sein. Sie könnte auch kein Zufall sein.« Bestenfalls haben wir einen »vorläufigen Hinweis«, dass die mitochondrialen DNA-Sequenzen von ein und derselben Person stammen könnten.

---

[9] Here's to the devil, / With his wooden pick and shovel, / Diggin tin by the bushel, / With his tail cock'd up!

Walter Sickert war der schlimmste Gegner eines forensischen Wissenschaftlers. Er war wie ein Tornado, der durchs Labor fegte.

Mit der verwirrenden Vielfalt seiner Papiersorten, Federn, Farben, Poststempel und verstellten Handschriften und mit seinen ständigen Ortsveränderungen, die keinerlei Spuren in Tagebüchern und Kalendern, auf Briefen und Arbeiten hinterließen, stiftete er Chaos in allen Ermittlungsbemühungen. Den Gnadenstoß versetzte er der forensischen Wissenschaft mit seinem Entschluss, sich einäschern zu lassen. Als sein Leichnam bei fast 1000 Grad verbrannt wurde, war das auch das Ende seiner DNA. Falls Sickert Proben von Blut oder Haar hinterlassen hat, die wir ihm mit Sicherheit zuordnen könnten, so haben wir sie noch nicht gefunden.

Wir können noch nicht einmal versuchen, einen Stammbaum von Sickerts DNA zu entwickeln, denn dazu bräuchten wir eine Probe seiner Kinder oder Geschwister. Sickert hatte keine Kinder. Seine Schwester hatte keine Kinder. Soweit bekannt, hatte keiner seiner vier Brüder Kinder. Sickerts Mutter, Vater oder Geschwister auf die entfernte Möglichkeit hin zu exhumieren, ihre mitochondriale DNA könnte Gemeinsamkeiten haben, deren Nachweis den Bode-Labors auf wunderbare Weise anhand der von uns gelieferten fragmentarischen Spuren früheren Lebens gelänge, wäre lächerlich und undenkbar gewesen.

Die Ripper-Morde gehören nicht zu den Kriminalfällen, die sich eindeutig durch DNA-Tests oder Fingerabdrücke aufklären lassen, und in gewisser Weise ist das auch gut so. Die Öffentlichkeit erwartet von den Zauberkünsten der forensischen Wissenschaft, dass sie alle Verbrechen lösen können, doch ohne das menschliche Element des logischen Denkens, der Teamarbeit, sorgfältiger Ermittlungen und kluger Vertretung der Anklage haben Beweise überhaupt keine Bedeutung. Hätten wir eine unwiderlegbare DNA-Übereinstimmung zwischen einem Sickert-Brief und einem Ripper-Brief gefunden, hätte uns jeder gute Verteidiger entgegengehalten, der Umstand, dass Sickert einen Brief geschrieben habe, beweise noch lange nicht, dass er auch jemanden umgebracht habe. Vielleicht habe er nur eine Reihe von Ripper-Briefen geschrieben, weil er einen verschrobenen, geschmacklosen Humor besessen habe. Ein erfahrener Staatsanwalt würde dem entgegenhalten: Wenn Sickert auch nur einen der Briefe geschrieben hätte, würde er in Schwierigkeiten stecken, weil es sich bei den Briefen um Bekennerschreiben handle. Denn der Ripper behaupte in ihnen, Menschen, die er mit Namen nenne, ermordet und verstümmelt zu haben, und er drohe, Vertreter der Regierung und der Polizei zu töten.

Die Wasserzeichen sind ein weiteres Glied in der Kette. Bislang haben wir drei Ripper-Briefe und acht Sickert-Briefe gefunden, die das Wasserzeichen »A Pirie & Sons« tragen. Offenbar war das Briefpapier der Sickerts in dem Haus Broadhurst Gardens von 1885 bis 1887 von A Pirie. Wie eine Glückwunschkarte war es in der Mitte gefaltet. Die Vorderseite war hellblau eingefasst, und auch die geprägte Adresse war hellblau. Die Faltung verlief mitten durch das Wasserzeichen »A Pirie & Sons«. In drei Ripper-Briefen ist das Wasserzeichen entlang der Faltung zerrissen, sodass nur die Hälfte des Wasserzeichens »A Pirie & Sons« übrig ist.

Jack the Ripper wäre natürlich unvorstellbar dumm gewesen, hätte er nicht diejenige Hälfte des Briefbogens entfernt, auf der seine Adresse eingeprägt war. Damit soll nicht gesagt sein, dass Straftäter nicht unvorstellbare Böcke schießen – etwa einen Führerschein am Tatort zurücklassen oder den Satz »Das ist ein Überfall« auf einen Einzahlungsbeleg schreiben, der ihre Adresse und Sozialversicherungsnummer trägt. Aber Jack the Ripper machte keine schwer wiegenden Fehler, sonst wäre er irgendwann zur Zeit seiner Verbrechen erwischt worden.

Außerdem war Jack the Ripper überheblich und glaubte nicht, dass man ihn je fassen könnte. Offenbar hat sich Sickert keine Sorgen wegen des halben Wasserzeichens auf den Ripper-Briefen gemacht, die er schrieb. Vielleicht war das ein weiterer »Kriegt-mich-wenn-ihr-könnt«-Spott. Zu den Wasserzeichen von »A Pirie & Sons« gehörte auch ein eingearbeitetes Herstellungsdatum, und die drei teilweise erhaltenen Daten auf den Ripper-Briefen mit dem Wasserzeichen von »A Pirie & Sons« sind: »18«, »18« und »87«, wobei »87« offensichtlich 1887 bedeutet.

Bei wiederholten Besuchen in Archiven fand ich andere Übereinstimmungen von Wasserzeichen, die Sickert offenbar ebenfalls nicht beunruhigt haben. Briefe, die Sickert 1887 an Jacques Émile Blanche richtete, sind auf Briefpapier geschrieben, das eine schwarz geprägte Adresse und das Wasserzeichen »Joynson Superfine« trägt. Eine Sichtung der Sickert-Blanche-Korrespondenz im Institut Bibliothèque de L'Institut de France in Paris hat erbracht, dass Sickert im Spätsommer und Herbst 1888 und im Frühjahr 1889 noch immer das »Joynson-Superfine«-Papier mit der Adresse Broadhurst Gardens 54 in farbloser Prägung oder in Hellrot mit rotem Rand verwendete.

Noch 1893 schrieb Ellen an Blanche auf Briefpapier mit dem Wasserzeichen »Joynson Superfine«, mittlerweile allerdings mit der Adresse Glebe Place 10, Chelsea. In der Whistler-Sammlung in Glasgow finden sich sieben Sickert-Briefe mit Wasserzeichen von »Joynson Superfine«. Offenbar hat Sickert dieses Briefpapier zur selben Zeit benutzt wie das von »A Pirie & Sons«.

In der Sammlung Sir William Rothenstein in der Handschriftenabteilung der Harvard University habe ich zwei weitere

Briefe Sickerts mit dem Wasserzeichen von »Joynson Super-fine« gefunden. Rothenstein war Künstler und Schriftsteller und ein so vertrauter Freund Sickerts, dass dieser ihn ohne Bedenken bat, für ihn einen Meineid zu leisten. Ende der 1890er Jahre hatte Sickert sich mit einer gewissen Madame Villain angefreundet, einer Fischfrau in Dieppe, die er »Titine« nannte. Es gab keine Beweise dafür, dass sie Ehebruch begingen, aber sie gab ihm Unterkunft in ihrem kleinen Haus und stellte ihm dort einen Raum zur Verfügung, den er als Atelier benutzte. Was auch immer sie für eine Beziehung zueinander hatten, sie wäre vor Gericht gegen ihn verwendet worden, wenn er Ellens Scheidungsklage angefochten hätte, was er allerdings nicht tat. »Wenn Sie vorgeladen werden«, schrieb Sickert 1899 während des Scheidungsverfahrens an Rothen-stein, »sollten Sie glaubhaft darauf beharren, dass Sie nicht einmal Titines Namen kennen. Sie können sagen, ich würde sie immer ›Madame‹ nennen.«

Beide Briefe mit dem Wasserzeichen »Joynson Superfine«, die Sickert an Rothenstein schrieb, sind undatiert. Einer davon – merkwürdigerweise auf Deutsch und Italienisch geschrieben – steht auf Briefpapier, das Sickerts Mutter gehört haben muss, denn die Adresse darauf ist ihre. Ein zweiter Brief an Rothenstein mit »Joynson-Superfine«-Wasserzeichen, der mathematische Kritzeleien, ein karikiertes Gesicht und das Wort »ugh« enthält, trägt die Absender-adresse Glebe Place Nr. 10, Chelsea, dieselbe wie auf Ellen Sickerts Brief an Blanche von 1893. Im Public Record Office befindet sich ein Ripper-Brief mit einem fragmentarischen »Joynson«-Wasserzeichen. Es scheint, als hätte Sickert das Papier mit dem Wasserzeichen »Joynson Superfine« vom Ende der 1880er bis Ende der 1890er Jahre verwendet. Ich habe keine Briefe mit diesem Wasserzeichen gefunden, die aus der Zeit nach seiner Scheidung im Jahr 1899 stammen, als er auf das europäische Festland übersiedelte.

Vier Briefe, die im Archiv der City of London unter der

Rubrik »The Whitechapel Murders« aufbewahrt werden, wurden am 8. Oktober 1888, am 16. Oktober 1888, am 29. Januar 1889 und am 16. Februar 1889 auf »Joynson-Superfine«-Papier geschrieben. Zwei dieser Briefe tragen die Unterschrift »Nemo«. Drei weitere Briefe ohne Wasserzeichen sind ebenfalls mit »Nemo« unterzeichnet. Am 4. Oktober 1888 (vier Tage bevor der erste »Nemo«-Brief an die City of London Police geschrieben wurde) veröffentlichte die Times einen Leserbrief, der mit »Nemo« unterzeichnet ist. Darin ist die Rede von »Verstümmelungen, die Nase und die Ohren abschneiden, den Körper aufschlitzen und bestimmte Organe herausschneiden – das Herz & c.-...« Der Briefschreiber fährt fort:

Meine Theorie wäre, dass ein Mann von seiner Klasse betrogen und dann seiner Erparnisse (oftmals groß) beraubt wurde oder nach seiner Ansicht von einer Prostituierten beleidigt wurde – vielleicht von einem der früheren Opfer; und dann von Zorn und Rache verleitet wurde, so viele Angehörige derselben Klasse zu töten, wie er kann ...

Wenn er nicht auf frischer Tat ertappt wird, wäre ein solcher Mann im normalen Leben vollkommen harmlos, von höflichen, um nicht zu sagen unterwürfigen Manieren und ungefähr der Letzte, den ein britischer Polizist verdächtigen würde.

Doch wenn der Verbrecher mit Opium oder Gin abgefüllt und von seiner Gier nach Mord und Blut befeuert ist, würde er sein wehrloses Opfer mit der Wildheit und Gerissenheit eines Tigers zerstören; und seine früheren Erfolge und seine bisherige Straffreiheit würden ihn umso verwegener und ruchloser machen.

2. Oktober   Ihr gehorsamer Diener

NEMO

Ich habe bereits erwähnt, dass Sickerts Bühnenname als Schauspieler »Mr. Nemo« war.

Andere ungewöhnliche Unterschriften in den etwa 50 Briefen aus dem Archiv der City of London, bei denen ich eine verdächtige Ähnlichkeit mit einigen der Briefe im Public Record Office (PRO) feststellte, lauten: »Justitia«, »Offenbarung«, »Ripper«, »Nemesis«, »Ein Denker«, »May-bee« (Wortspiel mit der Doppelbedeutung von »Mai-Biene« und »vielleicht«), »ein Freund«, »ein Komplize« und »einer, der die Augen offen hat«. Ziemlich viele dieser 50 Briefe wurden im Oktober 1888 geschrieben und enthalten ähnliche Zeichnungen und Kommentare wie die Ripper-Briefe im PRO. Beispielsweise sagt der Ripper in einem PRO-Brief an die Redaktion des *Daily News Office* vom 1. Oktober 1888: »I've got some/one to write this for me.« (Ich hab jemanden, der das für mich schreibt.) In einem undatierten Brief an das Archiv der City of London erklärt der anonyme Absender: »I've got someone to write this for me.«

Zu den »Whitechapel-Murder«-Briefen im City-Archiv gehört ferner eine Postkarte vom 3. Oktober 1888, auf der der anonyme Absender viele Drohungen, Wörter und Wendungen benutzt, die sich in den Ripper-Briefen im Public Record Office finden: »Schicke Euch die Ohren meiner Opfer«, »Es amüsiert mich, dass Ihr glaubt, ich bin verrückt«, »Nur eine Karte, um Euch Bescheid zu sagen«, »Ich werde Euch bald wieder schreiben« und »Meine blutige Tinte geht zu Ende«. Am 6. Oktober 1888 äußert »Anonymus« die Vermutung, dass der Mörder »die Opfer dadurch zum Schweigen bringt, dass er ihnen auf bestimmte Nerven am Hals drückt«, und nennt als weiteren Vorteil dieser Methode zur Überwältigung der Opfer, dass der Mörder »sich selbst und seine Kleidung weitgehend vor Flecken schützen« könne. Im Oktober 1888 werden in einem anonymen Brief, der mit roter Tinte geschrieben ist, die Wendungen »spanky ass« und »Saucy Jacky« verwendet und das Versprechen abgegeben: »... schicke die nächsten Ohren, die ich abschneide, an Charly Warren.«

An einem undatierten Brief war mit einer rostigen Heftklammer ein Stück Zeitung befestigt. Als meine Mitarbeiterin Irene Shulgin das Papier löste und umdrehte, entdeckte sie die Worte »Schöpfer von Kunstwerken«. Einen Brief vom 7. Oktober 1888 unterzeichnet der Verfasser mit »Homo Sum«, lateinisch für »Ich bin ein Mensch«. Am 9. Oktober 1888 zeigt sich ein anonymer Briefschreiber erneut darüber beleidigt, dass er für geisteskrank gehalten wird: »Glaubt nicht an die Mär von der Geisteskrankheit.« In anderen anonymen Briefen bekommt die Polizei Tipps, etwa den Ratschlag, dass sich Beamte als Frauen verkleiden und Kettenhemden oder »Leichtstahlkragen« unter der Kleidung tragen sollten. In einem anonymen Brief vom 20. Oktober 1888 heißt es: »Das Motiv für die Verbrechen ist Hass und Erbitterung gegen Scotland Yards Verantwortliche, von denen einer als Opfer vorgemerkt ist.«

Im Juli 1889 äußert ein Verfasser, der seinen Brief mit »Qui Vir«, lateinisch für »welcher Mann«, unterzeichnet, der Mörder sei »in der Lage, den Zeitpunkt für den *Mord* frei zu wählen & *in sein Versteck* zurückzukehren«. Am 11. September 1889 verhöhnt ein anonymer Schreiber die Polizei mit der orthographisch entstellten Behauptung, er reise immer in »third class Cerage [carriage]« (einem Eisenbahnwagen dritter Klasse), und »I ware black wiskers all over my face« (Ich trage schwarze Barthaare im ganzen Gesicht). Annähernd zwanzig Prozent der Briefe aus dem Archiv der City of London weisen Wasserzeichen auf, darunter, wie erwähnt, auch »Joynson Superfine«. Ferner habe ich das Wasserzeichen »Monckton's Superfine« auf einem Brief gefunden, der die Unterschrift »einer aus der Öffentlichkeit« trägt. Ein Brief, den Sickert Mitte der 1880er Jahre an Whistler schrieb, trug ebenfalls das Wasserzeichen »Monckton's Superfine«.

Natürlich kann ich nicht behaupten, dass diese Briefe an die City of London von Sickert oder auch nur von Jack the Ripper stammen, doch die anonymen Mitteilungen entsprechen dem Profil eines gewalttätigen Psychopathen, der die Polizei verhöhnt und versucht, sich in die Ermittlungen einzuschalten. Wenn wir von den Wasserzeichen und der Sprache absehen, bleibt das Problem der Handschrift. Die erstaunliche Vielfalt an Schriften, die die Ripper-Briefe aufweisen, ist Gegenstand hitziger Debatten gewesen. Viele Fachleute, darunter auch gerichtliche Schriftgutachter, haben die Auffassung vertreten, ein einziger Mensch könne sich nicht so vieler Handschriften bedienen.

Das müsse nicht unbedingt stimmen, meint der Papierhistoriker und forensische Papiersachverständige Peter Bower, einer der angesehensten Papierexperten der Welt, bekannt für seine Arbeiten über das von Künstlern wie Michelangelo, J. M. W. Turner, Constable und anderen verwendete Papier und wohl vor allem dafür, dass er das berüchtigte Tagebuch von Jack the Ripper als Fälschung entlarvt hat. Bower hat uns bei der Untersuchung der Ripper-Sickert-Briefe geholfen. Er sagt, er habe »gute Kalligraphen« erlebt, die eine unglaubliche Zahl verschiedener Handschriften beherrschten, doch »dazu bedarf es einer außergewöhnlichen Fertigkeit«. Seine Frau, Sally Bower, ist eine anerkannte Schriftkünstlerin und -designerin. Sie ist zwar keine Handschriftenexpertin, aber sie hat einen anderen Blickwinkel, weil sie sich damit auskennt, wie jemand Buchstaben formt und zu Wörtern verbindet. Als sie die Ripper-Briefe zusammen mit ihrem Mann durchsah, erkannte sie aufgrund bestimmter Eigenheiten und Schriftformen sofort Ähnlichkeiten zwischen einigen Briefen. Ich bezweifle nicht, dass Sickert erstaunlich geschickt darin war, in vielen verschiedenen Handschriften zu schreiben, aber je weiter die Untersuchung fortschreitet, desto weniger können uns seine verstellten Schriften täuschen.

Natürlich schließen Peter Bowers umfassende Kenntnisse auf dem Gebiet des Papiers auch Wasserzeichen ein. Zu denjenigen, die wir gefunden haben, meint er, »A Pirie & Sons« und »Joynson Superfine« »waren nicht unbedingt das Papier des Normalverbrauchers«. Doch diese Wasserzeichen waren Ende des 19. Jahrhunderts auch nicht ausgesprochen selten. Dagegen war »Monckton's Superfine« ein selteneres Wasserzeichen, und Monckton's stellte auch Papier für den künstlerischen Bedarf her.

Übereinstimmende Wasserzeichen bedeuten nicht notwendigerweise, dass das Papier auch vom selben Stapel stammt. Peter Bower, der Tage damit zugebracht hat, Sickert- und Ripper-Archive zu durchforsten und mit einer 30fachen Vergrößerungslinse Abmessungen, Faserstruktur und Abstände zwischen den »Rippen« (den Linien, die durch die Drähte des Papiersiebs hervorgerufen werden) des Papiers zu untersuchen, sagt, dass fast keiner der Sickert-Briefe oder der Ripper-Sickert-Briefe von demselben Stapel stammt. Wenn Papier maschinell hergestellt wird, was bei A Pirie, Joynson und Mockton's der Fall war, kommt es vom selben Stapel oder von derselben Rolle. Stapel mit demselben Wasserzeichen und relativ ähnlicher Faserstruktur können bei den Abmessungen der einzelnen Blätter feine Unterschiede aufweisen, je nach Geschwindigkeit beim Trocknen oder der Art und Weise, wie die Maschine sie zugeschnitten hat.

Diese Merkmale – Abmessungen und Abstände zwischen Drähten, mit denen das Papier geformt wurde – nennt man das Y-Profil von Papier, und übereinstimmende Y-Profile bedeuten, dass das Papier vom selben Stapel stammt. Bower sagt, es sei nicht ungewöhnlich, dass jemand Briefpapier von verschiedenen Stapeln hat und dass selbst bei einer Bestellung vom Schreibwarenhändler verschiedene Stapel miteinander vermischt sein können, auch wenn Wasserzeichen und Prägungen dieselben sind. Die Unterschiede zwischen den Briefen Sickerts und des Rippers betreffen auch deren

Abmessungen. So stammt beispielsweise der »Dear-Openshaw«-Brief mit dem Wasserzeichen »A Pirie & Sons« von demselben Stapel wie der »A-Pirie«-Brief vom 22. November, der angeblich von Manchester aus abgeschickt wurde. Offensichtlich besaß der Ripper eine Mischung verschiedener »A-Pirie«-Stapel, als er die Briefe vom 22. November schrieb, es sei denn, man möchte die Auffassung vertreten, dass es zwei verschiedene Personen gab, die ganz zufällig beide am 22. November Ripper-Briefe auf »A-Pirie-&-Sons«-Papier desselben Typs und von derselben Farbe geschrieben haben.

Unterschiedliche Abmessungen können in manchen Fällen auch auf die Konservierung zurückzuführen sein. Wenn Papier beispielsweise erhitzt wird, um eine schützende Membran anzubringen, schrumpft es leicht. Wahrscheinlicher ist jedoch die Erklärung, dass die unterschiedlichen Abmessungen durch Nachbestellungen beim Händler zustande gekommen sind. Ende der 1880er Jahre wurde persönliches Briefpapier normalerweise in Partien von 24 Blatt bestellt, die jeweils unbedruckten zweiten Seiten mitgerechnet. Eine Nachbestellung desselben persönlichen Briefpapiers auf derselben Papiersorte mit demselben Wasserzeichen kann selbstverständlich von einem anderen Stapel stammen. Oder vielleicht hat der Händler ein unterschiedliches Standardformat verwendet, zum Beispiel *Post quarto,* das ungefähr 17,8 mal 22,8 cm groß war, oder *Commercial Note,* das 20,3 mal 12,7 cm maß, oder *Octavio Note,* das eine Normgröße von 17,8 mal 11,4 cm hatte.

Ein Beispiel für Unterschiede bei der Papiergröße ist ein Ripper-Brief mit »Joynson-Superfine«-Wasserzeichen, der an die City of London Police geschickt wurde. Die abgerissene Hälfte des gefalteten Briefpapiers ist 17,6 mal 25,1 cm groß. Ein anderer Ripper-Brief auf derselben Papiersorte mit demselben Wasserzeichen wurde an die Metropolitan Police gesandt, und das Briefpapier hat das Format *Commercial*

Note oder 20,3 mal 12,7 cm. Ein Sickert-Brief auf »Monck-ton's Superfine«, den wir in Glasgow untersuchten, war 18 mal 22,6 cm groß. Höchstwahrscheinlich legt das den Schluss nahe, dass das »Monckton's Superfine« von unter-schiedlichen Stapeln stammt, aber es bedeutet auf keinen Fall, dass es von verschiedenen Ripper-Briefschreibern kommt.

Ich weise nur deshalb auf diese unterschiedlichen Papiersta-pel hin, weil ein Strafverteidiger das auch tun würde. Tat-sächlich bedeutet Papier von derselben Sorte und mit dem-selben Wasserzeichen, aber von unterschiedlichen Stapeln keinen Rückschlag für einen Fall, und Bower, der das Papier verschiedener Künstler untersucht hat, stellt fest, er würde »damit rechnen, derartige Variationen vorzufinden«. Bower hat bei den Ripper-Briefen auch Papier ohne Variationen entdeckt, und weil sie auch kein Wasserzeichen hatten, wur-den diese Briefe von niemandem zuvor wirklich bemerkt. Zwei Ripper-Briefe an die Metropolitan Police und einer an die City of London Police sind auf demselben sehr billigen blassblauen Papier geschrieben – und drei Briefe von dem-selben Papierstapel deuten stark darauf hin, dass sie von derselben Person stammen, genau wie übereinstimmende Wasserzeichen, vor allem drei verschiedene Arten von über-einstimmenden Wasserzeichen, nur schwer als bloßer Zufall abgetan werden können.

Die Entdeckung, dass es »übereinstimmende« Wasserzei-chen gibt, hat uns alle, die wir am Ripper-Fall arbeiteten, in helle Aufregung versetzt, aber ich muss gestehen, dass es auch zu einem frühen Zeitpunkt der Untersuchung einen weniger beflügelnden Wasserzeichen-Augenblick gab. Mario Leppo, der Leiter der Restaurationsabteilung des Public Record Office, teilte mir mit, seine Mitarbeiter hätten zahl-reiche andere Wasserzeichen »A Pirie & Sons« gefunden. Wenn ich Lust hätte, könnte ich sie mir gern anschauen. Ich kehrte sofort nach London zurück und entdeckte zu meinem

Schrecken, dass diese Wasserzeichen sich nicht auf Ripper-Briefen befanden, sondern auf dem Briefpapier, das die Metropolitan Police damals benutzte. Ich war entsetzt. Einen Augenblick lang hatte ich das Gefühl, man hätte mir den Boden unter den Füßen weggezogen. Es hatte immer die Theorie gegeben, Jack the Ripper könnte ein Polizist gewesen sein.

Das Wasserzeichen »A Pirie & Sons« auf dem Briefpapier der Metropolitan Police ist das einzige andere »Pirie«-Wasserzeichen, auf das ich während meiner Recherchen gestoßen bin. Doch ich freue mich, mitteilen zu können, dass das Wasserzeichen auf dem Metropolitan-Briefpapier ganz anders ist als das auf den Ripper- und Sickert-Briefen. Das Wasserzeichen auf dem Polizeipapier trägt kein Datum und weist zusätzlich die Worte »LD« und »Register« auf. Außerdem ist das Papier von anderer Qualität und Farbe. Es ist 20 mal 27,5 Zentimeter groß und damit größer als das Gruß-kartenformat. Abgesehen von den Unterschieden in der Beschriftung und der Gestaltung der Wasserzeichen ist das Polizeipapier *gewebt* und das Sickert-Ripper-Papier *gepresst*. Die Firma Alexander Pirie & Sons, Ltd., begann 1770 in Aberdeen mit der Papierherstellung. Ihre rasche Expansion und ihr guter Name führten zum Erwerb von Baumwollspinnereien, Fertigungsstätten und Fabriken in London, Glasgow, Dublin, Paris, New York, Sankt Petersburg und Bukarest. »A Pirie« wurde erst 1864 ein eigenes Unternehmen, woraus man schließen könnte, dass es vor diesem Datum noch kein Wasserzeichen »A Pirie & Sons« gab. Doch die vorhandenen Unterlagen in Aberdeen geben nicht darüber Aufschluss, wann genau »A Pirie« den eigenen Namen für Wasserzeichen zu verwenden begann. »A Pirie« wurde 1882 eine Gesellschaft mit beschränkter Haftung und fusionierte 1922 mit einem anderen Unternehmen. Irgendwann in den 1950er Jahren stellte die Firma ihren Geschäftsbetrieb ein. Die Unterlagen von »A Pirie & Sons« werden in einer Stahlkammer bei Stoneywood Mills in Aberdeen aufbewahrt. Da ich mir meiner Unkenntnis auf dem Gebiet der Papierherstellung und der Briefpapiere nur zu bewusst war, bat ich Joe Jameson, einen Experten für antiquarische Bücher und Urkunden, nach Aberdeen zu fahren und sich die vielen tausend Dokumente im »A-Pirie«-Archiv anzusehen. Zwei kalte, regnerische Tage lang wühlte er sich durch Schachteln und beschäftigte sich mit so nervtötenden Einzelheiten wie Kalkabfällen, Hadernkochern, Papiermaschinen, der Bestellung von zig tausend Tonnen Soda (Natriumkarbonat), Rückständen, die aus dem Wasser des Flusses entfernt wurden, Aktionären, Skizzen von Warenzeichen, Papierarten – kurzum, mit allem, was es über die Papierherstellung vom späten 18. Jahrhundert bis in die 1950er Jahre zu wissen gab.

Fast hundert Jahre lang wurde das Papier der Firma Alexander Pirie & Sons tonnenweise nach London und in andere Teile der Welt geliefert. Der Name dieses renommierten Unternehmens war urheberrechtlich geschützt, und man zögerte nicht, andere Hersteller zu verklagen, wenn sie den Eindruck zu erwecken versuchten, ihr Papier sei von »A Pirie & Sons« hergestellt. Ich wollte natürlich vor allem eines von Peter Bower wissen: Wie häufig war das »A-Pirie«-Wasserzeichen, das wir auf den drei Ripper- und acht Sickert-Briefen gefunden hatten?

Nach sorgfältiger Durchsicht der Firmenunterlagen kann ich lediglich mit Sicherheit sagen, dass das Papier zwar, wie Bower meinte, nicht ausgesprochen selten, aber als privates Briefpapier doch recht ungewöhnlich war. Offenbar wurde »A-Pirie«-Papier vor allem zum Druck der Hauptbücher von Banken und anderen Unternehmen verwendet, als Firmenbriefpapier und als Druckpapier, das nicht mit Wasserzeichen versehen war. Ich weiß nicht, bei welcher Schreibwarenhandlung Walter oder Ellen Sickert das blau umrandete Briefpapier mit dem Wasserzeichen von »A Pirie & Sons« bestellten.

Vielleicht befand sich die Firma gar nicht in London, und möglicherweise existieren ihre Geschäftsunterlagen schon längst nicht mehr. Ich vermag auch nicht zu sagen, wie selten dieses besondere Wasserzeichen war, jedenfalls ist es nicht in einer Liste von 56 Warenzeichen aufgeführt, die sich in den Unterlagen von »A Pirie & Sons« in Aberdeen fand. Möglicherweise hatten die Sickerts das Wasserzeichen eigens für sich entwerfen lassen, wie es damals viele Firmen taten.

Es ist aber auch möglich, dass die Sickerts nichts dergleichen taten. Unter Umständen war ihr Wasserzeichen in den Beispielen, die ich gefunden habe, nicht enthalten, weil die Unterlagen in Aberdeen unvollständig sind. Mit Sicherheit weiß ich lediglich, dass in dem einzigen Katalog von »A Pirie & Sons«, dessen ich habhaft werden konnte, das Angebot für das Jahr 1900 23 Muster umfasst und dass das betreffende Wasserzeichen nicht darunter ist.

Walter Sickert kannte sich mit Wasserzeichen aus. Und er kannte sich mit Papier aus. Man kann sich kaum vorstellen, dass er Ripper-Briefe schrieb und sich des Wasserzeichens nicht bewusst war, besonders wenn es sich um eine Spezialanfertigung handelte. Unwahrscheinlich ist auch, dass sich Sickert nicht bewusst war, was für eine Art von Papier er verwendete, zumal wenn so kostspieliges Papier darunter war wie »Monckton's Superfine«. Vielleicht hat er sein persönliches Briefpapier »A Pirie & Sons« und »Joynson Superfine« verwendet, weil er annahm, selbst wenn der Polizei das Stück Wasserzeichen auf dem zerrissenen Papier auffiele, würde sie trotzdem nicht auf die Idee kommen, den Ripper mit dem charmanten Gentleman-Maler Walter Sickert in Verbindung zu bringen, der zu Lebzeiten tatsächlich nie in Verdacht geriet. Es fragt sich allerdings, was wohl geschehen wäre, hätte die Polizei die Teile der Wasserzeichen, die ihr in die Hände fielen, veröffentlicht und auf Plakate gedruckt. Wahrscheinlich nichts. Wenn Sickerts Freunde – oder Ellen – das Bruchstück des Wasserzeichens wiedererkannt hätten, wäre wohl auch ihnen nicht in den Sinn gekommen, Walter Sickert mit Jack the Ripper in Verbindung zu bringen. Am meisten überrascht mich allerdings, dass die Polizei, soweit ich herausfinden konnte, die Wasserzeichen offenbar nicht bemerkt hat – und das hätte sie müssen. Mehr als zehn Prozent der 211 Briefe im PRO tragen Wasserzeichen oder Fragmente von Wasserzeichen. Ein Wasserzeichen bedeutet nicht unbedingt, dass es sich um kostspieliges Papier handelt, andererseits würde man Papier mit Wasserzeichen auch nicht unbedingt bei den verarmten, Slang sprechenden Bewohnern des East End erwarten, die offenbar ein Faible dafür hatten, Ripper-Briefe an Polizei und Presse zu schreiben.

Was Papier anbelangte, war Sickert von einer wahren Sammelwut besessen. Er warf nichts fort. Hatte er kein Papier mehr, klebte er die Reste zusammen, die er finden konnte, und kritzelte seine Nachricht auf das Patchwork, das so entstanden war. In mehreren Briefen an Whistler schrieb Sickert: »Kein Papier im Haus«, besonders wenn er den Meister einmal wieder um Geld anging.

»Entschuldige das Papier, dear Boss, kann mir nix leisten …«, schrieb der Ripper am 15. November 1888.

Sickert zeichnete seine Skizzen auf den verschiedensten Papiersorten, von grobem braunem Klopapier bis zu Pergament. In kriminalistischen und zivilen Untersuchungen auf Papierarten und Wasserzeichen zu achten war 1888 sicherlich keine neuartige Technik. Dass kein Polizist und kein Kriminalbeamter darauf geachtet hat, worauf die Ripper-Briefe geschrieben waren, ist erstaunlich und unverzeihlich. Irgendjemand hätte bemerken müssen, dass es sich bei der »Tinte« in Wirklichkeit um Farbe und bei den »Schreibfedern« um Pinsel oder um breite Zeichenfedern handelte. Dafür hätte man keine Mikroskopie, Infrarotspektrophotometrie, Pyrolyse-Gaschromatographie, Massenspektrometrie, Röntgenfluoreszenz oder Neutronenaktivierungsanalyse gebraucht. Eine Erklärung für diese Versäumnisse liegt sicherlich darin, dass die Polizeibeamten und viele andere Kommentatoren die Briefe bis heute als Fälschungen abtun. Fotokopien und Fotografien sind nicht besonders geeignet, die feine Auffächerung der Pinselstriche sichtbar zu machen oder die schönen lila, blauen, roten, burgunder-, orange-, siena- und sepiafarbenen Töne vor Augen zu führen, die angeblich das Werk von Analphabeten und Geisteskranken sind. Es bedarf schon des Auges eines Kunstexperten, um zu erkennen, dass es sich bei den Flecken, die man für Blut hielt, in Wirklichkeit um Tinte handelt, und ohne Dr. Ferrara, der Wechsellicht aus einem Omnichrome-Laser mit verschiedenen Filtern verwendete, wären wir nicht in der Lage gewesen, die ausradierten Schriftzeichen unter der dicken schwarzen Tinte sichtbar zu machen.

In einem Brief liefert der Ripper der Polizei Leerfelder für »Name« und »Adresse«, überdeckt die »Information« aber als ein weiteres »Ha Ha« mit schwarzen Rechtecken oder Sargformen. Unter der schwarzen Tinte machte das Omnichrom-Gerät ein »ha« und die kaum lesbare und nur bruchstückhaft erhaltene Unterschrift »Ripper« sichtbar. Diese Art von diabolischem Spott ist typisch für jemanden, der glaubt, alles »Versteckte« werde die Polizei zum Grübeln bringen. Ein anderer Jux, den sich der Ripper mit der Polizei machte, bestand darin, einen Umschlag zu nehmen und einen Streifen Papier darüber zu kleben, sodass der Eindruck entstand, der Briefumschlag wäre schon einmal verwendet worden und der Name des ursprünglichen Empfängers befinde sich unter dem Papierstreifen.

Nach einer langen, schwierigen Operation gelang es Dr. Ferrara, diesen Streifen zu entfernen. Es befand sich nichts darunter. Aber die boshaften, höhnischen Anstrengungen, die der Ripper unternommen hat, dürften ihren Zweck verfehlt haben, denn es gibt keinen Anhaltspunkt dafür, dass sich irgendjemand in den 114 Jahren, seit der Ripper seinen »Scherz« auf die Post gab, die Mühe gemacht hätte, nachzuschauen, was sich unter dem Streifen befand – bis Dr. Ferrara kam. Wir haben auch keinen Hinweis darauf gefunden, dass die Polizei jemals versucht hat herauszufinden, was sich unter den schwarzen Formen aus dicker schwarzer Tinte befindet.

Allzu leicht vergisst man, dass Walter Sickert 1888 nicht im Visier der Ermittler war und dass Scotland Yard keine Experten zur Verfügung standen wie Peter Bower, wie die Kunsthistorikerin und Sickert-Kennerin Dr. Anna Gruetzner-Robins, die Papierrestauratorin Anne Kennett und Vada Hart, der Kurator der Sickert-Archive. Es waren intellektuelle Spürnasen von diesem Kaliber erforderlich, um festzustellen, dass eine ganze Reihe von Ripper-Briefen viel sagende Merkmale von Sickerts Handschrift aufweist und in einigen Fällen ein einziger Brief in verschiedenen Farben oder Medien mit mindestens zwei verschiedenen Schreibgeräten geschrieben und gezeichnet wurde – unter anderem mit Buntstiften, Kreide und Pinseln.

Eine Ripper-Mitteilung, die am 18. Oktober 1889 bei der Polizei einging, befindet sich auf einem Zeichenblatt von 27,5 mal 35 Zentimetern. Die Schrift wurde zunächst mit Bleistift vorgezeichnet und dann in strahlendem Rot übermalt. Offenbar hielt niemand es für ungewöhnlich, dass ein Geisteskranker, Analphabet oder auch Witzbold einen Brief kunstvoll *malte,* dessen Text lautete:

Dear Sir,
Ich werde am 20. dieses Monats in Whitechapel sein. Und ich werde um Mitternacht in der Straße, in der ich meine dritte Untersuchung des menschlichen Körpers durchführte, eine sehr heikle Arbeit beginnen.

Der Ihre bis in den Tod
Jack the Ripper
Kriegt mich, wenn Ihr könnt.

PS [Postskript oben auf der Seite], hoffe, Du kannst lesen, was ich geschrieben habe, und bringst es alles in der Zeitung, lässt nicht die Hälfte aus. Wenn Du die Buchstaben nicht erkennen kannst, lass es mich wissen, und ich werde sie größer schreiben.[10]

Bigger (größer) schreibt er falsch wie jemand, der des Lesens und Schreibens nicht richtig mächtig ist, und ich denke, die auffälligen Widersprüche in einem Brief wie diesem sind kein Zufall. Sickert spielte wieder eines seiner kleinen Spiele und demonstrierte, was für »Narren« die Polizisten waren. Ein aufmerksamer Ermittler hätte sicherlich die Frage gestellt, warum jemand *delicate, executed* und *examination* richtig schreibt, das vergleichsweise leichte Wort *bigger* dagegen falsch. Doch Einzelheiten, die uns heute so ins Auge springen, konnten damals noch nicht aus der Rückschau und mit den Augen von Kunstsachverständigen betrachtet werden. Der einzige Kunstsachverständige, der diese Briefe sah, war der Künstler, der sie schuf, und viele dieser Briefe sind keine Briefe, sondern professionelle Entwürfe und Kunstwerke, die es verdienten, eingerahmt und in Galerien aufgehängt zu werden.
Sickert muss der Überzeugung gewesen sein, er brauche nicht zu befürchten, die Polizei könne die künstlerische Qualität in seinen höhnischen, gewalttätigen und obszönen Brie-

---

[10] Dear Sir,
   I shall be in Whitechapel on the 20th of this month. And will beginn some very delicate work about midnight in the street where I executed my third examination of the human body.
   Yours till death
   Jack the Ripper
   Catch Me if you can.
   PS, hope you can read what I have written, and will put it all in the paper, not leave half out. If you can not see the letter let me know an I will write them biger.

fen bemerken. Vielleicht nahm er auch an, selbst wenn einem so gewieften Ermittler wie Abberline der besondere Charakter einiger dieser Briefe auffallen sollte, würde er ihre Spur niemals in den Nordwesten der Stadt bis nach Broadhurst Gardens 54 verfolgen. Schließlich waren die Polizeibeamten doch »Idioten«. Die meisten Menschen seien dumm und langweilig, war häufig von Sickert zu hören.

Keiner war so brillant, klug, gerissen oder faszinierend wie Walter Sickert, noch nicht einmal Whistler oder Oscar Wilde, mit denen sich Sickert im Übrigen nicht gern maß, falls er mit einem von ihnen bei Festessen oder anderen gesellschaftlichen Anlässen zusammentraf. Unter Umständen kam Sickert gar nicht, wenn er sich nicht im Mittelpunkt der Aufmerksamkeit befand. Es machte ihm nichts aus, sich selbst als »Snob« zu bezeichnen, und er unterteilte die Menschen in zwei Klassen: die, die ihn interessierten, und die, die es nicht taten. Wie es für Psychopathen charakteristisch ist, war Sickert der Überzeugung, keiner der Ermittler sei ihm gewachsen, und wie es bei diesen grauenhaft erbarmungslosen Menschen ebenfalls häufig zu beobachten ist, verleitete ihn sein wahnhaftes Denken dazu, weit mehr belastende Hinweise zu hinterlassen, als er sich wahrscheinlich je träumen ließ.

Die fernen Orte, die in zahlreichen Ripper-Briefen erwähnt werden, verstärkten den Verdacht, es handle sich bei den meisten dieser Briefe um geschmacklose Scherze. Die Ermittlungsbeamten hatten keinen Grund zu der Annahme, dieser East-End-Mörder könnte heute in einer weit entfernten Stadt weilen und morgen schon in der nächsten. Niemand schien ernsthaft die Möglichkeit in Erwägung zu ziehen, der Ripper könne wirklich herumreisen und es bestehe vielleicht eine Verbindung zwischen diesen Städten.

Viele standen auf dem täglich in den Zeitungen veröffentlichten Tourneeplan des Ensembles von Henry Irving. Jeden Frühling und Herbst gastierte Irvings Ensemble in den großen Theaterstädten: Glasgow, Edinburgh, Manchester, Liverpool, Bradford, Leeds, Nottingham, Newcastle und Plymouth, um nur einige wenige zu nennen. Häufig nahm Ellen Terry an den anstrengenden Tourneen teil. »Ich werde im Zug von Newcastle nach Leeds sitzen«, berichtet sie finster in einem Brief, den sie auf einer dieser Tourneen geschrieben hat. Man kann ihre Erschöpfung fast spüren.

In den meisten dieser Städte gab es auch bedeutende Pferderennbahnen, und in mehreren Briefen erwähnt der Ripper Pferderennen und gibt den Polizisten Wetttipps. Sickert malte Bilder von Pferderennen und kannte sich in dem Sport ziemlich gut aus. Am 19. März 1914 veröffentlichte er in der Kunstzeitschrift *New Age* einen Artikel mit dem Titel *A Stone Ginger,* Rennplatz-Slang für »absolut sicherer Tipp«. In diesen Aufsatz flocht er noch ein paar andere Slang-Ausdrücke aus der Szene ein: *welsher* (betrügerischer Buchmacher), *racecourse thief* (Rennplatzdieb), *sporting touts* (Kartenschwarzhändler). Pferderennen waren Veranstaltungen, bei denen Sickert in der Menge untertauchen konnte, vor allem wenn er eine seiner Verkleidungen trug und das Rennen in einer Stadt stattfand, wo er niemanden treffen konnte, der ihn kannte. Auf den Rennplätzen wimmelte es von Prostituierten.

Für Pferderennen, Spielkasinos und Boxkämpfe interessierte sich Sickert in besonderem Maße, obwohl in den Büchern und Artikeln, die ich gesehen habe, wenig darüber zu lesen stand. Wenn der Ripper den Ausdruck *give up on the sponge*[11] in einem Brief verwendet, der nach Ansicht von Kunstexperten von Sickert geschrieben wurde, gibt uns das dann Einblick in Sickerts Persönlichkeit, oder ist es einfach die gedankenlose Verwendung einer Redensart? Lässt sich irgendeine Bedeutung aus dem 1909 entstandenen düsteren

---

[11] Eigentlich: throw up the sponge oder throw in the sponge – das Handtuch

Selbstporträt von Sickert herauslesen, das ihn im Atelier zeigt, hinter einer Figur stehend, die den Gipstorso eines Boxers darstellen soll, aber eher wie eine geköpfte Frau aussieht, der man die Gliedmaßen mit roher Gewalt ausgerissen hat? Hat es irgendeine Bedeutung, dass in einem anderen Ripper-Brief die seltsame Adresse »Bangor Street« angegeben wird, die es in London gar nicht gibt, während Bangor allerdings der Ort einer Rennbahn in Wales ist?

Zwar habe ich keine Beweise dafür, dass Sickert Pferdewetten abschloss, aber es gibt auch keinen Anhaltspunkt dafür, dass er es nicht tat. Vielleicht war das Spiel eine heimliche Sucht von ihm. Zumindest würde das erklären, warum ihm das Geld so rasch durch die Finger rann. Als er und die sparsame Ellen sich scheiden ließen, war er in finanziellen Schwierigkeiten, von denen er sich nie erholen sollte. Sickerts so gut funktionierender Verstand schien zu versagen, sobald es um Finanzen ging. Er dachte sich nichts dabei, eine Droschke zu mieten und sie den ganzen Tag warten zu lassen. Zu Dutzenden verschenkte er seine Bilder – manchmal an Fremde – oder ließ die Leinwände in seinen Ateliers vermodern. Er hat nie viel verdient, hatte aber Zugriff auf Ellens Geld – selbst noch nach der Scheidung – und später auf das Geld anderer Frauen, die sich um ihn kümmerten, so auch seine beiden nächsten Ehefrauen.

Großzügig verhielt sich Sickert gegenüber seinem Bruder Bernhard, der ein gescheiterter Künstler war. Sickert mietete zahlreiche Räume gleichzeitig, kaufte Malutensilien, las mehrere Zeitungen täglich, muss eine gewaltige Garderobe für seine vielen Verkleidungen besessen haben, war ein Liebhaber des Theaters und Varietés und reiste viel. Doch das meiste, was er kaufte und mietete, war schäbig und billig. Er legte keinen Wert auf die besten Theaterplätze und Abteile erster Klasse. Ich weiß nicht, wie viel er verschenkte, aber nach der Scheidung schrieb Ellen: »Ihm Geld zu geben ist, als gäbe man es einem Kind, damit es damit Feuer mache.«

Sie hielt ihn für finanziell so unverantwortlich – aus Gründen, die sie nie erwähnte –, dass sie nach ihrer Scheidung mit Blanche eine Absprache zum Erwerb von Sickerts Gemälden traf. Blanche begann seine Gemälde zu kaufen, und sie gab ihm das Geld heimlich zurück. Sickert »darf *nie, nie* Verdacht schöpfen, dass es von mir kommt«, schrieb Ellen an Blanche. »Ich werde es niemandem erzählen«, noch nicht einmal ihrer Schwester Janie, der Ellen immer alles anvertraut hatte. Ellen wusste, was Janie von Sickert und seiner berechnenden Art hielt. Ihr war auch klar, dass sie ihrem Ex-Mann mit dieser Art von Hilfe nicht wirklich half. Egal, wie viel er bekam, es würde nie genug sein. Aber offenbar wusste sie sich nicht zu helfen, wenn es darum ging, ihm zu helfen.

»Er geht mir nicht aus dem Sinn, Tag und Nacht nicht«, schrieb Ellen 1899 an Blanche. »Sie wissen, wie er ist – ein Kind, wenn es ums Geld geht. Wollen Sie wieder so freundlich wie zuvor sein & eines von Walters Bildern in dem Augenblick erstehen, wo es am nützlichsten für ihn ist? Und wollen Sie bitte nicht vergessen, dass es keinen Sinn hat, wenn Sie nicht festlegen, wie das Geld ausgegeben wird. Er hat sich 60 Pfund von seinem Schwager geliehen (der ein armer Mann ist), & er muss ihm Zinsen auf die Summe zahlen. *Aber ich kann das nicht.*«

Es gab in Sickerts Familie Drogen- und Alkoholabhängigkeit. Wahrscheinlich war er selbst suchtgefährdet, was erklären könnte, warum er den Alkohol in jüngeren Jahren mied und ihm später übermäßig zusprach. Gewagt wäre die Behauptung, dass Sickert ein Problem mit Glücksspielen hatte. Aber Geld schien sich in Luft aufzulösen, sobald er es in die Finger bekam. Zwar stellen die Erwähnung von Pferderennen in den Ripper-Briefen und ihre Verbindung mit Städten, in denen es bekannte Rennbahnen gibt, noch keine »Beweise« dar, doch sind diese Details geeignet, unsere Neugier zu erregen.

Sickert konnte mehr oder weniger tun und lassen, was er wollte. In seinem Beruf war er an keine festen Arbeitszeiten gebunden. Er musste niemandem Rechenschaft ablegen, zumindest seit seine Lehrzeit bei Whistler beendet war und er nicht mehr den Wünschen des Meisters Folge zu leisten hatte. Im Herbst 1888 befand sich der Meister in den Flitter-wochen. Weder wusste er, noch kümmerte es ihn, was Sickert mit seiner Zeit anfing. Ellen und Janie waren in Irland – nicht dass Ellen fort sein musste, bevor Sickert sich entschloss, für eine Nacht oder eine Woche unterzutauchen. Aus Großbritannien zu verschwinden war relativ leicht, solange die Züge fuhren. Es war keine Schwierigkeit, am Morgen den Ärmelkanal zu überqueren und in Frankreich zu Abend zu essen.

Egal, was der Grund für Sickerts chronischen »finanziellen Kuddelmuddel« war, wie Ellen es nannte, der Kuddelmuddel war so schwer wiegend, dass er sie veranlasste, ihrem Ex-Mann heimlich Geld zukommen zu lassen, nachdem sie sich wegen Ehebruchs und böswilligen Verlassens von ihm hatte scheiden lassen. Der Kuddelmuddel war so schwer wiegend, dass Sickert ganze 135 Pfund sein Eigen nannte, als er 1942 starb.

Fünf Stunden nachdem Annie Chapmans Leichnam in die Leichenhalle von Whitechapel geschafft worden war, traf Dr. Phillips ein und stellte fest, dass man sie entkleidet und gewaschen hatte. Wütend verlangte er eine Erklärung.

Robert Mann, der gleiche Leichenhallenwärter, der schon im Fall Mary Ann Nichols so viel Aufregung verursacht hatte, erwiderte, die Leitung des Armenhauses habe zwei Krankenschwestern beauftragt, die Leiche auszuziehen und zu säubern. Dabei waren keine Polizeibeamten oder Ärzte anwesend gewesen, und als sich der zornige Dr. Phillips in der Leichenhalle umsah, bemerkte er Annies Kleider in einer Ecke auf dem Fußboden. Seine Ermahnung, dass die Leiche weder von Insassen, Krankenschwestern oder sonst jemand angerührt werden dürfe, wenn die Polizei es nicht ausdrücklich gestatte, machte wenig Eindruck auf Mann. Das hatte er alles schon einmal gehört.

Die Leichenhalle war nichts anderes als ein enger, schmutziger, stinkender Schuppen mit einem kerbenübersäten Holztisch, der dunkel war von altem Blut. Im Sommer war es dort stickig und warm und im Winter so kalt, dass Mann die Finger steif wurden. Was für ein lausiger Job, mochte Mann gedacht haben, und eigentlich hätte der Arzt dankbar sein müssen, dass ihm die beiden Schwestern so viel Mühe abgenommen hatten. Abgesehen davon war kein Arzt erforderlich, um zu sehen, woran die arme Frau gestorben war. Ihr Kopf hing kaum noch am Hals, und sie war ausgenommen worden wie ein Schwein, das beim Schlachter hing. Mann hörte kaum hin, als Dr. Phillips damit fortfuhr, seiner Entrüstung Luft zu machen und sich darüber zu beklagen, dass seine Arbeitsbedingungen nicht nur ungeeignet, sondern auch gesundheitsgefährdend waren.

Dieser Punkt kam auch bei der Coroner-Verhandlung noch einmal ausgiebig zur Sprache. Coroner Wynne Baxter erklärte gegenüber den Geschworenen und der Presse, es sei eine Schande, dass es im East End kein geeignetes Leichenschauhaus gebe. Wenn es in der Großen Metropole einen Ort gebe, der eine angemessene Einrichtung zur Aufnahme und Untersuchung der Toten benötige, dann doch sicherlich das verarmte East End, wo im nahe gelegenen Stadtteil Wapping Leichen, die aus der Themse geborgen würden, »in Kisten gelegt« werden müssten, weil es keinen anderen Platz für sie gebe, sagte Baxter.

Es hatte einmal ein Leichenschauhaus in Whitechapel gegeben, das war aber abgerissen worden, als man eine neue Straße baute. Aus unbekannten Gründen hatten sich die verantwortlichen Londoner Politiker bisher nicht dazu aufraffen können, den Toten ein neues Haus zu erbauen, und es sollte noch einige Zeit vergehen, bis sie es endlich taten. Wie wir in der Gerichtsmedizin zu sagen pflegten: »Tote wählen nicht und zahlen keine Steuern.« Arme Tote haben erst recht keine Lobby. Auch wenn der Tod der große Gleichmacher ist, sind doch nicht alle Toten gleichberechtigt.

Schließlich beruhigte sich Dr. Phillips und begann Annie Chapmans Leichnam zu untersuchen. Inzwischen war die Totenstarre vollständig eingetreten, beschleunigt durch ihre Nacktheit, die kühlen Temperaturen und die Blutleere – statt der fünf bis sechs Liter Blut, die üblicherweise durch unsere Adern fließen. Dr. Phillips wusste, dass der Blutverlust die Abkühlung und Erstarrung des Körpers beschleunigt haben konnte, und er kann durchaus richtig gelegen haben mit seiner Annahme, dass Annie seit zwei oder drei Stunden tot war, als ihre Leiche gefunden wurde. Aber er irrte, wenn er meinte, die geringe Menge Nahrung in Annies Magen und die Abwesenheit von Flüssigkeit ließen darauf schließen, dass sie nüchtern war, als sie starb.

Damals wurden Körperflüssigkeiten wie Blut und Urin sowie die Glaskörperflüssigkeit des Auges noch nicht routinemäßig auf Alkohol und Drogen untersucht. Hätte man es getan, hätte sich höchstwahrscheinlich herausgestellt, dass Annie unter Alkoholeinfluss stand, als sie ermordet wurde. Je beeinträchtigter sie dadurch war, desto besser für ihren Mörder.

Die Schnitte an Annies Hals lagen auf der »linken Seite der Wirbelsäule« und verliefen parallel, knapp einen Zentimeter voneinander getrennt. Der Mörder hatte versucht, die Nackenwirbel zu trennen, was darauf schließen lässt, dass er sie enthaupten wollte. Da die Schnitte auf der linken Seite am tiefsten waren und nach rechts hin oberflächlicher wurden, war er vermutlich rechtshändig, wenn wir annehmen, dass er sie von hinten angegriffen hat. Annies Lungen und Gehirn ließen Anzeichen einer fortgeschrittenen Erkrankung erkennen, und trotz ihrer Fettleibigkeit litt sie an Mangelernährung.

Bei der Coroner-Untersuchung nannte Dr. Phillips die Ereignisfolge, die seiner Meinung nach Annie Chapmans Tod herbeigeführt hatte: Erst sei ihre Atmung unterbrochen worden, dann sei es durch Blutverlust zum Herzstillstand gekommen. Der Tod sei das Ergebnis einer Synkope, eines extremen Blutdruckabfalls. Wäre meine Mentorin Dr. Marcella Fierro, Chief Medical Examiner von Virginia, bei der Coroner-Untersuchung anwesend gewesen, weiß ich genau, was sie gesagt hätte. Ein Blutdruckabfall sei ein Symptom, nicht die Ursache von Annie Chapmans Tod. Der Blutdruck fällt, wenn jemand stirbt, und es gibt überhaupt keinen Blutdruck mehr, wenn er tot ist.

Die Atmung setzt aus, die Herztätigkeit bricht ab, es findet keine Verdauung mehr statt – alle Körperfunktionen fallen aus, wenn jemand stirbt. Die Aussage, jemand sei an Herz-

oder Atemstillstand oder Synkope gestorben, ist so, als würde man erklären, jemand sei blind, weil er nicht sehen könne. Vielmehr hätte Dr. Phillips den Geschworenen mitteilen müssen, dass die Todesursache Verbluten durch Schnittverletzungen am Hals sei. Ich habe die Logik von Ärzten nie verstanden, die auf einem Totenschein Herz- oder Atemstillstand eintrugen, ungeachtet der Tatsache, dass der arme Mensch erschossen, erstochen, erschlagen wurde, ertrunken war, von einem Auto überfahren wurde oder unter einen Zug gekommen war.

Während der Untersuchung von Annie Chapmans Todesursache unterbrach einer der Geschworenen die Ausführungen von Dr. Phillips und fragte ihn, ob er Annies Augen fotografiert habe, für den Fall, dass ihre Netzhaut das Bild des Mörders festgehalten habe. Dr. Phillips verneinte das. Dann beendete er seine Zeugenaussage ziemlich unvermittelt und teilte Coroner Baxter mit, die genannten Einzelheiten reichten aus, um den Tod des Opfers zu erklären. Weitere Einzelheiten seien nur dazu angetan, »die Empfindungen der Geschworenen und der Öffentlichkeit zu verletzen«. Natürlich, fügte Dr. Phillips hinzu, »beuge ich mich Ihrer Entscheidung«.

Baxter war anderer Meinung. »Gleichgültig, wie unangenehm es ist«, erwiderte er, »es ist im Interesse der Gerechtigkeit erforderlich«, die Einzelheiten von Annie Chapmans Mord darzulegen. Dem hielt Dr. Phillips entgegen: »Bezüglich der Wunden im Unterleib muss ich meine Auffassung wiederholen, dass es höchst unüberlegt wäre, die Ergebnisse meiner Untersuchung öffentlich darzulegen. Diese Einzelheiten sollte man Ihnen, Sir, und den Geschworenen kundtun, aber es wäre einfach ekelhaft, sie der Öffentlichkeit mitzuteilen.« Coroner Baxter bat alle Damen und Kinder, den überfüllten Gerichtssaal zu verlassen, und fügte hinzu, er habe »noch nie gehört, dass verlangt worden sei, irgendwelche Beweismittel zurückzuhalten«.

Dr. Phillips blieb bei seinen Bedenken und forderte den Coroner wiederholt auf, der Öffentlichkeit weitere Einzelheiten zu ersparen. Ebenso regelmäßig wurde Dr. Phillips Begehren abgelehnt, und so blieb ihm nichts anderes übrig, als alles preiszugeben, was ihm über die Verstümmelung von Annie Chapmans Leiche und die entnommenen Organe und Gewebe bekannt war. Dr. Phillips sagte aus, wenn er der Mörder gewesen wäre, hätte er dem Opfer derartige Verletzungen unmöglich in weniger als 15 Minuten beibringen können. Hätte er in seiner Eigenschaft als erfahrener Chirurg derartige Eingriffe mit Umsicht und Bedacht vorgenommen, hätte das Ganze »fast eine Stunde« gedauert.

Je mehr Details Dr. Phillips preisgeben musste, desto abwegiger wurden seine Äußerungen. Er kam nicht nur auf die unlogische Behauptung zurück, Mary Ann Nichols' Unterleib sei geöffnet worden, bevor man ihr die Kehle durchgeschnitten habe, er erklärte auch, der Beweggrund für den Mord an Annie Chapman sei die Absicht gewesen, ihr die »Körperteile« zu entfernen. Der Mörder müsse anatomische Kenntnisse besessen haben und gehöre möglicherweise einer Berufsgruppe an, die mit Sektionen oder Chirurgie zu tun habe.

Man schlug vor, Bluthunde einzusetzen, und Dr. Phillips wies darauf hin, dass das wahrscheinlich wenig nützen würde, da das Blut vom Opfer und nicht vom Mörder stamme. Dabei scheint er nicht bedacht zu haben – und auch sonst niemand im Gerichtssaal –, dass Bluthunde nicht Bluthunde heißen, weil sie ausschließlich Blut wittern können.

Die Widersprüche in den Zeugenaussagen konnten weder während der Coroner-Untersuchung noch zu einem späteren Zeitpunkt aufgelöst werden. Wäre Annie erst um 5 Uhr 30 ermordet worden, wie aus den Zeugenaussagen gegenüber der Polizei geschlossen werden konnte, wäre sie laut Wetterbericht dieses Tages bei Sonnenaufgang angegriffen worden. Es hätte ein unfassbares Risiko bedeutet, sich in einem dicht bewohnten Gebiet bei Sonnenaufgang eines Opfers zu bemächtigen, ihm die Kehle durchzuschneiden und ihm die inneren Organe herauszutrennen, besonders an einem Markttag, wo die Menschen früh auf den Beinen waren.

Ein plausibles Szenario skizzierte der Sprecher der Geschworenen: Als John Richardson sich auf die Stufen gesetzt habe, um seinen Stiefel zurechtzuschneiden, habe die Hintertür offen gestanden und ihm den Blick auf Annies nur einen halben Meter entfernte Leiche verwehrt, denn die Tür öffne sich nach links, wo die Leiche lag. Richardson stimmte dem Jurysprecher halbwegs zu, indem er einräumte, er könne nicht mit Gewissheit behaupten, dass die Leiche dort noch nicht gelegen habe, während er an seinem Stiefel herumgeschnitten habe, weil er den Hof nicht betreten habe. Er glaube es aber nicht. Allerdings sei es noch dunkel gewesen, als er beim Haus seiner Mutter Halt gemacht habe, und er habe sich für die Kellertür und seinen Stiefel interessiert, nicht für den Bereich zwischen der Hinterwand des Hauses und dem Zaun.

Problematischer sind Elisabeth Longs Aussagen. Sie behauptete, sie habe um 5 Uhr 30 einen Mann mit einer Frau sprechen sehen und sei sicher, dass es sich bei der Frau um Annie Chapman gehandelt habe. Falls das stimmt, wurde Annie in der Morgendämmerung ermordet und verstümmelt und war noch keine halbe Stunde tot, als die Leiche entdeckt wurde. Den Mann konnte Elisabeth nicht richtig erkennen, und sie teilte der Polizei mit, sie würde ihn nicht wiedererkennen, wenn sie ihn noch einmal sähe. Er habe einen braunen Jägerhut getragen, vielleicht einen dunklen Mantel, und sei ein »bisschen« größer als Annie gewesen, was bedeuten würde, dass er ziemlich klein gewesen wäre, maß Annie doch nur einen Meter fünfzig. Er habe wie ein »Ausländer« ausgesehen, sei von »schäbiger Eleganz« und über vierzig Jahre alt gewesen.

Das sind eine Menge Einzelheiten, die Annie da bemerkt haben will, als sie im Morgengrauen an zwei Fremden vorbeiging. Prostituierte und ihre Freier waren kein seltener

Anblick in dieser Gegend, und da Elisabeth Long sich um ihr eigenes Geschäft kümmern musste, wird sie sicherlich nicht stehen geblieben sein, um sich die beiden genauer anzusehen. Abgesehen davon war sie der Meinung, die Unterhaltung zwischen dem Mann und der Frau verlaufe friedlich, deshalb gab es für sie keinen Anlass, weiter auf sie zu achten. Die Wahrheit ist, dass wir die Wahrheit nicht kennen. Wir haben keine Ahnung, wie verlässlich diese Zeugen waren. Es war ein kühler, nebliger Morgen. London litt unter starker Luftverschmutzung. Die Sonne war noch nicht aufgegangen. Wie gut waren Elisabeth' Augen? Sah Richardson einwandfrei? Sehhilfen waren ein Luxus, den sich die armen Leute im East End nicht leisten konnten.

Abgesehen davon geraten Menschen in polizeilichen Ermittlungen leicht in Aufregung, weil sie *etwas* gesehen haben und unbedingt helfen wollen. Oft ist es so, dass ein Zeuge plötzlich umso mehr Einzelheiten entdeckt, je häufiger er befragt wird, so wie ein Schuldiger seine Lügen immer mehr ausschmückt und sich in Widersprüche verwickelt, je öfter er verhört wird.

Es gibt nur wenige unstrittige Feststellungen, die über den Mord an Annie Chapman getroffen werden können: Sie wurde nicht bis zur Bewusstlosigkeit »erstickt« oder gewürgt, sonst hätte sie sichtbare Quetschungen am Hals gehabt. Sie hat noch im Tod ihr Taschentuch getragen. Wäre ihr Hals zusammengepresst worden, hätte das Taschentuch aller Wahrscheinlichkeit nach einen Abdruck oder eine Hautabschürfung hinterlassen. Ihr Gesicht könnte »geschwollen« erschienen sein, weil es fett und aufgedunsen war. Falls sie mit offenem Mund gestorben ist, könnte ihre Zunge durch die Zahnlücke hervorgetreten sein.

Coroner Baxter schloss seine Untersuchung mit den Worten ab: »Wir sehen uns einem Mörder von außergewöhnlichem Charakter gegenüber, [der seine Verbrechen] nicht aus Eifersucht, Rache oder Habgier begeht, sondern aus Beweggründen, die abseitiger sind als viele, die noch immer eine Schande für unsere Zivilisation bedeuten, unseren Fortschritt hemmen und die Seiten im Buch des Christentums beflecken.« Der Spruch der Geschworenen lautete: »Vorsätzlicher Mord von unbekannt«.

Drei Tage später bemerkte ein kleines Mädchen seltsame »Flecken« im Hof hinter dem Haus Hanbury Street 25, zwei Meter von der Stelle entfernt, an der Annie Chapman umgebracht worden war. Sofort holte das Mädchen einen Polizisten. Bei den Flecken handelte es sich um getrocknetes Blut, eine Spur von einem Meter fünfzig oder achtzig bis zur Hintertür eines anderen verfallenen Hauses, das ebenfalls mit Pensionsgästen überfüllt war. Die Polizei gelangte zu dem Schluss, der Ripper habe die Blutspur hinterlassen, als er durch oder über den Zaun gestiegen sei, der die beiden Höfe voneinander trennte. In dem Bemühen, seinen Mantel von dem Blut zu säubern, habe er ihn ausgezogen und gegen die Hinterwand von Haus Nummer 25 geschlagen, was eine blutig verschmierte Stelle und eine »Fleckentraube« erkläre. Weiter fanden die Polizeibeamten ein blutgetränktes, zusammengeknülltes Stück Papier, von dem sie annahmen, der Ripper habe sich damit die Hände abgewischt. Jack the Ripper, so die Schlussfolgerung der Polizei, habe den Tatort auf dem gleichen Weg verlassen, auf dem er gekommen sei.

Diese Schlussfolgerung erscheint vernünftig. Bei vorsätzlichen Verbrechen plant der Mörder sorgfältig den Hin- und Rückweg, und ein Mensch, der so berechnend und sorgfältig war wie Sickert, hätte sich seinen Fluchtweg sicherlich genau zurechtgelegt. Ich bezweifle, dass er den Tatort verlassen hätte, indem er über die wackligen, unregelmäßig gesetzten Latten des Zauns geklettert wäre. Hätte er es getan, hätte er das Holz höchstwahrscheinlich mit Blut eingeschmiert oder auch ein oder zwei Latten zerbrochen. Bequemer und sinnvoller wäre es für Sickert gewesen, durch den seitlichen Hof auf die Straße zu fliehen.

Von dort aus hätte er sich leicht davonschleichen können durch Tore und Gänge »von stygischer Finsternis, die von keiner Lampe erhellt werden ...«, wie ein Journalist den Tatort beschrieb, einen Ort, »wo sich ein Mörder, wenn er kaltblütig genug ist, leicht unbeobachtet bewegen kann«. In der Hanbury Street waren die Türen unverschlossen, und baufällige Lattenzäune umgaben Höfe und »Brachland«, auf dem Häuser abgerissen worden waren und das kein Polizeibeamter zu betreten wagte. Selbst wenn Sickert gesehen worden wäre, und gesetzt den Fall, er hätte durch sein Verhalten Verdacht erregt, dann wäre er einfach eine finstere Gestalt mehr gewesen, vor allem, wenn er sich der Gegend entsprechend gekleidet hätte. Als Schauspieler, der er war, hätte er einem Fremden vielleicht sogar einen »Guten Morgen« gewünscht.

Möglicherweise hat Sickert Annie Chapmans Fleisch und Organe in Papier oder Tuch eingewickelt. Doch es muss Blutstropfen und Flecken gegeben haben, und die moderne Spurensicherung hätte eine Spur entdeckt, die sehr viel länger als die von einem Meter fünfzig oder achtzig gewesen wäre, die das kleine Mädchen entdeckt hatte. Mit Hilfe moderner Chemikalien und Wechsellicht hätte man das Blut leicht nachgewiesen, doch 1888 bedurfte es der Augen eines Kindes, um die seltsamen »Flecken« im Hof zu finden. Da keine Bluttests durchgeführt wurden, lässt sich nicht mit Sicherheit sagen, dass es sich dabei tatsächlich um Annie Chapmans Blut handelte.

Vielleicht hatte Sickert die Angewohnheit, Prostituierte mit ihren Freiern zu beobachten, bevor er zur Tat schritt. Mag sein, dass er Annie schon in der Vergangenheit beobachtet hatte und wusste, dass sie und andere Prostituierte die unverschlossenen Gänge und Höfe des Hauses Hanbury Street 29 und der benachbarten Pensionen für ihre »unmoralischen« Zwecke nutzten. Möglicherweise hat er sie am Morgen des Mordes beobachtet. »Spannen« – Leute beim

Ausziehen oder beim Sex zu beobachten – gehört fast immer zur Vorgeschichte eines Lustmörders. Gewalttätige Psychopathen sind Voyeure. Sie schleichen sich an, beobachten, phantasieren, dann vergewaltigen sie oder töten oder tun beides.

Eine Prostituierte dabei zu beobachten, wie sie einen Freier bedient, wäre für Sickert eine Art Vorspiel gewesen. Unmittelbar nachdem ihr letzter Kunde gegangen war, hätte er sich ihr nähern können. Vielleicht hat er sich als Freier ausgegeben, sie dazu bewegen können, ihm den Rücken zuzudrehen, und sie dann angegriffen. Oder er hat sie aus der Dunkelheit angefallen, sie von hinten gepackt, ihr Kinn umfasst, den Kopf nach hinten gebogen und auf diese Weise die Blutergüsse auf ihrem Kiefer hinterlassen. Die Schnitte an der Kehle durchtrennten ihre Luftröhre und hinderten sie daran, noch einen Laut von sich zu geben. Sekunden später schon konnte er sie zu Boden geworfen und ihr die Kleider hochgeschoben haben, um ihr den Unterleib aufzuschneiden. Man braucht weder Zeit noch Geschick, um jemanden auszuweiden. Und man muss weder Pathologe noch Chirurg sein, um Gebärmutter, Eierstöcke und andere innere Organe zu finden.

Die angeblichen chirurgischen Kenntnisse des Rippers sind erheblich übertrieben worden. Um eine Gebärmutter, einen Teil »der Bauchwand einschließlich des Nabels, den oberen Bereich der Vagina und den größten Teil der Blase« herauszuschneiden, braucht man nicht das Geschick eines Chirurgen. Im Übrigen wäre es selbst für einen Chirurgen schwierig, in dieser fieberhaften Eile und bei vollkommener Dunkelheit eine »Operation« durchzuführen. Trotzdem war Dr. Phillips davon überzeugt, der Mörder müsse Kenntnisse auf dem Gebiet der Anatomie oder Chirurgie besessen haben. Er habe mit »einem kleinen, für Amputationen bestimmten Messer oder einem gut geschliffenen Schlachtermesser, schmal & dünn, scharf & fünfzehn bis zwanzig Zentimeter lang, gearbeitet«.

Um ein paar Grundkenntnisse bezüglich der weiblichen Beckenorgane zu haben, brauchte Sickert keine Ausbildung auf dem Gebiet der Chirurgie oder inneren Medizin. Das obere Ende der Vagina ist mit der Gebärmutter verbunden, und über der Vagina liegt die Harnblase. Angenommen, die Gebärmutter war die Trophäe, nach der Sickert der Sinn stand, hat er sie in der Dunkelheit einfach herausgeschnitten und dabei auch das umliegende Gewebe erwischt. Das ist keine »Chirurgie«, sondern pure Zweckmäßigkeit – zupacken und rausschneiden. Wir dürfen voraussetzen, dass er die anatomische Lage der Vagina kannte und wusste, dass sie der Gebärmutter benachbart ist. Doch selbst wenn das nicht der Fall war, er hätte sich damals eine Vielzahl anatomischer Bücher besorgen können.

Bereits 1872 ging *Gray's Anatomy* in die sechste Auflage und enthielt detaillierte Schautafeln der »Verdauungsorgane« und »weiblichen Fortpflanzungsorgane«. Als jemand, der dauerhafte, sein Leben nachhaltig prägende Beeinträchtigungen durch Operationen erlitten hatte, interessierte sich Sickert vermutlich für Anatomie, besonders für die Anatomie der Genitalien und der Fortpflanzungsorgane. Ich vermute, dass sich ein Mann von seiner Neugier, Intelligenz und Obsession ganz gewiss in Bücher vertieft haben dürfte wie *Gray's* oder *Bell's Great Operations of Surgery* (1821) mit den Farbtafeln von Thomas Landseer, dem Bruder des bekannten viktorianischen Tiermalers Edwin Landseer, dessen Werke Sickert sicherlich bekannt waren.

Dann gab es noch Carl Rokitanskys *A Manual of Pathological Anatomy*, Band I–IV (1849–1854), George Viner Ellis' *Illustrations of Dissections* mit Farbtafeln in Lebensgröße (1867), James Hopes *Principles and Illustrations of Morbid Anatomy* mit seiner *Complete Series of Coloured Lithographic Drawings* (1834). Hätte Sickert irgendwelche Zweifel in Bezug auf die Lage der Gebärmutter oder anderer Organe gehabt, hätten ihm zahlreiche Möglichkeiten zu Gebote gestanden, sich zu informieren, ohne dass er dazu je mit einem medizinischen Beruf in Berührung hätte kommen müssen.

Infolge des trostlosen Zustands, in dem sich 1888 die forensische Wissenschaft und die Gerichtsmedizin befanden, war das Blut Gegenstand zahlreicher Missverständnisse. Größe und Form von Blutspritzern und Blutstropfen sagten den viktorianischen Ermittlern sehr wenig; sie waren zum Beispiel der Meinung, dass ein dicker Mensch mehr Blutvolumen habe als ein dünner. Dr. Phillips dürfte sich den Hof, in dem man Annie Chapmans Leiche gefunden hatte, angesehen und sich auf die Frage konzentriert haben, ob dort genug Blut war, um annehmen zu können, dass sie an diesem Ort oder doch anderswo ermordet worden sei. Jemand mit durchtrenntem Hals müsste den größten Teil seines Blutes verloren haben – etwa vier bis fünf Liter. Ein Großteil davon könnte von Annies vielen Schichten dunkler, dicker Kleidungsstücke aufgesaugt worden sein. Ein Teil des Blutes könnte aus den Arterien herausgespritzt und in einiger Entfernung von ihr in der Erde versickert sein.

Ich vermute, die »Blutflecken« in Traubenform, die man unweit von Annies Kopf an der Hauswand entdeckt hatte, waren Spritzer, die vom Messer stammten. Jedes Mal, wenn der Ripper in ihren Leib stach, das Messer herauszog und weit nach hinten ausholte, um erneut zuzustechen, lösten sich Blutstropfen von der Klinge. Da wir weder die Zahl, die Form noch die Größe der Blutspritzer kennen, sind wir auf Spekulationen angewiesen und können nur mutmaßen, dass diese Flecken nicht durch arterielle Blutungen hätten hervorgerufen werden können, wenn Annie nicht bereits auf dem Boden gelegen hätte, als das Blut noch aus der Halsschlagader und den Arterien hervorsprudelte. Ich nehme an, der Angriff erfolgte, als sie stand, und die tiefen Schnitte in ihrem Unterleib wurden vorgenommen, als sie auf dem Rücken lag.

Ihre Gedärme könnte der Ripper herausgerissen und beiseite geworfen haben, als er in der Dunkelheit nach der Gebärmutter tastete. Vielleicht hatte das Ausweiden auch symbolische Bedeutung für ihn. Trophäen oder Souvenirs rufen Erinnerungen ins Gedächtnis zurück. Sie sind Katalysatoren für Phantasien. Ihre Mitnahme ist so charakteristisch, dass man bei gewalttätigen psychopathischen Straftaten fast damit rechnen kann. Sickert war viel zu klug, um ein verräterisches Erinnerungsstück an einem Ort aufzubewahren, wo man es hätte finden können. Doch er hatte geheime Zimmer, und ich frage mich, wie er dazu kam, sie anzumieten. Vielleicht war es eine Kindheitserinnerung, die ihn an besonders schreckliche Orte zog. Es gibt ein paar Zeilen in einem Gedicht des Vaters, das an die geheimen Zimmer des Sohnes denken lässt:

> Was für ein schauerliches Gefühl, wenn ich in
> deinen Wänden bin,
> diesen hohen, kahlen, bleichen Wänden, die so
> schrecklich sind
> und mich an die altmodischen Wachstuben
> erinnern …
> Häuft man nicht, hier und da,
> Mäntel und Capes, Umhänge, Winterkleidung auf,
> und trägt man nicht Plunder aller Art in den Raum …

Im September 1889 gibt der Ripper seine Adresse mit »Jack the rippers hole« (Jack the Rippers Loch) an. An diesen geheimen Orten – seinen »Rattenlöchern«, wie ich sie nennen möchte –, hätte Sickert aufbewahren können, was er wollte. Natürlich wissen wir nicht, was er mit seinem »Plunder« anfing, den Körperteilen, die verwesen und stinken mussten, wenn er sie nicht chemisch konservierte. In einem Brief schreibt der Ripper, er habe einem Opfer ein Ohr abgeschnitten und es einem Hund zum Fressen gegeben. In einem anderen heißt es, er habe Organe gebraten und gegessen. Vielleicht ist Sickert außerordentlich neugierig auf die weiblichen Fortpflanzungsorgane gewesen, denen er sein verpfuschtes Leben verdankte. In der Dunkelheit, gleich nach dem Mord, konnte er sie nicht eingehend genug untersuchen. Vielleicht hat er sie mit in seinen Schlupfwinkel genommen, um sie sich dort genauer anzusehen.

Nach dem Mord an Annie Chapman kümmerten sich ihre Verwandten, die sie im Leben stets gemieden hatten, um die Tote. Man traf alle Vorkehrungen für die Beerdigung, und um sieben Uhr am Freitagmorgen, dem 14. September, hielt vor dem Totenhaus Whitechapel ein Leichenwagen und holte sie ab. Ihre Verwandten bildeten keinen Trauerzug aus Kutschen, um möglichst wenig Aufmerksamkeit auf Annies letzte Reise zu lenken. Sie wurde auf dem Manor Park Cemetery beigesetzt, zehn Kilometer von dem Ort entfernt, an dem sie ihr Leben verloren hatte. Das Wetter hatte eine jähe Wendung zum Besseren genommen. Fünfzehn Grad, und die Sonne schien den ganzen Tag.

In der Woche nach Annies Tod stellten die Geschäftsleute des East End eine Bürgerwehr unter Leitung von George Lusk auf, einem Bauunternehmer und Mitglied des Metropolitan Board of Works, einer Art Baubehörde, die von ehrenamtlichen Mitarbeitern geleitet wurde. Sie gaben folgende öffentliche Erklärung ab: »Da unsere Polizeikräfte angesichts der Morde, die in unserer Mitte geschehen sind, außerstande sind, die neuesten Gräueltaten aufzuklären, haben wir, die Unterzeichneten, uns zu einem Komitee zusammengeschlossen, das jedermann, Bürger oder nicht, der Hinweise liefern kann, die zur Ergreifung des oder der Täter führen, eine stattliche Belohnung zusagt.«

Ein Parlamentsmitglied wollte 100 Pfund für den Belohnungsfonds stiften, auch andere Bürger boten ihre Hilfe an. Dokumente der Metropolitan Police vom 31. August und 4. September belegen jedoch, dass die Praxis, Belohnungen auszuloben, schon vor einiger Zeit abgeschafft worden war, weil sie die Menschen dazu ermunterte, irreführende Hinweise zu »entdecken« oder Hinweise zu erfinden, und weil sie »Einmischung und Klatsch in unerträglichem Maße fördern«.

Im East End erreichten Erbitterung und Hemmungslosigkeit neue Höhen. Schaulustige strömten zur Hanbury Street 29, zechten, lachten und scherzten, während der Rest Londons in eine »Art Benommenheit« verfiel, wie es in der *Times* hieß. Die Verbrechen »übertreffen die schaurigsten Phantasien der Schriftsteller« – auch Edgar Allan Poes *Mord in der Rue Morgue,* und »nichts in der Wirklichkeit oder Literatur kommt diesen schändlichen Verbrechen gleich, weder hinsichtlich ihrer eigentlichen Natur noch der Wirkung, die sie auf die öffentliche Vorstellungskraft ausüben«.

Gatti's Hungerford Palace of Varieties war eines der vulgärsten Varietétheater in London. In den ersten acht Monaten des Jahres 1888 war es Sickerts Stammlokal, das er mehrere Abende in der Woche aufsuchte.

Gatti's war in einen Bogen der South Eastern Railway in der Nähe der Charing Cross Station hineingebaut und bot 600 Gästen Sitzplätze, doch an manchen Abenden drängten sich 1000 ausgelassene Zuschauer hinein, um zu trinken, zu rauchen und die sexuell aufgeladene Unterhaltung zu genießen. Die populäre Katie Lawrence schockierte die gute Gesellschaft, indem sie sich in Männerhosen kleidete oder in ein kurzes, weites Kleid warf, das mehr weibliches Fleisch enthüllte, als damals für geziemend erachtet wurde. Die Revue-Stars Kate Harvey und Florence Hayes als »The Patriotic Lady« gehörten zum regelmäßigen Programm, als Sickert im flackernden Licht seine flüchtigen Skizzen aufs Papier warf. Dekolletees und entblößte Schenkel galten als skandalös, aber niemand schien Anstoß daran zu nehmen, wenn kleine Mädchen auf der Bühne präsentiert wurden und die gleichen schlüpfrigen Lieder sangen wie Erwachsene. Mädchen, die nicht älter als acht Jahre waren, putzte man mit Kostümen und kurzen Kleidern heraus, dressierte sie auf sexuell aufreizende Verhaltensweisen und bediente so pädophile Bedürfnisse und Wünsche. Sickert hat solche Mädchen auf zahlreichen seiner Gemälde verewigt. Dazu erläutert die Kunsthistorikerin Dr. Robins: »Es gab unter dekadenten Schriftstellern, Malern und Dichtern so etwas wie einen Kult der vermeintlichen Süße und Unschuld der kindlichen Revue-Stars.« In ihrem Buch *Walter Sickert: Drawings* liefert sie neue Einsichten in Sickerts künstlerische Darstellungen der Unterhaltungskünstlerinnen, die er Abend für Abend anschaute und denen er von einem Varietétheater ins nächste folgte. Seine Skizzen gewähren uns einen Blick in seine Psyche und sein Leben. Während er seine Gemälde unbedenklich fortgab, wollte er sich niemals von den spontanen Zeichnungen trennen, die er auf Postkarten oder billigen Papierschnitzeln anfertigte.

Wer auf diese verblassten Bleistiftskizzen in den Sammlungen der Tate Gallery, der University of Reading, der Walker Art Gallery in Liverpool und den Leeds City Art Galleries blickt, hat das Gefühl, sich in Sickerts Denken und Fühlen einzuschleichen. Seine hastigen, kunstvollen Striche hielten fest, was er sah, als er in den Theatern saß und auf die Bühne blickte. Sie sind Schnappschüsse, die er durch die Optik seiner Phantasien machte. Während andere Männer die halb nackten Tänzerinnen mit gierigen Blicken verschlangen, skizzierte Sickert verstümmelte weibliche Körperteile.

Man könnte vorbringen, diese Zeichnungen wären Übungen, um seine Technik zu verbessern. Hände beispielsweise sind schwierig zu zeichnen, und einige der größten Maler hatten ihre Probleme mit Händen. Doch wenn Sickert in seiner Loge oder in einer der ersten Reihen saß und Skizzen auf kleine Zettel kritzelte, war er nicht bemüht, seine Kunst zu vervollkommnen. Vielmehr zeichnete er einen Kopf, der vom Hals abgetrennt worden war, Arme ohne Hände, einen Torso ohne Arme, plump abgehackte, nackte Schenkel, einen gliederlosen Torso, bei dem zwei Brüste aus dem tief ausgeschnittenen Kleid quollen.

Man könnte auch die Auffassung vertreten, Sickert habe nach neuen Darstellungsmöglichkeiten gesucht, einen Körper so zu zeigen, dass er nicht steif oder unnatürlich wirkte. Möglich, dass er neue Methoden ausprobierte. Sicherlich kannte er Degas' Akte in Pastell. Vielleicht folgte er einfach dem Beispiel seines Idols, der weit über die traditionelle statische Malweise hinausgegangen war, keine Modelle mehr im Atelier posieren ließ, sondern mit natürlichen Stellungen und Bewegungen experimentierte. Doch wenn Degas einen isolierten Arm malte, übte er eine Technik ein und hatte die Absicht, diesen Arm in einem Gemälde zu verwenden.

Die weiblichen Körperteile, die Sickert in seinen Varietéskizzen zeichnete, fanden nie in seinen Studien, Pastellzeichnungen, Radierungen oder Gemälden Verwendung. Seine flüchtig hingeworfenen Gliedmaßen und Torsi scheint er einfach um ihrer selbst willen gezeichnet zu haben, als er im Zuschauerraum saß und die spärlich bekleidete Queenie Lawrence in ihrer lilaweißen Wäsche betrachtete oder die neunjährige Little Flossie bei ihrer Darbietung bewunderte. Männliche Figuren oder männliche Körperteile hat er ganz anders dargestellt. Nichts an den Skizzen männlicher Modelle lässt darauf schließen, dass sie als Opfer gesehen werden, abgesehen von einer Bleistiftzeichnung mit dem Titel *He Killed his Father in a Fight* (»Er tötete seinen Vater im Streit«). Auf dem Bild erschlägt ein Mann eine Gestalt, die auf einem blutigen Bett liegt.

Sickerts weibliche Torsi, abgetrennte Köpfe und Gliedmaßen sind die Produkte einer gewalttätigen Phantasie. Betrachtet man die Skizzen, die Sickerts Freund und Kollege Wilson Steer etwa zur gleichen Zeit in einigen derselben Varietétheater anfertigte, fällt ins Auge, dass Steer den Körper und das Mienenspiel seiner Menschen ganz anders abbildete. Wenn er einen isolierten weiblichen Kopf zeichnete, schien er nicht am Hals abgeschlagen worden zu sein. Auch er hat manchmal die Knöchel und Füße einer Tänzerin festgehalten, aber sie sind unübersehbar lebendig, auf die Zehenspitzen gereckt, die Wadenmuskeln angespannt. In keinem Detail wirken Steers Skizzen tot. Den Körperteilen, die Sickerts Bleistift zu Papier brachte, fehlt diese lebendige Spannung, sie wirken schlaff und abgetrennt.

Seine Varietéskizzen und die Bemerkungen, die er auf ihnen

notiert hat, belegen, dass Sickert vom 4. Februar bis 24. März, am 25. Mai, vom 4. bis 7. Juni, am 8., 30. und 31. Juli, am 1. und am 4. August bei Gatti's war. Die Vorstellungen, die er sich 1888 bei Gatti's und in anderen Theatern wie dem Bedford ansah, mussten laut Gesetz Darbietungen und Ausschank spätestens um 0 Uhr 30 beenden. Wenn wir davon ausgehen, dass Sickert blieb, bis die Vorstellungen zu Ende waren, dürfte er sich in vielen Nächten zwischen Mitternacht und Morgen auf Londons Straßen herumgetrieben haben. Dann fanden seine langen Wanderungen statt. Offenbar brauchte Sickert nicht viel Schlaf.

In ihren Memoiren berichtet die Malerin Marjorie Lilly: »Er schien sich tagsüber bei gelegentlichen kleinen Nickerchen zu erholen und war selten vor Mitternacht im Bett, und selbst dann stand er oft wieder auf, um bis zum Morgengrauen durch die Straßen zu wandern.« Lilly, die einmal ein Atelier und ein Haus mit ihm teilte, berichtete, er habe die Angewohnheit gehabt, nach den Varietévorstellungen durch die Straßen zu wandern. Dieses unstete Verhalten, so fügte sie hinzu, habe er sein Leben lang beibehalten. Immer wenn ihn »eine Idee quälte, lief er bis zum Morgengrauen durch die Straßen, in Gedanken verloren«.

Lilly blieb mit Sickert bis zu seinem Tod im Jahr 1942 gut befreundet, und viele Einzelheiten in ihrem Buch verraten weit mehr über ihren Mentor und Freund, als ihr klar gewesen sein kann. Immer wieder berichtet sie über seine Wanderungen, seine nächtlichen Gewohnheiten, seine Geheimniskrämerei und seine sattsam bekannte Marotte, bis zu drei oder vier Ateliers gleichzeitig zu haben, deren Lage und Zweck niemand außer ihm selbst kannte. Sie hat auch zahlreiche merkwürdige Erinnerungen an seine Vorliebe für dunkle Kellerräume. »Riesig, unheimlich, mit zugigen Gängen und einer dunklen Höhle nach der anderen, wie aus einer Schauergeschichte von Edgar Allan Poe«, schreibt sie. Sickerts höchst privates Arbeitsleben »führte ihn an merkwürdige Orte, wo er behelfsmäßige Ateliers und Werkstätten unterhielt«, schrieb die Kunsthändlerin Lillian Browse ein Jahr nach seinem Tod. Bereits 1888, als er die Varietétheater aufsuchte, mietete er zwanghaft geheime Räume an, die er sich nicht leisten konnte. »Ich beschaffe mir neue Zimmer«, berichtete er seinen Freunden. 1911 schrieb er: »Ich habe eine winzige, komische, finstere Wohnung hier ganz in der Nähe für 45 Pfund pro Jahr angemietet ...« Die Adresse war Harrington Street 60, London NW, und offenbar hatte er vor, »die kleine Wohnung« als »Atelier« zu nutzen.

Sickert hortete Ateliers und gab sie nach einiger Zeit wieder auf. Bei seinen Bekannten hatte sich längst herumgesprochen, dass diese »Rattenlöcher« in verrufenen Straßen lagen. Sein Freund und Kollege William Rothenstein, den Sickert 1889 kennen lernte, berichtete von Sickerts Vorliebe »für die schmuddelige Atmosphäre billiger Absteigen«. Rothenstein meinte, Sickert sei ein »Genie«, wenn es darum gehe, die schäbigsten und abstoßendsten Räume für seine Arbeit aufzutreiben, und auch andere Freunde staunten immer wieder über diese Vorliebe. Rothenstein nannte Sickert eine »aristokratische Natur«, die »einen merkwürdigen Hang zum Küchenpersonal kultiviert hatte«.

Denys Sutton schrieb: »Ruhelosigkeit war der vorherrschende Zug in Sickerts Charakter.« Es sei immer typisch für ihn gewesen, dass er »auch anderswo Ateliers gehabt hat, denn stets legte er größten Wert auf seine Freiheit«. Sickert sei oft, so Sutton, allein essen gegangen. Selbst nachdem er Ellen geheiratet hätte, sei er allein in die Varietétheater gegangen oder sei plötzlich während des Abendessens zu Hause aufgesprungen, um in irgendeine Vorstellung zu laufen. Hinterher begab er sich wieder auf eine seiner langen Wanderungen nach Hause oder in eines seiner versteckten Zimmer. So lief er kreuz und quer durch die Straßen des gewalttätigen East End, ein kleines Paket oder eine leichte Gladstone-Reisetasche in der Hand, die vermutlich seine Zeichenutensilien enthielt.

Laut Sutton stieß Sickert bei einem dieser Spaziergänge, in einen auffällig karierten Anzug gekleidet, in der Copenhagen Street, ungefähr anderthalb Kilometer von Shoreditch entfernt, auf mehrere Mädchen. Erschreckt seien die Mädchen auseinander gestoben und hätten geschrien: »Jack the Ripper! Jack the Ripper!« Eine etwas andere, aber aufschlussreichere Version erzählte Sickert seinen Freunden: Danach war er es, der ausrief: »Jack the Ripper, Jack the Ripper!«

»Ich sagte ihr, ich sei Jack the Ripper, und zog den Hut«, schrieb der Ripper in einem Brief vom 19. November 1888. Drei Tage später verfasste der Ripper einen Brief, in dem er erklärte, er sei in Liverpool gewesen und habe »eine junge Frau in der Scotland Road getroffen … Ich lächelte ihr zu, und sie rief Jack the Ripper. Sie wusste gar nicht, wie Recht sie hatte …« Etwa zur selben Zeit erschien ein Artikel im *Sunday Dispatch,* in dem es hieß, in Liverpool habe eine ältere Frau im Shiel Park gesessen, »als ein seriös aussehender Mann in einem schwarzen Mantel, hellen Hosen und mit einem weichen Filzhut« ein langes, dünnes Messer hervorgeholt habe. Er habe gesagt, er hätte vor, in Liverpool so viele Frauen wie möglich umzubringen und die Ohren des ersten Opfers an die Redaktion der Liverpooler Zeitung zu schicken.

Sickert machte seine Skizzen bei Gatti's in einer Zeit, als psychopathischen Gewalttätern wenig einschlägiges Material zur Verfügung stand. Heute können Vergewaltiger, Pädophile oder Mörder unter einem reichhaltigen Angebot wählen: Fotografien, Tonbänder und Videobänder ihrer Opfer, während sie gefoltert oder umgebracht werden, Gewaltpornographie in Zeitschriften, Filmen, Büchern, Computerprogrammen und auf Internetsites. 1888 stand einem Psychopathen wenig visuelles oder akustisches Material zur Verfügung, an dem sich seine Gewaltphantasien hätten entzünden können. Sickerts Hilfsmittel waren wohl seine Phantasien, die Trophäen, die er seinen Opfern entnommen hatte, seine Bilder und Zeichnungen sowie die Vorstellungen in den

Theatern und Varietés. Vielleicht hat er auch geprobt. Die alte Frau in Liverpool zu erschrecken könnte eine von Dutzenden oder sogar Hunderten solcher Proben gewesen sein. Häufig spielen psychopathische Mörder ihre Vorgehensweise durch, bevor sie ihren Plan in die Tat umsetzen. Übung macht den Meister, und der Mörder holt sich seinen Kick bei dieser spielerischen Annäherung an sein Ziel. Der Puls geht in die Höhe. Adrenalin schießt in die Adern. Immer wieder vollzieht der Mörder das Ritual, wobei er sich jedes Mal der Verwirklichung seiner Gewaltphantasie einen Schritt weiter annähert. Von Mördern, die sich als Polizeibeamte ausgegeben haben, weiß man, dass sie sich viele Male magnetische Blaulichter aufs Autodach gesetzt und Autofahrerinnen an den Straßenrand gewinkt haben, bevor sie sie tatsächlich entführten und ermordeten.

Auch Jack the Ripper dürfte höchstwahrscheinlich Proben und andere Rituale ausgeführt haben, bevor er zum Morden überging. Nach einer Weile geht es in solchen Probedurchgängen nicht mehr einfach um Übung und unmittelbare gewalttätige Befriedigung. Sie nähren Gewaltphantasien und umfassen mehr als nur die Verfolgung eines Opfers, besonders wenn der Täter so kreativ ist wie Walter Sickert. Immer wieder trugen sich in verschiedenen Teilen Englands merkwürdige Ereignisse zu. Am 14. September um etwa 22 Uhr betrat ein Mann die Tower Subway in London und näherte sich dem Wachmann. »Habt ihr schon einen von den Whitechapel-Mördern gefasst?«, fragte der Mann und zog ein dreißig Zentimeter langes Messer mit gekrümmter Klinge hervor.

Dann ergriff er die Flucht und riss sich einen »falschen Bart« ab, als er von dem Wachmann verfolgt wurde, der ihn in der Tooley Street aus den Augen verlor. Der Polizei beschrieb der Wachmann den Mann als knapp einen Meter und siebzig groß, mit dunklem Haar, dunklem Teint und Schnurrbart. Er sei ungefähr dreißig Jahre alt gewesen, habe einen schwarzen, neu aussehenden Anzug und einen leichten Mantel getragen und einen dunklen Jägerhut aufgehabt.

»Ich habe eine hübsche Menge von falschen Bärten & Schnurrbärten«, schrieb der Ripper am 27. November.

Nachdem die Tower Bridge 1894 fertig gestellt war, wurde die Tower Subway für Fußgänger gesperrt und in eine Gasleitung umgewandelt, doch 1888 war sie eine scheußliche gusseiserne Röhre von gut zwei Meter Durchmesser und 120 Meter Länge. Sie begann an der Südseite des Great Tower Hill am Tower of London, führte unter der Themse hindurch und tauchte an den Pickle Herring Stairs am Südufer des Flusses wieder auf. Wenn der Wachmann gegenüber der Polizei die Wahrheit berichtete, hatte er den Mann durch den Tunnel zu den Pickle Herring Stairs verfolgt, von dort in die Pickle Herring Street und dann in die Vine Street, die von der Tooley Street gekreuzt wird. Der Tower of London liegt etwa sieben- bis achthundert Meter südlich von Whitechapel, und die Subway war so unangenehm, dass sie wahrscheinlich nicht von vielen Zivilisten oder Polizisten zur Unterquerung des Flusses benutzt wurde. Jedenfalls war sie nichts für Leute, die unter Klaustrophobie litten oder einfach Angst hatten, unter dem Wasser durch eine schmutzige, finstere Röhre zu gehen.

Zweifellos hielt die Polizei den Mann mit dem falschen Bart für einen Spinner. Ich habe diesen Vorfall in keinem Polizeibericht entdeckt. Doch dieser »Spinner« war umsichtig genug, sich einen verlassenen, schlecht beleuchteten Ort auszusuchen, um dort frech mit seinem Messer herumzufuchteln. Dem Wachmann traute er sicherlich nicht zu, ihn einholen zu können. Der Mann wollte Unruhe stiften, aber ganz gewiss nicht erwischt werden. Freitag, der 14. September, war übrigens der Tag, an dem Annie Chapman beerdigt wurde.

Drei Tage später, am 17. September, erhielt die Metropolitan Police den ersten Brief, der mit »Jack the Ripper« unterzeichnet war.

Dear Boss,

Nun sagen sie also, ich bin ein Jud wann kapieren sie es Dear old Boss? Du und ich, wir kennen doch die Wahrheit. Lusk kann suchen, solange er will, er findet mich nicht, dabei bin ich direkt vor seiner Nase und lach mich kaputt ha ha. Ich liebe meine Arbeit und hör nicht damit auf, bis Ihr mich kriegt, und selbst dann nehmt Euch in Acht

vor Eurem alten Kumpel Jacky.

Kriegt mich, wenn Ihr könnt.[12]

Der Brief ist erst vor kurzem aufgetaucht, weil er nie in das Archiv der Metropolitan gelangt ist. Ursprünglich wurde er im Innenministerium aufbewahrt.

Um 22 Uhr an jenem Tag, an dem der Ripper sein Debüt in seinem, wie wir nun wissen, ersten Brief gab, erschien ein Mann im Polizeigericht von Westminster. Er sagte, er sei ein Kunststudent aus New York und befinde sich in London, um an der National Gallery »Kunst zu studieren«. Ein Journalist der *Times* schilderte einen Dialog, der so komisch und geschickt ist, dass er sich wie ein Drehbuch liest.

Der »Amerikaner aus New York« gab an, er habe am Abend zuvor Ärger mit seiner Vermieterin gehabt und bitte daher um den Rat des Friedensrichters, eines Mr. Biron, der fragte, um was für eine Art Ärger es sich handle.

---

[12] Dear Boss,

So now they say I am a Yid when will they lern Dear old Boss? You an me know the truth don't we. Lusk can look forever he'll never find me but I am rite under his nose all the time. I watch them looking for me an it gives met fits ha ha. I love my work an I shant Stopp untill I get buckled and even then watch out for your old pal Jacky.

Catch me if you can.

(Übersetzung ohne Berücksichtigung der orthographischen Fehler im Englischen.)

»Ein schrecklicher Krach *(shindy)*«, lautete die Antwort.

(Gelächter)

Der Amerikaner erwiderte, er habe der Vermieterin mitgeteilt, dass er die Absicht habe, ihr Haus in der Sloane Street zu verlassen. Da habe sie ihm in übelster Weise mitgespielt. Sie habe ihn gegen die Wand gestoßen, und als er sie nach dem Abendessen gefragt habe, habe sie »so heftig geredet«, dass sie ihm fast ins Gesicht gespuckt habe, und ihn als »miesen Amerikaner« beschimpft.

»Warum verlassen Sie diese Vermieterin und ihre Wohnung nicht?«, fragte Mr. Biron.

»Ich bin mit einigen Möbeln eingezogen und war töricht genug, ihr zu sagen, sie könne sie haben und solle sie von der Miete abziehen. Stattdessen hat sie sie mir weggenommen.«

(Erneutes Gelächter)

»Mir scheint, Sie haben da einen höchst lächerlichen Handel abgeschlossen«, teilte ihm Mr. Biron mit. »Sie haben sich in eine sehr missliche Lage gebracht.«

»In der Tat«, pflichtete ihm der Amerikaner bei. »Sie machen sich keine Vorstellung von dieser Vermieterin. Sie hat eine Schere nach mir geworfen und aus Leibeskräften *(lustily)* ›Mord‹ geschrien und mich dann am Revers meines Rocks festgehalten, um mich am Fortgehen zu hindern. Wirklich, eine höchst absurde Situation.«

(Gelächter)

»Nun«, sagte Mr. Biron, »Sie haben sich alles Ungemach selbst zuzuschreiben.«

Diese Angelegenheit stand im Mittelpunkt des Polizeiberichts der *Times* von diesem Tag, dabei war keine Straftat verübt und keine Verhaftung vorgenommen worden. Der

Friedensrichter war lediglich bereit, einen Beamten zur angegebenen Adresse in der Sloane Street zu schicken, um die Vermieterin zu besserem Benehmen zu »ermahnen«. Der Amerikaner dankte »Euer Ehren« und brachte die Hoffnung zum Ausdruck, die Verwarnung möge »ein heilsames Ergebnis zeitigen«.

Der Journalist bezeichnete den New Yorker Kunststudenten lediglich als den »Antragsteller«. Kein Name, kein Alter, keine Beschreibung. Und in den nächsten Tagen keine Erwähnung der Geschichte mehr. Die National Gallery hatte keine Kunstschule und keine Studenten. Die hat sie bis heute nicht. Mir kommt es merkwürdig, ja unglaubhaft vor, dass sich ein Amerikaner so wie dieser angebliche Kunststudent ausgedrückt haben soll. Hätte ein Amerikaner das Wort *shindy* benutzt, ein Londoner Slang-Wort für Streit oder Krawall? Hätte ein Amerikaner gesagt, die Vermieterin habe *lustily* – aus Leibeskräften – »Mord« geschrien?

Das »Mord«-Geschrei könnte eine Anspielung auf Zeugenaussagen bei den Coroner-Untersuchungen der Ripper-Morde sein. Was für einen Grund hätte im Übrigen die Vermieterin gehabt, »Mord« zu schreien, da doch der Angriff von ihr ausging und nicht von dem Amerikaner? Der Journalist erwähnt an keiner Stelle, dass der »Amerikaner« tatsächlich wie ein Amerikaner sprach. Doch Sickert war sicherlich in der Lage, einen amerikanischen Akzent vorzutäuschen, hatte er doch Jahre bei Whistler verbracht, der Amerikaner war. Etwa zu dieser Zeit begann in der Presse die Nachricht die Runde zu machen, dass ein Amerikaner sich an einen stellvertretenden Konservator einer Medizinischen Hochschule gewandt hatte, weil er menschliche Gebärmütter für zwanzig Pfund pro Stück erwerben wollte. Der Kaufinteressent bat darum, dass man die Organe in Glycerin konservierte, damit sie flexibel blieben, und wollte sie zusammen mit einem Zeitschriftartikel verschicken, den er verfasst hatte. Seine Bitte wurde abgelehnt. Die Identität des »Amerikaners« blieb im Dunkeln, und man findet in der Presse auch sonst keine Informationen über ihn. Die Story eröffnete eine neue Möglichkeit: Der East-End-Mörder tötete Frauen, um ihre Organe zu verkaufen, und der Raub von Annie Chapmans Ringen war ein Versuch, das wahre Motiv zu verschleiern, den Diebstahl ihrer Gebärmutter.

Der Diebstahl menschlicher Organe mag heute lächerlich erscheinen, doch damals lag der berüchtigte Fall von Burke und Hare, den »Resurrektionisten« – oder Leichenräubern – erst knapp fünfzig Jahre zurück. Die beiden wurden angeklagt, Gräber geplündert und dreißig Morde begangen zu haben, um Ärzte und Medizinische Hochschulen in Edinburgh mit anatomischem Anschauungsmaterial für Sektionen zu versorgen. Fortan wurde Organdiebstahl als Motiv für die Ripper-Morde immer wieder ins Spiel gebracht, eine Annahme, die für weitere Konfusion im Zusammenhang mit diesen Verbrechen sorgte.

Am 21. September teilte Ellen Sickert ihrem Schwager Dick Fisher in einem Brief mit, Sickert habe England in Richtung Normandie verlassen, um »seine Leute« zu besuchen. Er werde einige Wochen fortbleiben. Sickert mag abgereist sein, aber nicht unbedingt nach Frankreich. Am folgenden Tag, einem Samstag, wurde in Birtley, Grafschaft Durham, eine Frau ermordet. Jane Boatmoor, eine 26-jährige Mutter, deren Lebenswandel Gerüchten zufolge nicht ganz einwandfrei gewesen sein soll, war am Samstag um 20 Uhr von Freunden zum letzten Mal lebend gesehen worden. Am nächsten Morgen, Sonntag, den 23. September, fand man ihre Leiche in einem Rinnstein nahe der Guston Colliery Railway.

Die linke Seite ihres Halses war bis zu den Wirbeln durchtrennt. Ein Schnitt in der rechten Gesichtshälfte hatte den Unterkiefer bloßgelegt. Aus ihrem verstümmelten Unterleib traten die Gedärme hervor. Die Übereinstimmungen zwischen dem Mord an Jane Boatmoor und den Verbrechen in

Londons East End veranlassten Scotland Yard, Dr. Phillips und einen Inspektor zu einem Treffen mit Vertretern der Durhamer Polizeibehörde zu entsenden. Doch es ergaben sich keine weiterführenden Hinweise, daher gelangte man aus unerfindlichen Gründen zu dem Schluss, der Mörder habe vermutlich Selbstmord begangen. Die Einheimischen führten aufwendige Suchaktionen in Kohlengruben und Schächten durch, entdeckten aber keine Leiche, so blieb das Verbrechen unaufgeklärt. Am 20. November 1888 wurde es jedoch in einem anonymen Brief an die City of London Police erwähnt. Darin meint der Verfasser: »Schaut Euch den Fall in der Grafschaft Durham an ... der sollte so aussehen, als wär's Jack the Ripper gewesen.«

Die Polizei stellte keine Verbindung zwischen dem Mord an Jane Boatmoor und Jack the Ripper her. Die Ermittler hatten keine Ahnung, wie viel Vergnügen es dem Ripper bereitete, im Hintergrund die Fäden zu ziehen. Sein Appetit auf Gewalttaten war geweckt, und es verlangte ihn nach »Blut, Blut, Blut«, wie der Ripper schrieb. Es verlangte ihn nach dramatischen Inszenierungen. Er hatte ein unersättliches Bedürfnis danach, sein Publikum zu fesseln. Es erging ihm nicht anders als Henry Irving, der einmal einem allzu ungerührten Publikum mitteilte: »Meine Damen und Herren, wenn Sie nicht applaudieren, kann ich nicht spielen!« Vielleicht war der Applaus zu schwach. Jedenfalls geschahen weitere Ereignisse in rascher Folge.

Am 24. September erhielt die Polizei den schon erwähnten höhnischen Brief, auf dem »Name« und »Adresse« des Mörders mit Rechtecken und Sargformen in schwarzer Tinte unleserlich gemacht worden waren. Am folgenden Tag schrieb Jack the Ripper einen weiteren Brief, mit dem er dieses Mal dafür sorgte, dass man ihm die gebührende Aufmerksamkeit zollte. Er schickte sein Schreiben an die *Central News Agency*. »Dear Boss, ich höre immer wieder, die Polizei hätte mich gekriegt, aber das seh ich noch nicht ...«, schrieb der Ripper in roter Tinte. Orthographie und Grammatik waren einwandfrei, seine Handschrift so penibel wie die eines Büroangestellten. Der Poststempel stammte aus dem Londoner East End. Die Verteidigung würde geltend machen, der Brief könne nicht von Sickert sein. Er sei in Frankreich gewesen. Dem hielte der Staatsanwalt entgegen: »Welche Beweise haben Sie dafür?« Degas erwähnt, Sickert sei irgendwann im Sommer in Dieppe gewesen, es gibt aber keinen Beweis dafür, dass sich Sickert Ende September in Frankreich aufgehalten hat.

Sickerts »Leute«, wie Ellen sie wehmütig nennt, waren die Clique seiner Malerfreunde in Dieppe. Für sie blieb Ellen immer eine Außenseiterin. Weder hatte sie die geringste Neigung zur Boheme, noch wirkte sie beflügelnd auf den Künstlerkreis. Wahrscheinlich hat Sickert sie überhaupt nicht beachtet, wenn sie ihn nach Dieppe begleitete. Wenn er nicht in Cafés diskutierte oder sich in den Sommerhäusern von Künstlern wie Jacques Émile Blanche oder George Moore aufhielt, war er verschwunden, wie gewöhnlich, wanderte umher, mischte sich unter die Fischer und Seeleute oder zog sich in geheime Wohnungen zurück, die er dort unterhielt.

Verdächtig an Sickerts angeblichen Plänen, Ende September und einen Teil des Oktobers in der Normandie zu verbringen, ist der Umstand, dass davon in den Briefen der Freunde keine Rede ist. Man sollte meinen, wenn Sickert in Dieppe gewesen wäre, hätten George Moore oder Blanche erwähnen müssen, dass sie ihn gesehen – oder nicht gesehen – hatten. Als Sickert Blanche im August schrieb, so sollte man ferner meinen, hätte er darauf hinweisen müssen, dass er im folgenden Monat in Frankreich sein würde und hoffe, Blanche zu sehen – oder dass es ihm Leid tue, wenn er ihn verfehle.

In den Briefen von Degas oder Whistler ist nicht davon die Rede, dass sie Sickert im September oder Oktober 1888 gesehen hätten, kein Hinweis, dass er überhaupt in Frankreich gewesen wäre. Briefe, die Sickert im Herbst 1888 an

Blanche schrieb, scheinen in London verfasst worden zu sein, weil sie auf Sickerts Briefpapier mit der Adresse Broadhurst Gardens 54 stehen – das er sicherlich nur verwendete, wenn er sich dort tatsächlich aufhielt. Der einzige Hinweis darauf, dass er im Herbst 1888 überhaupt in Frankreich war, ist eine undatierte Nachricht an Blanche, die Sickert angeblich aus dem kleinen Fischerdorf St. Valéry en Caux schrieb, dreißig Kilometer von Dieppe entfernt.

»Das ist ein hübscher kleiner Ort zum Schlafen & Essen«, teilt Sickert mit, »woran mir im Augenblick am meisten gelegen ist.«

Der Umschlag fehlt, und es gibt keinen Poststempel, der bewiese, dass Sickert tatsächlich in der Normandie war. Auch lässt sich nicht feststellen, wo sich Blanche befand. Doch Sickert kann sich durchaus in St. Valéry en Caux aufgehalten haben, als er den Brief schrieb. Vermutlich hatte er dringend Ruhe und Erholung nötig nach seinen fieberhaften und blutigen Aktivitäten im East End. Die Überquerung des Ärmelkanals war kein Problem. Ich finde es merkwürdig, wenn nicht verdächtig, dass er sich für St. Valéry entschied, wo er doch in Dieppe hätte wohnen können.

Merkwürdig ist auch, dass er Blanche überhaupt schrieb, weil es in der Nachricht vor allem um die »Suche nach einem Kunsthändler« ging. Er wolle, so schrieb er, seinem Bruder Bernhard »Pastellglaspapier oder Sandpapierleinwand« schicken. Dazu brauche er »ein Paket mit Mustern«, kenne aber nicht die »französischen Maße«. Mir ist nicht ganz klar, warum Sickert, der fließend Französisch sprach und lange in Frankreich gelebt hatte, nicht wissen sollte, wo er Papiermuster auftreiben konnte. »Ich bin ein *französischer* Maler«, bekannte er in einem Brief an Blanche, trotzdem behauptete er, dass er bei all seinen wissenschaftlichen und mathematischen Kenntnissen die französischen Maße nicht kenne.

Vielleicht war Sickerts Brief aus St. Valéry ernst gemeint. Vielleicht brauchte er wirklich Blanches Rat. Vielleicht ist die Wahrheit aber auch, dass Sickert erschöpft, paranoid und auf der Flucht war und es für klug hielt, sich ein Alibi zu verschaffen. Von dieser Notiz an Blanche abgesehen, habe ich keinen Hinweis darauf finden können, dass Sickert im Spätsommer, Frühherbst oder Winter des Jahres 1888 überhaupt in Frankreich war. Im Übrigen war auch die Badesaison in der Normandie schon vorbei. Sie begann Anfang Juli und hörte Ende September auf, dann verließen Sickerts Freunde ihre Häuser und Ateliers in Dieppe.

Sickerts Salon von Künstlern und prominenten Freunden zerstreute sich und kam erst im folgenden Sommer wieder zusammen. Ich frage mich, ob es Ellen nicht ein bisschen seltsam erschien, dass ihr Mann vorhatte, »seine Leute« in der Normandie für mehrere Wochen zu besuchen, wo doch wahrscheinlich keiner von ihnen mehr dort sein würde. Ich frage mich außerdem, ob sie ihren Mann überhaupt sehr viel zu Gesicht bekam, und wenn, ob sie nicht das Gefühl hatte, er benähme sich ein bisschen merkwürdig. Im August schickte Sickert, der obsessive Briefschreiber, eine kurze Notiz an Blanche, in der er sich dafür entschuldigte, dass er »so lange nicht geschrieben habe«. »Ich arbeite sehr intensiv«, behauptet er, »und finde es schwierig, die fünf Minuten zu erübrigen, um einen Brief zu schreiben.«

Es gibt keinen Grund für die Annahme, dass Sickerts »Arbeit« mit den Mühen seiner Zunft zu tun hatte – abgesehen davon, dass er in Varietétheater lief und nächtelang Inspirationen auf den Straßen suchte. Von August bis Ende des Jahres erreichte seine künstlerische Produktivität noch nicht einmal das normale Maß. Es gibt nur wenige Gemälde mit der Datierung »um 1888«, und es gibt keine Garantie dafür, dass »um« nicht ein oder zwei Jahre früher oder später bedeutet. Ich habe nur einen Artikel gefunden, der 1888 veröffentlicht wurde, und das war im Frühjahr. Offenbar ist Sickert seinen Freunden den größten Teil des Jahres 1888 aus dem Weg gegangen. Es gibt keinen Anhaltspunkt dafür, dass er den Sommer in Dieppe verbracht hätte – was sehr ungewöhnlich für ihn war. Egal, wo er wann war, es ist offenkundig, dass Sickert nicht seiner üblichen Routine folgte, wenn bei Sickert überhaupt von »Routine« die Rede sein konnte.

Ende des 19. Jahrhunderts waren keine Pässe, Visa oder andere Ausweispapiere erforderlich, um auf dem europäischen Kontinent zu reisen. (Allerdings wurden seit dem Spätsommer 1888 bei der Einreise von Frankreich nach Deutschland Pässe verlangt.) Offenbar besaß Sickert bis zum Ersten Weltkrieg keine Ausweispapiere mit Passbild; dann erhielten er und seine zweite Frau Christine Passierscheine, die sie an Tunneln, Bahnkreuzungen und anderen strategisch wichtigen Plätzen vorweisen mussten, wenn sie in Frankreich umherreisten.

Von England nach Frankreich einzureisen war eine mühelose und freundliche Angelegenheit, das blieb auch so in all den Jahren, die Sickert zwischen den beiden Ländern hin- und herfuhr. Ende des 19. Jahrhunderts dauerte die Überquerung des Ärmelkanals bei gutem Wetter nicht mehr als vier Stunden. Zweimal täglich, an sieben Tagen in der Woche, konnte man die Reise mit Expresszügen und »Schnelldampfern« zurücklegen. Abfahrt war um 10 Uhr 30 von der Victoria Station oder um 10 Uhr 45 von der London Bridge. Der Dampfer verließ Newhaven um 12 Uhr 45 und erreichte Dieppe am Spätnachmittag. Eine einfache Fahrt erster Klasse nach Dieppe kostete 24 Shilling, zweiter Klasse 17 Shilling, und zum Angebot dieses »Express Tidal Service« gehörten auch Züge von Dieppe direkt nach Rouen und Paris.

Sickerts Mutter behauptete, sie habe es nie gewusst, wenn ihr Sohn plötzlich nach Frankreich abgereist oder unversehens zurückgekehrt sei. Vielleicht pendelte er während der Ripper-Verbrechen des Jahres 1888 zwischen England und Dieppe hin und her, doch falls er das tat, dann wahrscheinlich, um sich zwischendurch zu beruhigen. Dieppe besuchte er seit seiner Kindheit und hatte dort verschiedene Unterkünfte. Für das viktorianische Zeitalter scheint es in Frankreich keine Todes- und Kriminalstatistiken mehr zu geben, und es war nicht möglich, dort Unterlagen über Morde zu entdecken, die auch nur entfernte Ähnlichkeit mit den Ripper-Verbrechen hatten. Doch Dieppe war einfach zu klein, um dort Lustmorde zu begehen und ungestraft davonzukommen.

Während der Tage, die ich in Dieppe verbracht habe, in dem Gewirr von alten, engen Straßen und Gassen, an den felsigen Stränden und auf den steilen Klippen, die weit hinausragen in den Ärmelkanal, habe ich versucht, mir den kleinen Badeort als Tatort für Sickerts blutiges Treiben vorzustellen – ohne Erfolg. Die Arbeiten, die während seiner Aufenthalte in Dieppe entstanden, sind von einem ganz anderen Geist beseelt. Meist sind es Bilder idyllischer Häuser in anmutigen Farben. Den Gemälden, die in der Normandie entstanden sind, eignet nichts Morbides oder Gewalttätiges. Es ist, als bringe Dieppe das dem Licht zugewandte Profil seiner Jekyll-und-Hyde-Selbstporträts hervor.

EINE GLÄNZENDE SCHWARZE TASCHE

Am Samstag, dem 29. September, ließ sich die Sonne nicht sehen, und ein stetiger, kalter Regen ging in der Dunkelheit nieder, als *Dr. Jekyll and Mr. Hyde* seine lange Spielzeit am Lyceum beendete. In den Zeitungen hieß es, nun sei »das Übermaß an Sonnenschein zu Ende«.

Elizabeth Stride war erst vor kurzem aus einer Pension in der Dorset Street in Spitalfields ausgezogen, wo sie mit dem Dockarbeiter und Armeereservisten Michael Kidney zusammengelebt hatte. Long Liz, wie ihre Freunde sie nannten, hatte Kidney kurz zuvor verlassen. Dieses Mal hatte sie ihre wenigen Habseligkeiten mitgenommen, aber es gab keinen Anlass zu der Annahme, dass sie für immer gegangen war. Bei der Coroner-Untersuchung ihres Todes würde er aussagen, sie habe hin und wieder ihre Freiheit gebraucht, um ihren »Trinkgewohnheiten« zu frönen, aber diese Anwandlungen seien immer vorübergegangen, und dann sei sie zurückgekommen.

Elizabeth' Mädchenname lautete Elizabeth Gustafsdotter, und sie wäre am 27. November 45 Jahre alt geworden, obwohl sie den meisten Leuten weismachte, sie sei zehn Jahre jünger. Elizabeth hatte ihr ganzes Leben auf Lügen erbaut, meist bemitleidenswerte Versuche, ihrer traurigen, hoffnungslosen Existenz einen etwas heiteren, aufregenderen Anstrich zu geben. Sie war in Forslander bei Göteborg als Tochter eines Bauern zur Welt gekommen. Manche sagten, sie habe fließend Englisch gesprochen, ohne den geringsten Akzent. Andere behaupteten, sie habe nicht ganz korrekt gesprochen und man habe ihr die Ausländerin durchaus angehört. Schwedisch, ihre Muttersprache, ist eine germanische Sprache und eng mit dem Dänischen verwandt, das Walter Sickerts Vater sprach.

Elizabeth erzählte immer, sie sei als junge Dame nach London gekommen, »um das Land kennen zu lernen«, doch das war nur eines ihrer vielen Märchen. Der früheste Beleg für ihre Anwesenheit in London findet sich in einem schwedischen Kirchenregister, das ihren Namen im Jahr 1866 nennt. Da war sie 23. Den Leuten zufolge, die die Leichenhalle aufsuchten, um sie zu identifizieren, war sie einen Meter fünfundfünfzig bis sechzig groß. Ihre Hautfarbe war »blass«. Andere nannten sie dunkel. Das Haar wurde als »dunkelbraun und lockig« beschrieben, oder »schwarz«, wie es auch hieß. Ein Polizeibeamter schob ein Augenlid hoch und kam in der schlecht beleuchteten Leichenhalle zu dem Ergebnis, ihre Augen seien »grau«.

Auf der Schwarzweißfotografie, die nach ihrem Tod aufgenommen wurde, sieht Elizabeth' Haar dunkler aus, weil es nass und strähnig war, nachdem man es ausgespült hatte. Ihr Gesicht war bleich, da sie tot war und praktisch alles Blut verloren hatte. Möglicherweise waren ihre Augen einmal hellblau gewesen, aber gewiss nicht mehr zu dem Zeitpunkt, da der Polizist ihr das Augenlid hochschob. Nach dem Tod beginnt die Lederhaut des Auges auszutrocknen und sich zu trüben. Die meisten Menschen, die eine Zeit lang tot sind, scheinen graue oder graublaue Augen zu haben, es sei denn, sie hatten zu Lebzeiten sehr dunkle Augen.

Nach der Obduktion wurde Elizabeth wieder die dunkle Kleidung angezogen, die sie getragen hatte, als sie ermordet wurde. Sie wurde in einen Behälter gelegt, den man aufrecht an die Wand lehnte, um sie zu fotografieren. Kaum zu erkennen im Schatten ihres angezogenen Kinns ist der Schnitt, den das Messer ihres Mörders hinterließ und der sich in gezackter Linie einige Zentimeter unter der rechten Seite ihres Halses verliert. Das Foto, das sie im Tod zeigt, ist möglicherweise das einzige, das jemals von ihr gemacht wurde. Offenbar war sie dünn, mit einem hübschen Gesicht und einem Mund, der vielleicht sinnlich gewesen wäre, hätte sie nicht die oberen Schneidezähne verloren.

In ihrer Jugend ist Elizabeth vielleicht eine blonde Schönheit gewesen. Bei der Coroner-Untersuchung kam die traurige Wahrheit über ihr Leben ans Licht. Sie hatte Schweden verlassen, um eine »Stellung« bei einem Herrn anzunehmen, der in der Nähe des Hyde Park wohnte. Man wusste nicht, wie lange sie diese »Stellung« innehatte, doch irgendwann danach zog sie mit einem Polizeibeamten zusammen. 1869 heiratete sie den Zimmermann John Thomas Stride. In den billigen Pensionen, die sie aufsuchte, kannte jeder die tragische Geschichte von ihrem Ehemann, der ertrunken war, als das Schiff *Princess Anne* nach der Kollision mit einem Kohlendampfer gesunken war.

Elizabeth gab verschiedene Versionen dieser Geschichte zum Besten. Ihr Mann und zwei ihrer neun Kinder seien ertrunken, als die *Princess Anne* unterging. Ein andermal kamen ihr Mann und alle ihre Kinder ums Leben. Danach hätte Elizabeth ihr erstes Kind mit 15 bekommen müssen, um 1878 auf die stattliche Zahl von neun zu kommen. Zwar habe sie das Schiffsunglück überlebt, bei dem 640 Menschen umkamen, aber einer der in Panik geratenen Passagiere habe ihr ins Gesicht getreten. Damit erklärte sie ihre »Verunstaltung«.

Jedem erzählte Elizabeth, dabei habe sie ihr ganzes Gaumendach verloren, doch bei der postmortalen Untersuchung erwies sich, dass weder ihr harter noch ihr weicher Gaumen irgendeinen Schaden erlitten hatte. Die einzige Verunstaltung waren die fehlenden Schneidezähne, die ihr offenbar sehr peinlich waren. Aus den Unterlagen des Poplar and Stepney Sick Asylum ging hervor, dass ihr Ehemann John Stride dort am 24. Oktober 1884 verstorben war. Weder er noch eines ihrer Kinder – sofern sie überhaupt welche hatte – ist bei dem Schiffsunglück ums Leben gekommen. Vielleicht machten all diese Lügen Elizabeth das Leben ein bisschen interessanter, denn die Wahrheit war traurig und demütigend und bereitete ihr nichts als Schwierigkeiten.

Als die Geistlichen der Schwedischen Kirche, die sie besuchte, entdeckten, dass ihr Mann nicht bei einem Schiffsunglück ertrunken war, stellten sie jede finanzielle Unterstützung ein. Vielleicht erzählte sie die Lügen über den Tod ihres Mannes und ihrer Kinder auch, weil man einen Notfonds für die Überlebenden der Princess Anne eingerichtet hatte. Als man argwöhnte, dass kein Verwandter von Elizabeth bei dem Unglück ums Leben gekommen sei, wurden die Zahlungen nicht mehr fortgesetzt. Fortan war Elizabeth darauf angewiesen, dass ein Mann für ihren Unterhalt aufkam. War das nicht der Fall, versuchte sie sich, so gut es ging, durch Nähen, Putzen und Prostitution über Wasser zu halten.

In letzter Zeit hatte sie ihre Nächte in einer Pension in der Flower and Dean Street 32 verbracht, wo die Wirtin, eine Witwe namens Elizabeth Tanner, sie recht gut kannte. Bei der Coroner-Untersuchung sagte Mrs. Tanner aus, sie habe Elizabeth seit sechs Jahren in unregelmäßigen Abständen gesehen. Bis Donnerstag, den 28. September, habe Elizabeth in einer anderen Pension bei einem Mann namens Michael Kidney gewohnt. Sie hatte ihn mit nichts als ein paar zerlumpten Kleidern und einem Gesangbuch verlassen. Donnerstag und Freitag übernachtete sie in Mrs. Tanners Pension. Samstag, den 29. September, tranken Elizabeth und Mrs. Tanner ein Gläschen im Pub Queen's Head in der Commercial Road. Anschließend verdiente sich Elizabeth sechs Pennys, indem sie in der Pension zwei Zimmer putzte. Zwischen 22 und 23 Uhr hielt sich Elizabeth in der Küche auf und übergab einer Freundin, Catherine Lane, ein Stück Samt. »Heb es bitte gut für mich auf«, sagte Elizabeth und fügte hinzu, dass sie ein bisschen ausgehen wolle. Bei dem scheußlichen Wetter trug sie zwei Unterröcke aus billigem Material, einer Art Sackleinen, ein weißes Unterhemd, weiße

Baumwollstrümpfe, ein schwarzes Mieder aus Velourssamt, einen schwarzen Rock, eine schwarze Jacke mit Pelzbesatz, ein bunt gestreiftes Seidentaschentuch um den Hals und einen kleinen schwarzen Hut. In den Taschen hatte sie zwei Taschentücher, ein bisschen schwarzes Stopfgarn und einen Fingerhut aus Messing. Bevor sie die Pensionsküche verließ, bat sie Charles Preston, einen Friseur, um seine Kleiderbürste, damit sie sich ein bisschen herrichten könne. Sie teilte niemandem mit, wohin sie gehen wollte, zeigte aber stolz die frisch verdienten Pennys herum, bevor sie in die dunkle, regnerische Nacht hinausging.

Die Berner Street war eine enge Durchgangsstraße mit den überfüllten Behausungen polnischer und deutscher Schneider, Schuster, Zigarettenmacher und anderer verarmten Menschen, die zu Hause arbeiteten. Auffällig war das dreistöckige Gebäude der Schulbehörde, das auch als Klubhaus des International Working Men's Education Club benutzt wurde, einer sozialistischen Organisation mit etwa 85 Mitgliedern, die meisten osteuropäische Juden. Einzige Voraussetzung für den Beitritt waren sozialistische Überzeugungen. Die Mitglieder trafen sich jeden Samstagabend um 20 Uhr 30 zur Diskussion verschiedener Themen.

Stets endeten die Versammlungen mit gemeinsamem Gesang und Tanz, und nicht selten zogen sich die Veranstaltungen bis ein Uhr hin. An diesem Samstagabend hatten fast hundert Menschen an einer Debatte in deutscher Sprache teilgenommen, die um die Frage kreiste, warum Juden Sozialisten sein müssten. Das ernsthafte Gespräch war zu Ende, und die meisten Besucher befanden sich schon wieder auf dem Heimweg, als Elizabeth Stride in diese Gegend kam.

Ihr erster Freier des Abends war, soweit bekannt, ein Mann, mit dem man sie in der Berner Street sprechen sah, ganz in der Nähe der Wohnung eines Arbeiters namens William Marshall. Das war gegen 23 Uhr 45, und Marshall sagte später aus, er habe das Gesicht des Mannes nicht richtig erkennen können, aber er sei mit einem kurzen schwarzen Mantel bekleidet gewesen, dunklen Hosen und einer Kopfbedeckung, die nach einer Matrosenmütze ausgesehen habe. Er habe keine Handschuhe getragen, sei glatt rasiert gewesen und habe Elizabeth geküsst. Marshall sagte, er habe den Mann spotten hören: »Erzähl mir doch nicht, dass du beten willst«, und Elizabeth habe gelacht. Keiner von beiden habe betrunken gewirkt. Schließlich seien sie in Richtung des Arbeiterklubhauses davongegangen.

Eine Stunde später sah James Brown, ein anderer Anwohner, eine Frau, die er später als Elizabeth Stride identifizierte, Ecke Fairclough und Berner Street an einer Mauer lehnen und mit einem Mann sprechen. Der Mann haben einen langen Mantel getragen und sei ungefähr einen Meter siebzig groß gewesen. (Es hat den Anschein, als wären alle Männer, die in den Ripper-Fällen von Zeugen identifiziert wurden, ungefähr einen Meter siebzig groß gewesen. In viktorianischer Zeit galt ein Meter siebzig als Durchschnittsgröße für einen Mann; ich nehme also an, ein Meter siebzig war eine ebenso gute Schätzung wie jede andere.)

Der letzte Zeuge, der Elizabeth Stride lebend sah, war Police Constable William Smith 452 H Division, zu dessen Runde in dieser Nacht auch die Berner Street gehörte. Um 0 Uhr 35 bemerkte er eine Frau, die er später als Elizabeth Stride identifizierte. Ihm war aufgefallen, dass sie eine Blume an der Jacke trug. Der Mann in ihrer Begleitung trug ein in Zeitungspapier eingeschlagenes Päckchen, 45 Zentimeter lang und 20 Zentimeter breit. Auch er habe einen Meter siebzig gemessen, so Smith, und sei bekleidet gewesen mit einem Jägerhut aus Hartfilz, einem dunklen Mantel und dunklen Hosen. Er habe recht anständig ausgesehen, sei ungefähr 28 Jahre alt und glatt rasiert gewesen.

Smith setzte seine Runde fort, und 25 Minuten später, um ein Uhr nachts, lenkte Louis Diemschutz seinen Gemüsekarren zum Klubhaus in der Berner Street 40. Er war der Leiter des Socialist's Club und wohnte in dem Gebäude. Als er auf den Hof einbog, war er überrascht, dass die Tore offen standen, denn gewöhnlich wurden sie nach 21 Uhr geschlossen. Als er hindurchfuhr, scheute sein Pony plötzlich und brach nach links aus. Viel konnte Diemschutz in der Dunkelheit nicht sehen, nur einen undeutlichen Umriss am Boden in der Nähe der Wand. Da er ihn für einen Haufen Müll hielt, stieß er mit der Peitsche dagegen. Dann kletterte er vom Wagen und versuchte trotz des Windes ein Streichholz zu entzünden. Im flackernden Licht des Zündholzes erkannte er zu seiner Bestürzung eine Frau. Sie war entweder betrunken oder tot. Diemschutz lief ins Klubhaus und kam mit einer Kerze zurück.

Elizabeth Strides Kehle war durchtrennt, doch offenbar hatte Diemschutz den Ripper durch die Ankunft mit Pferd und Wagen unterbrochen. Blut floss aus ihrem Hals in Richtung der Klubhaustür. Die oberen Knöpfe ihrer Jacke waren geöffnet, sodass man Mieder und Korsett sah. Sie lag auf der linken Seite, das Gesicht der Wand zugekehrt, die Kleidung vom starken Regen durchnässt. In der linken Hand hielt sie eine Papiertüte mit Bonbons, die den Atem erfrischen sollten, und vorne an der Brust steckte ein Bukett aus Frauenfarn und einer roten Rose. Inzwischen hatte Police Constable William Smith wieder eine Runde absolviert und erschrak sicherlich, als er sah, dass sich vor dem Klubhaus eine Menschenmenge ansammelte, aus der einzelne Stimmen »Polizei!« oder »Mord!« riefen.

Bei der Coroner-Untersuchung sagte Smith später aus, seine Runde habe nicht mehr als 25 Minuten gedauert. In dieser kurzen Zeitspanne muss der Mörder zugeschlagen haben, obwohl sich etwa dreißig Mitglieder des Socialist's Club im Gebäude aufhielten. Die Fenster standen offen, während die Klubmitglieder festliche Lieder auf Russisch und Deutsch sangen. Niemand hörte einen Schrei oder einen Hilferuf. Doch Elizabeth Stride hat wahrscheinlich keinen Laut von sich gegeben, den irgendjemand außer dem Mörder hören konnte.

Kurz nach ein Uhr traf der Polizeiarzt Dr. Baxter Phillips am Tatort ein und gelangte zu dem Schluss, die Frau habe keinen Selbstmord begangen, da am Tatort keine Waffe vorhanden sei. Offenkundig war sie ermordet worden; weiter schloss Dr. Phillips, der Mörder habe sie an den Schultern gepackt und zu Boden gerissen, bevor er ihr die Kehle von vorn durchgeschnitten habe. Die Bonbons hielt sie zwischen Daumen und Zeigefinger der linken Hand, und als der Arzt die Papiertüte entfernte, fielen einige der Bonbons auf den Boden. Ihre linke Hand müsse sich im Tod entspannt haben, sagte Dr. Phillips, aber er konnte nicht erklären, warum ihre rechte Hand »mit Blut verschmiert« war. Das sei höchst seltsam gewesen, sagte er später aus, weil ihre rechte Hand unverletzt gewesen sei und auf ihrer Brust gelegen habe. Es gebe keine Erklärung für das Blut an der rechten Hand – es sei denn, der Mörder hätte das Blut absichtlich daran abgewischt. Allerdings wäre das recht merkwürdig von dem Mörder gewesen.

Vielleicht ist Dr. Phillips nicht aufgegangen, dass jeder Mensch, der stark blutet, in einer Art Reflex nach der Wunde fasst. Als Elizabeth' Kehle durchschnitten wurde, dürfte sie sich augenblicklich an den Hals gefasst haben. Auch die Annahme, Elizabeth Stride sei zu Boden gerissen worden, bevor ihr die tödliche Wunde beigebracht wurde, ergibt keinen Sinn. Warum hat sie nicht geschrien und sich gewehrt, als der Mörder sie gepackt und niedergerissen hat? Genauso unwahrscheinlich ist es, dass der Ripper ihr die Kehle von vorn durchgeschnitten hat.

Dazu hätte er sie zu Boden werfen und versuchen müssen, sie am Schreien und Kämpfen zu hindern, während er in der Dunkelheit das Messer führte und das Blut ihn über und über besprizte. Aus irgendeinem Grund hielt sie ihre Bonbons fest. Werden Kehlen von vorne durchgeschnitten, findet man gewöhnlich mehrere kleine Einschnitte, weil das Messer in einem so schwierigen Winkel angesetzt werden muss. Wird der Schnitt durch die Kehle jedoch von hinten geführt, sind die Wunden lang und häufig so tief, dass die großen Blutgefäße und alle anderen Gewebe einschließlich des Knorpels bis zu den Wirbelknochen durchtrennt sind.

Wenn ein Mörder einmal eine praktikable Methode entwickelt hat, ändert er sie selten, wenn nichts Unvorhergesehenes geschieht, was ihn veranlassen könnte, sein Ritual aufzugeben und brutaler vorzugehen; das hängt von den Umständen und seinen Reaktionen ab. Ich glaube, Jack the Rippers Vorgehensweise war der Angriff von hinten. Er hat nicht versucht, seine Opfer zu Boden zu reißen, denn damit hätte er einen Kampf riskiert und unnötige Risiken heraufbeschworen. Diese abgebrühten, wehrhaften Frauen fackelten nicht lange, wenn es galt, sich zu verteidigen oder gegenüber einem zahlungsunwilligen Freier ein bisschen grob zu werden.

Ich bezweifle, dass Elizabeth Stride wusste, wie ihr geschah. Vielleicht hat sie sich in die Nähe des Gebäudes in der Dorset Street begeben, weil sie wusste, dass die Mitglieder des Socialist's Club gegen ein Uhr herauskommen – meist ohne Freundinnen oder Frauen – und möglicherweise an einem raschen sexuellen Intermezzo interessiert sein würden. Vielleicht hat der Ripper sie aus dem tiefen Schatten bei der Abwicklung ihrer Geschäfte mit anderen Männern beobachtet und dann gewartet, bis sie allein war. Unter Umständen kannte er den Socialist's Club und hatte ihn schon einmal besucht, möglicherweise sogar zu einem früheren Zeitpunkt an diesem Abend. Der Ripper hätte einen falschen Bart oder eine andere Verkleidung tragen können, um sicherzugehen, dass er nicht wiedererkannt würde.

Walter Sickert sprach fließend Deutsch und hätte die Debatte verstanden, die am Abend des 29. September seit Stunden geführt wurde. Vielleicht hatte er sich während der Diskussion über sozialistische Juden unter die Menge gemischt. Es hätte ihm ähnlich gesehen, an der Diskussion teilzunehmen, bevor er kurz vor ein Uhr, als das Singen begann, hinausschlüpfte. Es ist aber auch denkbar, dass er den Klub nie betreten hat und Elizabeth Stride beobachtete, seit sie die Pension verlassen hatte. Egal, was er tat, es dürfte nicht so schwierig gewesen sein, wie man annehmen könnte. Wenn ein Mörder nüchtern, intelligent und logisch ist, mehrere Sprachen spricht, ausgebildeter Schauspieler ist, über genügend Verstecke verfügt und nicht in dem Gebiet wohnt, in dem er seine Taten verübt, ist es eigentlich nicht verwunderlich, dass er nach seinen Morden in diesen unbeleuchteten Slums unbehelligt entkommt. Doch ich glaube, er könnte mit seinem Opfer gesprochen haben. Man hat nie eine Erklärung für die rote Rose gefunden.

Der Ripper hatte reichlich Zeit zu entkommen, als Louis Diemschutz ins Haus lief, um eine Kerze zu holen, und die Mitglieder des Socialist's Club herausstürzten, um nach dem Rechten zu sehen. Kurz nach Beginn der Unruhe bemerkte eine Frau, die ein paar Türen weiter in der Berner Street 36 wohnte, einen jungen Mann, der rasch in Richtung Commercial Road ging. Er blickte zu den erleuchteten Fenstern des Klubhauses empor, und die Frau sagte später aus, er habe eine glänzende schwarze Gladstone-Tasche getragen – eine leichte Reisetasche, die wie ein Arztkoffer aussah und damals sehr beliebt war.

Die Malerin Marjorie Lilly berichtet in schriftlichen Erinnerungen an Sickert, dass dieser eine Gladstone-Tasche besessen habe, »an der er sehr gehangen hat«. Einmal, im Winter 1918, als sie beide in seinem Atelier malten, beschloss er plötzlich, sie sollten zusammen in die Petticoat Lane gehen, und holte die Tasche aus dem Keller. Marjorie Lilly schreibt, aus Gründen, die sie nicht verstanden habe, habe Sickert in großen weißen Buchstaben und Zahlen »The Shrubbery, 81 Camden Road« auf die Tasche gemalt. Was *The Shrubbery* in dieser Adresse zu suchen habe, habe sie nie verstanden, denn es gebe kein Gebüsch in Sickerts kleinem Vorgarten. Auch habe er ihr sein merkwürdiges Verhalten nie erklärt. Damals war er 58 Jahre alt und alles andere als senil. Trotzdem sei er manchmal etwas seltsam gewesen, und Lilly war ziemlich entnervt, als er seine Gladstone-Tasche nahm und sie und eine andere Frau bei dichtem, beißendem Nebel zu einem Furcht erregenden Rundgang durch Whitechapel entführte.

Sie landeten in der Petticoat Lane, und Ms. Lilly sah erstaunt, wie Sickert und seine schwarze Tasche in den heruntergekommenen Straßen verschwanden, während »der Nebel unsere schlimmsten Befürchtungen überstieg«. Es sei fast wie in dunkler Nacht gewesen, schrieb sie. Die Frauen folgten Sickert »durch endlose Seitenstraßen, bis wir erschöpft waren«, während er die menschlichen Wracks betrachtete, die auf den Stufen ihrer Slum-Behausungen hockten, und begeistert ausrief: »Was für ein herrlicher Kopf! Was für ein Bart. Ein wahrer Rembrandt.« Er war durch nichts von diesem Abenteuer abzuhalten, das ihn in Straßen führte, die nur wenige Blocks von den Orten entfernt waren, wo der Ripper genau dreißig Jahre zuvor seine Opfer gesucht und gefunden hatte.

1914, als der Erste Weltkrieg begann und London regelmäßig verdunkelt wurde – die Laternen blieben aus, und die Rollos waren heruntergezogen –, schrieb Sickert in einem Brief: »Die Straßen so interessant, beleuchtet wie vor zwanzig Jahren, als alles wie bei Rembrandt war.« Er war gerade auf »Neben- und Abwegen« durch das nächtliche Islington zurückgekehrt und fügte hinzu: »Ich wünschte, die Angst vor Zeppelinen würde ewig dauern, soweit es die Beleuchtung angeht.«

Ich habe John Lessore nach der Gladstone-Tasche seines Onkels gefragt und die Antwort bekommen, weder ihm noch sonst jemandem in der Familie sei etwas von einer derartige Tasche bekannt, die sich im Besitz von Walter Sickert befunden habe. Ich habe mich sehr bemüht, diese Tasche zu finden. Wenn darin blutige Messer befördert wurden, hätten die DNA-Tests höchst interessante Ergebnisse zeitigen können. Da das ohnehin nur Spekulationen sind, kann ich ebenso gut hinzufügen, dass die Aufschrift The *Shrubbery* auf seiner Tasche möglicherweise gar nicht so verrückt ist, wie sie erscheint. Während der Ripper-Morde entdeckte die Polizei ein blutiges Messer in einem Gebüsch ganz in der Nähe der Wohnung von Sickerts Mutter. Tatsächlich tauchten blutige Messer an mehreren Stellen auf, als wären sie dort absichtlich abgelegt worden, um Polizei und Anwohner in Aufregung zu versetzen.

Am Montagabend nach dem Mord an Elizabeth Stride verließ Thomas Coram, ein Kokosnusshändler, das Haus eines Freundes in Whitechapel und bemerkte ein Messer zu Füßen einer Treppe, die in eine Wäscherei führte. Die Klinge war dreißig Zentimeter lang, mit stumpfer Spitze, der Griff schwarz und 15 Zentimeter lang. Eingewickelt war das Messer in ein blutiges weißes Taschentuch, das mit einem Stick zusammengebunden war. Coram rührte das Messer nicht an, sondern führte augenblicklich einen in der Nähe Dienst tuenden Polizeibeamten dorthin. Er beschrieb das Messer als »bedeckt« mit getrocknetem Blut. Es sei von der Art, wie sie Bäcker oder Köche verwendeten. Sickert war ein ausgezeichneter Koch und verkleidete sich gelegentlich als Küchenchef, um seine Freunde zu amüsieren.

Während Polizeibeamte die Mitglieder des Socialist's Club vernahmen, die in dem Gebäude gesungen hatten, als Elizabeth Stride ermordet worden war, begab sich Jack the Ripper zum Mitre Square, den eine andere Prostituierte namens Catherine Eddows aufgesucht hatte, nachdem sie gerade aus dem Gefängnis entlassen worden war. Falls der Ripper den direkten Weg durch die Commercial Road nahm, dieser in westlicher Richtung folgte und über Aldgate in die City of London gelangte, war sein nächster Tatort nur 15 Minuten zu Fuß vom letzten entfernt.

WENN SICH SOLCHE GESTALTEN HERUMTREIBEN

Catherine Eddows verbrachte die Freitagnacht in einem Armenhaus in der Whitechapel Road, weil ihr die vier Pennys fehlten, um ihre Hälfte von John Kellys Bett zu bezahlen. Seit sieben oder acht Jahren lebte sie mit ihm in der Pension Flower and Dean Street 55 in Spitalfields zusammen. Vor Kelly war sie mit Thomas Conway zusammen gewesen, dem Vater ihrer Kinder – zwei Jungen von fünfzehn und zwanzig Jahren und einer Tochter namens Annie Phillips, dreiundzwanzig, die mit einem Lampenruß-Packer verheiratet war.

Die Söhne lebten bei Conway, der Catherine wegen ihres Alkoholproblems verlassen hatte. Seit Jahren hatte sie ihre Kinder nicht mehr gesehen, und das war kein Zufall. Wenn sie sie in der Vergangenheit besucht hatte, war sie stets in Geldnot gewesen. Obwohl sie und Conway nicht verheiratet gewesen waren, hatte er für sie gesorgt, wie sie gern erzählte. Mit blauer Tinte hatte sie sich seine Initialen in den linken Unterarm tätowieren lassen.

Catherine Eddows war 43 Jahre alt und sehr dünn. Not und Trunksucht ließen sie verhärmt aussehen, doch sie mochte einmal attraktiv gewesen sein mit ihren hohen Wangenknochen, dunklen Augen und schwarzen Haaren. Kelly und sie lebten von der Hand in den Mund und hielten sich meist durch den Straßenverkauf billigen Tands über Wasser. Hin und wieder ging sie putzen. Gewöhnlich verließen sie London im Herbst, weil im September die Erntesaison begann. Erst am Donnerstag waren sie zurückgekommen, nachdem sie wochenlang mit Tausenden von anderen Saisonarbeitern Hopfen gezupft hatten. Catherine und Kelly hatten das East

End verlassen, um in den ländlichen Gebieten von Kent bei der Ernte des Hopfens zu helfen, den man zum Bierbrauen brauchte. Die Arbeit war mörderisch und schlecht bezahlt – das Paar bekam nicht mehr als einen Shilling pro Scheffel –, doch zumindest waren sie weit fort von Smog und Schmutz, fühlten die Sonne auf ihren Leibern und atmeten frische Luft. Sie aßen und tranken wie die Könige und schliefen im Heu. Als sie nach London zurückkehrten, hatten sie keinen Penny mehr.

Am Freitag, dem 28. September, kehrte Kelly in die Pension Flower and Dean Street 55 in Spitalfields zurück, während Catherine ohne ihn in einem kostenlosen Bett in einem Armenhaus übernachtete. Wir wissen nicht, was sie in dieser Nacht tat. Bei der Coroner-Untersuchung sagte Kelly aus, sie sei kein Straßenmädchen gewesen und er hätte es auch nicht geduldet, dass sie sich mit einem anderen Mann abgegeben hätte. Nie habe ihm Catherine am Morgen Geld gebracht, fügte er hinzu, vielleicht um jeden Verdacht im Keim zu ersticken, er könnte hier und da ein bisschen an ihrer Prostitution verdient haben. Steif und fest behauptete er, sie sei nicht alkoholabhängig gewesen und habe nur gelegentlich dazu geneigt, »ein bisschen zu viel zu trinken«.

Catherine und Kelly betrachteten sich als Mann und Frau und zahlten ziemlich regelmäßig den Preis von acht Pennys, der für ihr Doppelbett in der Flower and Dean Street verlangt wurde. Gewiss, hin und wieder mochten sie gestritten haben. Vor einigen Monaten habe sie ihn »einige Stunden lang« verlassen, doch Kelly schwor, in letzter Zeit seien Catherine und er sehr gut miteinander ausgekommen. Am Freitag habe sie angeboten, einige Kleider zu versetzen, damit sie sich was zu essen kaufen könnten, doch er habe darauf bestanden, dass sie stattdessen seine Stiefel versetzte. Das habe sie dann auch getan und dafür zweieinhalb Shilling bekommen. Dieser Pfandschein und ein weiterer, den sie einer Frau bei der Hopfenernte abgekauft hatte, war sicher in einer von Catherines Taschen verstaut, in der Hoffnung, schon bald Kellys Stiefel und andere Wertgegenstände auslösen zu können.

Am Morgen des 29. September, einem Samstag, traf sich Catherine mit Kelly zwischen zehn und elf Uhr auf dem alten Kleidermarkt in Houndsditch, einer zugeschütteten Erdspalte, die in römischer Zeit ein Wassergraben zum Schutz der Stadtmauer gewesen war. Houndsditch verlief zwischen Aldgate High Street und Bishopsgate Within an der nordöstlichen Grenze der City of London. Als Catherine und Kelly den größten Teil des Stiefelgeldes in das investierten, was sie als herzhaftes Frühstück bezeichneten, begannen die letzten Stunden in Catherines Leben. Keine 15 Stunden später sollte sie blutleer und kalt sein.

Am frühen Nachmittag hatte sie wohl alles an, was sie besaß: eine schwarze Jacke mit imitiertem Fellbesatz am Kragen und an den Ärmeln, darüber noch zwei Jacken mit einem Besatz aus schwarzer Seide und imitiertem Pelz, ein Chintzhemd mit Gänseblümchenmuster und drei Rüschen, ein braunes Miederkleid mit schwarzem Samtkragen und braunen Metallknöpfen, die über die ganze Vorderseite gingen, einen sehr alten grünen Alpaka-Rock, einen sehr alten, schäbigen blauen Rock mit roten Rüschen und Körperfutter, ein weißes Unterhemd aus Kattun, ein weißes Herrenunterhemd, vorne geknöpft, mit Außentaschen, braune, gerippte Strümpfe, die an den Füßen mit weißem Garn gestopft waren, ein Paar Männerschnürstiefel (der rechte mit rotem Faden repariert), einen schwarzen Strohhut, mit schwarzen Perlen sowie grünem und schwarzem Samt geschmückt, eine weiße Schürze, »rote Seidengaze« und ein großes weißes Taschentuch, das sie um den Hals gebunden hatte.

In den vielen Schichten und Taschen hatte sie ein weiteres Taschentuch, Seifenstücke, Schnur, einen weißen Lappen, weißes, derbes Leinen, blauen und weißen Saumstoff, blauen Drillich und Flanell, zwei schwarze Tonpfeifen, ein Zigarettenetui aus rotem Leder, einen Kamm, Steck- und Nähnadeln, ein Knäuel Hanf, einen Fingerhut, ein Tischmesser, einen Teelöffel und zwei alte Senfdosen mit kostbaren Vorräten an Zucker und Tee, die sie von Kellys Stiefelgeld gekauft hatte. Er hatte in dieser Nacht kein Geld für ihr Bett, daher teilte ihm Catherine um 14 Uhr mit, sie gehe nach Bermondsey im Südosten der Stadt. Vielleicht könnte sie ihre Tochter Annie finden.

Annie hatte früher ein Haus in der King Street, doch offenbar wusste Catherine nicht, dass ihre Tochter schon seit Jahren weder in diesem Haus noch sonst irgendwo in Bermondsey wohnte. Kelly sagte, Catherine solle nicht weggehen. »Bleib hier!«, sagte er zu ihr. Sie bestand jedoch auf ihrem Vorhaben, und als Kelly hinter ihr herrief, sie solle sich vor dem »Messer« in Acht nehmen – das war der Name, den die East-End-Bewohner dem Ripper gegeben hatten –, lachte Catherine. Natürlich würde sie vorsichtig sein. Sie war immer vorsichtig. In zwei Stunden würde sie zurück sein, versprach sie.

Mutter und Tochter sahen sich nicht an diesem Tag, und niemand scheint zu wissen, wohin Catherine ging. Vielleicht begab sie sich nach Bermondsey und war bestürzt, als sie feststellte, dass Annie fortgezogen war. Vielleicht erfuhr sie von den Nachbarn, dass Annie und ihr Mann schon seit zwei Monaten nicht mehr in dem Viertel wohnten. Vielleicht wusste auch niemand, von wem Catherine sprach, als sie sagte, sie suche nach ihrer Tochter. Möglicherweise hatte Catherine aber auch gar nicht die Absicht, nach Bermondsey zu gehen, und brauchte nur eine Ausrede, um sich ein paar Pennys für Gin zu verdienen. Vermutlich hat sie genau gewusst, dass niemand in ihrer Familie etwas mit ihr zu tun haben wollte. Für ihre Angehörigen war Catherine eine trunksüchtige, unmoralische Frau, Abschaum. Sie war eine Unglückliche, eine Schande für ihre Kinder. Um 16 Uhr war sie nicht zurück, wie sie versprochen hatte, sondern wurde wegen Trunkenheit aufgegriffen und auf der Polizeiwache in Bishopsgate eingesperrt.

Die Wache lag etwas nördlich von Houndsditch, wo Kelly Catherine zum letzten Mal gesehen hatte, als sie für sein Stichfelgeld gegessen und getrunken hatten. Als er hörte, dass sie wegen Trunkenheit eingesperrt worden war, wähnte er sie in Sicherheit und ging beruhigt zu Bett. Bei der Coroner-Untersuchung gab er zu, dass sie schon früher in Polizeigewahrsam gewesen war. Doch genau wie von den anderen Ripper-Opfern hieß es auch von Catherine, sie sei eine »nüchterne, ruhige« Frau gewesen, die fröhlich werde und zu singen beginne, wenn sie etwas zu viel getrunken habe, was natürlich nur selten vorgekommen sei. Keines der Ripper-Opfer war alkoholabhängig, wenn es nach den Freunden im Zeugenstand ging.

Zur Zeit von Catherine Eddows galt Alkoholismus nicht als Krankheit. »Gewohnheitstrinken« war eine Untugend von Menschen mit »schwachem Charakter« und »schwachem Verstand«, auf die die Nervenheilanstalt oder das Gefängnis wartete. Trunksucht war ein klares Indiz für moralische Schwäche, für einen sündigen Hang zum Laster, für einen vorgezeichneten Weg zum Schwachsinn. Das Leugnen war so verbreitet wie heute, und Euphemismen gab es reichlich. Die Menschen guckten zu tief ins Glas. Sie hoben gern einen. Sie waren keine Kostverächter, sie waren angeheitert oder beschwipst. Am Samstagabend war Catherine Eddows angeheitert. Um 20 Uhr 30 lag sie auf dem Bürgersteig der Aldgate High Street. Police Constable George Simmons hob sie auf und schleifte sie zur Seite. Er lehnte sie gegen einen Fensterladen, aber sie konnte sich nicht auf den Füßen halten.

Daraufhin rief Simmons einen anderen Polizeibeamten herbei. Von beiden Seiten fassten sie sie unter und brachten sie auf das Polizeirevier Bishopsgate. Catherine war zu betrunken, um angeben zu können, wo sie wohnte oder ob sie jemanden hatte, der sie abholen könnte. Als sie nach ihrem Namen gefragt wurde, murmelte sie: »Nichts.« Kurz vor 21 Uhr saß sie im Gefängnis. Um 0 Uhr 15 war sie wieder wach und sang vor sich hin. Constable George Hutt sagte bei der Coroner-Untersuchung aus, er habe drei oder vier Stunden lang immer wieder nach ihr gesehen. Als er gegen ein Uhr nachts zu ihrer Zelle gekommen sei, habe sie ihn gefragt, wann er sie gehen lasse. Sobald sie für sich selbst sorgen könne, habe er erwidert.

Sie sagte ihm, das sei jetzt der Fall, und wollte wissen, wie spät es sei. Zu spät, »um noch etwas zu trinken zu bekommen«, antwortete er. »Also, wie spät ist es?«, fragte sie noch einmal. »Ein Uhr durch«, teilte er ihr mit. Daraufhin sagte sie: »Da kann ich mich auf eine saftige Tracht Prügel gefasst machen, wenn ich nach Hause komme.« Constable Hutt schloss ihr die Zelle auf und erklärte: »Die hast du auch verdient, du hast kein Recht, dich so zu betrinken.« Er führte sie ins Büro, wo der Dienst habende Sergeant ein Protokoll aufnahm. Sie gab einen falschen Namen und eine falsche Adresse an: »Mary Ann Kelly« aus der »Fashion Street«.

Constable Hutt stieß die Schwingtür auf, die auf einen Korridor hinausführte, und sagte: »Hier entlang, meine Dame.« Und sie solle nicht vergessen, die Haustür hinter sich zuzuziehen. »Gute Nacht, alter Bock«, sagte sie, ließ die Tür offen und wandte sich nach links, nach Houndsditch, wo sie neun Stunden zuvor John Kelly hatte treffen wollen. Wahrscheinlich werden wir nie erfahren, warum Catherine zunächst diesen Weg einschlug und sich dann mitten in die City begab, auf den Mitre Square, der zu Fuß acht oder zehn Minuten vom Polizeirevier Bishopsgate entfernt lag. Vielleicht wollte sie sich noch ein paar Pennys verdienen und erwartete weniger Schwierigkeiten in der City of London, jedenfalls keine Schwierigkeiten von der Art, mit denen sie rechnete. Die wohlhabende City war belebt und hektisch während der Arbeitszeiten, doch die meisten Menschen, die ihr Beruf in die Square Mile führte, wohnten nicht dort. Auch Catherine und John Kelly wohnten nicht dort.

Ihre Pension in der Flower and Dean Street lag nicht innerhalb der Grenzen der City, und da Kelly von ihren nächtlichen Geschäften nichts wusste – oder dies nach ihrem Tod zumindest behauptete –, war sie möglicherweise zu dem Schluss gekommen, es sei klüger, eine Zeit lang in der City zu bleiben, statt nach Hause zu gehen und Streit zu bekommen. Es ist aber auch denkbar, dass Catherine einfach nicht wusste, was sie tat. Sie hatte keine vier Stunden im Gefängnis gesessen. Im Durchschnitt baut der Mensch pro Stunde rund 30 Gramm Alkohol – oder ein Bier – ab. Catherine hatte offenbar ganz schön getankt, wenn sie so betrunken war, »dass sie nicht mehr stehen konnte«, daher ist durchaus denkbar, dass sie noch betrunken war, als ihr Constable Hutt eine gute Nacht wünschte.

Zumindest hatte sie einen Kater und einen schweren Kopf, möglicherweise zitterten ihr auch die Hände und hatte sie Gedächtnislücken. Die beste Medizin war da ein bisschen von dem Stoff, der ihr so zugesetzt hatte. Mit anderen Worten, sie brauchte einen Drink und ein Bett, und beides war ohne Geld nicht zu haben. Wenn sie damit rechnen musste, dass ihr Kerl ihr die Hölle heiß machen würde, war es vielleicht am besten, wenn sie sich noch ein paar Pennys verdiente und diese Nacht woanders schlief. Egal, was sie wirklich dachte, es hat nicht den Anschein, dass ihr sonderlich daran gelegen war, Kelly zu sehen, als sie das Polizeirevier verließ. Als sie sich zum Mitre Square wandte, schlug sie die entgegengesetzte Richtung ein, nicht die, die sie hätte wählen müssen, um zu Kelly in die Flower and Dean Street zu gelangen.

Etwa dreißig Minuten nachdem Catherine ihre Gefängniszelle verlassen hatte, brachen der Handlungsreisende Joseph Lawende und seine Freunde Joseph Levy und Harry Harris aus dem Imperial Club in der Duke Street 16–17 in der City of London auf. Es regnete, und Lawende ging etwas schneller als seine Begleiter. An der Ecke Duke Street und Church Passage, die auf den Mitre Square führte, bemerkte er einen Mann und eine Frau. Bei der Coroner-Untersuchung sagte Lawende aus, der Mann habe ihm den Rücken zugekehrt und er könne lediglich sagen, dass der Mann größer als die Frau gewesen sei und eine Mütze getragen habe, die möglicherweise einen Schirm gehabt hätte.

Die Frau habe eine schwarze Jacke und einen schwarzen Hut getragen, gab Lawende an und vermochte trotz der schlechten Lichtverhältnisse, die zu dieser Zeit herrschten, die betreffenden Kleidungsstücke später auf dem Polizeirevier als diejenigen zu identifizieren, die er an der Frau um 1 Uhr 30 nachts gesehen hatte – eine exakte Uhrzeit, die er an der Klubhausuhr und seiner Armbanduhr abgelesen hatte. »Ich bezweifle, dass ich ihn wiedererkennen würde«, sagte Lawende von dem Mann. »Ich habe ihn nichts sagen hören. Sie schienen nicht zu streiten. Es sah nach einem ruhigen Gespräch aus – ich habe nicht zurückgeblickt, um zu sehen, wohin sie gingen.«

Auch der Schlachter Joseph Levy konnte das Paar nicht richtig erkennen, meinte aber, der Mann sei wohl sieben oder acht Zentimeter größer gewesen als die Frau. Während sie durch die Duke Street gegangen seien, habe er zu seinem Freund Harris gesagt: »Ich mag nicht allein nach Hause gehen, wenn sich solche Gestalten herumtreiben.« Auf genaueres Nachfragen des Coroners korrigierte Levy seine Aussage ein bisschen. »Ich habe an dem Mann und der Frau nichts bemerkt, was mir Angst eingeflößt hat«, sagte er.

Die offiziellen Vertreter der City of London versicherten den Journalisten, der Mitre Square gehöre nicht zu den Orten, wo Prostituierte herumlungerten, und die City Police halte routinemäßig Ausschau nach Männern und Frauen, die zu so später Stunde gemeinsam auf der Straße seien. Wenn allerdings die Polizeibeamten angewiesen waren, auf Männer und Frauen zu achten, die sich zu später Stunde auf dem

Platz aufhielten, ist vielleicht doch davon auszugehen, dass dort zweifelhafte Aktivitäten stattfanden. Der Mitre Square war nur schlecht beleuchtet. Drei lange, dunkle Gänge führten auf den Platz. Die Gebäude, die ihn umgaben, standen leer oder waren zumindest um diese Zeit ausgestorben, und die ledernen Stiefelabsätze eines Polizisten, die aufs Pflaster schlugen, waren schon von weitem zu hören, sodass reichlich Zeit blieb, sich zu verstecken.

Da Catherine Eddows kurz vor ihrem Tod mit einem Mann gesehen wurde, mutmaßte man, ob sie sich nicht vor ihrer Verhaftung mit einem Freier auf dem Mitre Square verabredet hatte. Eine solche Annahme erscheint unwahrscheinlich, wenn nicht sogar abwegig. Bis 14 Uhr war sie mit Kelly zusammen. Bis ein Uhr nachts war sie betrunken und hinter Gittern. Es ist kaum vorstellbar, dass sie mit einem Freier eine Verabredung für spätabends getroffen hat, wenn sich der schnelle Sex auch am Tag kaufen ließ. Es gab genügend dunkle Treppenhäuser, baufällige Häuser und verlassene Orte, wo man solche Geschäfte ungestört abwickeln konnte. Selbst wenn Catherine in betrunkenem Zustand eine derartige »Verabredung« getroffen hätte, hätte sie sich später höchstwahrscheinlich nicht mehr daran erinnert. Näher liegt die Vermutung, dass sie keinen bestimmten Freier im Sinn gehabt hat, als sie die Richtung zur City of London einschlug, sondern einfach auf den Zufall hoffte.

Henry Smith, der Polizeichef der City of London, der vielleicht genauso viel Verbissenheit an den Tag legte wie Kapitän Ahab bei seiner Suche nach dem großen weißen Wal, hat wahrscheinlich nicht damit gerechnet, dass die Bestie in seinem eigenen Zuständigkeitsbereich zuschlagen und mit seiner Untat hundert Jahre lang ungeschoren davonkommen würde. Wie gewöhnlich schlief Smith schlecht in seiner Wohnung in der Polizeizentrale Cloak Lane, die an der Themse in die Southwark Bridge hineingebaut war. Gegenüber lag ein Eisenbahndepot, in dem zu jeder Tages- und Nachtzeit

Wagons rangiert wurden. Aus der Kürschnerei hinter seinen Räumen drang der Gestank der Gerbsäure, sodass Smith kein Fenster öffnen konnte.

Als das Telefon läutete, fuhr Smith erschreckt hoch und tastete in der Dunkelheit nach dem Hörer. Einer seiner Männer teilte ihm mit, es sei wieder ein Mord passiert, dieses Mal in der City. Der Polizeichef sprang rasch in seine Kleider und stürzte hinaus zu einem wartenden Hansom, einer zweirädrigen Kutsche. »Eine Erfindung des Teufels« nannte Smith ihn, weil es im Sommer unerträglich heiß darin wurde und im Winter bitterkalt. Eigentlich war ein Hansom für zwei Fahrgäste gedacht, doch als Smith an diesem frühen Morgen hineinkletterte, saßen dort schon der Superintendent und drei Detektive. »Wir schwankten wie bei einem Orkan«, erinnerte sich Smith. Aber »wir kamen an unser Ziel – Mitre Square«, wo eine kleine Gruppe seiner Beamten um den verstümmelten Leichnam von Catherine Eddows herumstand, deren Namen sie noch nicht kannten.

Mitre Square war ein kleiner, offener Platz, der von großen Lagerhäusern, leer stehenden Häusern und einigen Geschäften umgeben war, die zu dieser Zeit schon längst geschlossen waren. Tagsüber wimmelte es auf dem Platz von Obsthändlern, Geschäftsleuten und Herumtreibern. Den Zugang eröffneten drei lange Durchgänge, die bei Nacht, spärlich von den Gaslaternen an den Wänden erhellt, in dunklem Schatten lagen. Auf dem Platz selbst befand sich nur eine Laterne, etwa 25 Meter von dem finsteren Ort entfernt, an dem Catherine ermordet wurde. Auf der anderen Seite des Platzes wohnte ein Beamter der City Police mit seiner Familie, der aber nichts gehört hatte. Auch James Morris, ein Wachmann, der in dem ebenfalls am Platz gelegenen Lagerhaus der Firma Kearley and Tonge Wholesale arbeitete, war wach gewesen, hatte aber keinen Laut vernommen.

Abermals scheint der Ripper völlig geräuschlos zu Werke gegangen zu sein, als er sein Opfer abschlachtete. Wenn den von den Zeugen beschworenen Zeitangaben zu trauen ist, kann Catherine Eddows erst 14 Minuten tot gewesen sein, als Police Constable Edward Watkins im Zuge seiner Runde wieder in die Leadenshall Street gelangte und von dort auf den Platz. Für diese Runde brauche er zwölf bis vierzehn Minuten, sagte er bei der Coroner-Untersuchung aus, und als er zuletzt um 1 Uhr 30 an dem Platz vorbeigekommen sei, habe es nicht das geringste Anzeichen für einen ungewöhnlichen Vorgang gegeben. Als er um 1 Uhr 44 mit seiner Blendlaterne in eine sehr dunkle Ecke geleuchtet habe, habe er dort ein Frau entdeckt, die auf dem Rücken lag, das Gesicht nach links gewendet, die Arme seitlich am Körper, mit den Handflächen nach oben. Ihr linkes Bein war ausgestreckt, das andere gebeugt, die Kleider über die Brust hinaufgeschoben, sodass ihr Unterleib entblößt war, der von einem Punkt unterhalb des Brustbeins bis zu den Genitalien aufgeschnitten worden war. Ihre Därme waren herausgenommen und über ihrer rechten Schulter auf den Boden geworfen worden. Watkins lief zum Lagerhaus von Kearley & Tonge, klopfte an die Tür, stieß sie auf und suchte den Wachmann, der gerade auf der anderen Seite die Treppe fegte.

»Um Himmels willen, Mann, hilf mir«, rief Watkins. Wachmann Morris legte den Besen zur Seite und holte seine Lampe, weil schon wieder »eine Frau in Stücke geschnitten worden war«. Die beiden Männer liefen zur südwestlichen Ecke des Mitre Square, wo Catherines Leiche in einer Blutlache lag. Morris blies in seine Pfeife und rannte zur Mitre Street, dann nach Aldgate, wo er »niemand Verdächtigen sah«, wie er bei der Coroner-Untersuchung angab. Also lief er weiter, wobei er unablässig pfiff, bis er auf zwei Polizeibeamte stieß, denen er zurief: »Geht zum Mitre Square.« Dort sei ein »weiterer schrecklicher Mord« passiert.

Dr. Gordon Brown, der Polizeiarzt der City Police, traf kurz nach zwei Uhr morgens am Tatort ein. Als er sich neben die Leiche hockte, entdeckte er drei Metallknöpfe, einen

»gewöhnlichen« Fingerhut und eine Senfdose, die zwei Pfandscheine enthielt. Aufgrund der Körpertemperatur, des völligen Fehlens der Totenstarre und anderer Beobachtungen erklärte Dr. Brown, das Opfer sei nicht länger als eine halbe Stunde tot, weise keine Blutergüsse, keine anderen Spuren eines Kampfes und keine Anzeichen eines »kürzlichen Verkehrs« auf.

Dr. Brown vertrat die Ansicht, die Gedärme seien »mit Vorsatz« an die Stelle gelegt worden, wo man sie fand. Das erscheint reichlich kompliziert, wenn man die Umstände bedenkt. In beiden Fällen, bei Annie Chapman wie bei Catherine Eddows, ging der Ripper in fieberhafter Eile vor und konnte kaum etwas sehen, weil es so dunkel war. Wahrscheinlich befand er sich in der Hocke oder hatte sich vorgebeugt, als er durch Kleidung und Fleisch schnitt. Es ist eher anzunehmen, dass er die Gedärme einfach beiseite geworfen hat, weil er es auf ganz bestimmte Organe abgesehen hatte.

Polizei- und Zeitungsberichte unterschieden sich in Einzelheiten, was den Zustand von Catherine Eddows Leichnam anging, als er aufgefunden wurde. In einer Schilderung hieß es, ein 60 Zentimeter langer Abschnitt ihres Darms sei von dem Rest abgetrennt und zwischen ihren rechten Arm und den Leib gelegt worden, doch dem *Daily Telegraph* zufolge war dieses Stück Darm »in die klaffende Wunde auf der rechten Seite des Nackens« gestopft worden. Zufällig war Superintendent Fosters Sohn Frederick William Foster Architekt. Er wurde sofort zum Tatort gerufen und erhielt den Auftrag, Skizzen von Catherines Leichnam und dem Fundort anzufertigen. Diese Zeichnungen bieten einen detaillierten und verstörenden Anblick, schlimmer als alle Beschreibungen, die bei der Coroner-Untersuchung zur Sprache kamen.

Catherine Eddows lag mit ausgebreiteten Armen und Beinen da, alle Kleider aufgeschnitten oder zerrissen, sodass ihre Leibeshöhle brutal entblößt war. Sie hätte auch nach einer

Obduktion nicht schlimmer verstümmelt sein können. Die Schnitte des Rippers hatten Brust und Unterleib bis zu den Oberschenkeln geöffnet. Er schlitzte ihre Vagina und den Ansatz der Oberschenkel auf, als wollte er das Gewebe aufklappen, um ihr die Beine an den Hüftgelenken abzutrennen. Schockierend war auch die Verunstaltung ihres Gesichts. Merkwürdige, tiefe Kerben unter beiden Augen ähnelten bestimmten malerischen Akzenten, die Sickert in einigen seiner Bilder setzte, besonders auf dem Porträt einer venezianischen Prostituierten, die er Giuseppina nannte. Am stärksten war Catherine Eddows Gesicht auf der rechten Seite in Mitleidenschaft gezogen, der Seite, die sich dem Blick darbot, als die Leiche entdeckt wurde, die gleiche Seite, auf der Giuseppinas Gesicht auf einem Porträt mit dem Titel *Putana a Casa* beklemmende schwarze Pinselstriche aufweist, die an eine Verstümmelung erinnern. Das im Leichenschauhaus aufgenommene Foto von Catherine Eddows ähnelt Giuseppina: Beide haben langes schwarzes Haar, hohe Wangenknochen und ein spitzes Kinn.

Sickert hat Giuseppina in den Jahren 1903 und 1904 gemalt. Bei meinen Recherchen in Briefen und anderen Dokumenten und bei der Befragung von Sickert-Experten ergab sich kein Hinweis darauf, dass irgendjemand, der Sickert in Venedig besucht hat, diese Prostituierte jemals kennen gelernt oder gesehen hätte. Vielleicht hat Sickert sie in der privaten Abgeschlossenheit seines Zimmers gemalt, aber bislang habe ich noch keinen Beweis dafür gefunden, dass es Giuseppina wirklich gegeben hat. Ein anderes Gemälde aus derselben Periode, *Le Journal,* zeigt eine dunkelhaarige Frau mit zurückgeworfenem Kopf und offenem Mund, die eine Zeitung liest. Merkwürdigerweise hält sie sie hoch über ihr schreckensstarres Gesicht, und um ihre Kehle liegt eine enge weiße Halskette.

»Was für eine hübsche Halskette habe ich ihr geschenkt«, schrieb der Ripper am 17. September 1888.

Catherine Eddows »hübsche Halskette« ist eine klaffende Wunde an ihrer Kehle, wie eines der wenigen Fotos zeigt, die vor der Obduktion und dem Vernähen der Wunden aufgenommen wurden. Legt man das Foto neben das Gemälde *Le Journal,* sind die Ähnlichkeiten verblüffend. Wenn Sickert Catherine Eddows mit entblößter Kehle und zurückgefallenem Kopf gesehen hat, wie sie die Fotografie zeigt, kann er das nur getan haben, wenn er vor der Obduktion in der Leichenhalle oder am Tatort gewesen ist.

Catherine Eddows Leiche wurde mit einer Ambulanz in die Leichenhalle in der Golden Lane geschoben, und als man sie unter polizeilicher Beaufsichtigung auszog, fiel ihr linkes Ohrläppchen aus ihrer Kleidung.

BIS ZUR UNKENNTLICHKEIT

Am Sonntagnachmittag um 14 Uhr 30 führte Dr. Brown mit einem Ärzteteam die postmortale Untersuchung durch.

Von einem kleinen, frischen Bluterguss an der linken Hand abgesehen, fanden die Ärzte keine Verletzungen, die darauf schließen ließen, dass sie mit ihrem Angreifer gekämpft hatte, von ihm geschlagen oder zu Boden geworfen worden war. Die Todesursache war ein 15 bis 18 Zentimeter langer Schnitt am Hals, der am linken Ohr begann – und es verletzte – und ungefähr sieben Zentimeter unter dem rechten Ohr endete. Dabei wurden Kehlkopf, Stimmbänder und alle tieferen Strukturen des Halses durchtrennt und sogar die Bandscheiben in Mitleidenschaft gezogen.

Dr. Brown gelangte zu dem Schluss, Catherine Eddows habe aus der durchtrennten linken Halsschlagader heftig geblutet und der Tod sei »sofort eingetreten«, während ihr die anderen Verstümmelungen nach dem Tod beigebracht worden seien. Nach seiner Meinung wurde das Verbrechen mit einer einzigen Waffe verübt, wahrscheinlich einem spitzen Messer. Es hätte sich noch weit mehr sagen lassen. Im Obduktionsbericht klingt an, dass der Ripper durch Catherines Kleidung geschnitten hat. Bedenkt man, wie viele Schichten sie übereinander getragen hat, wirft das erhebliche Fragen und Schwierigkeiten auf.

Man kann nicht einfach ein beliebiges Schneidinstrument nehmen, um durch Wolle, Leinen und Baumwolle zu dringen, egal, wie alt und abgetragen die Gewebe auch sind. Ich habe mit einer ganzen Anzahl von Messern, Dolchen und Rasiermessern aus dem 19. Jahrhundert experimentiert und festgestellt, dass das Durchschneiden von Kleidung mit einer

Klinge, die gekrümmt oder lang ist, schwierig, wenn nicht sogar gefährlich sein kann. Die Klinge muss sehr scharf, kräftig und spitz gewesen sein. Am besten eignete sich, wie ich herausfand, ein Dolch von 15 Zentimeter Länge mit Parierstück, das verhinderte, dass die Hand auf die Klinge abrutschte.

Ich vermute, dass der Ripper nicht wirklich »durch« die Kleidung schnitt, sondern eher in die Schichten hineinstach und sie dann aufriss, um Unterleib und Genitalien zu entblößen. Das ist eine Abwandlung seiner Methode, auf die wir eingehen sollten, denn offenbar hat er Mary Ann Nichols' oder Annie Chapmans Kleidung nicht durchschnitten. Leider lässt sich über die Details der früheren Fälle keine Klarheit gewinnen. Die Protokolle scheinen unvollständig zu sein, weil sie entweder nicht sorgfältig genug geführt oder nicht sorgfältig genug aufgehoben wurden. Zwar hatte die City of London nicht mehr Erfolg mit den Bemühen, Jack the Ripper zu ergreifen, doch war sie besser ausgerüstet, sein blutiges Werk zu dokumentieren.

Die Akte Caterine Eddows ist überraschend gut erhalten und offenbart, dass die Untersuchung ihres Leichnams sehr gründlich und professionell vorgenommen wurde. Die City Police hatte gewisse Vorteile, zu denen nicht zuletzt gehörte, dass sie aus den jüngsten, in der Presse ausführlich kommentierten Fehlern der Kollegen lernen konnte. Die City Police hatte einen erheblich kleineren und wohlhabenderen Zuständigkeitsbereich, ein angemessenes Leichenschauhaus und verfügte über hervorragende Mediziner. Als Catherine ins Leichenschauhaus eingeliefert wurde, stellte die City Police einen Inspektor ab, der nur die Aufgabe hatte, sich um die Leiche, die Kleidung und ihre persönlichen Dinge zu kümmern. Als Dr. Brown die Obduktion durchführte, assistierten ihm zwei weitere Ärzte, unter anderem auch Dr. Baxter Phillips, der Polizeiarzt der Metropolitan Police. Wenn man davon ausgeht, dass Catherine das erste Opfer war, dessen Kleider »weggeschnitten« statt hochgeschoben wurden, zeigt das Vorgehen des Rippers eine Eskalation der Gewalttätigkeit und Entschlossenheit, eine Zunahme seiner Verachtung und des Bedürfnisses, zu schockieren.

Catherines Leiche war fast nackt, die Beine gespreizt, und sie war mitten auf dem Bürgersteig hingeschlachtet worden. Das Blut, das aus ihrer durchtrennten Halsschlagader strömte, sickerte unter ihren Leichnam und hinterließ auf dem Gehsteig den Umriss ihres Körpers, der noch am folgenden Tag für die Passanten sichtbar war und von ihnen immer wieder betreten wurde. Der Ripper verübte sein Verbrechen praktisch in Sichtweite eines Wachmanns, eines schlafenden Polizeibeamten, der an diesem Platz wohnte, und eines City-Polizisten, dessen Runde ihn alle 25 Minuten am Tatort vorbeiführte. Für die Verstümmelungen, die der Ripper Catherines Leichnam zufügte, war nicht ein Hauch von chirurgischen Kenntnissen erforderlich. Er hat einfach wie ein Verrückter zugestochen.

Die Schnitte, die er ihrem Gesicht zufügte, waren rasch und kraftvoll, die Lippen durchtrennte er so vollständig, dass das Messer noch in das darunter liegende Zahnfleisch drang. Die Wunde auf dem Nasenrücken führte hinab bis zum linken Kinnwinkel und legte den Wangenknochen frei. Die Nasenspitze war vollkommen abgetrennt, während zwei weitere Schnitte in die Wangen die Haut in dreieckigen Lappen ablösten. Nicht weniger brutal waren Unterleib, Genitalien und innere Organe zugerichtet. Die Einschnitte, die ihren Leib öffneten, verliefen gezackt und waren gemischt mit Stichwunden. Ihre linke Niere hatte der Mörder entfernt und mitgenommen, desgleichen die halbe Gebärmutter, die hastig und nachlässig herausgetrennt worden war.

Der Leichnam wies Schnitte in Bauchspeicheldrüse und Milz auf. Eine Wunde in der Vagina erstreckte sich bis zum Rektum. Einstiche im rechten Oberschenkel waren so tief, dass sie die Bänder durchtrennt hatten. All diese Wunden waren weder umsichtig noch planvoll beigebracht worden. Der Ripper hatte offenbar nur Verstümmelung im Sinn gehabt und in blinder Wut gehandelt. All diese Wunden konnte der Mörder Catherine Eddows Leiche in weniger als zehn Minuten zugefügt haben – vielleicht sogar in noch nicht einmal fünf Minuten. Um sich den nötigen Kick zu verschaffen, musste der Ripper jetzt mehr riskieren und wütender zu Werke gehen. Er schien Hohn und Herauforderung – »Kriegt mich, wenn ihr könnt« – auf die Spitze zu treiben.

Der Maler, Kritiker und Sickert-Bewunderer D. S. MacColl schrieb einmal in einem Brief, Walter Sickert werde »sich eines Tages überschätzen«. Er tat es nicht, zumindest nicht zu seinen Lebzeiten. Die Ermittlungsbehörden besaßen nicht die Voraussetzungen, um die materiellen und psychologischen Spuren zu verfolgen, die er bei jedem Mord hinterließ. In den heutigen Ermittlungen wäre die Spurensicherung von vornherein in einer Weise durchgeführt worden, die den Viktorianern wie eine Phantasie von Jules Verne erschienen wäre. Der Tatort, an dem Catherine Eddows ihr Leben gelassen hatte, war problematisch, weil er im Freien auf einem öffentlichen Platz lag, auf dem sich naturgemäß die Spuren vieler Menschen befinden mussten. Die Lichtverhältnisse waren miserabel, und der Sensationswert des Verbrechens musste die Polizeibeamten befürchten lassen, dass weitere Spuren durch Neugierige verwischt würden, die mit Sicherheit zu erwarten waren – selbst lange nachdem der Leichnam in das städtische Leichenschauhaus in der Golden Lane geschafft worden war.

Bei jedem Mord ist das wichtigste Beweisstück der Leichnam. Alle Spuren, die mit ihm verknüpft sind, müssen so gut wie möglich gesichert werden. Wäre Catherine Eddows Leiche heutzutage auf dem Mitre Square entdeckt worden, hätte die Polizei den Tatort sofort abgesperrt, über Funk weitere Beamte herbeigerufen, um das ganze Gebiet abzusichern, und sich mit dem Gerichtsmediziner in Verbindung gesetzt.

Man hätte Scheinwerfer aufgestellt, und Rettungsfahrzeuge wären mit blinkendem Blaulicht eingetroffen. Alle Gänge, Straßen und Gassen, die zum Tatort führen, wären von Polizeibeamten abgesperrt und bewacht worden.

Ein Detektiv oder ein Mitglied der Spurensicherung hätte den Tatort von der Peripherie her auf Videoband festgehalten, wobei er besonders auf Schaulustige geachtet hätte. Es ist durchaus möglich – ich würde sogar darauf wetten –, dass Sickert an jedem Tatort aufgetaucht ist und sich unter die Schaulustigen gemischt hat. Er hätte der Versuchung nicht widerstehen können, die Reaktionen des Publikums zu beobachten. Auf einem Gemälde mit dem Titel *The Fair* at *Night, Dieppe* (»Jahrmarkt bei Nacht, Dieppe«) ist eine Szene abgebildet, die große Ähnlichkeit mit dem Bild haben dürfte, das sich geboten hat, als sich die Schaulustigen um die Tatorte im East End drängten.

The Fair at Night, Dieppe, um 1901, zeigt eine Menschenmenge von hinten, als würden wir sie mit den Augen eines Betrachters sehen, der in einigem Abstand hinter den Neugierigen steht. Ragte nicht von rechts eine Art Karussellzelt in das Bild hinein, gäbe es keinen Grund, das Bild mit einem Jahrmarkt in Verbindung zu bringen. Das Interesse der Menschen muss nicht unbedingt dem Karussell gelten, sondern könnte sich auch auf ein Geschehen richten, das sich in Richtung der Gebäude oder Mietshäuser ereignet.

Sickert hat *The Fair at Night, Dieppe* nach einer Skizze gemalt. Bis er die sechzig überschritten hatte, malte er nur, was er gesehen hatte. Dann begann er nach Fotografien zu arbeiten, als ließe sein Drang, auszugehen und seine Kunst sinnlich zu erfahren, mit seiner sexuellen Energie nach. »Jenseits der 50 kann man nicht mehr arbeiten, als wäre man 40«, räumte Sickert ein.

Ein Jahrmarkt oder ein Faschingstrubel war genau das, was aus den Ripper-Tatorten wurde: Zeitungsjungen riefen Sonderausgaben aus, Händler stellten sich mit ihren Karren ein, und Nachbarn verkauften Eintrittskarten. Der International Working Men's Education Club in der Dorset Street verlangte Eintrittsgeld für das Betreten des Hofes, in dem Elizabeth Stride ermordet worden war, und verwendete dieses Geld zum Druck seiner sozialistischen Traktate. Für einen Penny konnte man einen »Schauerroman« über die Whitechapel-Morde erstehen, der »alle Einzelheiten dieser teuflischen Verbrechen schildert und ein getreuliches Abbild der nächtlichen Schrecken dieser Gegend der Großen Stadt bietet«.

Bei keinem der Ripper-Morde entdeckte man Fußabdrücke oder Spuren, die von den Leichen fortführten, egal, wo sie gefunden wurden. Ich kann mir kaum vorstellen, dass er nicht in Blut getreten ist, wenn es literweise aus den mörderischen Verletzungen sprudelte, die er seinen Opfern beigebracht hatte. Doch ohne Wechsellicht und geeignete chemische Hilfsmittel ließen sich diese blutigen Fußabdrücke nicht sichtbar machen. Winzige Spuren konnten nicht bemerkt werden, und wir dürfen mit Sicherheit davon ausgehen, dass der Ripper Haare, Fasern und andere mikroskopische Teilchen am Tatort und an seinen Opfern zurückließ. Solche mikroskopischen Beweismittel trug er auch am Körper, an den Schuhen und an der Kleidung mit sich davon.

Die Opfer des Rippers wären ein Albtraum für jeden Gerichtsmediziner gewesen, da alle mikroskopischen Spuren von verschiedenen Freiern verunreinigt und gemischt gewesen wären – einschließlich der verschiedenen Samenflüssigkeiten. Das Ganze würde verstärkt durch die beklagenswerte Hygiene dieser Frauen. Trotzdem hätte es irgendeinen Stoff, organischen oder anorganischen Ursprungs, gegeben, bei dem sich eine Auswertung gelohnt hätte. Es ist durchaus denkbar, dass man ungewöhnliche Beweismittel entdeckt hätte. Kosmetische Präparate, die ein Mörder benutzt, werden leicht auf das Opfer übertragen. Hätte Sickert Fettschminke verwendet, um seine Haut dunkler zu tönen, hätte er sich vorübergehend die Haare gefärbt oder falsche Bärte mit Klebstoff befestigt, hätte man solche Substanzen mit Hilfe eines Polarisationsmikroskops, chemischer Analyse oder spektrophotometrischer Methoden wie des Omnichrom-Lichts sichtbar gemacht – Verfahren, wie sie der forensischen Wissenschaft heute zur Verfügung stehen.

Einige Farbstoffe in Lippenstiften sind mit wissenschaftlichen Methoden so genau zu bestimmen, dass sich sogar Marke und Handelsbezeichnung der Farbe feststellen lassen. Sickerts Fettschminken und die Farben aus seinem Atelier wären dem Rasterelektronenmikroskop, der Mikrostrahl-Analyse, dem Röntgendiffraktometer und der Dünnschichtchromatographie nicht entgangen, um nur einige wenige der heutigen Hightech-Hilfsmittel zu nennen. Als wir Sickerts Gemälde *Broadstairs* (1920) im Virginia Institute of Forensic Science and Medicine unter zerstörungsfreiem Wechsellicht untersuchten, leuchtete die Temperafarbe darauf neonblau auf. Hätte Sickert mikroskopische Reste einer ähnlichen Temperafarbe von seiner Kleidung oder seinen Händen auf eines der Opfer übertragen, hätte unser Omnichrom-Gerät sie entdeckt, und es hätte sich eine chemische Analyse angeschlossen.

Hätte man Künstlerfarbe an einem der Mordopfer gefunden, wäre das ein entscheidender Durchbruch in den Ermittlungen gewesen. Wäre es in viktorianischer Zeit möglich gewesen, Farbpartikel im Blut eines Opfers nachzuweisen, wäre die Polizei vielleicht nicht so rasch bei der Hand gewesen mit der Vermutung, Jack the Ripper sei ein Schlachter, ein geistesgestörter Pole, russischer Jude oder ein verrückter Medizinstudent. Auch der Fund von Resten, die auf kosmetische Mittel oder Klebstoffe hindeuteten, hätte wichtige Fragen aufgeworfen. Die Messer, die an ganz verschiedenen Orten auftauchten, hätten Antworten geliefert, statt nur Fragen zu stellen.

Eine chemische Schnellanalyse hätte gezeigt, ob es sich bei dem getrockneten rötlichen Material auf den Klingen um

Blut oder nur um Rost oder einen anderen Stoff handelte. Mit Präzipitintests, die auf Antikörper reagieren, hätte man ermittelt, ob es sich um menschliches Blut handelte, und die DNA schließlich hätte mit dem genetischen Profil eines der Opfer übereingestimmt oder nicht. Möglicherweise hätte man auch latente Fingerabdrücke auf einem Messer gefunden. Unter Umständen hätte die DNA des Mörders bestimmt werden können, wenn sich Jack the Ripper geschnitten oder in ein Taschentuch geschwitzt hätte, das er um einen Messergriff gewickelt hatte.

Man hätte Haare vergleichen und auf nichtnukleäre oder mitochondriale DNA untersuchen können. Die Abdrücke, die von der Waffe im Knorpel- oder Knochengewebe hinterlassen wurden, hätte man mit jeder entdeckten Waffe verglichen. All das würde heute geschehen, allerdings wissen wir nicht, wie viel Sickert wissen würde, beginge er seine Morde in der Gegenwart. Bekannte bescheinigten ihm eine wissenschaftliche Denkweise. Seine Gemälde und Radierungen bewiesen beträchtliche technische Fertigkeiten.

Manche seiner Zeichnungen fertigte er in einem Bilanzbuch an, wie Kaufleute es verwenden, mit Spalten für Pfund, Shilling und Penny. Auf der Rückseite anderer Zeichnungen finden sich mathematische Kritzeleien, offenbar Preiskalkulationen, die Sickert anstellte. Kritzeleien ganz ähnlicher Art gibt es auf einem linierten Zettel, auf dem der Ripper einen Brief schrieb. Offenbar hat er dort einen Preis für Kohle berechnet.

Sickerts Kunstwerke waren exakt kalkuliert, und das waren auch seine Verbrechen. Ich vermute stark, dass er heutzutage über den Stand der forensischen Wissenschaft genau Bescheid gewusst hätte, genauso wie er wusste, was im Jahr 1888 möglich war – Handschriftenvergleiche, Identifizierung durch körperliche Merkmale und durch »Fingerspuren«. Sicherlich hat er auch um die Gefahren sexuell übertragbarer Krankheiten gewusst und sich den Körperflüssigkeiten seiner Opfer so wenig wie möglich ausgesetzt. Vielleicht hat er bei den Morden Handschuhe getragen und seine blutige Kleidung so rasch wie möglich ausgezogen. Er könnte Stiefel mit Gummisohlen getragen haben, die auf der Straße kein Geräusch machten und leicht zu reinigen waren. In einer Gladstone-Tasche konnte er Kleidung zum Wechseln, Verkleidungen und Waffen mit sich führen. Er hätte Gegenstände in Zeitungspapier wickeln und verschnüren können.

Am Tag nach dem Mord an Mary Ann Nichols – am Samstag, dem 1. September – berichteten der *Daily Telegraph* und der *Weekly Dispatch* von einem sonderbaren Erlebnis, das ein Milchmann nach eigenem Bekunden gegen 23 Uhr in der Nacht zuvor gehabt hatte, also wenige Stunden vor dem Mord an Mary Ann. Der Laden des Milchmanns lag in der Little Turner Street unweit der Commercial Road, und er berichtete der Polizei, ein Fremder mit einer glänzenden schwarzen Tasche sei zur Tür hereingekommen und habe für einen Penny Milch verlangt, die er in einem Zuge ausgetrunken habe.

Dann fragte er, ob er den Schuppen des Milchmanns für einen Augenblick benutzen dürfe, und während sich der Fremde darin aufhielt, sah der Milchmann etwas Weißes aufblitzen. Er ging nachsehen und beobachtete, wie sich der Fremde »einen weißen Overall – wie ihn Ingenieure tragen –« über die Hose zog und rasch über seinen schwarzen Cutaway streifte, während er sagte: »Ist es nicht ein schrecklicher Mord?« Er griff nach seiner schwarzen Tasche und lief auf die Straße, wobei er ausrief: »Ich glaube, ich habe eine Spur!«

Der Milchmann gab das Alter des Mannes mit etwa 28 Jahren an. Er habe eine rötliche Hautfarbe gehabt, einen Dreitagebart, dunkles Haar, große, starrende Augen und habe wie ein »Büroangestellter« oder »Student« gewirkt. Mit Overalls oder Jacken in Weiß – so wie sie »Ingenieure« trugen – schützte Sickert seine Kleidung, wenn er in seinem Atelier malte. Zwei dieser weißen Overalls werden im Tate-Archiv aufbewahrt, dem sie von der Familie seiner zweiten Frau gestiftet wurden.

Noch verdächtiger erscheint die Geschichte des Milchmanns, wenn man andere Kleidungsbeschreibungen in den Nachrichten nach den Morden an Elizabeth Stride und Catherine Eddows verfolgt. Am Tag nach diesen Morden – am Montag, dem 1. Oktober – um neun Uhr entdeckte ein Mr. Chinn, seines Zeichens Besitzer der Nelson Tavern in Kentish Town, ein in Zeitungspapier eingewickeltes Paket hinter der Tür eines Nebengebäudes hinter der Taverne. Er schenkte dem Paket keine Beachtung, bis er von dem Mord an Elizabeth Stride las und ihm die Bedeutung des Pakets in seinem Nebengebäude klar wurde: Es entsprach der Beschreibung des Pakets in der Hand jenes Mannes, von dem es hieß, er habe mit Elizabeth keine halbe Stunde vor ihrem Tod gesprochen.

Daraufhin begab sich Mr. Chinn zum Polizeirevier Kentish Town Road und meldete die Angelegenheit. Als ein Detektiv in der Taverne eintraf, war das Paket auf die Straße gestoßen worden und aufgeplatzt. Darin befand sich eine blutgetränkte Hose. An den getrockneten Blutflecken auf dem Zeitungspapier klebten Haare. Eine genauere Beschreibung der Haare oder des Zeitungspapiers scheint es nicht zu geben. Die Hose wurde anschließend von einem Stadtstreicher mitgenommen. Ich vermute, der Detektiv hatte keine Verwendung mehr für das Kleidungsstück und ließ es einfach auf der Straße liegen.

Die Beschreibung des Mannes mit dem in Zeitungspapier eingeschlagenen Paket, den Police Constable William Smith im Gespräch mit Elizabeth Stride beobachtete, ähnelt der Beschreibung, die der Milchmann der Polizei gab: Beide Männer waren von dunkler Hautfarbe, sauber rasiert oder trugen zumindest keinen Bart und waren ungefähr 28 Jahre alt. Die Nelson Tavern in Kentish Town lag ungefähr drei Kilometer von Sickerts Wohnung in South Hampstead entfernt. Seine Haut war weder dunkel noch vom Wetter gegerbt, aber es wäre ihm ein Leichtes gewesen, sich entsprechend zu schminken. Auch dunkle Haare hatte er nicht, aber Schauspieler tragen Perücken und färben sich die Haare.

Es wäre nicht schwer gewesen, Pakete oder sogar Gladstone-Taschen an versteckten Orten zurückzulassen, und man muss bezweifeln, dass es Sickert etwas ausgemacht hätte, wenn die Polizei eine blutige Hose entdeckt hätte. Damals konnte man keine nützlichen Informationen aus einem solchen Kleidungsstück gewinnen, wenn es nicht irgendeine Kennzeichnung trug, mit deren Hilfe sich der Besitzer ausfindig machen ließ.

Gesichtsverstümmelungen können außerordentlich entlarvend sein, und ein forensischer Psychologe oder ein Profiler hätte diesen Wunden in Catherine Eddows Gesicht, die sie, wie Donald Swanson sagte, »fast bis zur Unkenntlichkeit« verunstalteten, höchste Bedeutung beigemessen. Das Gesicht ist der Mensch, die Person. Es zu verstümmeln ist ein persönlicher Akt. Oft kommt es zu dieser Art von Gewalt, wenn Opfer und Angreifer einander kennen, das muss aber nicht der Fall sein. Sickert pflegte Gemälde, die er vernichten wollte, in Fetzen zu schneiden. Einmal forderte er seine Frau Ellen auf, ihm zwei gekrümmte, scharfe Messer zu besorgen, genau solche, sagte er, wie man sie zum Beschneiden von Pflanzen verwende.

Das geschah in Paris, jedenfalls laut der Geschichte, die Sickert dem Schriftsteller Osbert Sitwell erzählte. Sickert sagte, er habe die Messer gebraucht, um Whistler beim Zerschneiden von Gemälden zu helfen. Der Meister war oft unzufrieden mit seiner Arbeit, und wenn alles andere nichts brachte, zerstörte er seine Kunstwerke. Verbrennen war eine Methode. Das Zerschneiden der Bilder eine andere. Als Lehrling hat Sickert sicherlich, wie er behauptete, beim Zerstören der Leinwände geholfen, vielleicht sogar mit genau den Messern, von denen er Sitwell erzählte. Wann genau diese Messer gekauft wurden, lässt sich nicht mehr feststellen, höchstwahrscheinlich zwischen 1885 und 1887 oder Anfang 1888. Vor 1885 war er noch nicht verheiratet. 1888 heiratete Whistler, und seine Beziehung zu Sickert lockerte sich, um zehn Jahre später ganz zu enden.

Ein Künstler, der ein Bild zerstört, das er hassen gelernt hat, hat eine gewisse Ähnlichkeit mit einem Mörder, der das Gesicht seines Opfers zerstört. Die Zerstörung könnte das Bemühen sein, ein Objekt aus der Welt zu schaffen, das dem Maler Frustration und Wut bereitet hat. Oder es könnte der Versuch sein, zu vernichten, was man nicht besitzen kann, sei es künstlerische Vollkommenheit oder einen anderen Menschen. Wenn es einen nach sexueller Erfüllung verlangt, man sie aber nicht haben kann, dann bedeutet die Zerstörung des Objekts der Begierde, dafür zu sorgen, dass es nicht mehr begehrenswert ist.

Abend für Abend betrachtete Sickert sexuell aufreizende Darbietungen in Varietétheatern. Oft zeichnete er in seiner Laufbahn als Maler nackte weibliche Modelle. Er war allein mit ihnen hinter den geschlossenen Türen der Ateliers, starrte sie an, berührte sie sogar, aber besaß sie nie, außer mittels Bleistift, Pinsel oder Spachtel. Er war fähig zu sexuellem Verlangen, aber völlig unfähig, es zu befriedigen. Seine Frustration muss quälend und mörderisch gewesen sein. Anfang der 1920er Jahre malte er Porträts einer jungen Kunststudentin namens Cicely Hey, und eines Tages, als er allein mit ihr im Atelier war, setzte er sich neben sie aufs Sofa und begann völlig unmotiviert ohne jede Vorwarnung oder Erklärung zu schreien.

Eines der Porträts, die er von ihr malte, ist *Death and the Maiden* (»Der Tod und das Mädchen«). Irgendwann zwischen den 1920er Jahren und seinem Tod 1942 schenkte er ihr *Jack the Ripper's Bedroom*. Wo sich das Bild seit 1908, als es entstanden war, befunden hat, scheint niemand zu wissen. Warum er es Cicely Hey schenkte, ist ebenfalls ein Rätsel, wenn wir nicht annehmen wollen, dass er in Bezug auf ihre Person gewalttätige sexuelle Phantasien entwickelte. Ob sie es merkwürdig fand, dass Sickert ein so unheilverkündendes Werk mit einem solch unheilverkündenden Titel schuf, ist mir nicht bekannt.

Vielleicht war einer der Gründe, warum Sickert hässliche Modelle bevorzugte, dass er Fleisch um sich haben wollte, welches er nicht begehrte. Vielleicht waren Mord und Verstümmelung eine wirkungsvolle Katharsis für seine Frustration und Wut, eine Möglichkeit, sein Verlangen zu zerstören. Das soll nicht heißen, dass er Prostituierte begehrte. Aber sie standen für Sexualität. Sie standen für seine unmoralische Großmutter, die irische Tänzerin, deren Schuld es – in Sickerts verdrehter Psyche – war, dass er mit seiner schweren Missbildung geboren wurde. Es lassen sich Spekulationen finden, die vernünftig klingen, aber sie werden nie die ganze Wahrheit wiedergeben. Warum jemand das Leben so verachtet, dass er Freude daran hat, es zu zerstören, lässt sich nicht verstehen.

Die Theorie, dass allen Opfern die Kehle erst durchgeschnitten wurde, nachdem sie zu Boden geworfen worden waren, wurde auch noch nach den Morden an Elizabeth Stride und Catherine Eddows vertreten. Die Ärzte und Polizisten gewannen aus den Mustern der Blutspuren die Überzeugung, die Frauen könnten nicht gestanden haben, als der Mörder ihnen die Halsschlagader durchtrennte. Vermutlich nahmen die Ärzte an, dass man die Spuren der arteriellen Blutung in einer gewissen Entfernung und einer gewissen Höhe hätte finden müssen, wenn die Opfer gestanden hätten. Vielleicht vermutete man auch, dass die Opfer sich zum Geschlechtsverkehr hingelegt hätten.

Die Prostituierten waren eher abgeneigt, sich aufs harte Pflaster oder ins nasse Gras zu legen, und die Ärzte interpretierten die Muster der Blutspuren nicht auf der Basis wissenschaftlicher Methoden. In modernen Laboratorien führen Fachleute routinemäßig Experimente durch, um herauszufinden, wie Blut nach den Gesetzen der Physik tropft, fliegt, sprüht, sprudelt und spritzt. 1888 opferte niemand, der an den Ripper-Fällen arbeitete, seine Zeit dafür, herauszufinden, wie weit oder wie hoch der Bogen ist, den Blut beschreibt, wenn einem aufrecht stehenden Menschen die Halsschlagader durchtrennt wird.

Niemand wusste etwas von dem rückwärtigen Tropfmuster, das durch die wiederholte Ausholbewegung mit einer Stichwaffe entsteht. Offenbar haben die Ärzte, die sich mit den Tatorten beschäftigten, nicht in Erwägung gezogen, dass Jack the Ripper den Opfern gleichzeitig die Kehle durchgeschnitten und sie rückwärts zu Boden gezogen haben könnte. Die Ermittler scheinen sich nicht überlegt zu haben, dass der Ripper sorgfältige Vorkehrungen getroffen haben könnte, um sich nicht blutbefleckt in der Öffentlichkeit zu zeigen, indem er sich rasch seiner blutigen Kleidungsstücke, Overalls oder Handschuhe entledigte und sich in eines seiner »Rattenlöcher« zurückzog, um sich zu säubern.

Sickert hatte Angst vor Krankheiten. Er litt unter Sauberkeitszwang und wusch sich ständig die Hände. Wenn er aus Versehen den Hut eines anderen aufsetzte, wusch er sich sofort Gesicht und Haare. Bestimmt wusste Sickert über Krankheitserreger, Infektionen und Krankheiten Bescheid. Ihm dürfte auch klar gewesen sein, dass man nicht unbedingt Oral-, Vaginal- oder Analverkehr haben musste, um sich solche Krankheiten zuzuziehen. Er wird gewusst haben, dass Blut, welches ihm ins Gesicht spritzte oder von seinen Händen auf Augen, Mund oder eine offene Wunde übertragen wurde, Böses anrichten konnte. Jahre später machte er sich große Sorgen, weil er glaubte, er litte unter einer sexuell übertragenen Krankheit, die sich jedoch als Gicht erwies.

EIN GROßARTIGER SCHERZ

Um drei Uhr morgens am 30. September patrouillierte der Polizeibeamte Alfred Long von der Metropolitan Police durch die Goulston Street in Whitechapel.

Die Division H gehörte normalerweise nicht zu seiner Runde, doch er war zum Einsatz gerufen worden, weil Jack the Ripper gerade zwei weitere Frauen ermordet hatte. Long kam an mehreren dunklen Gebäuden vorbei, die von Juden bewohnt wurden, leuchtete mit seiner Blendlaterne in Gänge hinein und lauschte auf ungewöhnliche Geräusche. Das schwache Licht fiel in einen dunklen Gang, der in ein Gebäude führte, und beleuchtete ein Stück dunkel geflecktes Tuch auf dem Boden. Darüber stand in weißer Kreide auf dem schwarzen Mauersockel:

The Juwes are
The men That
Will not
be Blamed
for nothing.[13]

Long hob den Tuchfetzen auf. Er war nass von Blut. Sogleich durchsuchte er die Treppenhäuser von Nr. 100 bis 119. In Catherine Eddows Coroner-Untersuchung räumte er später ein: »Ich habe keine Befragungen in den Mietwohnungen der Gebäude durchgeführt. Es gab sechs oder sieben Trep-

---

[13] Die Juden sind/Die Menschen, denen/man keine Schuld gibt/wegen nichts. (Übersetzung ohne Berücksichtigung der fehlerhaften englischen Orthographie.)

penhäuser, die ich alle durchsucht habe, ohne Blutspuren oder Fußabdrücke zu finden.«

Er hätte alle Wohnungen im Gebäude überprüfen müssen. Es ist denkbar, dass das Stück Schürze auf dem Weg ins Gebäude fallen gelassen wurde. Der Ripper hätte dort wohnen können. Möglicherweise hatte er sich dort versteckt. Long holte sein Notizbuch hervor und schrieb den Kreidespruch an der Mauer ab, dann lief er zum Polizeirevier Commercial Road. Er musste über seinen Fund Bericht erstatten, und er hatte keinen Partner bei sich. Vielleicht hatte er Angst.

Am selben Durchgang in der Goulston Street war Police Constable Long um 2 Uhr 20 vorbeigekommen, und er schwor, das Stück Schürze habe zu diesem Zeitpunkt noch nicht dort gelegen. Allerdings sagte er bei der Coroner-Untersuchung aus, er könne nicht sagen, ob die Kreidebotschaft auf der Mauer erst »vor ganz kurzer Zeit« geschrieben worden sei. Vielleicht stand der rassistische Spruch schon eine Zeit lang dort, und es war einfach Zufall, dass der blutige Schürzenfetzen darunter gefunden worden war. Die allgemeine und vernünftige Auffassung war stets, der Ripper habe die bösen Worte unmittelbar nach dem Mord an Catherine Eddows an die Wand geschrieben. Es ist kaum vorstellbar, dass eine Verunglimpfung von Juden viele Stunden oder Tage im Gang eines Gebäudes stehen blieb, das von Juden bewohnt wurde.

Die Schrift an der Wand blieb ein sehr strittiger Punkt in der Geschichte der Ripper-Fälle. Die Botschaft – vermutlich vom Ripper hingeworfen – war in lesbarer Handschrift geschrieben. In den Akten der Metropolitan Police im Public Record Office fand ich zwei Versionen davon. Long war sehr sorgsam. Die Kopien, die er in sein Notizbuch übertrug, sind fast identisch, was darauf schließen lässt, dass sie genaue Abbilder dessen sind, was er in Kreide vor sich sah. Seine Faksimiles gleichen Sickerts Handschrift. Die großen »T«s haben frappierende Ähnlichkeit mit denen des Ripper-Briefs vom

25. September. Doch es ist heikel – und ohne Wert vor Gericht –, eine Schrift zum Vergleich heranzuziehen, die eine »Kopie« ist, egal, wie sorgfältig sie angefertigt wurde.

Man hat immer wieder versucht, die Schrift an der Wand zu entschlüsseln. Warum wurde die Schreibweise »Juwes« und nicht »Jews« gewählt? Vielleicht war die Inschrift einfach eine Kritzelei, die keinen anderen Zweck hatte, als eben die Aufregung hervorzurufen, die sie tatsächlich auslöste. Der Ripper schrieb gern. Er sorgte dafür, dass seine Existenz zur Kenntnis genommen wurde. Genau dasselbe machte Sickert, und auch er hatte die Angewohnheit, Kreidenotizen auf die dunklen Wände seiner Ateliers zu kritzeln. Es gibt kein Foto von der Inschrift auf der Mauer in Catherine Eddows Fall, weil Charles Warren darauf bestand, sie sofort zu entfernen. Es war kurz vor Sonnenaufgang, und hätten die Juden den Kreidespruch erblickt, wäre die Hölle los gewesen.

Noch einen Aufruhr konnte Warren wahrlich nicht gebrauchen. So traf er eine weitere törichte Entscheidung. Während seine Polizeibeamten ungeduldig auf das Eintreffen der unhandlichen Kamera warteten, schickten sie Warren eine Nachricht, in der sie ihm vorschlugen, die erste Zeile, die das Wort »Juwes« enthielt, abzuschrubben und den Rest für einen Handschriftenvergleich stehen zu lassen. Kommt überhaupt nicht Frage, lautete Warrens Antwort. Die Schrift sei *sofort* zu entfernen. Der Tag brach an. Das Haus wurde lebendig, die Kamera war noch nicht da, und die Schrift wurde gelöscht.

Niemand zweifelte daran, dass der Schürzenfetzen, den Constable Long gefunden hatte, aus der weißen Schürze ausgeschnitten worden war, die Catherine über ihrer Kleidung getragen hatte. Dr. Gordon Brown erklärte, er könne leider nicht sagen, ob das Blut von einem Menschen stamme – obwohl sich das St. Bartholomew's, das älteste Krankenhaus Londons mit der besten Medizinischen Hochschule, gleich nebenan in der City of London befand. Dr. Brown hätte das blutige Stück Schürze einem Mikroskopierer schicken können. Wenigstens dachte er daran, die beiden Enden von Catherines Magen zuzubinden und ihn einer chemischen Analyse unterziehen zu lassen, um festzustellen, ob Betäubungsmittel vorhanden waren. Das war nicht der Fall. Der Ripper setzte seine Opfer nicht mit Betäubungsmittel außer Gefecht.

Ich nehme an, Dr. Brown oder die Polizei maß der Frage, ob es sich um menschliches Blut handelte, keine Bedeutung bei. Das ausgeschnittene, blutgetränkte Stück Stoff schien in eine Lücke zu passen, die in Catherines Schürze klaffte. Der Beweis, dass es sich um Menschenblut handelte, wäre im Fall einer Verhandlung gegen einen Verdächtigen nicht ins Gewicht gefallen. Vielleicht war es sogar eine kluger Schachzug der Ermittlung, das Blut nicht zu testen. Hätte man festgestellt, dass es sich um Menschenblut handelte, wäre damit immer noch nicht bewiesen gewesen, dass es von Catherine stammte.

Die Polizei gelangte zu dem Schluss, der Mörder habe ein Stück Schürze abgeschnitten, um sich damit Blut und Kot von den Händen zu wischen. Aus unerfindlichen Gründen habe er das beschmutzte Tuch bei sich behalten, als er die Grenzen der City verlassen und sich wieder nach Whitechapel begeben habe. Er habe sich in den Eingang des Gebäudes in der Goulston Street geschlichen, um den Spruch an die Mauer zu schreiben, und erst dann daran gedacht, den beschmutzen Schürzenfetzen fortzuwerfen – vielleicht als er in einer Tasche nach einem Stück Kreide gekramt habe, das er zufällig bei sich gehabt habe.

Weder wurde das blutige Stück Schürze als Teil des wohl durchdachten Spiels des Rippers aufgefasst, noch betrachtete man seinen Besuch in der Goulston Street als Element seiner fortwährenden Verspottung der Polizei. Warum hat sich die Polizei eigentlich nicht gefragt, was der Mörder für einen Grund hatte, ein Stück Kreide mit sich herumzutragen? Hatten die Bewohner des East End gewohnheitsmäßig Kreide bei sich, ja, besaßen sie überhaupt welche? Vielleicht hätte man in Erwägung ziehen müssen, dass der Ripper, wenn er ein Stück Kreide mitnahm, von vornherein die Absicht gehabt haben könnte, nach dem Mord die rassistische Botschaft – oder etwas Ähnliches – an die Mauer zu schreiben.

Für den Ripper bedeutete der Rückweg vom Mitre Square zur Goulston Street, dass er praktisch an den Schauplatz des Mordes an Elizabeth Stride zurückkehrte. Höchstwahrscheinlich führte ihn sein Weg vom Mitre Square über Church Passage, Houndsditch, Gravel Lane und Stoney Lane zur Petticoat Lane, wohin Sickert viele Jahre später, mit seiner Gladstone-Tasche bewaffnet, Marjorie Lilly und ihre Freundin bei jenem denkwürdigen und schaurigen Streifzug im Nebel entführte. Die Polizei war konsterniert von dieser Frechheit des Mörders. Auf dem Platz wimmelte es von Polizeibeamten und Detektiven. Die Ermittlungsbehörden wären besser beraten gewesen, sich um den dreisten Rückweg des Mörders und das Stück Kreide Gedanken zu machen, als sich den Kopf über die Bedeutung der Schreibweise »Juwes« zu zerbrechen.

»Schmück mich mit 8 Anzügen, und trag viele Hüte«, schrieb der Ripper in einem 81-zeiligen Gedicht, das er ein Jahr später am 8. November an den »Superintendent of Great Scotland Yard« schickte. »Der Mann ist toll: schnell und hinterlässt keine Spuren.« Sein Ziel sei es, »die schmutzigen, abscheulichen Huren der Nacht zu vernichten;/traurig, verloren, geschlagen, zerlumpt und dünn,/immer in Theatern und Varietés und immer wild auf den höllischen Gin.«[14]

Für Walter Sickert wäre es ein weiteres höhnisches »Ha Ha« gewesen, zum Schauplatz des Mordes an Elizabeth Stride zurückzukehren und einen Beamten zu fragen, was los sei.

---

[14] to destroy the filthy hideous whores of the night'; / Dejected, lost, cast down, ragged, and thin, / Frequenters of Theatres, Music-halls and drinkers of Hellish Gin

Im selben Gedicht von 1889 brüstet sich der Ripper: »Ich sprach mit einem Polizisten, der den Anblick sah,/Und er sagte, dass es der nächtliche Schinder war .../Ich meinte, ihr solltet es endlich kriegen, das Schwein;/noch ein Wort, Bürschchen, und ich buchte dich ein.«[15]

»Eines Nachts, die lang schon her, / Plauderte ich mit einem Polizisten munter/und ging mit ihm die High Street runter.«[16] Das Gedicht von 1889 wurde »mit den anderen abgelegt«. Man achtete weder auf die besondere Art der Druckschrift noch auf die ziemlich geschickten Reime, die nicht von einem ungebildeten oder geistesgestörten Verfasser stammen konnten. Die Anspielung auf Theater und Varietés als Orte, an denen der Ripper »Huren« entdeckte, hätte ein Hinweis sein können. Vielleicht hätte man ein oder zwei verdeckte Ermittler in solche Etablissements schicken können. Sickert verbrachte viele Abende in Theatern und Varietés. Geisteskranke, verarmte Schlachtergesellen und East-End-Schläger taten das wahrscheinlich nicht.

In dem Gedicht von 1889 berichtet der Ripper, er lese »Zeitungen« und sei empört darüber, dass man ihn »wahnsinnig« nenne. Er erklärt: »Ich arbeite immer allein«, womit er der verbreiteten Theorie entgegentrat, der Ripper könnte einen Komplizen haben. Weiter behauptet er, nicht zu »rauchen, zu saufen oder Gin anzurühren«. Zu übermäßigem Alkoholgenuss neigte Sickert in diesem Abschnitt seines Lebens gewiss nicht. Wenn er überhaupt trank, dann gewiss keinen gepanschten Gin. Er rauchte keine Zigaretten, liebte allerdings Zigarren, was bei ihm in späteren Jahre fast zur Sucht wurde.

---

[15] I spoke to a policeman who saw the sight, / And informed me it was done by a Knacker in the night ... / I told the man you should try and catch him; / Say another word old Chap I'll run you in.

[16] One night hard gone I did a policeman meet – / Treated and walked with him down High St.

»Obwohl *(Altho)* selbst beigebracht«, erklärt der Ripper, »kann ich schreiben und lesen.«

Teilweise ist das Gedicht schwer zu entziffern, so könnte *Knacker* (Schinder) zweimal verwendet worden sein oder in einem der beiden Verse auch *Knocker* heißen. *Knacker* war ein umgangssprachlicher Ausdruck für »Pferdeschlachter«, während man als *Knocker* jemanden bezeichnete, der besonders elegant oder auffällig gekleidet war. Sickert war kein Pferdeschlachter, aber die Polizei hatte öffentlich die Vermutung geäußert, dass der Ripper einer sein könnte. Die Dichtkunst gehörte sicherlich nicht zu Sickerts größten Gaben, was ihn aber nicht davon abhielt, ein oder zwei Reime in Briefe einzuflechten oder alberne, eigene Texte zu populären Melodien zu singen.

»Ich habe ein Gedicht auf Ethel geschrieben«, erklärte er Jahre später, als seine Freundin Ethel Sands als Freiwillige zum Roten Kreuz ging.

Mit der Spritze dir zur Zier
Und dem Thermometer im Kittel
Wirst heilen manch' jungen Offizier
Voll Stolz auf die medizin'schen Mittel[17]

In einem anderen Brief notiert er eine Strophe über den »endlos triefenden Nieselregen« in der Normandie:

Er kann nicht ewig weitergehen,
Er würde, wenn er könnte,
Doch warum darüber reden,
Denn er könnt's nicht, wenn er's würde[18]

---

[17] With your syringe on your shoulder / And your thermometer by your side / You'll be curing some young officer / And making him your pride

[18] It can't go on for ever / It would if it could/But there is no use talking / For it couldn't if it would

In einem Ripper-Brief, der im Oktober 1896 im Polizeirevier Commercial Street in Whitechapel einging, macht er sich über die Polizei lustig, indem er zitiert: »›The Jewes are people that are blamed for nothing.‹[19] Ha Ha, habt Ihr das schon einmal gehört.« Diese Schreibweise von *Jews* war während der Coroner-Untersuchung über den Mord an Catherine Eddows Gegenstand heißer Debatten. Wiederholt fragte der Coroner die Polizeibeamten, ob das Wort an der Mauer *Juwes* oder *Jewes* gewesen sei. Obwohl man den Ripper 1896 bereits für tot hielt – jedenfalls laut Chief Constable Melville Macnaghten –, beschäftigte der Brief von 1896 die Polizei hinreichend, um eine Flut von Aktennotizen hervorzurufen.

»Empfehle hiermit Ihrer geschätzten Aufmerksamkeit beigefügten Brief, der am 14. d. M. per Post einging. Er ist mit Jack the Ripper unterzeichnet und bekundet, dass der Verfasser gerade aus dem Ausland zurückgekehrt sei und weiterzumachen gedenke, wenn er die Möglichkeit erhalte«, schrieb Inspektor George Payne in seinem Bericht vom Revier Commercial Street. »Der Brief scheint denen zu gleichen, die in den Jahren 1888 und 1889 während der Mordserie in diesem Bezirk eingingen. Die Polizeibeamten sind angewiesen, die Augen offen zu halten.«

An alle Polizeireviere wurden Telegramme mit der Aufforderung geschickt, »die Augen offen zu halten, aber gleichzeitig nichts über die Information verlauten zu lassen. Der Absender hält den Brief zweifellos für einen großartigen Scherz auf Kosten der Polizei.« Am 18. Oktober 1896 schrieb ein Chefinspektor in einem Central Officer's Special Report, er habe den letzten Brief mit alten Jack-the-Ripper-Briefen verglichen und »keine Ähnlichkeiten in der Handschrift festgestellt, ausgenommen die beiden bekannten Mitteilungen, die an das Central News Office geschickt wurden, ein Brief vom 25.9.88 und eine Postkarte mit einem Stempel vom 1.10.88«.

---

[19] Die Juden sind Menschen, die man wegen nichts beschuldigt.

Der Bericht des Inspektors enthält einen eklatanten Widerspruch: Zunächst sagt er, es gebe keine Ähnlichkeiten zwischen dem neuen Brief und den zehn oder elf Jahre alten Schreiben des Rippers, dann geht er aber doch auf Ähnlichkeiten ein: »Ich finde viele Übereinstimmungen in der Form der Briefe. Beispielsweise ähneln sich die ›y‹s, die ›t‹s und die ›w‹s in hohem Maße. Dann gibt es mehrere Wörter, die in beiden Dokumenten vorkommen.« Doch in seiner Schlussfolgerung kommt der Chefinspektor zu dem Ergebnis: »Ich bitte, darauf hinweisen zu dürfen, dass ich diesem Brief keinerlei Bedeutung beimesse.« CID-Chef Donald Swanson schloss sich seiner Meinung an. »Nach meiner Ansicht«, notierte er unter dem Bericht des Inspektors, »sind die Handschriften nicht dieselben … Ich bitte darum, den Brief zu den anderen abzulegen. Es wäre bedauerlich, wenn er in Umlauf käme.«

Der Brief von 1896 wurde von der Polizei nicht als echt angesehen und deshalb nicht in den Zeitungen veröffentlicht. Der Ripper wurde in Acht und Bann getan und exorziert. Es gab ihn nicht mehr. Vielleicht hatte es ihn nie gegeben, vielleicht war er nur ein Dämon, der ein paar Prostituierte umgebracht hatte, und all diese Briefe stammten von Spinnern. Ironischerweise wurde Jack the Ripper wieder ein »Mr. Nemo«, ein Herr Niemand, zumindest für die Polizei, die mit dieser Verleugnung höchst bequem leben konnte.

Man hat oft gefragt – und ich nehme an, diese Frage wird immer gestellt werden –, ob Sickert neben den Morden, von denen man annimmt, dass sie Jack the Ripper verübt hat, noch andere begangen hat. Es ist untypisch für Serienmörder, unvermittelt mit ihren Untaten zu beginnen und ebenso plötzlich wieder aufzuhören. Der Ripper bildete keine Ausnahme, und wie andere Serienmörder grenzte er seine Verbrechen auch nicht auf einen kleinen Bezirk ein, vor allem nicht auf ein von verstärkten Polizeikräften überwachtes

Gebiet, in dem Tausende verängstigter Bewohner nach ihm Ausschau hielten. Es wäre unglaublich gefährlich gewesen, wenn er sich in Briefen zu jedem Mord bekannt hätte, den er beging, und ich glaube nicht, dass der Ripper es tat. Sickert genoss den Ruhm und das Spiel. Aber zunächst und vor allem hatte er das Bedürfnis, zu töten und nicht gefasst zu werden.

Elf Monate nach dem Ripper-Brief von 1896 verschwand die zwanzigjährige Emma Johnson am Mittwoch, dem 15. September, in den frühen Abendstunden, als sie in der Nähe von Windsor, etwa zwanzig Kilometer westlich von London, spazieren ging. Am folgenden Tag entdeckten zwei Frauen, die in der Nähe der Maidenhead Road Brombeeren pflückten, zwei schmutzige Unterröcke, ein blutiges Unterhemd und eine schwarze Jacke in einem Graben unter einem Gebüsch.

Am Freitag, dem 17. September, wurde Emmas Verschwinden der Polizei von Berkshire gemeldet, die sofort eine Suchaktion startete. Die Kleidungsstücke wurden als Emmas Besitz identifiziert, und am Sonntag fand ein Arbeiter auf demselben Feld, auf dem die Frauen Brombeeren gepflückt hatten, in einem Graben einen Rock, ein Mieder, einen Kragen und Manschetten. An den Ufern eines toten Arms der Themse entdeckte Emmas Mutter zwei Korsett-stangen aus dem Mieder ihrer Tochter. Daneben befanden sich im Boden die Abdrücke von Frauenstiefeln und Schleif-spuren, offenbar von jemandem verursacht, der einen schweren Gegenstand zum schlammigen Wasserlauf ge-schleppt hatte.

Die Polizei durchsuchte den toten Arm und entdeckte vie-reinhalb Meter vom Ufer entfernt einen mit Schlamm bedeckten nackten Leichnam. Die Johnsons identifizierten ihn als ihre Tochter. Ein Arzt untersuchte Emmas Leiche im Haus der Familie und gelangte zu dem Schluss, sie sei am rechten Arm gepackt worden und habe einen Schlag auf den

Kopf erhalten, um sie außer Gefecht zu setzen, bevor ihr der Mörder die Kehle durchgeschnitten habe. Irgendwann habe er ihr die Kleider ausgezogen. Dann habe der Mörder die Leiche zum toten Flusslauf geschleppt und sie ins Wasser geschoben oder geworfen. Maidenhead Road war ein bekannter nächtlicher Treffpunkt für Liebespaare.

Es gab keinen Verdächtigen, und der Mord wurde nie aufgeklärt. Nichts beweist, dass er von Walter Sickert begangen wurde. Ich weiß nicht, wo er sich im September 1897 aufhielt, jedenfalls befand er sich nicht in Gesellschaft von Ellen. Die Eheleute hatten sich ein Jahr zuvor scheiden lassen, waren aber noch immer befreundet und reisten gelegentlich zusammen. Doch zu dem Zeitpunkt, als Emma Johnson ermordet wurde, hielt sich Ellen in Frankreich auf und war schon seit Monaten nicht mit Sickert zusammen gewesen. 1897 war ein besonders belastendes Jahr für Sickert. Ein Artikel, den er im Jahr zuvor für die *Saturday Review* geschrieben hatte, trug ihm eine Verleumdungsklage des Malers Joseph Pennell ein.

Sickert hatte öffentlich und unsinnigerweise behauptet, Pennells Drucke, die mit Hilfe der Photolithographie angefertigt worden waren, seien keine echten Lithographien. Whistler verwendete die gleiche lithographische Technik – wie übrigens auch Sickert –, und der Meister trat als Zeuge in Pennells Prozess auf. In einem Brief, den Ellen im Oktober 1896 von ihrer Schwester erhielt, hieß es, Whistler glaube, Sickerts Pfeil sei in Wirklichkeit auf ihn gezielt, nicht auf Pennell. Sickert habe einen »heimtückischen Charakterzug«, sagte Whistler zu Janie. »Walter würde alles tun, jeden für eine Augenblicksregung opfern.« Sickert verlor den Prozess, viel stärker aber dürfte ihn getroffen haben, dass Whistler vor Gericht aussagte, sein ehemaliger Schüler sei ein unbedeutender und unverantwortlicher Mensch.

1897 endete die Beziehung zu Whistler. Sickert war arm. Er war öffentlich gedemütigt worden. Auch seine Ehe war am

Ende. Den New English Art Club hatte er verlassen. Der Herbst schien die Jahreszeit der Ripper-Verbrechen zu sein. Im Herbst hatte der fünfjährige Sickert die schreckliche Operation in London erlitten. Mitte September hatte Ellen ihm eröffnet, sie wünsche die Scheidung, und es war die Jahreszeit, in der Sickert gewöhnlich aus seinem geliebten Dieppe nach London zurückkehrte.

KAHLE FELDER UND SCHLACKEHALDEN

In der städtischen Leichenhalle in der Golden Lane wurde Catherine Eddows' nackter Leichnam an einem Nagel in der Wand aufgehängt, fast wie ein Gemälde.

Einer nach dem anderen traten die männlichen Geschworenen und der Coroner Samuel Frederick Langham ein, um sie zu betrachten. Auch John Kelly und Catherines Schwester schauten sie sich an. Am 4. Oktober fällten die Geschworenen einen Spruch, der in Presse und Öffentlichkeit mittlerweile sattsam bekannt war: »Vorsätzlicher Mord von unbekannt«. Die Reaktion der Öffentlichkeit war blanke Hysterie. Zwei Frauen waren innerhalb einer Stunde ermordet worden, und die Polizei tappte noch immer im Dunkeln.

In Leserbriefen wurde davor gewarnt, dass »die Verhältnisse in den unteren Klassen der Bevölkerung Gefahren für alle anderen Klassen heraufbeschwören«. Die Londoner in den besseren Wohnvierteln begannen um ihr Leben zu fürchten. Vielleicht sollte man Mittel für die Armen bereitstellen, um ihnen »die Möglichkeit zu eröffnen, ihr übles Leben aufzugeben«. Man wollte eine »Agentur« oder »Behörde« ins Leben rufen. In Briefen an die *Times* wurde die Auffassung vertreten, wenn die Oberschicht in der Unterklasse Ordnung stiften könnte, würde diese Gewalt ein Ende haben.

Wenigen schien klar zu sein, dass Überbevölkerung und das Klassensystem Probleme schufen, die sich nicht dadurch beheben ließen, dass man Slums niederriss oder »Agenturen« gründete. Die Befürworter der Geburtenkontrolle galten als blasphemische Feinde der Gesellschaft, und bestimmte Menschen waren eben Abschaum und würden immer Abschaum bleiben. Natürlich gab es soziale Probleme. Doch die klassenbedingten Probleme Londons hatten nichts damit zu tun, dass Prostituierte unter dem Messer des Rippers starben. Psychopathische Morde sind keine gesellschaftliche Krankheit. Das wussten die Bewohner des East End, auch wenn sie das Wort »Psychopath« nicht kannten. Die Straßen des East End waren bei Nacht verlassen, und Scharen von Kriminalbeamten in Zivil lauerten im Schatten und warteten auf verdächtige Männer, doch ihre Verkleidung und ihr Verhalten täuschten niemanden. Einige Polizisten begannen Stiefel mit Gummisohlen zu tragen. Reporter taten es ihnen nach. Ein Wunder, dass sich die Leute nicht gegenseitig zu Tode erschreckten, wenn sie sich auf der Suche nach dem Ripper lautlos im Dunkeln begegneten.

Niemand wusste, dass er noch einen weiteren Mord begangen hatte – Wochen zuvor und ohne dass dieser ihm je wirklich angelastet wurde. Am Dienstag, dem 2. Oktober – zwei Tage nach den Morden an Elizabeth Stride und Catherine Eddows –, wurde ein verwesender weiblicher Torso in den Fundamenten des neuen Hauptquartiers von Scotland Yard entdeckt, das gerade auf dem Uferdamm von Whitehall erbaut wurde.

Am 11. September war ein abgetrennter Arm entdeckt worden, doch der grässliche Fund hatte kaum ein Echo in der Presse hervorgerufen. Niemand hatte sich sonderlich darüber aufgeregt, ausgenommen Mrs. Potter, deren 17-jährige geistig behinderte Tochter seit dem 8. September vermisst wurde, demselben Morgen, an dem Annie Chapman ermordet worden war. Die Polizei zeigte wenig Interesse an Fällen von vermissten Teenagern, vor allem nicht, wenn es um Mädchen wie Emma Potter ging, die immer wieder in Armen- und Krankenhäuser eingewiesen wurde und nichts als ein Ärgernis war.

Emmas Mutter war zwar daran gewöhnt, dass die Tochter verschwand und mit dem Gesetz in Konflikt kam, geriet aber doch in Angst und Schrecken, als Emma wieder davongelaufen war, ein abgetrennter Frauenarm gefunden wurde und die schrecklichen Morde die Metropole erschütterten. Mrs. Potters ständige Klagen bei der Polizei endeten erst, als ein Beamter Emma aufgriff, die lebendig und wohlbehalten auf der Straße spazierte. Doch wäre nicht das Geschrei und Gezeter dieser Mutter gewesen, und hätten sich nicht bald darauf all die schrecklichen Geschehnisse ereignet, hätte man vielleicht nicht viel Aufhebens von dem aufgefundenen Körperteil gemacht. Nun aber wurden Pressevertreter aufmerksam. Ersann die Whitechapel-Bestie vielleicht neue Schrecken? Die Polizei verneinte das. Zerstückelung war eine vollkommen andere Vorgehensweise, und weder Scotland Yard noch seine Ärzte konnten sich zu der Auffassung durchringen, der Mörder könnte sein Verhaltensmuster ändern.

Der Arm war an der Schulter abgetrennt und mit einer Schnur umwickelt worden. Er war im Ufersand der Themse unweit der Eisenbahnbrücke Grosvenor Road in Pimlico gefunden worden, keine sieben Kilometer südwestlich von Whitechapel und auf derselben Seite des Flusses. Pimlico lag rund acht Kilometer südlich von Broadhurst Gardens Nr. 54 – ein kurzer Spaziergang für Sickerts Verhältnisse. »Ich bin gestern auf einer solchen Wanderung elf Kilometer gegangen …«, schrieb er aus Dieppe, als er 54 Jahre alt war. Acht Kilometer waren überhaupt keine Entfernung für ihn, noch nicht einmal, als er alt war und seine orientierungslosen und bizarren Wanderungen zum Gegenstand ständiger Sorge für seine dritte Frau und andere wurden, die sich um ihn kümmerten. Pimlico lag knapp anderthalb Kilometer von Whistlers Atelier in der Tite Street in Chelsea entfernt, einer Gegend, die Sickert äußerst vertraut war. Die Battersea Bridge, die die Themse von Chelsea am Nordufer nach Battersea am südlichen Ufer überquert, lag nur wenige Blocks von Whistlers Atelier entfernt. Von dort aus waren es wiederum rund anderthalb Kilometer bis zum Fundort des Arms. 1884 malte Sickert den Battersea Park, auf den man von Whistlers Atelierfenster aus blickte. Pimlico war 1888 ein ansprechendes Viertel mit hübschen Häusern und kleinen Gärten, in denen man das Abwassersystem höher gelegt hatte, damit es nicht in die Themse überfloss.

Der Arbeiter Frederick Moore hatte den fragwürdigen Vorzug, vor den Toren von Deal Wharf in der Nähe der Eisenbahnbrücke zu arbeiten, als er aufgeregte Stimmen vom Ufer der Themse hörte. Es war gerade Ebbe, und mehre Männer unterhielten sich laut, während sie auf einen Gegenstand im Schlamm starrten. Da niemand bereit schien, das unbekannte Objekt aufzuheben, tat es Moore. Die Polizei brachte den Arm in die Sloan Street, wo Dr. Neville ihn untersuchte und zu dem Schluss kam, es handle sich um den rechten Arm einer Frau. Er glaubte, die Schnur habe man daran gebunden, »um ihn tragen zu können«. Der Arm habe zwei oder drei Tage im Wasser gelegen und sei nach dem Tod amputiert worden. Wäre er abgetrennt worden, als das Opfer noch am Leben war, so lautete die irrige Schlussfolgerung von Dr. Neville, wäre die »Kontraktion« der Muskeln stärker gewesen.

Ende des 19. Jahrhunderts hatte man die Vorstellung, der Gesichtsausdruck eines Toten lasse auf Schmerz oder Furcht schließen und Gleiches gelte für geballte Fäuste und stark gekrümmte Gliedmaßen. Man wusste noch nicht, dass der Körper nach dem Tod einer Vielzahl von Veränderungen unterworfen ist und dass die zusammengepressten Zähne und Fäuste ein Ergebnis der Totenstarre sind. Boxerhaltung und gebrochene Knochen eines verbrannten Leichnams können mit Verletzungen verwechselt werden, obwohl sie in Wirklichkeit durch Gewebeschrumpfungen und Knochenbrüche infolge der extremen Hitze hervorgerufen werden.

Der Arm, fuhr Dr. Neville fort, sei »mit einer scharfen Waffe« vom Körper »sauber abgetrennt« worden. Eine Zeit lang neigte die Polizei zu der Annahme, das amputierte Körperglied sei von einem Medizinstudenten dort abgelegt worden.

Es sei ein übler Streich, teilte die Polizei den Journalisten mit, ein äußerst geschmackloser Scherz. Der Torso, den man in den Fundamenten des neuen Scotland-Yard-Gebäudes fand, wurde allerdings nicht mehr als Scherz angesehen, obwohl man damit vielleicht gar nicht so falsch gelegen hätte. Wenn der Mord auch alles andere als komisch war, so könnte er – falls auch hier der Ripper dahinter steckte – doch als Riesenspaß gemeint gewesen sein.

Die Nachrichten über diese neue Wendung der Dinge wurden relativ knapp gehalten. Die Berichte im August und September waren schlimm genug gewesen, und die Menschen begannen zu beklagen, dass die Einzelheiten, die man in der Presse lesen könne, alles nur noch schlimmer machten. Es »schadet der Arbeit der Polizei«, schrieb jemand an die *Times*. Die Resonanz in der Öffentlichkeit verstärke den »Panikzustand«, was nur dem Mörder zugute komme, erklärte ein anderer.

Die Polizei habe keine Ahnung und stolpere von einer Peinlichkeit in die nächste, beklagten die Londoner. Scotland Yard sei nicht imstande, Verbrecher zur Strecke zu bringen. In vertraulichen Aktennotizen gaben hohe Vertreter der Polizei ihrer Sorge Ausdruck: »Wenn der Täter nicht rasch dingfest gemacht wird, ist das nicht nur demütigend, sondern auch eine unerträgliche Gefahr.« Scotland Yard ertrank in der eingehenden Post, und Charles Warren setzte einen Brief in die Zeitungen, in dem er den Bürgern für ihr Interesse »dankte« und sich dafür entschuldigte, dass er einfach nicht die Zeit habe, diese Briefe zu beantworten. Man darf wohl davon ausgehen, dass auch bei den Zeitungen eine Fülle von Briefen einging. Um unseriöse Zuschriften ausschließen zu können, hatte die *Times* den Grundsatz, dass ein Leserbriefschreiber seinen Namen und seine Adresse zwar nicht veröffentlichen lassen musste, dass diese Angaben aber als Zeichen des guten Willens in dem ursprünglichen Brief enthalten sein mussten.

Sicherlich war es nicht leicht, dieses Prinzip in die Tat umzusetzen. Das Telefon war erst zwölf Jahre zuvor patentiert
worden und noch lange kein gängiges Haushaltsgerät. Ich
bezweifle, dass sich Redaktionsmitglieder in eine Kutsche
warfen oder zu Pferde losgaloppierten, um die Richtigkeit
eines Namens und einer Adresse zu überprüfen, die nicht im
Adressbuch standen, was beileibe nicht immer der Fall war.
Meine Durchsicht von mehreren Hundert Zeitungen aus den
Jahren 1888 bis 1889 ergab, dass anonyme Briefe durchaus
abgedruckt wurden, wenn auch nicht sehr häufig. Die meisten Briefschreiber gestatteten, dass man ihre Namen, Adres-
sen und sogar Berufe veröffentlichte. Doch als die Ripper-
Verbrechen einsetzten, schien es eine Zunahme von Briefen
zu geben, die nur mit Initialen oder mit rätselhaften Titeln
veröffentlicht wurden. In anderen Fällen kommen mir die
Namen zumindest sehr ungewöhnlich vor, von geradezu
Dickens'scher oder höhnischer Qualität.

Tage nach dem Mord an Annie Chapman hieß es in einem
Brief an die *Times,* die Polizei solle doch einmal den Aufenthaltsort aller »geisteskranken Mörder überprüfen, die als
›geheilt‹ entlassen wurden«. Der Brief trug die Unterschrift:
»Ein Landarzt«. Am 13. September wurde in einem Brief,
der mit »J. F. S.« unterzeichnet war, behauptet, am Tag zuvor
sei »ein Mann um 11 Uhr in der Hanbury Street im East End
beraubt« worden, um 17 Uhr sei ein 70-jähriger Mann in
der Chicksand Street angegriffen worden, und um 10 Uhr
am selben Morgen sei ein Mann in eine Bäckerei gestürzt
und habe sich mit der Kasse davongemacht. All das hätte
sich, so der anonyme Briefschreiber, »keine hundert Meter
voneinander entfernt und auf halbem Weg zwischen den
Tatorten der beiden letzten schrecklichen Morde ereignet«.

Merkwürdig an diesem anonymen Brief ist der Umstand,
dass die Verbrechen in den Polizeiberichten der Zeitungen
nicht erwähnt werden, sodass man sich fragen muss, wie der
Verfasser des Briefes von diesen Einzelheiten Kenntnis erhal-

ten konnte, wenn er nicht selbst im East End herumschnüffelte oder Polizeibeamter war. Die meisten Briefe sind nicht anonym und unterbreiten ernsthafte Vorschläge. Geistliche verlangten schärfere Polizeiaufsicht, bessere Beleuchtung und die Entfernung aller Schlachthäuser aus Whitechapel, weil die Gewalt gegen Tiere und das geronnene Blut einen schlechten Einfluss auf die »Phantasie der Unwissenden« hätten. Wohlhabende Londoner sollten die East-End-Slums aufkaufen und niederreißen. Kinder sollten heruntergekommenen Eltern weggenommen und vom Staat aufgezogen werden.

Am 15. Oktober wurde ein merkwürdiger anonymer Brief in der Times veröffentlicht. Er liest sich wie eine schlechte Kurzgeschichte, die das Werk eines boshaften, hinterlistigen Verstands zu sein scheint und eine höhnische Anspielung auf den Mord an Joan Boatmoor in einem Kohlerevier sein könnte:

Sir – ich bin in letzter Zeit viel in England herumgekommen und habe feststellen können, wie stark das Interesse und wie verbreitet die Aufregung war, die die WHITE-CHAPEL-Morde hervorgerufen haben und noch immer hervorrufen. Überall hat man mich nach ihnen gefragt; besonders wenn es Menschen aus der Arbeiterklasse und vor allem Frauen aus dieser Schicht waren. Letzte Woche in einer ländlichen Region teilte ich beispielsweise während eines heftigen Regengusses meinen Schirm mit einer jungen Bediensteten, die auf dem Heimweg war. »Ist es wahr, Sir«, sagte sie, »dass Sie den weiblichen Abschaum in London abstechen?« Und sie verdeutlichte, was sie meinte, indem sie sagte: »Sie ermorden sie einzeln und zu zweit.« Das ist nur eines von vielen Beispielen, und mein Hauptinteresse an dieser Angelegenheit liegt darin, dass man mich selbst für den Mörder gehalten hat. Und wenn mich, warum dann nicht jeden älteren Gentleman von ruhigen Gewohnheiten? Daher ist es vielleicht gut, wenn ich als Warnung für andere von diesem Vorfall berichte.

Vor zwei Tagen hielt ich mich in einem der Bergbaureviere auf, hatte gerade meinem Freund, dem Pfarrer der Gemeinde, einen Besuch abgestattet und befand mich allein in der Dämmerung auf dem Heimweg über einsame, rußige Felder zwischen den Zechen und Hochöfen. Plötzlich näherte sich von hinten eine Gruppe von sieben stämmigen Bergarbeitern, alle etwa achtzehn Jahre alt, ausgenommen ihr Anführer, ein strammer Bursche von ungefähr dreiundzwanzig Jahren und über einen Meter achtzig groß. Unfreundlich verlangte er, meinen Namen zu erfahren, was ich ihm selbstverständlich verweigerte. »Dann«, sagte er, »sin' Sie Jack the Ripper und komm' mit uns zur Polizei in …« Hier nannte er den Namen des nächstgelegenen Städtchens, etwa drei Kilometer entfernt. Ich wollte von ihm wissen, welche Vollmacht er habe, eine solche Anordnung zu treffen. Er zögerte einen Augenblick und erwiderte dann, er sei selbst Polizeibeamter und habe einen Haftbefehl (gegen mich, nehme ich an), habe ihn aber zu Hause gelassen. »Und«, fügte er grimmig hinzu, »wenn Sie nicht friedlich mit uns kommen, hol ich meinen Revolver raus und schieß ihn' eine Kugel in den Kopf.«

»Dann ziehen Sie ihn ruhig«, sagte ich, ziemlich sicher, dass er keinen Revolver besaß. Er zog ihn nicht, und ich teilte ihm mit, ich würde ganz gewiss nicht mit ihm kommen. Während dieser Zeit bemerkte ich, dass die sieben mich zwar umstanden, gestikulierten und Drohungen ausstießen, dass aber keiner Anstalten machte, Hand an mich zu legen. Und während ich überlegte, wie ich meiner Weigerung mehr

Gewicht verleihen könnte, sah ich einen Schmied übers Feld gehen, der von seiner Arbeit kam. Ich rief nach ihm, und als er herantrat, erklärte ich ihm, dass diese Männer mich beleidigten und dass er, da das Kräfteverhältnis sieben zu eins sei, mir beistehen müsse. Er war ein schwerfälliger, ruhiger Mann, älter als ich, und freute sich (wie er glaubhaft versicherte) auf seinen Tee.

Doch als ehrlicher Arbeiter stand er zu mir; so entfernten er und ich uns, ungeachtet des Anführers der Bande, der schwor, er werde meinen Verbündeten genauso festnehmen wie mich. Doch noch war der Feind nicht besiegt. Sie berieten sich, machten sich schon bald an unsere Verfolgung und überholten uns, da wir Wert darauf legten, unseren Fortgang nicht als Flucht erscheinen zu lassen. Doch in der Zwischenzeit hatte ich einen Entschluss betreffs unseres weiteren Vorgehens gefasst und meinem Freund mitgeteilt, ich würde mit ihm gehen, soweit wir einen gemeinsamen Weg hätten, und ob er sich dann wohl die Mühe machen würde, mit mir abzubiegen, um das Haus eines kräftigen und braven Bergmanns aufzusuchen, den ich kannte.

So gingen wir noch etwa sieben- oder achthundert Meter über kahle Felder und Schlackehalden, umringt von den sieben Kohlearbeitern, die mich bedrängten, aber immer noch nicht berührten, obwohl ihr Anführer mit seinen Drohungen fortfuhr und verkündete, dass ich, egal was ich anfinge, am Ende doch mit ihm in die Stadt müsse. Schließlich stießen wir an einem abgelegenen und unheimlich aussehenden Ort auf die Straße, wo wir auf allen Seiten von den gebirgsartigen Schieferhügeln stillgelegter Zechen überragt wurden. Über sie hinweg führte der Pfad zur Behausung des Bergmanns, zu dem ich wollte. Als wir dort ankamen, sagte ich zu meinem Freund, dem Schmied: »Hier entlang«, und wollte mich auf den Pfad begeben.

»Das ist nicht Ihr Weg«, rief der hoch gewachsene Mann, »Sie werden mit uns auf der Straße gehen.« Mit diesen Worten packte er mich am Kragen. Ich befreite mich mit einem Ruck und teilte ihm mit, nun habe er einen tätlichen Angriff begangen, für den ich ihn meinerseits verhaften könne. Vielleicht war es ja nur ein *Post hoc ergo propter hoc*[19] – jedenfalls machte er keine Anstalten mehr, mich und meinen Freund am Erklimmen des Pfades zu hindern. Trotzdem blieb er uns samt seinen Kumpanen auf den Fersen und schwor, er werde mir die ganze Nacht folgen, wenn es sein müsse. Bald waren wir auf dem Pass, falls ich ihn so nennen darf, von wo aus wir die Häuser der Bergleute erblickten, die sich mit ihren erleuchteten Fenstern gegen den Sternenhimmel abhoben.

»Dort ist mein Ziel«, sagte ich laut. Zu meiner Überraschung erwiderte der hoch gewachsene Mann in einem etwas veränderten Ton: »Wie lange wollen Sie bleiben?« »Das kommt darauf an«, antwortete ich, »begleiten Sie mich lieber zu dem Haus.« »Nein«, sagte er, »ich werde hier auf Sie warten.« So gingen der Schmied und ich allein weiter zu dem Haus. An der Tür entließ ich meinen Verbündeten mit herzlichem Dank, den ich durch ein großzügig bemessenes Entgelt unterstrich. Ich trat ein und erzählte meinem Freund, dem kräftigen Bergmann, und seiner warmherzigen Frau, was ich erlebt hatte. Voller Zorn lauschten sie mir, und keine Minute später brachen er und ich auf, um die Burschen, die mich verfolgt hatten, zur Rede zu stellen. Doch sie waren verschwun-

---

[19] Danach geschehen, daher deswegen geschehen. Zwei zufällig aufeinander folgende Ereignisse werden fälschlicherweise kausal verknüpft.

den. Nachdem sie gesehen hatten, wie ich von Menschen, die sie kannten, empfangen und willkommen geheißen wurde, waren sie zweifellos zu der Überzeugung gelangt, dass eine weitere Verfolgung überflüssig sei und sich jeder Verdacht erübrige.

Nun habe ich zwar nichts gegen Abenteuer, selbst im Herbst meines Lebens, noch mache ich meinen Widersachern große Vorwürfe, gleichgültig, ob ihre Beweggründe gerechter Zorn waren oder, was ich für wahrscheinlicher halte, die Hoffnung auf eine Belohnung. Doch ich denke, sie haben sich insofern eines schwerwiegenden und sogar gefährlichen Fehlurteils schuldig gemacht, als sie nicht zu unterscheiden wussten zwischen der Erscheinung von Jack the Ripper und Ihrem gehorsamen Diener,

EINEM ÄLTEREN GENTLEMAN

Dieser »ältere Gentleman« mag ja Gründe, die mir nicht ersichtlich sind, gehabt haben, das Land und das Bergbaurevier zu bereisen und seinen Namen und die Namen der Ortschaften zu verschweigen. Ich nehme an, es mag sogar in diesen sehr klassenbewussten Zeiten für einen »Gentleman« Gründe gegeben haben, mit Bergarbeitern und Schmieden befreundet zu sein. Doch ich habe keine Erklärung dafür, warum jemand annehmen sollte, dass Jack the Ripper ein »älterer Gentleman« sei, und warum eine renommierte Zeitung wie die *Times* eine solch manierierte und unbedarfte Geschichte veröffentlichte, wenn nicht selbst gestandene Journalisten von der Rippermania befallen waren und nach jedem Ripper-Häppchen schnappten, dessen sie habhaft werden konnten.

Doch der Brief enthält einige beachtenswerte Einzelheiten. Der Verfasser behauptet, er sei in letzter Zeit viel gereist; Gleiches ist in den Briefen des Rippers zu lesen. Der Gentleman macht sich mit der Arbeiterklasse gemein, dafür war auch

Sickert bekannt. Der Brief erinnert den Leser daran, dass der Ripper nicht nur in London gefürchtet wurde, sondern überall. Das wäre eine Bemerkung in eigener Sache gewesen, wenn der »ältere Gentleman« wirklich Walter Sickert gewesen wäre. In seiner Rolle als Jack the Ripper wollte er so viele Menschen wie möglich in Angst und Schrecken versetzen.

»Wenn die Menschen hier nur wüssten, wer ich bin, würden sie in ihren Schuhen erbeben«, schrieb der Ripper in einem Brief, der am 22. November 1889 in Clapham aufgegeben wurde. Als zusätzliches »Ha Ha« gab er als Absender »Punch & Judy St.« (Kasperle-und-Gretel-Straße) an. Sickert war sicherlich vertraut mit dem Kasperletheater. Das gewalttätige Puppenspiel war sehr populär. Sein Idol Degas schätzte es über die Maßen und schrieb darüber in seinen Briefen. Zugegeben, was man in viktorianischer Zeit für Humor hielt, entspricht nicht immer unserem Geschmack. Einige Menschen finden Kasperle anstößig. Kasperle züchtigt seine unmündige Tochter und wirft sie aus dem Fenster. Wiederholt schlägt er seine Frau Gretel auf den Kopf, dass »er fast entzweispringt«. Er tritt den Arzt und sagt: »Da, fühlst du nicht das Abführmittel in deinen Eingeweiden? [Kasperle stößt dem Arzt das Ende des Stocks in den Leib: Der Arzt fällt tot um, und wie zuvor wirft Kasperle die Leiche mit dem Ende seines Steckens fort] He, he, he! [Lacht]«

In Oswald Sickerts Kasperlestück *Mord und Totschlag oder Der gefoppte Teufel* erschöpfen sich die grausamen Kapriolen durchaus nicht darin, dass Kasperle alles Haushaltsgeld für »Schnaps« ausgibt:

> (Kasperle tanzt mit seinem Kind herum
> schlägt den Kopf des Kindes gegen das Geländer, das
> Kind weint).
> … Oh, nicht doch … sei doch still, mein Junge (stellt
> ihn in die Ecke).
> Ich hol dir was zu essen (geht ab).

(Kasperle kehrt zurück, untersucht das Kind sehr genau.)
Bist du hingefallen? Sei still, sei still (geht ab, das Kind weint weiter).

(Kasperle mit Haferbrei und Löffel)
Sohn meiner stillen Liebe,
mach mich nicht böse. Da, sei still jetzt.
(Stopft das Kind unaufhörlich mit Haferbrei voll)
Da hast du. Gott im Himmel! ... Willst du wohl still sein? Still, sag ich! Da hast du, da ist der Rest des Haferbreis.
(Dreht die Schüssel um und drückt sie dem Kind ins Gesicht!)
Jetzt hab ich nichts mehr! (Schüttelt es grob)
Willst du immer noch nicht still sein?
(Wirft das Kind hinaus)

Vielleicht hat Oswald Kasperle-Texte und -Illustrationen für die Zeitschrift *Die Fliegenden Blätter* geschaffen, und Walter hat jeder neuen Ausgabe des Satiremagazins entgegengefiebert. Ich bin mir ziemlich sicher, dass Walter Sickert die Kasperle-Texte und -Illustrationen seines Vaters gekannt hat, und mehrere Ripper-Briefe enthalten Figuren, die an Kasperle und Gretel erinnern. Durchgängig liegt die Frau auf dem Rücken, während der Mann über sie gebeugt ist und mit etwas ausholt, das wie ein langer Dolch oder ein Stock aussieht.
Mit der albernen Behauptung, man habe einen älteren Gentleman für den Ripper gehalten, wollte der Verfasser des Briefes an die *Times* vielleicht darauf anspielen, dass die Polizei in ihrer Verzweiflung große Mengen von Verdächtigen auf ihren Revieren versammelte, um sie zu verhören. Mittlerweile war kein männlicher Bewohner oder Besucher des East End mehr vor einem solchen Verhör sicher. Jedes Wohnge-

bäude in der Nachbarschaft der Tatorte war durchsucht worden, und Männer jeden Alters – sogar jenseits der sechzig – wurden auf Herz und Nieren überprüft. Wurde ein Mann aufs Polizeirevier gebracht, schwebte er in akuter Gefahr, falls die Nachbarn es sahen. Die Bewohner des East End wollten den Ripper in die Finger kriegen. Unbedingt. Hätten sie die Möglichkeit dazu bekommen, hätten sie ihn eigenhändig gelyncht, und Männer, die unter Verdacht gerieten, und mochte es noch so kurzfristig sein, mussten gelegentlich in Polizeigewahrsam bleiben, bis es draußen wieder ungefährlich für sie war.

Der im East End ansässige Stiefelmacher John Pizer – auch unter dem Namen *Leather Apron*, Lederschürze, bekannt – schwebte in Lebensgefahr, als die Polizei eine nasse Lederschürze im Hinterhof der Hanbury Street 29 fand, auf dem Annie Chapman ermordet worden war. Die Lederschürze gehörte John Richardson. Seine Mutter hatte sie gewaschen und wollte sie draußen trocknen lassen. Die Polizei hätte sich besser informieren müssen, bevor sie die Nachricht über ihr neuestes »Beweisstück« ausposaunte. Pizer mag ein rücksichtsloser Rohling gewesen sein, aber ein Lustmörder war er nicht. Bis klar war, dass die Lederschürze im Hof nichts mit den Ripper-Morden zu tun hatte, wagte Pizer sein Zimmer nicht zu verlassen, aus Angst, von einem wütenden Mob in Stücke gerissen zu werden.

»Über diesen Scherz mit der Lederschürze hab ich mich kaputtgelacht«, schrieb der Ripper am 25. September an das *Central News Office.*

Der Ripper amüsierte sich köstlich über die Ereignisse, die er in der Presse verfolgte, und genoss das Chaos, das er anrichtete, sowie die Tatsache, dass er im Mittelpunkt des Interesses stand. Er suchte den Kontakt mit der Polizei und der Presse, und er fand ihn. Er reagierte auf das, was sie schrieben, und sie reagierten auf seine Reaktionen, bis sich praktisch nicht mehr feststellen ließ, wer was zuerst gesagt oder getan hatte. Er beeinflusste sein Publikum, und das Publikum beeinflusste ihn, woraufhin die Ripper-Briefe eine persönlichere Färbung annahmen – ein Hinweis auf die Phantasiebeziehung, die der Ripper zu seinen Gegnern entwickelte. Solche Wahnvorstellungen sind nicht ungewöhnlich bei gewalttätigen Psychopathen. Sie bilden sich nicht nur ein, sie hätten eine Beziehung zu den Opfern, die sie verfolgen, sondern verbünden sich auch beim Katz-und-Maus-Spiel mit den Ermittlern. Wenn diese gewalttätigen Straftäter endlich gefasst sind und hinter Schloss und Riegel sitzen, zeigen sie sich in der Regel äußerst bereit zu Gesprächen mit Polizeibeamten, Psychologen, Schriftstellern, Filmproduzenten und Experten für Strafjustiz. Wahrscheinlich würden sie sich im Gefängnis um Kopf und Kragen reden, wenn ihre Anwälte es zulassen würden.

Das Problem liegt darin, dass Psychopathen nicht die Wahrheit sagen. Jedes Wort, das sie von sich geben, dient ihrem Wunsch, zu manipulieren und ihr unersättliches egozentrisches Bedürfnis nach Aufmerksamkeit und Bewunderung zu befriedigen. Der Ripper wollte seine Gegner beeindrucken. Auf seine eigene verquere Weise wollte er geliebt werden. Er war brillant und gerissen. Das gab sogar die Polizei zu. Und er war amüsant. Wahrscheinlich glaubte er, die Polizei könne gar nicht umhin, über seine lustigen Spielchen zu lachen. »Kriegt mich, wenn Ihr könnt«, schrieb er wiederholt. »Ich kann 5 Handschriften«, brüstete er sich in einem Brief vom 18. Oktober. »Durch diesen Brief könnt Ihr mich nicht aufspüren«, prahlte er in einem anderen Brief vom 10. November. Oft unterzeichnete er Briefe mit »Euer Freund«.

War der Ripper zu lange aus dem Rampenlicht verschwunden, machte ihm das zu schaffen. Wenn die Polizei ihn zu vergessen schien, wandte er sich an die Presse. Am 11. September 1889 schrieb der Ripper: »Dear Sir, Ich wäre Ihnen sehr verbunden, wenn Sie so freundlich wären, dieses Schreiben in Ihre Zeitung zu setzen und die Menschen in England wissen [now statt know] zu lassen, dass ich noch immer am Leben und auf freiem Fuß bin [hum statt am].« Häufig erwähnte er auch, dass er die Absicht habe, ins »Ausland« zu reisen. »Ich gedenke, meine Arbeit Ende August zu beenden, weil ich dann ins Ausland reisen werde«, schrieb der Ripper in einem Brief, den die Polizei am 20. Juli 1889 erhielt. Später – wie viel später, wissen wir nicht genau – wurde eine Flasche zwischen den Ortschaften Deal und Sandwich, die an der Meerenge von Dover gegenüber von Frankreich liegen, an den Strand gespült.

Man scheint nicht festgehalten zu haben, wer die Flasche gefunden hat und wann und was für eine Flasche es war. Doch in ihrem Inneren befand sich ein linierter Zettel mit dem Datum vom 2. September 1889. Darauf stand: »S. S. [Steamship] Northumbria Castle Schiff verlassen. Bin wieder auf der Pirsch Jack the Ripper.« Dieser südöstliche Küstenabschnitt, wo die Flasche gefunden wurde, liegt ganz in der Nähe von Ramsgate, Broadstaire und Folkestone.

Zumindest einer der Ripper-Briefe war in Folkestone aufgegeben worden. Sickert hat in Ramsgate gemalt und könnte Folkestone 1888 oder 1889 besucht haben, zumal es ein beliebter Badeort war und er Seeluft und Schwimmen schätzte. Zwischen Folkestone und Frankreich verkehrte ein Dampfer, mit dem Sickert mehrfach in seinem Leben fuhr. Außerdem gab es vom nahen Dover eine direkte Verbindung nach Calais. All das beweist nicht, dass Sickert wirklich eine Ripper-Nachricht geschrieben, sie in eine Flasche gesteckt und diese über Bord oder vom Ufer ins Wasser geworfen hat. Aber er kannte die englische Südostküste gut und fand so viel Gefallen an ihr, dass er in den 1930er Jahren in Broadstaire lebte.

Frustrierend ist allerdings der Versuch, die Orte, auf denen der Ripper Post aufgab, auf einer Landkarte zu verfolgen, in der Hoffnung, seine verschlungenen, mörderischen Pfade zu erkennen. Wie üblich verstand er sich meisterhaft auf Täuschungen. Am 8. November 1888 hieß es in einem Ripper-

Brief, der im East End aufgegeben wurde: »Ich reise nach Frankreich und beginne dort mit meiner Arbeit.« Drei Tage später, am 11., traf der Brief aus Folkestone ein, der möglicherweise darauf schließen ließ, dass sich der Ripper tatsächlich nach Frankreich aufmachen wollte. Das Problem ist allerdings, dass der Ripper am selben Tag, dem 11. November, einen anderen Brief aus Kingston-on-Hull sandte, viele Hundert Kilometer nördlich von Folkestone. Wie konnte ein und dieselbe Person beide Briefe innerhalb von 24 Stunden abgeschickt haben?

Ein Möglichkeit ist, dass der Ripper seine Briefe bündelweise schrieb, nicht nur, um seine Handschriften zu vergleichen und sicherzustellen, dass sie unterschiedlich waren, sondern auch, um sie alle mit demselben Datum zu versehen und dann von verschiedenen Orten aus abzuschicken oder es zumindest so aussehen zu lassen, als wären sie von verschiedenen Orten aus abgeschickt worden. Ein Ripper-Brief, der das Datum 22. November 1888 trägt, wurde auf Papier mit dem Wasserzeichen »A Pirie & Sons« geschrieben. Vermutlich gab der Ripper ihn in East London auf. In einem anderen Brief mit dem Wasserzeichen »A Pirie & Sons«, ebenfalls vom 22. November 1888, wird behauptet, der Ripper sei in Manchester. In zwei weiteren Briefen, die offenbar keine Wasserzeichen tragen (einer könnte es, ist aber so zerrissen, dass es sich nicht mehr entscheiden lässt) und ebenfalls auf den 22. November datiert sind, behauptet er, sich im Norden Londons und in Liverpool aufzuhalten.

Wenn wir einmal annehmen, dass all diese Briefe mit dem Datum des 22. November von ein und derselben Person geschrieben wurden – und sie enthalten Übereinstimmungen, die diese Vermutung nahe legen –, wie soll der Ripper sie dann an einem Tag in London und in Liverpool aufgegeben haben? Da sie keine Poststempel tragen, können wir nicht mit Sicherheit sagen, wann und wo die Briefe tatsächlich aufgegeben wurden, und ich bin nicht bereit, die Datums- oder Ortsangaben auf Briefen als Tatsachen hinzunehmen, wenn sie keine Poststempel aufweisen. In einem Ripper-Umschlag mit einem Poststempel aus dem Jahr 1896 befand sich beispielsweise ein Brief, den der Ripper auf »1886« datiert hatte. Entweder war es ein Versehen oder ein Versuch, die Empfänger irrezuführen.

Es ist durchaus möglich, dass die Poststempel von den Datums- oder Ortsangaben – oder beiden – abwichen, die der Ripper auf einigen dieser Briefe notierte. Sobald die Polizeibeamten die Briefe geöffnet hatten, schrieben sie die Datums- und Ortsangaben in ihre Akten und warfen den Umschlag fort. Die konkreten Daten, die der Ripper auf die Briefe schrieb, konnten um ein oder auch zwei Tage abweichen, wer bemerkte es schon oder kümmerte sich darum? Doch für einen Mann auf der Flucht, der bestrebt war, die Polizei von seiner Fährte abzulenken, indem er den Eindruck erweckte, sich am 8. Oktober gleichzeitig in London, Lille, Dublin, Innerleithen und Birmingham aufzuhalten, konnten ein oder zwei Tage eine Menge bedeuten.

Ein Mensch hätte durchaus die Möglichkeit gehabt, sich in einem Zeitraum von 24 Stunden an weit voneinander entfernten Orten aufzuhalten. Mit der Eisenbahn kam man ziemlich rasch voran. Nach dem Kursbuch *Bradshaw's Railway Guide* aus dem Jahr 1887 hätte Sickert um 6 Uhr morgens die Euston Station in London verlassen können, wäre um 11 Uhr 20 in Manchester angekommen und um 12 Uhr weitergefahren, um 45 Minuten später in Liverpool einzutreffen. Von Liverpool hätte er seine Reise nach Southport an der Küste fortsetzen können, wo er eine Stunde und sieben Minuten später angekommen wäre.

Mitte September 1888 wurde die verwesende Leiche eines Jungen in einem verlassenen Haus in Southport gefunden. Bei der Coroner-Untersuchung am 18. entschieden die Geschworenen auf unbekannte Todesursache. Offenbar wurde weder die Identität des Jungen noch die Todesursache je geklärt, doch die Polizei vermutete sehr stark, dass er ermordet worden sei.

»Alle jungen Burschen, die ich sehe, werde ich umbringen«, schrieb der Ripper am 26. November 1888,

»Ich werde den Mord in einem leeren Haus ausführen«, hieß es in einem undatierten Brief des Rippers.

Zugreisen in England waren sehr angenehm damals. Auch Schlafwagen gab es. Man konnte um 18 Uhr 35 in London aufbrechen, ein ausgezeichnetes Dinner zu sich nehmen, die Nacht über geruhsam schlafen und am nächsten Morgen um 9 Uhr 55 in Aberdeen, Schottland, aufwachen. Oder man rollte um 21 Uhr aus der Paddington Station in London hinaus, wachte um 4 Uhr 15 in Plymouth auf, stieg in einen anderen Zug nach St. Austell in Cornwall um und beendete die Reise in der Nähe von Lizard Point, der südlichsten Spitze Englands. Zahlreiche Ripper-Briefe wurden aus Plymouth oder aus der Nähe von Plymouth geschrieben. Plymouth war der bequemste Zielbahnhof, wenn man mit dem Zug nach Cornwall wollte.

Als Kind war Sickert oft in Cornwall, und Anfang 1884 verbrachten Whistler und er ziemlich viel Zeit damit, St. Ives zu malen, einen bei Malern besonders beliebten Küstenort. In einem Brief, den Sickert Ende 1887 an Whistler schrieb, teilte er mit, er habe vor, nach Cornwall zu reisen. Vielleicht hat er Cornwall häufig besucht. Dieses südwestliche Ende Englands mit seinen majestätischen Klippen, herrlichen Seeblicken und pittoresken Häfen ist für Maler immer attraktiv gewesen.

Cornwall bot sich für Sickert an, wenn er Ruhe und ein »Versteck« suchte. In viktorianischer Zeit gab es auf Lizard Point, einer schmalen Halbinsel mit Feldern und steilen Felsklippen, etwa 30 Kilometer von St. Ives entfernt, eine beliebte Privatunterkunft, das Hill's Hotel – auch liebevoll »The Lizard« genannt. Von allen Seiten brandet das Meer gegen die Halbinsel. Wer sie heute aufsucht, ist gut beraten, gegen den Wind zu parken, damit ihm der Sturm nicht die Autotür abreißt.

Im Frühjahr 2002 arbeitete der preisgekrönte Restaurantkritiker und Kochbuchautor Michael Raffael an einem Restaurant- und Reisebericht und stieg dabei auch im Rockland Bed & Breakfast auf Lizard Point ab. Das Bed & Breakfast ist ein bescheidenes Bauernhaus aus den fünfziger Jahren mit sieben Übernachtungsmöglichkeiten, und die Dame, der es gehört, ist die letzte Verbindung zur fernen und glorreichen Vergangenheit vom Hill's Hotel.

Für Joan Hill, die Erbin der Lizard-Gästebücher und anderer Unterlagen, die sich seit 125 Jahren im Besitz der Familie ihres Mannes befanden, war es ein schlimmes Jahr gewesen. Cornwall war fest im Griff der Maul- und Klauenseuche, und ihr Sohn ist Landwirt. Strenge Regierungsvorschriften knebelten seinen Berufsstand, und Mrs. Hill, die vor kurzem Witwe geworden war, sah auch ihrem Geschäft die Grundlage entzogen, da die Quarantänebestimmungen keine Touristen in die Nähe von Huftieren ließen.

Michael Raffael erinnerte sich daran, dass Mrs. Hill ihm während seines Aufenthalts Geschichten von den besseren Tagen erzählt hatte, als das Lizard Maler, Schriftsteller, Parlamentsmitglieder, Lords und Ladys beherbergte. Blättert man durch die Gästebücher, stößt man auf die introvertierten Schriftzüge von Henry James und die selbstbewussten Schnörkel von William Gladstone. Der Künstler und Kritiker George Moore war ebenfalls im Lizard. Sickert kannte James, hielt seine Bücher aber für langweilig. Mit Moore war Sickert eng befreundet und machte sich gern lustig über ihn. Auch der Maler Fred Hall besuchte das Hotel, den konnte Sickert aber überhaupt nicht ausstehen.

Man aß und trank reichlich, die Preise waren moderat, und die Gäste reisten sogar aus Südafrika und den Vereinigten Staaten an, um ihren Urlaub auf diesem verlorenen Stück Land zu verbringen, das ins Meer hineinragte. Eine Zeit lang vergaßen sie ihre Sorgen, während sie wanderten, Fahrrad fuhren, sich im rauen Meeresklima Sehenswürdigkeiten ansahen oder vor dem Kamin lasen. Hier konnte Sickert interessante Menschen kennen lernen oder sich abseits halten. Er hatte die Möglichkeit, zu den Klippen zu wandern und Skizzen anzufertigen – oder einfach umherzuspazieren, wie es seiner Gewohnheit entsprach. Oder er unternahm zu Pferde, mit dem Zug oder mit der Kutsche Ausflüge in andere Dörfer, beispielsweise nach St. Ives. Mühelos hätte Sickert sich unter falschem Namen anmelden können. Er hätte im Gästebuch mit jedem beliebigen Namen unterschreiben können.

Das Lizard hatte zwei Weltkriege überstanden und blickte auf eine lange Vergangenheit zurück. 1950 verkaufte die Familie Hill das 300 Jahre alte Bauernhaus und eröffnete das kleine Rockland Bed & Breakfast. All das hörte Michael Raffael von Mrs. Hill, und vielleicht erinnerte sie sich an das alte Gästebuch, weil er ihr so geduldig zuhörte, jedenfalls kramte sie das Buch, das von 1877 bis zum 15. Juli 1888 reichte, aus einem Schrank hervor. Er »blätterte es vielleicht dreißig Minuten lang durch, meist allein«, als er auf Zeichnungen und den Namen Jack the Ripper stieß. »Aufgrund der Position auf der Seite, der Handschrift und der sepiafarbenen Tinte kann ich Ihnen versichern, dass die Jack-Notizen höchstwahrscheinlich aus derselben Zeit stammen wie das Buch und die anderen Eintragungen in ihrer Umgebung«, schrieb er mir, nachdem mich Diane Sawyer von *ABC* in einer Sondersendung von *Prime Time* über Jack the Ripper interviewt hatte.

Ich setzte mich mit Mrs. Hill in Verbindung, die mir bestätigte, dass das Buch existierte, dass es Jack-the-Ripper-Eintragungen enthielt und dass ich es mir ansehen könnte, wenn ich Lust hätte. Tage später saß ich in einem Flugzeug nach Cornwall.

Ich kam mit Freunden, und wir waren die einzigen Gäste. Das Dorf war praktisch ausgestorben und lag unter den kalten Winden, die vom Ärmelkanal her einfielen. Mrs. Hill ist eine freundliche, schüchterne Frau Anfang sechzig, die sehr um das Wohlergehen ihrer Gäste bemüht ist und sie mit einem viel zu üppigen Frühstück verwöhnt. Sie hat ihr ganzes Leben in Cornwall verbracht und nie etwas von Sickert oder Whistler gehört. Nur der Name Jack the Ripper kommt ihr von ferne bekannt vor.

»Ich glaube, ich kenne den Namen. Aber ich weiß nichts über ihn«, sagte sie, nur dass er ein sehr schlimmer Mensch war, wüsste sie.

Die Skizzen, auf die sich Raffael bezog, als er mich auf das Gästebuch aufmerksam machte, sind Tintezeichnungen von einem Mann und einer Frau auf einem Spaziergang. Der Mann, der neben Cut und Zylinder auch noch ein Monokel und einen Regenschirm trägt, weist die Bleistiftinschrift »Jack the *Ripper*« neben seiner sehr großen Nase auf. Er starrt die Frau von hinten an, und aus dem Mund kommt ihm eine Sprechblase: »Ist sie nicht 'ne Schönheit.«

Die Frau mit Federhut, Mieder, Turnüre und Volant sagt: »Bin ich nicht bezaubernd.« In einer weiteren Sprechblase darunter steht der Kommentar: »Nur für Jack the Ripper.«

Was sich sonst noch in diesem bemerkenswerten Buch befindet, ist kaum beachtet worden. Mit Bleistift wurde ein hässliches Muttermal auf die Nase einer Frau gezeichnet, und unter ihrer Kleidung sind ihre nackten Brüste und Beine skizziert. Auf den Seiten wimmelt es von Kritzeleien, Kommentaren und Anspielungen auf Shakespeare, meist grob und abfällig. Ich nahm das Buch mit auf mein Zimmer und entdeckte beim Blättern weitere Einzelheiten, die mich bis drei Uhr in der Frühe wach hielten, während der Radiator auf höchster Stufe lief, denn der Wind heulte ums Haus und Regen prasselte gegen das Fenster.

Die Anmerkungen, Kritzeleien, Zeichnungen und boshaften Bemerkungen waren so erstaunlich, so vollkommen unerwartet, dass ich plötzlich das Gefühl hatte, Sickert befinde sich in meinem Zimmer.

Irgendjemand – ich bin überzeugt, es war Sickert, werde ihn aber nur als den »Vandalen« bezeichnen – hatte sich mit Bleistift, violettem Buntstift und Federhalter über das Buch hergemacht und die meisten Seiten mit groben, sarkastischen und gewaltträchtigen Kommentaren versehen:

Quatsch! Narren, Narr, ein Riesennarr, Klugscheißer, Blödarsch, Ha und Ha Ha, Ach du liebe Güte! Lustig, Mein Gott, oh girls of fie (umgangssprachlich für unmoralische Frauen), *garn* (umgangssprachlich für Mädchen), *donkey* (umgangssprachlich für Penis), *Dummkopf* (im Original deutsch), *ta ra ra boon de à* (Refrain eines Revue-Songs), *henfool* (volkstümliches Wort des 17. Jahrhunderts für Prostituierte oder Mätresse), *Idiot, Quatsch! Quatsch!! Quatsch!!!,* unter »Reverend« (Hochwürden) die Kritzelei »(dreimal verheiratet)«, nach dem Namen eines anderen Gastes die Bemerkung »Wurde ein *Snob*« oder die Verballhornungen des Namens eines Gastes zu »Parchedig*ass*« (*ass* für »Esel« oder »Idiot«). Der Vandale notierte abfällige Verse auf Seiten, die mit freundlichem Lob fürs Hill's Hotel gefüllt sind – wie gemütlich es sei, wie gut das Essen, wie moderat die Preise:

Als ich aus der Rolle fiel,
Fielen sie alle ein,
Der Rest suchte das Weite.

Oder: »Ein ziemlich merkwürdiger Ort.«
Versuchte sich ein Gast an ein oder zwei Versen, machte er sich zur Zielscheibe beißender Kritik, so ein gewisser F. E. Marshall aus Chester mit dem folgenden Reim:

Ein Missgeschick ereilt' mich hier,
Doch Angst macht es mitnichten mir,
Alles Ungemach kurierte Hill's Pflege,
die nette,
Und es war wie fortgeblasen – *mit einer Tablette*
[fügte der Vandale hinzu][20]

Der Vandale zeichnete noch ein karikaturhaftes Gesicht daneben und fügte die Bemerkung hinzu: »Wie brillant!« Hinter die ungelenken Verse eines anderen Gastes setzte der Vandale:

Ein Poet – er? Lieber wär ich ein Dieb
Als der, der solchen Abfall schrieb.
Der Mond, fürwahr, in all seiner Pracht,
hat ihm das Oberstübchen kaputtgemacht!![21]

Außerdem korrigierte der Vandale die Rechtschreibung und Grammatik der Gäste. Das scheint eine Manie von Sickert gewesen zu sein. In Ellen Terrys Autobiographie, in der sie Sickert mit keinem Wort erwähnt, lässt er sich lang und breit über ihre Rechtschreibung, Grammatik und Diktion aus. In Sickerts Exemplar des Buches, das ich von seinem angeheirateten Neffen John Lessore erworben habe, wimmelt es von Bleistiftanmerkungen und -korrekturen, die alle von Sickert stammen. Er veränderte und ergänzte Terrys Bericht über die Ereignisse, als wüsste er besser über ihr Leben Bescheid als sie selbst.

Ein anderes schlechtes Gedicht eines Gastes des Hill's Hotel endet mit der Zeile »Receive all thanks O hostess *fare*«. Der

---

[20] Misfortune overtook me here / Still had I little cause to fear / Since Hill's kind care cause my every ill / To disappear – after a pill

[21] A Poet is he? It would be rash / To call me so who wrote such trash. / The moon forsooth in all her glory / Had surely touched his upper storey!!

Vandale nimmt die Verbesserung *fair* vor (womit die Zeile die gemeinte Bedeutung annimmt: »Nimm all meinen Dank entgegen, o Wirtin, du feine«) und lässt ein Ausrufezeichen folgen. Aus dem »O« machte er eine komische kleine Zeichnung mit Armen und Beinen. Darunter setzte er im Cockney-Slang: »'n Mädel, Bill, das ist kein Mädchen«, weil dort ein Gast erwähnt hat, er habe den Gasthof mit »meiner Frau« besucht.

»Warum lässt du dein *Apostroph* aus?«, klagt der Vandale auf einer anderen Seite und fügt wieder eine Zeichnung ein. Wenn man die Seite umblättert, folgt eine weitere Zeichnung, die an die kecken, elfenhaften Skizzen der Sickert-Sammlung in den Islington Public Libraries erinnert. Die Buchstaben »S« in der Unterschrift »Sister Helen« und ihrer Adresse »S. Saviour's Priory London« wurden in Dollarzeichen verwandelt.

Unten auf einer Seite, offenbar eingetragen, als die Seite bereits voll war, stand »Jack the Ripper, Whitechapel«. Auf einer anderen Seite war die Londoner Adresse eines Gastes mit Bleistift überschrieben und durch »Whitechapel« ersetzt. Ich bemerkte Zeichnungen von einem bärtigen Mann im Cut, der seinen beschnittenen Penis entblößt, und die an Kasperletheater erinnernde Zeichnung einer Frau, die einem Kind mit einem langen Stock auf den Kopf schlägt. Tintenkleckse waren in Figuren umgewandelt worden. Auch in einigen Ripper-Briefen waren Tintenkleckse zu Figuren ausgemalt worden.

Auf zwei weiteren Seiten unterzeichnet der Vandale mit dem Namen »Baron Ally Sloper«. Ich nehme an, »Baron« ist ironisch gemeint – eine typische Sickert-Spitze gegen die englische Aristokratie. Sloper war eine heruntergekommene, anrüchige Witzfigur mit einer großen roten Nase und einem ramponierten Zylinder, die ständig auf der Flucht vor dem die Miete einfordernden Wirt war. Sloper war in der englischen Unterschicht sehr beliebt und erschien in Zeitschriften und Groschenromanen zwischen 1867 und 1884, später noch einmal 1916. Am 1. August 1886 findet sich in dem Gästebuch die Unterschrift »Tom Thumb und Frau«, dabei war Tom Thumb (Charles Sherwood Stratton) bereits am 15. Juli 1883 gestorben. Es gibt zu viele Beispiele, um sie hier alle anzuführen. Das Gästebuch – oder BUCH DER ESEL, wie der Vandale es nannte – ist wirklich bemerkenswert. Dieser Meinung war auch Dr. Anna Gruetzner-Robins, nachdem sie es untersucht hatte. »Sicherlich kann niemand bestreiten, dass diese Zeichnungen denjenigen in den Ripper-Briefen gleichen«, sagte sie. »Das sind gekonnte Federzeichnungen.« Eine sei eine Karikatur Whistlers.

Dr. Robins bemerkte viele Einzelheiten in dem Gästebuch, die mir entgangen waren, unter anderem eine Mitteilung auf Deutsch und Italienisch über der Karikatur einer männlichen Figur. In grober Übersetzung sagt der Ripper dort, er sei »Der Ripper-Doktor« und habe »in Italien ein leckeres Fleischgericht gekocht«. »Neuigkeiten! Neuigkeiten!« Die Wortspiele und Andeutungen, die sich nur schwer übersetzen ließen, würden darauf hinauslaufen, so Dr. Robins, dass der Ripper in Italien eine Frau umgebracht und aus ihrem Fleisch ein schmackhaftes Mahl bereitet habe. In mehreren Ripper-Briefen ist die Rede davon, dass er die Organe seiner Opfer gekocht habe. Einige Serienmörder praktizieren Kannibalismus. Möglicherweise hat es auch Sickert getan. Denkbar ist auch, dass er Teile seiner Opfer gekocht und sie seinen Gästen vorgesetzt hat. Natürlich konnten die Behauptungen, er habe Menschenfleisch gekocht, auch einfach höhnische Erfindungen sein, mit denen er Ekel und Abscheu erregen wollte.

Wie ich ist auch Dr. Robins der Meinung, dass hinter den Beleidigungen, Kommentaren und den meisten Zeichnungen im Lizard-Gästebuch Sickert steckt. Namen wie Annie Besant und Charles Bradlaugh, die mit Bleistift eingefügt wurden, gehören zu dem Kreis von Menschen, die Sickert kannte oder gemalt hatte. Dr. Robins vermutet, dass die männlichen Karikaturen mit verschiedenen Hüten und Bärten Selbstporträts von Sickert in Ripper-Verkleidungen sind. Die Zeichnung einer »einheimischen ländlichen Maid« in dem Buch könnte bedeuten, dass Sickert während seines Aufenthalts in Cornwall eine Frau umgebracht hat.

Ich habe Mrs. Hill das Gästebuch abgekauft und es vielen Experten zur Untersuchung vorgelegt, unter anderem auch dem forensischen Papierexperten Peter Bower, der sagt, das Buch sei echt. Die Eintragungen und vandalistischen Kritzeleien würden tatsächlich aus der angegebenen Zeit stammen. Das Gästebuch des Lizard ist von allen Fachleuten, die es untersucht haben, als so bedeutsam eingeschätzt worden, dass es sich heute im Tate-Archiv befindet, wo es weiteren Untersuchungen und einer dringend erforderlichen Restaurierung unterzogen wird.

Öffentlich bekannt wurde der Name Jack the Ripper nicht vor dem 17. September 1888 – zwei Monate nach der letzten Eintragung im Gästebuch des Lizard vom 15. Juli 1888. Meine Erklärung dafür, wie die Unterschrift »Jack the Ripper« zu diesem Zeitpunkt im Gästebuch auftauchen konnte, ist ziemlich einfach. Sickert hat das Lizard irgendwann besucht, nachdem die Ripper-Verbrechen begangen worden waren, und hat sich dann in dieser vandalischen Weise über das Gästebuch hergemacht. Das kann im Oktober 1889 der Fall gewesen sein, weil in winziger Bleistiftschrift, fast in einem Kniff des Buches, ein Monogramm auftaucht: ein »W« über einem »R«, gefolgt von einem »S« mit dem Datum »Oktober 1889«.

Während das Datum sehr deutlich zu erkennen ist, bleibt das Monogramm unscharf. Es könnte eine Chiffre sein, ein Versteckspiel, also genau das, was ich von Sickert erwarten würde. Oktober 1889 wäre eine gute Zeit für Sickert gewesen, um sich auf die südlichste Spitze Englands zurückzuziehen. Etwa einen Monat früher, am 10. September, war ein weiterer weiblicher Torso im East End gefunden worden, dieses Mal unter einer Eisenbahnbrücke in der Nähe der Pinchin Street.

Das Muster war sattsam bekannt. Die übliche Runde führte einen Polizeibeamten genau an diesem Ort vorbei, aber er hatte zuvor nichts Ungewöhnliches bemerkt. Keine halbe Stunde nachdem er das letzte Mal vorbeigekommen war, entdeckte er ein Bündel gleich neben dem Bürgersteig. Dem Rumpf fehlten Kopf und Beine, doch aus irgendeinem Grund hatte der Mörder die Arme am Körper gelassen. Die Hände waren glatt, und der Zustand der Nägel ließ auf ein nicht sehr beschwerliches Leben schließen. Das Material des Kleides, soweit erhalten, bestand aus Seide, die die Polizei zu einem Hersteller in Bradford zurückverfolgte. Nach Meinung des Arztes war das Opfer, eine Frau, schon mehrere Tage tot. Seltsamerweise wurde ihr Torso an dem Ort gefunden, auf den das Londoner Redaktionsbüro des *New York Herald* schon einige Tage vor der Entdeckung aufmerksam gemacht worden war.

Am 8. September um Mitternacht hatte sich ein Mann, der wie ein Soldat gekleidet war, vor dem Büro des *Herald* an einen Zeitungsboten gewandt und erklärt, es habe einen weiteren Mord mit schrecklichen Verstümmelungen gegeben. Der Ort, den er nannte, war die Stelle neben der Pinchin Street, wo der Rumpf dann später gefunden wurde. Der Bote stürzte sofort ins Gebäude und informierte den Nachtredakteur, der sich in eine Kutsche warf und die genannte Stelle aufsuchte. Doch dort war keine Leiche. Der Soldat verschwand, und der Rumpf tauchte am 10. September auf. Nach dem Austrocknungsgrad des Gewebes zu urteilen, war das Opfer am 8. September um Mitternacht wahrscheinlich schon tot gewesen. Auf einem Lattenzaun in der Nähe des verstümmelten Leichnams hing ein beflecktes Tuch, wie es von den Frauen während ihrer Periode getragen wurde.

»Ihr solltet lieber vorsichtig sein, wenn Ihr diese Bluthunde auf die Straßen schickt wegen der unverheirateten Frauen, die befleckte Windeln tragen – Frauen riechen sehr stark, wenn sie unpässlich sind«, schrieb der Ripper am 10. Oktober 1888, an dem Tag, an dem der Rumpf gefunden wurde. Abermals war es dem Mörder gelungen, eine Leiche und Leichenteile zu verbergen, sie in vermutlich schweren Bündeln durch die Gegend zu schleppen und praktisch vor den Füßen eines Polizisten abzulegen.

»Musste große Schwierigkeiten überwinden, um die Leichen dorthin zu bringen, wo ich sie versteckte«, schrieb der Ripper am 22. Oktober 1888.

Zwölf Tage nachdem der Frauenrumpf gefunden worden war, druckte der *Weekly Dispatch* eine Story aus der Londoner Ausgabe des *New York Herald* nach, in der es hieß, ein Vermieter habe behauptet, die »Identität« von Jack the Ripper zu kennen. Der Vermieter, dessen Name nicht erwähnt wird, sagte, er sei überzeugt davon, dass der Ripper Zimmer in seinem Haus gemietet habe. Dieser »Mieter« sei »um etwa vier Uhr morgens« nach Hause gekommen, als alle anderen schon schliefen. Er sei »aufgeregt gewesen und hat unzusammenhängend geredet«. Er sei überfallen worden, berichtete er, man habe ihm die Uhr gestohlen, und dann »nannte er den Namen eines Polizeireviers«, wo er den Vorfall angezeigt habe.

Der Vermieter sei der Sache nachgegangen und habe von der Polizei erfahren, dass keine solche Anzeige eingegangen sei. Der Verdacht gegen den Mieter habe sich verstärkt, als er, der Vermieter, entdeckt habe, dass der Mieter sein Hemd und sein Unterzeug gewaschen und auf den Stühlen zum Trocknen aufgehängt habe. Der Mieter »hatte die Angewohnheit, über die Straßenmädchen zu sprechen und ›geschwätzige Geschichten‹« über sie zu schreiben, und zwar in einer ähnlichen Handschrift, »wie sie in den Briefen zu sehen ist, die der Polizei angeblich von Jack the Ripper zugeschickt worden sind«. Mehrere Sprachen habe der Mieter sprechen können, und »wenn er ausging, trug er immer eine schwarze Tasche«. Nie habe er zwei Abende hintereinander denselben Hut aufgehabt.

Kurz nachdem der Torso in der Nähe der Pinchin Street entdeckt worden war, teilte der Mann seinem Vermieter mit, er werde ins Ausland reisen, und verschwand. Als der Vermieter die Räume betrat, entdeckte er verdächtige Hinterlassenschaften: »Schleifen, Federn, Blumen und andere Gegenstände, wie sie einer niederen Klasse von Frauen gehören«, drei Paar Schnürstiefel aus Leder, drei Paar »Galoschen« mit Kautschuksohlen und amerikanische Stoffgamaschen, die »mit Blut bespritzt waren«.

Offenbar verfolgte der Ripper die Nachrichten in der Presse und kannte diese Geschichte aus der Londoner Ausgabe des *New York Herald* oder vielleicht einer anderen Zeitung wie dem *Weekly Dispatch*. Im Gedicht des Rippers vom 8. November 1889 gibt es direkte Anspielungen auf die Geschichte des Vermieters:

»Schmück mich mit 8 Anzügen, und trag viele Hüte.«

Er bestreitet, jener merkwürdige Mieter gewesen zu sein, der »geschwätzige Geschichten« über unmoralische Frauen schrieb:

Ein paar Monde sei es her am Finsbury Square,
Dass ein seltsamer Mann bei 'nem Pärchen gewesen wär,
Die Mär ist leider falsch, ganz schlicht,
Nie schrieb einer von bösen Frauen 'ne Geschicht'.[22]

Es ist kaum vorstellbar, dass Walter Sickert Stiefel oder andere belastende Habseligkeiten in angemieteten Zimmern zurückgelassen hat, wenn er nicht gewollt hätte, dass diese

---

[22] Some months hard gone near Finsbury Sqre / An eccentric man lived with an unmarried pair – / The tale is false there never was a lad, / Who wrote essays on women bad.

Gegenstände gefunden wurden. Vielleicht hat Sickert in dieser Pension gewohnt, vielleicht auch nicht. Doch ob absichtlich oder nicht, der Ripper löste eine Welle von Verdächtigungen und dramatischen Ereignissen aus. Möglicherweise lauerte er schon hinter dem Vorhang auf den nächsten Akt. Es folgt ein Bericht, der im *Weekly Dispatch* direkt unter der Geschichte über den seltsamen »Mieter« abgedruckt wurde. Eine »Frau« schrieb einen Brief an das Polizeirevier in der Leman Street. Darin behauptete sie, in verschiedenen Schlachthöfen »habe einige Zeit lang eine große, kräftige Frau gearbeitet, die sich als Mann verkleidet habe«. Diese Geschichte führte zu der Theorie, »die East-End-Opfer seien von einer Frau ermordet worden. Es hieß, zur Zeit der Morde sei nie ein Mann in der Nähe gesehen worden.«

Der Schlachthaus-Transvestit wurde nie gefunden, und die Polizei, die die Schlachthöfe im East End absuchte, erhielt keinerlei Bestätigung, dass sich dort jemals eine potenzielle »Jill the Ripper« herumgetrieben habe. Der Brief, den die »Frau« an das Polizeirevier in der Leman Street schickte, scheint nicht erhalten zu sein. Vom 18. Juli (drei Tage nachdem Sickert beim *New York Herald* »gekündigt« hatte) bis zum 30. Oktober 1889 gingen 37 Ripper-Briefe ein. 17 wurden im September geschrieben. Mit Ausnahme von dreien wurden alle angeblich in London geschrieben, wonach der Ripper – oder Sickert – während der Zeitungsberichte über den »Untermieter« und die Schlachthof-Frau in London gewesen wäre.

Von März bis Mitte Juli 1889 hatte Sickert 21 Artikel für die Londoner Ausgabe des *New York Herald* geschrieben. Höchstwahrscheinlich war er am 8. September in London, denn die Sun hatte ihn nur wenige Tage zuvor in Broadhurst Gardens 54 interviewt und den Artikel am 8. veröffentlicht. In dem Artikel ging es um eine wichtige Impressionismusausstellung, die am 2. Dezember in der Goupil Gallery in der Bond Street eröffnet werden sollte, unter anderem mit Werken von Sickert. Der Journalist fragte Sickert auch, warum er nicht mehr als Kunstkritiker für den *New York Herald* tätig sei.

Sickerts im Druck erschienene Antwort war ausweichend und nicht die ganze Wahrheit. Er behauptete, er habe keine Zeit mehr, für den *Herald* zu schreiben. Die Kunstkritik solle Leuten überlassen bleiben, die keine Maler seien. Doch im März 1890 wurde Sickert wieder rückfällig und schrieb Artikel für die Blätter *Scots Observer, Art Weekly* und *The Whirlwind* – mindestens 16 Artikel allein in diesem Jahr. Vielleicht ist es nur ein weiterer der vielen Zufälle, die uns im Zusammenhang mit Sickert begegnen, dass seine Kündigung beim *New York Herald* ausgerechnet an dem Tag in der *Sun* angekündigt wurde, als der geheimnisvolle Soldat vor dem Gebäude dieser Zeitung auftauchte und über eine verstümmelte Leiche berichtete, von der er nur Kenntnis haben konnte, wenn er ein Komplize oder der Mörder war.

Der Torso vom September 1889 wurde nie identifiziert. Möglicherweise war die Tote keine »schmutzige Hure« von der Straße und aus den Absteigen. Sie könnte eine Prostituierte gewesen sein, die etwas höher in der Hackordnung angesiedelt war, etwa eine Revuetänzerin oder -sängerin. Eine dieser Frauen von zweifelhaftem Ruf hätte relativ leicht verschwinden können, ohne Aufsehen zu erregen. Sie zogen von Stadt zu Stadt oder von Land zu Land. Sickert zeichnete sie mit Vorliebe. Er malte das Porträt des Varietéstars Queenie Lawrence und dürfte ziemlich verstimmt gewesen sein, als sie es nicht als Geschenk annehmen wollte und sagte, sie würde es noch nicht mal als Windschutz benutzen. Queenie Lawrence scheint 1889 aus dem Rampenlicht der Öffentlichkeit verschwunden zu sein. Ich habe nicht herausfinden können, was aus ihr geworden ist. Auch Sickerts Modelle und Kunststudentinnen waren manchmal einfach fort, und keiner konnte sagen, wohin sie verschwunden waren.

»... eine meiner Malschülerinnen«, schrieb Sickert vermutlich 1914 an seine wohlhabenden amerikanischen Freundinnen Ethel Sands und Nan Hudson, »ein süßes Kind, das jämmerlicher malt, als mir jemals untergekommen ist, hat sich aufs Land verkrümelt. Ihr Name?«

In der Zeit, in der ihn das Morden am intensivsten beschäftigte, könnte Sickert fortwährend mit der Eisenbahn unterwegs gewesen sein. Überall hätte er Briefe aufgeben können. Lustmörder neigen dazu, sich über enorme Strecken fortzubewegen, wenn sie Schübe ihrer sexuell-gewalttätigen Sucht erleben. Sie reisen von Stadt zu Stadt und töten häufig in der Nähe von Raststätten und Bahnhöfen, wobei die Schauplätze ihrer Verbrechen manchmal planvoll ausgesucht und manchmal vom Zufall bestimmt sind. Die Leichen und Leichenteile können über Hunderte von Kilometern verstreut sein. Überreste werden in Mülltonnen und Wäldern entdeckt. Einige Opfer sind so gut versteckt, dass sie für immer »vermisst« bleiben.

Der grausame Kick, die Risiken, die Gewaltausbrüche sind rauschhaft. Aber diese Menschen wollen nicht gefasst werden, auch Sickert nicht. Hin und wieder aus London zu verschwinden war ein kluger Schachzug, vor allem nach dem Doppelmord an Elizabeth Stride und Catherine Eddows. Doch wenn die Absicht seiner vielen Briefe von so vielen verschiedenen Orten die war, die Polizei zu verwirren und Unruhe zu stiften, hatte er sich verkalkuliert. In den Worten von D. S. McColl: »Er überschätzte sich.« Sickert stellte es so schlau an, dass weder die Presse noch die Polizei glaubte, die Briefe könnten vom Mörder stammen. Man schenkte ihnen keine Beachtung.

Einige, die an so fernen Orten wie Lille oder Lissabon aufgegeben wurden, könnten durchaus gefälscht sein. Vielleicht hat Sickert aber auch jemand anders veranlasst, die Briefe für ihn aufzugeben. Das scheint eine Gewohnheit von ihm gewesen zu sein. Im August 1914, als er sich in Dieppe aufhielt, schrieb er seiner Freundin Ethel Sands: »Ich kann nicht immer zum Schiff flitzen & irgendeinen freundlichen Fremden erwischen, um ihm meine Briefe anzuvertrauen.«

Früh am frostigen Morgen des 11. Oktober 1888 spielte Sir Charles Warren die Rolle des Bösewichts für die Bluthunde Burgho und Barnaby.

Hinter den Bäumen und Sträuchern des Hyde Park versteckt, lief der Präsident der Metropolitan Police davon, während die beiden prachtvollen Suchhunde seine Witterung verloren und erfolgreich mehrere Fremde stellten, die dort zufällig spazieren gingen. Vier weitere Versuche an diesem dunstigen, kühlen Morgen endeten mit dem gleichen Erfolg. Das versprach nichts Gutes für Warren.

Wenn die Hunde einen Mann in dem am frühen Morgen relativ verlassenen Park nicht aufspüren konnten, dann war es vermutlich keine besonders gute Idee, sie in den überfüllten, schmutzigen Straßen und Gassen des East End von der Leine zu lassen. Auch Warrens Entscheidung, sich selbst für die Demonstration mit den Spürhunden zur Verfügung zu stellen, war keine besonders gute Idee. Sein Versuch, den Londonern zu zeigen, was für eine phantastische Neuerung die Bluthunde waren, und seine Behauptung, die Tiere würden bestimmt in der Lage sein, die East-End-Bestie zur Strecke zu bringen, fielen auf ihn selbst zurück. Seine Zickzack-Läufe im Park und die Hunde, die hoffnungslos falschen Fährten folgten, waren eine Blamage, die ihm ewig anhängen sollte.

»Dear Boss, ich höre, Du hast jetzt Bluthunde für mich«, schrieb der Ripper am 12. Oktober und zeichnete ein Messer auf den Umschlag.

Warrens unglückliche Entscheidung wurde vielleicht beschleunigt – oder zumindest nicht verändert – durch einen anderen merkwürdigen Brief in der Times vom 9. Oktober, zwei Tage vor seinem peinlichen Auftritt im Park:

Sir – Gerade jetzt kann meine persönliche Erfahrung mit der Wirkung, die Bluthunde beim Aufspüren von Straftätern erzielen können, von Interesse sein. Hören Sie also, was für einen Vorfall ich als Augenzeuge miterlebt habe.

Im Jahr 1861 oder 1862 (mein Gedächtnis befähigt mich leider nicht, ein genaueres Datum zu nennen) hielt ich mich in Dieppe auf, als ein kleiner Junge zusammengekrümmt in einem Pferdeverschlag aufgefunden wurde, die Kehle von einem Ohr zum anderen durchschnitten. Sogleich wurden zwei Bluthunde eingesetzt. Nachdem sie kurze Zeit die Witterung auf dem Boden aufgenommen hatten, stürzten sie davon, während ihnen Hunderte von Menschen, darunter auch ihr Aufseher und ich, folgten.

Ohne ihren Schritt im Mindesten zu verlangsamen, gelangten die hervorragend dressierten Tiere ans andere Ende des Städtchens, wo sie abrupt vor der Tür einer schäbigen Pension innehielten, ihre edlen Köpfe in den Nacken warfen und ein tiefes Bellen von sich gaben. Als wir das Gebäude betraten, entdeckten wir die Schuldige – eine alte Frau – unter einem Bett versteckt.

Lassen Sie mich hinzufügen, dass der Instinkt von Bluthunden, wenn er entsprechend ausgebildet wird, so hervorragend geeignet ist, eine einmal aufgenommene Spur zu verfolgen, dass sich kaum sagen lässt, an welchen Schwierigkeiten er scheitern könnte.

Hochachtungsvoll
Williams [sic] Buchanan
11, Burton St., W.C., 8. Oktober

Wie schon der Leserbrief des älteren Gentleman trifft auch dieser nicht den angemessenen Ton. Mr. Buchanan wählt einen leichten, heiteren Plauderton, um von den schrecklichen Ereignissen zu berichten, in deren Verlauf ein Junge zusammengekrümmt in einem »Pferdeverschlag« aufgefunden wurde, die Kehle »von einem Ohr zum anderen« durchgeschnitten.

Als ich die Zeitungsarchive von Dieppe durchsah, fand ich keinen Hinweis auf ein Kind, dem Anfang der 1860er Jahre die Kehle durchtrennt oder das auf ähnliche Weise ermordet wurde. Das hat nicht unbedingt etwas zu bedeuten, weil die französischen Archive zu der Zeit oft unvollständig waren und die Dokumente, die aufbewahrt worden waren, während zweier Weltkriege zerstört worden oder verloren gegangen sein können. Doch falls es einen solchen Mord tatsächlich gegeben hat, ist die Behauptung, in Dieppe hätten damals »sogleich« dressierte Bluthunde zur Verfügung gestanden, kaum glaubhaft. Sogar die riesige Metropole London hatte in den 1860er Jahren keine dressierten Bluthunde zur Verfügung, noch nicht einmal 28 Jahre später, als Charles Warren die Hunde importieren und bei einem Tierarzt unterbringen ließ.

Im 8. Jahrhundert nannte man die Bluthunde Sankt-Hubertus-Hunde und pries ihre Fähigkeit, auf der Jagd Bären und anderes Wild aus sicheren Verstecken aufzuspüren. Erst im 16. Jahrhundert wurde es üblich, diese langohrigen Hunde mit der tiefen Stimme zum Aufspüren von Menschen einzusetzen. Sie als blutgierige Bestien zu schildern, die in den amerikanischen Südstaaten zur Jagd auf entflohene Sklaven eingesetzt wurden, ist eine böswillige Fehldarstellung. Weder sind Bluthunde aggressiv, noch suchen sie den körperlichen Kontakt mit ihrer Beute. In ihren traurigen, faltigen Gesichtern ist überhaupt kein gemeiner Zug. Sklavenhunde waren gewöhnlich Amerikanische Foxhounds oder eine Kreuzung aus Foxhounds und Bulldoggen, die darauf dressiert waren, Menschen anzugreifen oder zu Boden zu werfen.

Bluthunde auf die Verfolgung von Straftätern abzurichten ist eine so spezielle und mühselige Aufgabe, dass der Polizei nur wenige von ihnen zur Verfügung stehen. Nicht allzu viele dieser Hunde dürfte es also in den Jahren 1861 oder 1862 gegeben haben, als nach Buchanans Behauptung – die wie ein Grimm'sches Märchen klingt – Bluthunde die Fährte des Mörders aufnahmen, der den kleinen Jungen auf dem Gewissen hatte, und sie direkt bis zu einem Haus verfolgten, wo sich eine alte Frau unter einem Bett versteckte.

»Williams« – so die Schreibweise der *Times* – Buchanan ist im Adressbuch der Post von 1889 nicht verzeichnet, aber im Wählerverzeichnis für den Bezirk St. Pancras South, District 3 Burton, ist ein William Buchanan als wahlberechtigter Bewohner des Hauses Burton Street 11 aufgeführt. Damals galt die Burton Street weder als besonders anrüchig noch als besonders vornehm. Im Haus Nr. 33 wurden für 38 Pfund im Jahr Zimmer vermietet – unter anderem an einen Lehrling, einen Lagerarbeiter in einer Druckerei, einen Schleifer, einen Kakaopacker, einen französischen Polierer, einen Stuhltischler und eine Wäscherin.

William Buchanan war kein ungewöhnlicher Name, und es ließen sich keine anderen Unterlagen finden, die zu seiner Identifizierung oder der seines Berufs hätten beitragen können. Doch der Brief an die Zeitungsredaktion verrät Belesenheit und Kreativität, außerdem wird Dieppe erwähnt, der Badeort, den viele Künstler als Sommerresidenz wählten und in dem Sickert fast sein halbes Leben lang Häuser und geheime Schlupfwinkel hatte. Wahrscheinlich hat Sickert diese geheimen Zimmer in Dieppe, London oder anderswo nicht unter seinem Namen angemietet. Ende der 1880er Jahre gab es keine Ausweis- und Meldepflicht. Bargeld genügte. Man muss sich fragen, wie häufig Sickert falsche Namen benutzte, einschließlich Namen realer Menschen.

Vielleicht hat der wahre William Buchanan einen Leserbrief geschrieben. Vielleicht gab es einen Siebenjährigen aus Dieppe, dessen Leichnam in einem Pferdeverschlag abgelegt wurde. Ich kann das nicht entscheiden. Jedenfalls ist es ein merkwürdiger Zufall, dass binnen zehn Wochen nach Buchanans Brief zwei Jungen ermordet wurden und dass die verstümmelten Überreste des einen in einem Pferdestall aufgefunden wurden.

»Ich werde 3 weitere begehen dieses Mal 2 Mädchen und ein etwa 7-Jähriger ich schlitze ganz besonders gern Frauen auf weil sie nicht viel Lärm machen«, schrieb der Ripper in einem Brief, der auf den 14. November 1888 datiert war.

Am 26. November wurde der achtjährige Percy Knight Searle, »ein stilles, aufgewecktes und friedliches Kerlchen«, in Havant bei Portsmouth an Englands Südküste ermordet. An diesem Abend spielte er »zwischen 18 und 19 Uhr« draußen mit einem anderen Jungen namens Robert Husband, der später aussagte, Percy habe sich von ihm getrennt und sei eine Straße allein hinuntergegangen. Wenige Augenblicke später hörte Robert ihn schreien und sah einen »großen Mann« fortlaufen. Als Robert Percy fand, hockte dieser am Boden, gegen einen Lattenzaun gelehnt und kaum noch am Leben. Seine Kehle wies an vier Stellen tiefe Einschnitte auf. Er starb vor Roberts Augen.

Ganz in der Nähe wurde ein geöffnetes Taschenmesser gefunden, die lange Klinge mit Blut befleckt. Eine Notiz und eine Inschrift auf einem Fensterladen verursachten Aufruhr in Portsmouth. Die Einwohner waren überzeugt, dass der Mord das Werk von Jack the Ripper war. Die *Times* berichtet, dass ein Dr. Bond bei Percys Coroner-Untersuchung ausgesagt hätte, nennt aber seinen Vornamen nicht. Falls es Thomas Bond aus Westminster war, hatte Scotland Yard ihn hingeschickt, damit er überprüfte, ob diese Tat das Werk des Rippers gewesen sein konnte.

Dr. Bond sagte bei der Untersuchung aus, die Verletzungen an Percy Searles Hals glichen »den Schnitten eines Bajonetts«, der Junge müsse also im Stehen getötet worden sein.

Ein Gepäckträger des Bahnhofs Havant behauptete, ein Mann sei auf den Zug um 18 Uhr 55 gesprungen, ohne eine Fahrkarte zu kaufen. Der Gepäckträger hatte nicht gewusst, dass gerade ein Mord geschehen war, und den Mann daher nicht verfolgt. Der Junge Robert Husband geriet in Verdacht, als sich herausstellte, dass das »blutige« Taschenmesser seinem Bruder gehörte. Nach Meinung eines weiteren Arztes waren die vier Schnitte an Percys Hals so ungeschickt beigebracht worden, dass sie durchaus von einem »Jungen« verursacht worden sein könnten, daraufhin wurde Robert trotz seiner Unschuldsbeteuerungen angeklagt. Portsmouth liegt an Englands Südküste, dem französischen Le Havre direkt gegenüber, und ist nur dreieinhalb Stunden mit dem Zug von London entfernt.

Fast einen Monat später, am Donnerstag, dem 20. Dezember, geschah ein weiterer Mord, diesmal in London. Rose Mylett wohnte in Whitechapel, war etwa dreißig Jahre alt und wurde als »hübsch« und »gut genährt« beschrieben.

Sie war eine Unglückliche und am Mittwochabend noch spät unterwegs, offenbar in Ausübung ihres Gewerbes. Am nächsten Morgen um 4 Uhr 15 entdeckte ein Polizeibeamter ihre Leiche in Clarke's Yard in der Nähe der Popular Street im East End. Nach Meinung des Polizisten war sie erst seit ein paar Minuten tot. Ihre Kleidung sah ordentlich aus, doch ihr Haar war durcheinander und hing herab. Jemand – vermutlich der Mörder – hatte ein Taschentuch locker um ihren Hals geschlungen. Bei der postmortalen Untersuchung stellte sich heraus, dass sie mit einer Paketschnur von mittlerer Stärke erdrosselt worden war.

Es gab »nicht den Hauch eines Anhaltspunktes«, berichtete die *Times* am 27. Dezember. Nach Ansicht der Polizisten und Ärzte verriet die »Tat eine geschickte Hand«. Unklar war dem Polizeiarzt allerdings, warum Roses Mund geschlossen war und die Zunge nicht herausgetreten war, als man die Tote fand. Offenbar wusste man damals noch nicht, dass in den meisten Fällen von Erdrosselung die Ligatur – in diesem Fall eine Schnur – eng um den Hals zusammengezogen wird und dabei die Halsschlagader oder Drosselader (Vena jugularis) zusammenpresst, wodurch die Blutversorgung des Gehirns unterbunden wird. Nach Sekunden tritt Bewusstlosigkeit ein, bald darauf der Tod. Wenn Kehlkopf oder Atemwege nicht abgedrückt werden, wie es beim Erwürgen mit den Händen der Fall ist, muss die Zunge nicht unbedingt hervortreten.

Beim Erdrosseln bekommt man das Opfer rasch und mühelos unter Kontrolle, weil es schnell das Bewusstsein verliert. Das Erwürgen mit den Händen dagegen bewirkt den Tod durch Ersticken, daher wird das Opfer aller Wahrscheinlichkeit nach minutenlangen Widerstand leisten, während es verzweifelt nach Luft ringt. Das Erdrosseln hat große Ähnlichkeit mit dem Durchschneiden der Kehle. In beiden Fällen hindert der Täter das Opfer daran, einen Laut auszustoßen, und setzt es rasch außer Gefecht.

Eine Woche nachdem Rose Mylett ermordet worden war, verschwand ein siebenjähriger Junge in Bradford, West Yorkshire, einer Station auf der Tournee des Irving-Ensembles und viereinhalb bis sechs Zugstunden nordwestlich von London, je nachdem, wie oft der Zug hielt. Am Donnerstagmorgen, dem 27. Dezember um 6 Uhr 40, sah Mrs. Gill ihren siebenjährigen Sohn John auf einen Milchwagen springen, um eine kurze Strecke mitzufahren. Später, um 8 Uhr 30, spielte John mit anderen Jungen und sprach nach einigen Berichten hinterher mit einem Mann. John kam nicht mehr nach Hause. Am Tag darauf hängte die überaus besorgte Familie überall Anschläge aus:

Seit Donnerstagmorgen wird der achtjährige John Gill vermisst. Wurde um 8 Uhr 30 zum letzten Mal beim Schlittenfahren in Walmer-Village gesehen. Er war bekleidet mit einem Matrosenmantel (mit Messingknöpfen), einer Matrosenmütze, einem Plaid-Knickerbocker-Anzug, Schnürstiefeln, rotweißen Strümpfen. Hautfarbe hell, wohnhaft Thorncliffe Road 41.

In dem Anschlag wurde Johns Alter mit acht angegeben, weil er in einem Monat Geburtstag gehabt hätte. Am Freitagabend um 21 Uhr hatte der Schlachtergeselle Joseph Buckle in Ställen und einem Wagenschuppen ganz in der Nähe der Gills zu tun. Ihm fiel nichts Ungewöhnliches auf. Am nächsten Morgen, einem Samstag, war er schon früh auf den Beinen, um das Pferd seines Arbeitgebers anzuschirren. Wie üblich mistete Joseph den Stall aus. Damit beschäftigt, den Mist in eine Grube auf dem Hof zu befördern, »sah er einen merkwürdigen Haufen, der in der Ecke zwischen der Wand und dem Tor des Wagenschuppens lehnte«. Er holte ein Licht und erkannte, dass der Haufen ein totes Kind war und dass ein Ohr abgeschnitten worden war. Augenblicklich stürzte er zur Backstube, um Hilfe zu holen.
Mit seinen Hosenträgern war John Gill sein Mantel umgebunden worden. Mehrere Männer wickelten ihn aus und entdeckten so, was von ihm übrig war, die beiden abgetrennten Beine waren zu beiden Seiten der Leiche mit einer Schnur befestigt. Seine Ohren waren abgeschnitten. Ein Stück Hemdstoff war um seinen Hals gebunden, ein weiteres Stück um die Stümpfe, die von seinen Beinen geblieben waren. Mehrfach hatte man ihm in die Brust gestochen, der Unterleib war aufgeschlitzt, die Organe hatte man entnommen und auf den Boden gelegt. Das Herz war ihm aus der Brust »gerissen« und unter das Kinn geklemmt worden.
»Ich werd einen weiteren Mord an einem jungen Burschen begehen, zum Beispiel den Druckerjungen, die in der City arbeiten. Ich hab es Euch schon einmal geschrieben, aber ich glaub nicht, dass Ihr's kapiert habt. Ich werd ihnen Schlimmeres antun als den Frauen. Ich werd ihnen das Herz rausreißen«, schrieb der Ripper am 26. November, »und sie

genauso aufschlitzen … Ich werd über sie herfallen, wenn sie nach Hause gehen … jeden jungen Burschen, den ich sehe, werd ich umbringen, aber Ihr kriegt mich nich, schreibt Euch das hinter die Ohren.«

Einem Zeitungsbericht zufolge hatte der Mörder John Gill die Stiefel ausgezogen und sie ihm in die Bauchhöhle gestopft. Andere Verstümmelungen waren »zu ekelhaft, um sie zu beschreiben«, was wohl hieß, dass sie die Genitalien betrafen. Ein Stück Packpapier, das an der Leiche entdeckt wurde, trug, wie die *Times* berichtete, »den Namen W. Mason, Derby Road, Liverpool«. Diese unglaubliche Spur führte offenbar ins Leere. Liverpool war weniger als vier Zugstunden entfernt, und fünf Wochen zuvor hatte der Ripper einen Brief geschrieben, in dem er behauptete, in Liverpool zu sein. Am 19. September, wenig mehr als eine Woche vor dem Mord an John Gill, schickte der Ripper einen Brief an die *Times* – angeblich aus Liverpool.

»Ich bin nach Liverpool gekommen & Ihr werdet bald von mir hören.«

Sofort verhörte die Polizei William Barrett, den Milchmann, der John zwei Tage zuvor ein kurzes Stück auf seinem Milchwagen mitgenommen hatte, aber es gab keine Verdachtsmomente gegen ihn, ausgenommen die Tatsache, dass Barrett Pferd und Wagen in dem Stall und Wagenschuppen untergebracht hatte, wo Johns Leiche gefunden wurde. Barrett hatte John in der Vergangenheit häufig mitgenommen und wurde von seinen Nachbarn geachtet. Die Polizei fand keine Blutflecken an John Gills Leiche oder an dem Mantel, in den man ihn gewickelt hatte. Auch im Wagenschuppen und im Stall wurde kein Blut entdeckt. Der Mord war woanders verübt worden. Ein Polizeibeamter, der in diesem Gebiet seine Runde machte, behauptete, er habe am Samstagmorgen um 4 Uhr 30 die Tür des Wagenschuppens angefasst, um sich davon zu überzeugen, dass sie zugesperrt sei, und habe an »genau derselben Stelle« gestanden, an der John Gills sterbliche Überreste keine drei Stunden später von dem Mörder ausgelegt wurden.

In einem undatierten fragmentarischen Brief, den der Ripper später an die Metropolitan Police schrieb, hieß es: »Ich habe einen kleinen Jungen in Bradford aufgeschlitzt.« Und in einem Ripper-Brief vom 16. Januar 1889 ist die Rede von »meiner Reise nach Bradford«.

Vom 23. Dezember bis zum 8. Januar finden sich in den Archiven keine Ripper-Briefe. Ich weiß nicht, wo Sickert Weihnachten und Neujahr verbracht hat, aber ich nehme an, er wird es so eingerichtet haben, dass er am letzten Samstag des Jahres, dem 29. Dezember, in London war, denn an diesem Abend war die *Hamlet*-Premiere im Lyceum mit Henry Irving und Ellen Terry in den Hauptrollen. Sickerts Frau dürfte sich bei ihrer Familie in West Sussex aufgehalten haben, doch ich habe keine Briefe aus dieser Zeit gefunden, die verraten, wo Sickert oder Ellen waren.

Allerdings wird der Dezember kein sehr glücklicher Monat für Ellen gewesen sein. Es ist unwahrscheinlich, dass sie Sickert oft zu Gesicht bekommen hat, und ich frage mich, welche Vermutungen sie wohl in Bezug auf seinen Aufenthaltsort und seine Aktivitäten hatte. Sicherlich war sie tief betroffen über die schwere Krankheit des Staatsmannes John Bright, eines nahen Freundes der Familie. Täglich veröffentlichte die *Times* Bulletins über seinen Gesundheitszustand, Bulletins, die in Ellen bittersüße Erinnerungen an ihren verstorbenen Vater geweckt haben dürften, der einer von Brights engsten Freunden gewesen war.

Der Milchmann, den man im Mordfall John Gill zunächst verhaftet hatte, wurde schließlich wieder auf freien Fuß gesetzt, und der Mord wurde nie aufgeklärt. Auch der Mord an Rose Mylett wurde nie aufgeklärt. Die Vorstellung, dass Jack the Ripper eines der beiden Verbrechen begangen haben könnte, erschien nicht plausibel und wurde von den Verantwortlichen rasch ad acta gelegt. Der Ripper hatte

Rose nicht verstümmelt. Er hatte ihr nicht die Kehle durchgeschnitten, und es war nicht seine Methode, über kleine Jungen herzufallen, egal, was er in seinen Briefen androhte, die die Polizei ja ohnehin für Fälschungen hielt.

Angesichts der wenigen gerichtsmedizinischen Daten, die in den Zeitungen und der Coroner-Untersuchung zur Sprache kamen, lässt sich John Gills Fall nur schwer rekonstruieren. Eine der wichtigsten ungeklärten Fragen ist die Identität des Mannes, mit dem man John zuletzt hatte sprechen sehen, vorausgesetzt, die entsprechenden Aussagen sind wahr. Falls der Mann ein Fremder war, hätte man erhebliche Anstrengungen unternehmen müssen, um herauszufinden, wer er war und was er in Bradford machte. Offenkundig ging der Junge mit jemandem fort, und dieser Jemand ermordete und verstümmelte das Kind.

Das Stück »Hemdstoff« um Johns Hals ist ein merkwürdiges Erkennungszeichen des Mörders. Jedes Opfer von Jack the Ripper trug, soweit mir bekannt ist, einen Schal, ein Taschentuch oder irgendein Stück Tuch um den Hals. Wenn der Ripper einem Opfer die Kehle durchschnitt, durchtrennte er nicht das Halstuch. Beim Mord an Rose Mylett wurde ihr ein gefaltetes Taschentuch um den Hals gelegt. Offenbar hatten Halstücher und Schals symbolische Bedeutung für den Mörder.

Sickerts Malerfreundin Marjorie Lilly berichtete, dass er ein rotes Halstuch besaß, das er außerordentlich schätzte. Während er an seinen Camden-Town-Mord-Bildern arbeitete und »die Szenen durchlebte, übernahm er die Rolle des Übeltäters, schlang sich das Taschentuch lose um den Hals, zog sich eine Mütze tief ins Gesicht und zündete seine Laterne an«. Es war allgemein bekannt, dass ein Straftäter, der bei seiner Hinrichtung ein rotes Halstuch trug, damit signalisierte, er habe niemandem etwas verraten und nehme seine finstersten Geheimnisse mit ins Grab. Sickerts rotes Taschentuch war ein Talisman und durfte von niemandem angerührt werden, auch von der Haushälterin nicht, die einen großen Bogen darum machte, wenn sie es an einem Bettpfosten »baumeln« oder im Atelier um einen Türknauf oder einen Kleiderhaken geschlungen sah.

Das rote Taschentuch, schrieb Ms. Lilly, »spielte eine wesentliche Rolle bei der Entstehung der Zeichnungen, da es ihn in wichtigen Augenblicken inspirierte und sich so intensiv mit der tatsächlichen Ausarbeitung seiner Idee verwob, dass er es ständig im Blick behielt«. Die künstlerische Phase, die ich Sickerts »Camden-Town-Mord-Periode« nennen möchte, begann nicht lange nach einem tatsächlichen Prostituiertenmord, der sich 1907 in Camden Town zugetragen hatte. Laut Marjorie Lilly hatte er in diesem Abschnitt seines Lebens »zwei fixe Ideen ... Verbrechen und Kirchenfürsten«. Das Verbrechen »war personifiziert durch Jack the Ripper, die Kirche durch Anthony Trollope«.

»Ich hasse das Christentum!«, schrie Sickert einmal einer Kapelle der Heilsarmee entgegen.

Er war kein religiöser Mensch, es sei denn, er spielte eine wichtige biblische Rolle. *Lazarus Breaks His Fast: Self Portrait* (»Lazarus bricht sein Fasten: Selbstporträt«) und *The Servant of Abraham: Self Portrait* (»Der Diener Abrahams: Selbstporträt«) gehören zu seinen Spätwerken. Als er fast 70 Jahre alt war, malte er das berühmte Bild *The Raising of Lazarus* (»Die Auferstehung des Lazarus«). Dazu hatte er einen örtlichen Beerdigungsunternehmer veranlasst, eine lebensgroße Gliederpuppe, die im 18. Jahrhundert dem Maler William Hogarth gehört hatte, in ein Leichentuch zu hüllen. Sickert, der einen langen Bart trug, stieg auf eine Trittleiter und übernahm die Rolle Christi, der Lazarus von den Toten auferweckt, während Cicely Hey als Schwester des Lazarus Modell stand. Sickert malte das riesige Gemälde nach einer Fotografie, und die Christusfigur darin ist ein weiteres Selbstporträt.

Vielleicht hatten Sickerts Phantasien von der Macht über

Leben und Tod in der Blüte seiner Jahre anders ausgesehen. Er wurde alt. Meist fühlte er sich unwohl. Hätte er doch die Macht gehabt, Leben zu schenken! Dass er die Macht hatte, es zu nehmen, wusste er bereits. Die Zeugenaussagen in der Coroner-Untersuchung zum Mordfall John Gill bestätigten, dass dem Siebenjährigen das Herz »herausgezerrt«, nicht herausgeschnitten worden war. Der Mörder griff mit der Hand in die geöffnete Brust und riss es aus dem Leib.

Füge anderen zu, was dir zugefügt wurde. Walter Sickert ermordete John Gill, weil er dazu in der Lage war. Sexuelle Macht empfand Sickert nur, wenn er andere beherrschen und ihren Tod bewirken konnte. Vermutlich hat er keine Gewissensbisse verspürt, aber er muss gehasst haben, was er nicht besitzen und was er nicht sein konnte. Er konnte keine Frau besitzen. Er war nie ein normaler Junge gewesen und würde nie ein normaler Mann sein. Mir ist keine einzige Situation bekannt, in der Sickert im physischen Sinne Mut bewiesen hätte. Er wählte sich nur Opfer aus, denen er überlegen war.

Als er 1896 den Verrat an Whistler beging, tat er es im selben Jahr, in dem Whistlers Frau Beatrice starb. Davon erholte sich Whistler nie wieder. In dem letzten lebensgroßen Selbstporträt, das er malte, verschwimmt seine schwarze Gestalt in der Dunkelheit, sodass er kaum noch zu erkennen ist. Whistler befand sich mitten in einem Prozess, der ihn finanziell zu ruinieren drohte, und war am Tiefpunkt seines Lebens angelangt, als Sickert in der *Saturday Review* seine versteckten Angriffe gegen ihn begann. In dem Jahr, als Sickert den Prozess verlor, 1897, wurde Oscar Wilde aus dem Gefängnis entlassen, nur noch ein Schatten einstiger ruhmvoller Tage und körperlich ein Wrack. Sickert schnitt ihn.

Wilde hatte sich Helena Sickert gegenüber außerordentlich liebenswürdig gezeigt, als sie noch ein junges Mädchen gewesen war. Von ihm hatte sie ihren ersten Gedichtband bekommen, und er hatte sie ermutigt, aus ihrem Leben das zu machen, was sie sich wünschte. Als Walter Sickert 1883 nach Paris reiste, um Whistlers Porträt seiner Mutter für den alljährlichen Pariser Salon zu überbringen, beherbergte der brillante, berühmte Wilde den jungen, staunenden Maler eine Woche lang im Hôtel Voltaire.

Als dann 1885 Sickerts Vater starb, war ihre Mutter, so schrieb Helena, »fast verrückt vor Kummer«. Oscar Wilde besuchte Mrs. Sickert. Sie wollte niemanden empfangen. Aber natürlich wird sie das, sagte Wilde und lief die Treppe hinauf. Kurz darauf hörte man Mrs. Sickert lachen – ein Klang, von dem die Tochter geglaubt hatte, sie würde ihn niemals wieder hören.

Ellen Cobden Sickert war beinahe besessen in ihrem Bestreben, dafür zu sorgen, dass Cobdens historische Bedeutung in Erinnerung blieb und gewürdigt wurde. Im Dezember 1907 schickte sie ihrer Schwester Janie ein versiegeltes Dokument mit der nachdrücklichen Bitte, es möge in einem Safe verschlossen werden. Vermutlich werden wir nie herausfinden, was sich in dem versiegelten Brief befand, aber ich bezweifle, dass es sich um ein Testament oder etwas Ähnliches handelte. All diese Dinge hat sie später aufgesetzt und sich offenbar nicht darum gekümmert, wer es zu Gesicht bekommen hat. Diese Verfügungen und die übrigen Briefe und Tagebücher Ellens wurden von der Familie Cobden dem öffentlichen Archiv von West Sussex gestiftet.

Den versiegelten Brief schickte Ellen ihrer Schwester Janie drei Monate nach dem Camden-Town-Mord, der nur wenige Blocks von Sickerts Ateliers in Camden Town entfernt begangen wurde, rund anderthalb Kilometer von der Wohnung entfernt, die er erst kürzlich nach seiner Rückkehr aus Frankreich bezogen hatte. Emily Dimmock war mittelgroß, blass und hatte dunkelbraunes Haar. Sie war schon mit vielen Männern zusammen gewesen, vor allem Seeleuten. Laut der Metropolitan Police hatte sie einen »überaus unmoralischen Lebenswandel« und war bei »jeder Prostituierten in der Euston Road bekannt«. Als sie am Morgen des 12. September 1907 mit durchgeschnittener Kehle nackt in ihrem Bett gefunden wurde, dachte die Polizei zunächst, sie hätte sich das Leben genommen, da »sie eine achtbare verheiratete Frau war«, wie es in dem Bericht hieß. Offensichtlich war nach Ansicht der Polizei bei achtbaren verheirateten Frauen die Wahrscheinlichkeit viel größer, dass sie Selbstmord begingen, als dass sie ermordet wurden.

Der Mann, mit dem Emily zusammenlebte, war nicht ihr Ehemann, aber sie sprachen immer davon, eines Tages zu heiraten. Bertram John Eugene Shaw war Koch bei der Midland Railway. Er verdiente 27 Shilling in der Woche, stieg an sechs Tagen um 5 Uhr 42 in den Zug nach Sheffield, verbrachte dort die Nacht, fuhr am nächsten Morgen wieder ab und traf um 10 Uhr 40 auf dem Bahnhof St. Pancras ein. Fast immer war er gegen 11 Uhr 30 zu Hause. Später erklärte er gegenüber der Polizei, er habe keine Ahnung gehabt, dass seine Frau nachts ausging und sich mit anderen Männern traf.

Die Polizei schenkte ihm keinen Glauben. Shaw wusste, dass Emily eine Prostituierte war, als er sie kennen lernte. Sie schwor ihm, sie habe ihren Lebenswandel geändert und ergänze ihr Einkommen jetzt durch Schneiderarbeiten. Seit sie zusammengezogen seien, habe sich Emily als brave Frau erwiesen, sagte Shaw. Ihre Zeit als Prostituierte gehöre der Vergangenheit an. Möglicherweise hat er wirklich nicht gewusst – wenn es ihm nicht jemand hinterbrachte –, dass Emily in der Regel um 20 Uhr oder 20 Uhr 30 im Pub Rising Sun in der »Euston Road« auftauchte, wie Zeugen aussagten. Den Pub Rising Sun gibt es heute noch, er befindet sich aber in Wirklichkeit an der Ecke Tottenham Court Road und Windmill Street. Die Tottenham mündet in die Euston Road. 1932 malte Sickert ein Ölbild mit dem Titel *Grover's Island from Richmond Hill* (»Grover's Island, von Richmond Hill aus gesehen«), auf dem eine untypische van Gogh'sche Sonne, die groß und strahlend am Horizont steht, das Bild beherrscht. Diese aufgehende Sonne ist fast identisch mit derjenigen, die in das Glas über der Eingangstür des Pubs geschliffen ist.

Aus Briefen, die Sickert 1907 schrieb, geht hervor, dass er einen Teil des Sommers in Dieppe verbrachte. »Vor dem

Frühstück genieße ich mein tägliches Bad. Große Brecher, die Du gut im Auge behalten und unter denen Du hindurchtauchen musst.« Augenscheinlich war er »fleißig bei der Arbeit«, das heißt, er malte und zeichnete viel. Früher als gewöhnlich kehrte er nach London zurück, wo das Wetter »kühl« und »scheußlich« war. Der Sommer war ungewöhnlich kalt, mit viel Regen und wenig Sonnenschein.

In London warteten Ausstellungen auf Sickert. Der 15. Annual Photographic Salon eröffnete am 13. September in der Royal Water Color Society's Gallery, eine Ausstellung, die er kaum versäumt haben dürfte. Er interessierte sich zunehmend für die Fotografie, die »sich wie andere Kunstgattungen«, so die *Times*, »in Richtung des Impressionismus entwickelt«. Während des Septembers ließ es sich gut in London aushalten. In Dieppe würde die Badesaison bald zu Ende sein, und die meisten Briefe, die Sickert 1907 schrieb, stammten aus London. Einer von ihnen fällt ganz aus der Reihe, so seltsam und unerklärlich ist er.

Er ist an Sickerts amerikanische Freundin Nan Hudson gerichtet und schildert die phantastische Geschichte einer Frau, die in dem Haus Mornington Crescent unter ihm wohnte. Um Mitternacht sei sie plötzlich in sein Zimmer gestürzt. »Der ganze Kopf hat ihr, von einem Zelluloidkamm entzündet, in Flammen gestanden. Ich erstickte das Feuer, indem ich ihr mit meinen Händen den Kopf so rasch wusch, dass sie überhaupt keine Verbrennungen davongetragen hat.« Die Frau habe keine Verletzungen, sei nun aber »kahl«. Ich kann mir kaum vorstellen, dass diese Geschichte stimmt. Von Plastikkämmen geht keine Feuergefahr aus, und ich glaube nicht, dass in einem solchen Fall weder die Frau noch Sickert ohne Verbrennungen davongekommen wären. Warum hat er dieses traumatische Erlebnis erwähnt, um es gleich darauf fallen zu lassen und über den New English Art Club zu schreiben? Soweit ich weiß, hat er seine kahlköpfige Nachbarin nie wieder erwähnt.

So stellt sich die Frage, ob der 47-jährige Sickert endgültig zum Exzentriker wurde oder ob seine höchst merkwürdige Geschichte wahr war. (Ich wüsste nicht, wie das sein könnte.) Für mich ergibt sich noch eine andere Frage, nämlich die, ob Sickert den Vorfall mit der Nachbarin im unteren Stockwerk möglicherweise erfunden hat, weil er sich in der Nacht oder den frühen Morgenstunden zugetragen haben könnte, als Emily Dimmock ermordet wurde. Vielleicht sollte jemand wissen, dass er sich zu Hause aufgehalten hat. Das Alibi hätte wohl nicht standgehalten, wäre es jemals von Polizeibeamten überprüft worden. Sie hätten keine Schwierigkeiten gehabt, eine kahlköpfige Nachbarin im unteren Stockwerk ausfindig zu machen oder festzustellen, dass diese noch im Besitz ihrer vollen Haarpracht war und nie ein Missgeschick mit einem brennenden Kamm hatte. Möglicherweise war das Alibi nur für Nan Hudson bestimmt.

Sie und ihre Freundin Ethel Sands standen in sehr enger Beziehung zu Sickert. In den Briefen an die beiden Frauen hat er wohl am meisten von sich selbst offenbart, ihnen sehr persönliche Dinge anvertraut – soweit er das anderen gegenüber überhaupt vermochte. Die beiden Frauen waren wohlhabende Amerikanerinnen, leidenschaftliche Künstlerinnen und angeblich lesbisch. Sie waren Sickerts treueste Gönnerinnen und Freundinnen und wohl keine sexuelle Bedrohung für ihn. Von ihnen bekam er Geld, Sympathie und andere Gunstbezeigungen, und er manipulierte sie, indem er sie bei ihren künstlerischen Bemühungen anleitete und ermutigte und ihnen mehr von sich offenbarte als anderen Menschen. Gelegentlich legte er ihnen nahe, einen Brief nach der Lektüre zu »verbrennen« oder bat sie, ganz im Gegenteil, ihn aufzubewahren für den Fall, dass er doch noch einmal dazu kommen würde, ein Buch zu schreiben.

Aus anderen Ereignissen in Sickerts Leben geht hervor, dass er offenbar Zeiten schwerer Depression und Paranoia durchlebte. Nach dem Mord an Emily Dimmock gab es gute

Gründe für Verfolgungswahn. Wenn er dafür sorgen wollte, dass zumindest ein Mensch der Überzeugung war, er sei in der Nacht, als die Prostituierte ermordet wurde, zu Hause in Camden Town gewesen, dann hat er unabsichtlich den Mord an Emily – oder den dramatischen Auftritt der brennenden Nachbarin in seinem Schlafzimmer – auf Mitternacht festgesetzt. Meist nahm Emily Dimmock ihre Freier um 0 Uhr 30, wenn die Pubs schlossen, zu sich nach Hause. Das ist nur eine Theorie; Sickert hat seine Briefe nicht datiert, auch nicht den, in dem er von der Nachbarin mit den brennenden Haaren berichtete. Offenbar ist der Umschlag mit dem Poststempel verloren gegangen. Ich weiß nicht, was ihn veranlasste, für Nan Hudson eine so dramatische Geschichte zu erfinden. Aber er hatte einen Grund dafür. Sickert hatte immer einen Grund.

Ateliers hatte er in der Fitzroy Street 18 und 27, einer Straße, die parallel zur Tottenham Court Road verläuft und zur Charlotte Street wird, bevor sie in die Windmill Street mündet. Von beiden Ateliers aus hätte er den Pub Rising Sun zu Fuß in wenigen Minuten erreichen können. Mornington Crescent lag nur anderthalb Kilometer nördlich des Pubs, wenn man der Tottenham Court Road folgte. Sickert mietete die beiden oberen Stockwerke des Hauses Mornigton Crescent an. Dort malte er, gewöhnlich Akte, auf einem Bett mit der gleichen Kulisse, die er schon in *Jack the Ripper's Bedroom* verwendet hatte. Gesehen wurde das Ganze aus dem Blickwinkel eines Betrachters, der vor einer offenen Doppeltür zu einem kleinen, düsteren Raum stand, in dem ein dunkler Spiegel hinter einem Eisenbett die verschwommene Gestalt eines Mannes reflektierte.

Mornington Crescent 6 war zu Fuß zwanzig Minuten von der Pension in der St. Paul's Road 29 entfernt, in der Emily Dimmock wohnte. Shaw und sie hatten zwei Zimmer im Erdgeschoss. Das eine war ein Wohnzimmer, das zweite ein voll gestelltes Schlafzimmer hinter einer Doppeltür, zur

Rückseite des Hauses gelegen. Wenn Shaw sich auf den Weg zum Bahnhof St. Pancras machte, räumte Emily auf und nähte oder ging aus. Manchmal traf sie Freier im Rising Sun, oder sie verabredete sich mit einem Mann in einem anderen Pub, im Bahnhof Euston Road, vielleicht auch im Varieté Middlesex (das Sickert um 1895 malte), im Holburn Empire (Wirkungsstätte des Revue-Stars Bessie Bellwood, die Sickert gegen 1888 mehrfach skizzierte) oder im Euston Theatre of Varieties.

Ein Ort, den Sickert besonders gern als Treffpunkt wählte, war das Standbild seines ehemaligen Schwiegervaters Richard Cobden auf einem Platz an der Camden High Street und gegenüber dem Bahnhof Mornington Crescent. Das Standbild wurde 1868 vom Kirchenvorstand St. Pancras zum Dank dafür gestiftet, dass Cobden für die Aufhebung der Corn Laws gesorgt hatte. Selbst während seiner Ehe mit Ellen hatte Sickert die Angewohnheit, sarkastische Bemerkungen über das Standbild zu machen, wenn sie in der Kutsche daran vorbeifuhren. Die Statue noch Jahre nach seiner Scheidung als Treffpunkt zu wählen war wohl ein weiteres Beispiel für den Spott und die Verachtung, mit denen er Menschen begegnete, besonders wenn sie bedeutend waren, besonders wenn es sich um einen Mann handelte, mit dem er sich nicht messen konnte und von dem er wahrscheinlich während der 19 Jahre seiner Verlobung und Ehe mit Ellen allzu häufig gehört hatte.

In der Regel verließ Emily Dimmock die Pension gegen 20 Uhr und kam nicht zurück, solange Mr. und Mrs. Stocks, das Ehepaar, dem das Haus gehörte, noch wach waren. Sie behaupteten, nichts über Emilys »ungeregelten« Lebenswandel zu wissen – und von Lebenswandel konnte wahrlich die Rede sein: zwei, drei, vier Männer pro Nacht und langes Stehen an einer dunklen Ecke eines Bahnhofs, bevor sie endlich den letzten Kerl nach Hause brachte, um mit ihm zu schlafen. Emily war keine »Unglückliche« wie Annie Chapman oder Elizabeth Stride. Ganz und gar nicht. Sie lebte nicht in den Slums. Sie hatte zu essen, ein Dach über dem Kopf und einen Mann, der sie heiraten wollte.

Doch sie hatte ein unersättliches Bedürfnis nach Abwechslung und der Aufmerksamkeit von Männern. Die Polizei sprach von einem »wollüstigen Lebenswandel«. Ich weiß nicht, ob Wollust oder dergleichen etwas mit ihren sexuellen Abenteuern zu tun hatte. Wohl eher die Lust auf Geld. Ihr stand der Sinn nach Kleidern und hübschen kleinen Nichtigkeiten. »Ganz entzückt« war sie von Illustrationen und sammelte bunte Postkarten, die sie in ein geliebtes Sammelalbum einklebte. Die letzte Postkarte, die sie, soweit bekannt, ihrer Sammlung einverleibte, hatte ihr der Maler Robert Wood, der bei den London Sand Blast Decorative Glass Works in der Grays Inn Road arbeitete, am 6. September im Rising Sun geschenkt. Auf die Rückseite hatte er eine Widmung geschrieben, weshalb die Postkarte zum wichtigsten Indiz gegen Wood wurde, als man ihn wegen Mordes anklagte und vor Gericht stellte. Die Anklage stützte sich im Wesentlichen auf Handschriftenvergleiche, und nach einem langen, in der Presse lebhaft verfolgten Prozess wurde er freigesprochen.

Emily Dimmock hatte so viele Männer mit ihrer Geschlechtskrankheit infiziert, dass die Polizei eine lange Liste ehemaliger Freier hatte, die guten Grund gehabt hätten, sie umzubringen. Schon häufig war sie in der Vergangenheit bedroht worden. Wutentbrannte Männer, die sich das »Leiden« zugezogen hatten, lauerten ihr auf und drohten damit, sie zu »outen« oder zu töten. Doch nichts vermochte sie davon abzuhalten, ihrem Gewerbe weiterhin nachzugehen, egal, wie viele Männer sie ansteckte. Schließlich sei es ja auch, wie sie ihren Freundinnen anvertraute, ein Mann gewesen, dem sie diese Krankheit ursprünglich zu verdanken habe.

In der Woche vor dem Mord wurde Emily mit zwei Fremden gesehen. Der eine war ein Mann, »der ein kurzes Bein hatte oder irgendein Hüftleiden«, wie Robert Wood bei der Polizei aussagte. Der andere war ein Franzose, der nach Aussage eines Zeugen gut einen Meter siebzig groß und sehr dunkel gewesen sei, einen kurz geschnittenen Bart, eine dunkle Jacke und gestreifte Hosen getragen habe. Am Abend des 9. September sei er kurz in das Rising Sun gekommen, habe sich hinübergebeugt, ein paar Worte mit Emily gewechselt und das Lokal wieder verlassen. In den Polizeiberichten und den Protokollen der Coroner-Untersuchung wird dieser Mann nicht wieder erwähnt. Niemand scheint sich für ihn interessiert zu haben.

Zum letzten Mal wurde Emily Dimmock lebend am Abend des 11. September im Pub Eagle in Camden Town gesehen. Früher am Abend hatte sie in der Küche mit Mrs. Stocks gesprochen und gesagt, sie habe abends etwas vor. Emily hatte eine Postkarte von einem Mann bekommen, der sie im Eagle, am Bahnhof Camden Town, treffen wollte. »Liebe Phyllis«, stand auf der Postkarte, »wir treffen uns heute Abend (Mittwoch, dem 11. September) um acht Uhr im Eagle.« Unterzeichnet war die Nachricht mit »Bertie«, dem Spitznamen von Robert Wood. Als sie das Haus an diesem Abend verließ, war sie nicht »zum Ausgehen gekleidet«, sondern trug einen langen Staubmantel und Lockenwickler im Haar. Zu Bekannten sagte sie, sie habe nicht die Absicht, lange im Eagle zu bleiben, habe keine große Lust hinzugehen und sich deshalb auch nicht richtig angezogen.

Als sie ermordet wurde, hatte sie die Lockenwickler noch im Haar. Vielleicht legte sie besonderen Wert darauf, am nächsten Morgen hübsch auszusehen. Shaws Mutter hatte sich aus Northampton zu Besuch angesagt, deshalb hatte Emily geputzt, gewaschen und die Wohnung aufgeräumt. Keiner ihrer früheren Freier hatte jemals erlebt, dass sie Lockenwickler trug, während sie ihm ihre Gunst schenkte. Es wäre auch nicht sehr geschäftstüchtig gewesen, hoffte sie doch, möglichst viel aus ihren Freiern herauszuschlagen. Die

Lockenwickler könnten darauf schließen lassen, dass sie den gewalttätigen Besucher nicht erwartete, der sie dann umbrachte. Sie könnten aber auch bedeuten, dass sie ihren Mörder mit nach Hause nahm, ohne die Lockenwickler aus dem Haar zu nehmen.

Ihr nach hinten gelegenes Schlafzimmer im Erdgeschoss war durch die Fenster und solide gusseiserne Regenrinnen erreichbar, an denen man leicht hochklettern konnte. In den Polizeiberichten wird nicht erwähnt, dass die Fenster verschlossen waren. Als man Emilys Leiche am nächsten Morgen fand, waren die Doppeltür des Schlafzimmers, die Tür zum Wohnzimmer und die Haustür verschlossen. Die drei Schlüssel zu diesen Türen fehlten, als die Polizei und Shaw die Zimmer durchsuchten. Es ist möglich, dass jemand in ihr Schlafzimmer kletterte, während sie schlief, aber ich halte das nicht für wahrscheinlich.

Als sie an diesem Mittwochabend in der St. Paul's Road 29 aufbrach, hatte sie möglicherweise nicht die Absicht, noch ihrem Gewerbe nachzugehen, vielleicht ist sie aber auf dem Heimweg mit ihren Lockenwicklern im Haar einem Mann über den Weg gelaufen. Er hat sie angesprochen.

»Wohin des Weges, hübsche kleine Maid?«, schrieb jemand in das Gästebuch des Lizard.

Wenn Emily ihrem Mörder auf dem Heimweg begegnet ist oder wenn er der Mann war, den sie im Eagle getroffen hat, hat er ihr vielleicht gesagt, dass ihn ihre Lockenwickler nicht im Mindesten stören. Darf ich kommen und dich in deinem Zimmer besuchen? Vielleicht hatte Sickert Emily Dimmock in der Vergangenheit schon oft gesehen – auf Bahnhöfen oder einfach im Vorbeigehen. Das Rising Sun war gleich um die Ecke seines Ateliers und nicht weit von der Maple Street, die er später als leere schwarze Straße bei Nacht skizzieren sollte, mit zwei fernen, schattenhaften Frauen, die an einer Ecke herumlungern. Vielleicht hatte auch Emily Dimmock Walter Sickert bemerkt. Er war ein häufiger Anblick in der

Fitzroy Street, wie er seine Leinwände zwischen den Ateliers hin und her schleppte.

Er war ein bekannter Künstler in dem Viertel. Zu dieser Zeit malte er Akte. Irgendwoher musste er seine Modelle nehmen, und er hatte eine Vorliebe für Prostituierte. Vielleicht verfolgte und beobachtete er Emily bei ihren sexuellen Geschäften. Sie war der Abschaum des Abschaums, die Hure mit der schmutzigen Krankheit. Marjorie Lilly schreibt, einmal habe jemand Diebe mit der Bemerkung verteidigt: »Schließlich hat jeder ein Recht zu existieren«, da habe Sickert erwidert: »Keineswegs, es gibt Menschen, die haben kein Recht zu existieren.«

»Wie Ihr sehen könnt, habe ich eine weitere gute Tat für Whitechapel vollbracht«, schrieb der Ripper am 12. November 1888.

Die Lage von Emily Dimmocks Leiche wurde als »natürlich« beschrieben. Der Arzt, der zum Tatort gerufen wurde, sagte, er glaube, sie habe geschlafen, als sie umgebracht worden sei. Sie lag mit dem Gesicht nach unten, den linken Arm angewinkelt auf dem Rücken, die Hand blutig. Den rechten Arm hatte sie vor sich ausgestreckt auf dem Kopfkissen. Tatsächlich war ihre Lage alles andere als natürlich oder bequem. Kaum jemand schläft oder liegt auch nur mit dem Arm im rechten Winkel auf dem Rücken. Zwischen Kopfende und Mauer war nicht genügend Platz für den Mörder, sie von hinten anzugreifen. Sie musste mit dem Gesicht nach unten liegen. Ihre unnatürliche Position auf dem Bett lässt sich damit erklären, dass der Mörder mit gespreizten Beinen über ihr saß, während er ihr den Kopf mit der linken Hand nach hinten bog und ihr mit der rechten die Kehle durchschnitt.

Das Blut auf ihrer linken Hand lässt darauf schließen, dass sie nach der blutenden linken Seite ihres Nackens griff und der Angreifer ihr den linken Arm auf den Rücken drehte, ihn vielleicht sogar mit dem Knie fixierte, um sie daran zu hindern, sich zu wehren. Er schnitt ihr die Kehle bis zu den Wirbeln durch, sodass sie keinen Laut von sich geben konnte. Der Schnitt verlief von links nach rechts, was auf einen rechtshändigen Täter schließen ließ. Dabei blieb dem Mörder so wenig Platz für sein blutiges Werk, dass er bei dem heftigen Schnitt den Matratzenbezug beschädigte und Emilys rechten Ellenbogen verletzte. Da sie auf dem Gesicht lag, quoll ihr syphilitisches Blut aus der durchtrennten Halsschlagader in das Bett und bespritzte ihn nicht.

Die Polizei entdeckte kein blutiges Nachthemd am Tatort. Aus der Abwesenheit eines solchen Kleidungsstücks könnte man schließen, dass Emily nackt war, als sie ermordet wurde – oder dass ihr Mörder das blutige Nachthemd als Trophäe mitnahm. Ein ehemaliger Freier, der dreimal mit Emily geschlafen hatte, behauptete, sie habe bei diesen Gelegenheiten ein Nachthemd getragen und keine Lockenwickler im Haar gehabt. Wenn sie am Abend des 11. September Geschlechtsverkehr gehabt hat, ist sie möglicherweise, vor allem, falls sie betrunken war, nackt eingeschlafen. Oder sie war mit einem anderen »Freier« zusammen – ihrem Mörder –, der sie veranlasste, sich auszuziehen und umzudrehen, als wünsche er Analverkehr oder Vaginalverkehr von hinten. Nachdem der Mörder ihr an der Kehle eine 15 Zentimeter lange Schnittwunde beigebracht hatte, bedeckte er die Leiche mit dem Bettzeug. Das alles scheint von Sickerts üblicher gewalttätiger Vorgehensweise abzuweichen, mit der einen Ausnahme, dass es offenbar kein Anzeichen für »Verkehr« gegeben hat.

Im Laufe von zwanzig Jahren dürften sich Sickerts Verhaltensmuster, Phantasien, Bedürfnisse und Energien weiterentwickelt haben. Von seiner Zeit in Frankreich und Italien während der 1890er Jahre weiß man wenig. Erst 1907 kehrte er nach England zurück und nahm sich in Camden Town eine Wohnung. Bislang gibt es für diesen Zeitraum keine Informationen über ungeklärte Mordfälle im Ausland, die eine auffällige Ähnlichkeit mit Sickerts Verbrechen hatten. Ich habe lediglich Hinweise auf zwei Fälle in Frankreich entdeckt, nicht in Polizeiberichten, sondern in Zeitungsarchiven. Die Morde sind so ungenau und schlecht dokumentiert, dass ich zögere, sie überhaupt zu erwähnen. Anfang 1889 wurde berichtet, dass in Pont-à-Mousson bei Nancy eine Witwe namens Madame François ermordet aufgefunden wurde und dass ihr Kopf fast vom Körper abgetrennt war. Etwa zur selben Zeit und in derselben Gegend wurde eine weitere Frau gefunden, deren Kopf fast vom Körper abgetrennt worden war. Der Arzt, der die postmortale Untersuchung durchführte, gelangte zu dem Schluss, der Mörder sei sehr geschickt im Umgang mit dem Messer gewesen.

Um 1906 kehrte Sickert nach England zurück und ließ sich in Camden Town nieder. Er begann wieder, in Varietés zu zeichnen – wie in der Mogul Tavern (die heute Old Middlesex Music Hall heißt; sie liegt an der Drury Lane, weniger als drei Kilometer von seiner Wohnung entfernt). Sickert ging fast jeden Abend aus und war immer um Punkt 20 Uhr auf seinem Sitzplatz im Theater, wie er in einem Brief an Jacques Émile Blanche schrieb. Vermutlich blieb Sickert bis zum Ende der Vorstellungen, eine halbe Stunde nach Mitternacht.

Es ist gut möglich, dass er Emily Dimmock während seiner nächtlichen Wanderungen draußen auf der Straße gesehen hat, vielleicht zusammen mit einem Freier auf dem Weg zu ihrer Unterkunft. Hätte Sickert Erkundigungen über Emily Dimmock eingezogen, hätte er über ihre Gewohnheiten Bescheid gewusst, auch darüber, dass sie eine berüchtigte Prostituierte und eine wandelnde Seuche war. Immer wieder wurde sie ambulant im Lock Hospital in der Harrow Road behandelt, und erst kurz zuvor hatte sie sich einer gründlichen Kur im University College Hospital unterzogen. In akuten Phasen ihrer Geschlechtskrankheit hatte sie Ausschläge im Gesicht, die auch zum Zeitpunkt ihres Todes zu erkennen waren. Dem hätte ein intelligenter Mann entnehmen müssen, dass sie eine Gefährdung seiner Gesundheit darstellte.

Sickert wäre ein Narr gewesen, hätte er sich ihren Körperflüssigkeiten ausgesetzt, denn im Jahr 1907 wusste man schon weit mehr über ansteckende Krankheiten. Der Kontakt mit Blut konnte genauso gefährlich sein wie Geschlechtsverkehr, daher wäre es Sickert nicht möglich gewesen, ein Opfer auszuweiden oder ihm Organe zu entnehmen, ohne sich großen Risiken auszusetzen. Ich glaube auch, er wäre schlau genug gewesen, um den 21 Jahre alten Ripper-Schrecken nicht wiederzubeleben, vor allem nicht zu einem Zeitpunkt, da er sich anschickte, seine gewaltträchtigsten Kunstwerke zu schaffen – Radierungen und Gemälde, zu denen er 1888 oder 1889 nie den Mut gehabt hätte. Der Mord an Emily Dimmock war so arrangiert, dass er wie Raubmord wirkte.

Bertram Shaw kam am Morgen des 12. September vom Bahnhof St. Pancras nach Hause und stellte fest, dass seine Mutter bereits eingetroffen war. Sie wartete im Flur, weil Emily die Tür nicht geöffnet hatte und sie nicht in die Wohnung ihres Sohnes gelangen konnte. Shaw versuchte die Außentür zu öffnen und stellte zu seinem Erstaunen fest, dass sie abgeschlossen war. Er fragte sich, ob Emily vielleicht zum Bahnhof gegangen war, um seine Mutter abzuholen, und ob die beiden Frauen einander verpasst hatten. Zunehmend besorgt, bat er Mrs. Stocks um einen Schlüssel. Shaw schloss die Außentür auf und fand auch die Doppeltür verschlossen. Nachdem er sie aufgebrochen hatte, riss er das Bettzeug von der nackten Leiche seiner Frau auf dem blutgetränkten Bett.

Schubladen waren aus der Kommode gerissen worden, ihr Inhalt durchwühlt und auf dem Fußboden verstreut. Emilys Sammelalbum lag geöffnet auf einem Stuhl, und einige Postkarten waren daraus entfernt worden. Die Fenster und Fensterläden des Schlafzimmers waren geschlossen, auch die

Fenster im Wohnzimmer waren geschlossen, die Läden aber leicht geöffnet. Shaw lief davon, um die Polizei zu holen. Etwa 25 Minuten später traf Police Constable Thomas Killion ein, berührte ihre Schulter und gelangte so zu dem Schluss, dass sie schon einige Stunden tot sei. Augenblicklich schickte er nach dem Polizeiarzt Dr. John Thompson, der gegen 13 Uhr am Tatort erschien und aufgrund der Temperatur des Leichnams und der fortgeschrittenen Leichenstarre zu dem Ergebnis kam, dass Emily seit sieben oder acht Stunden tot sein müsse.

Damit grenzte er den Zeitpunkt ihres Todes auf 6 oder 7 Uhr am Morgen ein, was ziemlich unwahrscheinlich ist. Am Morgen hatte zwar dichter Nebel geherrscht, doch die Sonne war um 5 Uhr 30 aufgegangen. Der Mörder hätte schon über ein an Dummheit grenzendes Maß an Tollkühnheit verfügen müssen, um Emilys Wohnung nach Sonnenaufgang zu verlassen, egal wie grau und diesig das Wetter auch war. Um 6 oder 7 Uhr ging es auf den Straßen schon lebhaft zu, weil viele Leute auf dem Weg zur Arbeit waren.

Unter normalen Bedingungen erreicht eine Leiche nach sechs bis zwölf Stunden die vollständige Totenstarre, und kalte Temperaturen können diesen Prozess verzögern. Emilys Leiche lag unter dem Bettzeug, das der Mörder über sie geworfen hatte, und die Fenster und Türen waren geschlossen, daher wird es in ihrem Schlafzimmer nicht gerade eiskalt gewesen sein, doch an dem Morgen, als sie starb, lagen die Temperaturen bei acht Grad Celsius. Wir wissen nicht, wie steif sie war oder wie weit die Totenstarre fortgeschritten war, als Dr. Thompson irgendwann nach 13 Uhr mit seiner Untersuchung begann. Möglicherweise war die Totenstarre schon vollständig eingetreten – dann war Emily schon zehn oder zwölf Stunden tot. Das hätte bedeutet, dass sie zwischen Mitternacht und 4 Uhr früh ermordet worden war.

Am Tatort erklärte Dr. Thompson, Emilys Kehle sei sauber mit einem sehr scharfen Instrument durchtrennt worden.

Die Polizei entdeckte nichts außer Shaws Rasiermesser, das gut sichtbar auf einer Kommode lag. Doch mit diesem Gerät hätte sich ein so kräftiger Schnitt durch die Muskeln und Knorpel des Halses nur schwer durchführen lassen, ohne dass sich die Klinge nach hinten gebogen und dem Täter möglicherweise eine ernsthafte Wunde zugefügt hätte. Ein blutiger Unterrock in der Waschschüssel hatte das ganze Wasser aufgesaugt und ließ darauf schließen, dass der Mörder sich gesäubert hatte, bevor er den Schauplatz seines Verbrechens verlassen hatte. Bei der Coroner-Untersuchung sagten die Polizeibeamten aus, der Täter habe sorgfältig darauf geachtet, nichts mit seinen blutigen Händen zu berühren.

Nach dem Mord an Emily gab es keine plötzliche Renaissance der Ripper-Panik, und Sickerts Name wurde nie im Zusammenhang mit dem Verbrechen erwähnt. Es gab keine Briefe an die Presse oder Polizei nach Art der Ripper-Mitteilungen. Doch merkwürdigerweise erschien unmittelbar nach dem Mord an Emily Harold Ashton ein Reporter des *Morning Leader,* auf dem Polizeirevier Chatham und zeigte den Beamten Fotografien von vier Postkarten, die in der Redaktion eingegangen waren. Aus dem Polizeibericht geht nicht eindeutig hervor, wer diese Postkarten geschickt hat, doch allem Anschein nach waren sie mit »A.C.C.« unterzeichnet. Ashton fragte die Polizisten, ob ihnen klar sei, dass es sich bei dem Absender der Postkarten möglicherweise um einen »Pferdesportnarren« handle. Dabei begründete der Reporter seine Vermutung wie folgt:

Ein Poststempel stammte vom 2. Januar 1907 aus London, dem ersten Renntag nach »tagelangem Winterwetter«, und der Austragungsort des Rennens war Gatwick.

Eine zweite Postkarte war am 9. August 1907 in Brighton aufgegeben worden. Die Rennen in Brighton fanden am 6., 7. und 8. statt sowie in Lewes am 9. und 10. des Monats. Der Reporter meinte, viele Menschen, die die Rennen in Lewes besuchten, würden das Wochenende in Brighton verbringen.

Eine dritte Postkarte kam mit Datum des 19. August 1907 aus Windsor, wo die Rennen am Freitag und Samstag, dem 16. und 17. August, stattgefunden hatten.

Die vierte Postkarte war vom 9. September, zwei Tage vor dem Mord an Emily und einen Tag vor den Doncaster-Herbstrennen in Yorkshire. Sehr merkwürdig an dieser Karte aber war, wie Ashton unterstrich, der Umstand, dass es sich offenbar um eine französische Postkarte handelte, die in Chantilly gekauft worden war, wo eine Woche vor den Doncaster-Herbstrennen ein Rennen stattgefunden hatte. Dem ziemlich konfusen Polizeibericht zufolge sagte Ashton, er glaube, dass »die Postkarte in Frankreich, möglicherweise in Chantilly, gekauft, mit nach England genommen und mit englischen Briefmarken in Doncaster aufgegeben worden sei« – als sollte damit der Eindruck erweckt werden, dass sie in Doncaster während der Rennen zur Post gebracht worden sei. Hätte der Absender die Herbstrennen in Doncaster besucht, hätte er am 11. September zur Zeit des Mordes an Emily nicht in Camden Town oder irgendwo sonst in England sein können. Die Doncaster-Rennen fanden am 10., 11., 12. und 13. September statt.

Man forderte Ashton auf, diese Information nicht in seinem Blatt zu veröffentlichen, woran er sich hielt. Am 30. September vermerkte Inspektor A. Hailstone in dem Bericht, nach Ansicht der Polizei habe Ashton Recht mit den Daten der Rennen, liege jedoch »ganz falsch« mit dem Poststempel der vierten Postkarte. »Dort ist deutlich London NW verzeichnet.« Offenbar kam es Inspektor Hailstone gar nicht merkwürdig vor, dass eine französische Postkarte, die jemand offenbar zwei Tage vor dem Mord an Emily Dimmock an eine Londoner Zeitung geschrieben hatte, aus irgendeinem Grund in London aufgegeben worden war. Ich weiß nicht, ob »A.C.C.« die Initialen eines anonymen Absenders waren oder eine andere Bedeutung hatten, aber mir scheint, dass die Polizei sich hätte fragen müssen, was für einen Grund ein

»Rennsportnarr« überhaupt gehabt haben könnte, diese Postkarten an eine Zeitung zu schicken.

Wie sich Inspektor Hailstone hätte klar machen müssen, dokumentierte dieser Rennsportnarr mit seinen Postkarten, absichtlich oder nicht, dass er gern Pferderennen besuchte und dass er sich an dem Tag, an dem der in der Presse ausführlich behandelte Mord an Emily Dimmock geschah, in Doncaster aufhielt. Wenn sich Sickert jetzt mit Alibis ausstattete, statt die Polizei mit seinen »Kriegt-mich-wenn-Ihr-könnt«-Mitteilungen zu verhöhnen, so war das durchaus sinnvoll. In diesem Abschnitt seines Lebens dürfte sich sein gewalttätiger psychopathischer Trieb abgeschwächt haben. Es wäre sehr ungewöhnlich gewesen, wenn er seine manische Mordserie fortgesetzt hätte, die enorme Energie und eine obsessive Fixierung erfordert hätte. Wenn er Morde beging, wollte er nicht gefasst werden. Seine gewalttätigen Energien waren durch Alter und berufliche Erfolge gemildert – wenn auch nicht beseitigt.

Als Sickert seine berüchtigten Gemälde und Radierungen von nackten Frauen schuf, die auf Eisenbetten lagen – *Camden Town Murder, L'affair de Camden Town, Jack Ashore* oder der angezogene Mann auf dem Bild *Despair*, der auf dem Bett sitzt, das Gesicht in die Hände gestützt –, galt er als angesehener Maler, der den Camden-Town-Mord lediglich als erzählerisches Motiv seines Werkes gewählt hatte. Erst viele Jahre später brachte ihn ein Detail mit diesem Mord in Verbindung. Am 29. November 1937 erschien im *Evening Standard* ein kurzer Artikel über die Bilder, auf denen sich Sickert mit dem Camden-Town-Mord beschäftigt hatte. »Sickert, der in Camden Town wohnte«, hieß es dort, »durfte das Haus betreten, wo der Mord begangen worden war, und mehrere Skizzen vom Leichnam der ermordeten Frau anfertigen.«

Angenommen, das ist wahr, so wäre es ein weiterer Sickert-Zufall, dass er ausgerechnet zu diesem Zeitpunkt die St. Paul's Road entlangging, die vielen Polizeibeamten sah und wissen wollte, was für einem Ereignis die Aufregung galt. Emilys Leiche wurde um 11 Uhr 30 entdeckt. Kurze Zeit nachdem Dr. Thompson sie um 13 Uhr untersucht hatte, wurde sie in die Leichenhalle St. Pancras gebracht. So blieb für Sickert nur ein relativ kurzer Zeitraum von vielleicht zwei oder drei Stunden, um an dem Haus vorbeizukommen, in dem sich Emilys Leiche befand. Falls er nicht wusste, wann ihre Leiche gefunden würde, hätte er sich mehrere Stunden in der Gegend herumtreiben müssen, um sicherzugehen, dass er den Auftrieb nicht versäumte – mit dem Risiko, während der Wartezeit bemerkt zu werden.

Eine einfache Lösung legen die drei fehlenden Schlüssel nahe. Sickert könnte die Türen hinter sich verschlossen haben – vor allem die innere und die äußere Tür von Emilys Wohnung –, um dafür zu sorgen, dass ihre Leiche erst gefunden würde, wenn ihr Mann um 11 Uhr 30 nach Hause kam. Hätte Sickert Emily verfolgt, hätte er sicherlich gewusst, wann Shaw das Haus auf dem Weg zu seiner Arbeit verließ und wann er zurückkam. Sickert konnte davon ausgehen, dass die Vermieterin keine verschlossenen Räume betreten würde, Shaw dagegen bestimmt, wenn Emily nicht auf sein Rufen und Klopfen reagierte.

Sickert könnte die Schlüssel als Erinnerungsstücke mitgenommen haben. Ich sehe keinen Grund, warum er sie nach dem Mord an Emily für seine Flucht gebraucht haben sollte. Doch wie gesagt, vielleicht verschafften ihm die drei gestohlenen Schlüssel einen exakten Zeitpunkt für seinen Auftritt – etwa 11 Uhr 30. Also tauchte er »zufällig« am Tatort auf, kurz bevor die Leiche entfernt wurde, und fragte die Polizei unschuldig, ob er einen Blick ins Innere werfen und ein paar Skizzen anfertigen dürfe. Sickert war ein in der Gegend wohl bekannter Maler, ein liebenswürdiger Bursche. Ich bezweifle, dass die Polizei ihm seine Bitte abgeschlagen hätte. Wahrscheinlich erzählten ihm die Beamten bereitwillig alles, was sie über das Verbrechen wussten. Manch ein Polizist hat sich wahrscheinlich nicht lange bitten lassen, besonders wenn ein solches Kapitalverbrechen während seiner Schicht verübt worden war. Die Beamten hätten Sickerts Interesse höchstens exzentrisch gefunden, aber nicht verdächtig. In den Polizeiberichten habe ich keinen Hinweis darauf gefunden, dass Sickert am Tatort erschienen wäre oder dass überhaupt irgendein Maler aufgetaucht sei. Doch wenn ich als Journalistin oder Autorin an Tatorten erschienen bin, hat auch mein Name nie Eingang in die Berichte gefunden.

Durch sein Erscheinen am Tatort verschaffte sich Sickert auch ein Alibi. Hätte die Polizei Fingerabdrücke entdeckt, die aus dem einen oder anderen Grund als diejenigen von Walter Richard Sickert identifiziert worden wären – na und? Schließlich hatte sich Sickert im Inneren von Emily Dimmocks Haus befunden. Natürlich musste er Fingerabdrücke, vielleicht auch ein paar Haare und wer weiß was noch hinterlassen haben, als er geschäftig umherging und mit den Polizisten oder Shaw und seiner Mutter plauderte.

Es war nichts Ungewöhnliches, dass Sickert Leichen skizzierte. Im Ersten Weltkrieg hatten ihn verwundete und sterbende Soldaten nebst ihren Waffen und Uniformen fasziniert. Letztere sammelte er stapelweise und hielt engen Kontakt zum Roten Kreuz, um von dort die Uniformen zu erhalten, die ihre unglücklichen Besitzer nicht mehr brauchten. »Habe einen Prachtkerl«, schrieb er Nan Hudson im Herbst 1914. »Der typische edle & etwas fleischige junge Brite ... & ich habe ihn bereits lebendig & tot gezeichnet.«

In mehreren Briefen, die sie 1907 an Janie schrieb, wollte Ellen wissen, was mit dem »armen jungen Woods« sei und wie es um ihn stehe, als er später im Jahr vor Gericht kam. Ellen hielt sich im Ausland auf, und falls sie sich auf die Verhaftung und den Prozess von Robert Wood bezog, der im Mordfall Emily Dimmock angeklagt und später freigesprochen wurde, hat sie den Namen ein wenig verdreht. Jedenfalls war die Frage ungewöhnlich für sie, denn normalerweise war in ihrer Korrespondenz nicht von Kriminalfällen die Rede. Daher ist es überraschend, dass sie plötzlich Genaueres über den »armen jungen Woods« wisse wollte, es sei denn, mit »Woods« war nicht Robert Wood gemeint, sondern jemand anders.

Mir drängt sich die Frage auf, ob Ellen 1907 nicht insgeheim Zweifel bezüglich ihres ehemaligen Ehemanns hegte, die sie nicht auszusprechen wagte und nach Kräften zu leugnen bemüht war. Doch nun stand ein Mann vor Gericht und würde gehängt werden, falls man ihn schuldig sprach. Ellen war eine moralische Frau. Wenn ihr widerstrebendes Bewusstsein auch nur von dem Schatten eines Verdachts heimgesucht wurde, mochte sie durchaus die Verpflichtung verspürt haben, ihrer Schwester einen versiegelten Brief zu schicken. Vielleicht begann sie sogar um das eigene Leben zu fürchten.

Nach dem Camden-Town-Mord ging es mit ihrer geistigen und körperlichen Gesundheit bergab, und sie hielt sich kaum noch in London auf. Hin und wieder traf sie sich noch mit Sickert und half ihm auch weiterhin, so gut sie konnte, bis sie ihre Beziehung 1913 endgültig beendete. Ein Jahr später starb sie an Gebärmutterkrebs.

Ellen Millicent Ashburner Cobden wurde am 18. August 1848 im alten Bauernhaus der Familie in Dunford geboren, unweit des Dorfes Heyshott, in West Sussex.

Ende Mai 1860, als Walter in München zur Welt kam, verbrachte die elfjährige Ellen das Frühjahr in Paris. Sie hatte einen Spatzen gerettet, der im Garten aus dem Nest gefallen war. »Ein süßes Ding, klein und zahm, das mir aus der Hand frisst und auf meinem Finger sitzt«, schrieb sie an eine Brieffreundin. Ellens Mutter Kate plante ein herrliches Kinderfest mit fünfzig oder sechzig Gästen, sie wollte mit Ellen in den Zirkus gehen und ein Picknick auf einem »riesigen Baum« veranstalten, mit einer Treppe, die zu einem Tisch in seiner Krone emporführen sollte. Unlängst hatte Ellen ein Kunststück gelernt – wie man »ein Ei in eine Weinflasche bekommt«, und hin und wieder schrieb der Vater besondere Briefe eigens an sie.

Daheim in England war das Leben weniger heiter. In seinem letzten Brief hatte Richard Cobden seiner Tochter mitgeteilt, ein heftiger Sturm habe das Familiengut in Dunford heimgesucht und 36 Bäume entwurzelt. Eine eisige Kaltfront habe die meisten Büsche auf dem Besitz zerstört, darunter auch die immergrünen Gewächse, und der Gemüsegarten würde kahl sein im Sommer. Der Bericht war wie eine Vorahnung des Übels, das in einer fernen Stadt in Deutschland in die Welt gekommen war. Schon bald sollte Ellens künftiger Ehemann den Ärmelkanal überqueren und sich in London niederlassen, wo er nachhaltig in das Leben vieler Menschen, auch in das ihre, eingreifen würde.

Viele Biographen haben das Leben von Ellens Vater, Richard

Cobden, geschildert. Er war eines von zwölf Geschwistern, und seine Kindheit war traurig und hart. Mit zehn Jahren wurde er fortgeschickt, nachdem das wirtschaftliche Unge- schick des Vaters die Familie in den Ruin getrieben hatte. Sei- ne Jugend verbrachte Cobden mit dem Besuch einer strengen Schule in Yorkshire und der Arbeit für seinen Onkel, einen Kaufmann in London. Dieser Abschnitt seines Lebens war eine einzige körperliche und seelische Qual, und noch in spä- teren Jahren vermochte Cobden kaum darüber zu sprechen.

In manchen Menschen bringt frühes Leid Selbstlosigkeit und Liebe zum Vorschein, und Cobden gehörte zweifellos zu ihnen. Richard Cobden war frei von jeglicher Bitterkeit und Unfreundlichkeit, auch wenn er sich während seiner politi- schen Laufbahn, die eine stark polarisierende Wirkung hat- te, den höhnischen Anfeindungen seiner Gegner ausgesetzt sah. Seine Leidenschaften gehörten den Menschen, und nie vergaß er das Unglück und Leid jener Landwirte, einschließ- lich seines Vaters, die alles verloren hatten. Das Mitgefühl, das Cobden für Menschen empfand, gab ihm die Kraft, gegen die Corn Laws zu kämpfen, ein schreckliches Gesetz, das viele Familien zu Armut und Hunger verurteilte.

Die Corn Laws wurden 1815 in Kraft gesetzt, als die napo- leonischen Kriege in England fast eine Hungersnot hervorge- rufen hatten. Brot war ein kostbares Gut, daher wurde den Bäckern per Gesetz verboten, ihre Brote zu verkaufen, bevor sie 24 Stunden alt waren. Auf altbackenes Brot stürzten sich die Menschen nicht mit solchem Heißhunger. Man hoffte, sie würden es »weder verschwenden noch verlangen«. Stren- ge Strafen standen auf die Übertretung des Gesetzes. Mit fünf Pfund nebst Gerichtskosten mussten die Bäcker rech- nen. Als kleiner Junge hatte Cobden erlebt, wie verzweifelte Menschen nach Dunford kamen und um Almosen oder Essen baten, das sich ihre Familien nicht leisten konnten.

Nur wohlhabende Landwirte und Großgrundbesitzer profi- tierten von den Gesetzen, und sie sorgten dafür, dass die

Gewinne in guten wie in schlechten Zeiten hoch blieben. Diese Großgrundbesitzer, die an überhöhten Preisen interessiert waren, stellten die Mehrheit im Parlament, daher war es schwierig, die Corn Laws außer Kraft zu setzen. Die Logik war einfach: Man erhob abenteuerlich hohe Einfuhrzölle auf Getreideimporte und schuf so einen künstlichen Mangel in England, wodurch man die Preise hoch hielt. Die Durchsetzung der Corn Laws war verhängnisvoll für die einfachen Arbeiter, daher kam es zu Aufständen in London und anderen Landesteilen. Bis 1846 blieben die Gesetze in Kraft, dann hatte Cobden mit seinem Kampf um ihre Aufhebung Erfolg. Er genoss großes Ansehen in England und im Ausland. Auf seiner ersten Reise nach Amerika wurde er ins Weiße Haus eingeladen. Er gewann die Bewunderung und Freundschaft der Schriftstellerin Harriet Beecher Stowe, als sie ihn 1853 in Dunford besuchte, wo sie mit Cobden die Bedeutung des »Baumwollanbaus durch freie Arbeitskräfte« erörterte. In einem Aufsatz, den sie ein Jahr später schrieb, schilderte sie ihn als einen schlanken Mann von kleinem Wuchs, aber »großer Leichtigkeit des Benehmens …« und mit »dem offensten, faszinierendsten Lächeln, das sich denken lässt«. Cobden war jedem mächtigen Politiker in England ebenbürtig, auch Sir Robert Peel, dem Vater jener Polizeitruppe, die eines Tages Cobdens späterem Schwiegersohn Jack the Ripper den Krieg erklären und ihn verlieren sollte.

Richard Cobden war ein fürsorglicher Familienvater und wurde zur einzigen Stütze im Leben seiner jungen Tochter, nachdem sein einziger Sohn, Richard Brooks, 1856 im Alter von 15 Jahren gestorben war. Er besuchte ein Internat in der Nähe von Heidelberg, war gesund, übermütig und allgemein beliebt. Angesichts der häufigen Abwesenheit ihres Mannes hatte die Mutter den Sohn zu ihrem besten Freund gemacht. Auch Ellen betete ihren großen Bruder an. »Ich schicke Dir eine kleine Locke von meinem Haar, damit Du manchmal an die denkst, die sich so sehr liebt«, schrieb sie ihm ins Internat. »Du schreibst mir doch recht bald und berichtest mir, wie lange es noch dauern wird, bis ich das Vergnügen haben werde, Dich zu sehen.« Die Zuneigung beruhte auf Gegenseitigkeit und war ungewöhnlich stark. »Ich bringe Dir ein paar Geschenke mit«, schrieb Richard in seiner jungenhaften Klaue. »Ich werde versuchen, ein kleines Kätzchen für Dich zu bekommen ...«

Richards Briefe lassen ahnen, was für ein reifer, umsichtiger und gewitzter Mann er hätte werden können. Er war immer zu einem Streich aufgelegt; so drückte er einmal als Aprilscherz einem französischen Mitschüler einen Zettel in die Hand, auf dem er in deutscher Sprache notiert hatte: »Schmeißen Sie mich aus dem Laden!«, erzählte dem Jungen, es handle sich um einen Einkaufszettel, und schickte ihn damit in ein nahe gelegenes Lebensmittelgeschäft. Andererseits war Richard Brooks so empfindsam, dass er sich sogar Gedanken um den Hund eines Bekannten der Familie machte und sich fragte, ob er nicht »während der Ostwinde« eine »zusätzliche Decke« brauchte.

Die Briefe des jungen Mannes nach Hause waren viel zu lebhaft und unterhaltsam, um in irgendjemandem den Gedanken aufkommen zu lassen, er könnte nicht alt genug werden, um sich als der ideale einzige Sohn seines berühmten Vaters zu entwickeln. Am 3. April schrieb er seinem Vater aus dem Internat einen Brief, der sein letzter bleiben sollte. Unvermittelt erkrankte der Junge an Scharlach und starb am 6. April. Noch entsetzlicher wurde das Ereignis durch einen nahezu unverzeihlichen Fehler. Der Schulleiter hatte sich mit einem Freund der Familie Cobden in Verbindung gesetzt, und beide Männer nahmen jeweils an, der andere hätte Richard Cobden über den plötzlichen Tod seines Sohnes telegraphisch in Kenntnis gesetzt. Richard Brooks war bereits begraben, als sein Vater die Nachricht auf wahrhaft erschütternde Weise erfuhr. Cobden hatte sich in seinem Hotelzimmer in der Grosvenor Street in London gerade zum Frühstück gesetzt und sah seine Post durch. Da fiel ihm der Brief des Sohnes vom 3. April in die Hände, den er sogleich voller Neugier las. Wenige Augenblicke später öffnete er einen anderen Brief, der ihm Trost für den schrecklichen Verlust zusprach. Erstarrt und vor Kummer außer sich, machte sich Cobden augenblicklich auf die fünfstündige Fahrt nach Dunford und zermarterte sich den Kopf, wie er es seiner Familie, vor allem Kate, beibringen sollte. Sie hatte bereits zwei Kinder verloren und hing mit geradezu ungesunder Liebe an Richard.

Aschfahl und erschöpft traf Cobden in Dunford ein, wo er seinem Kummer freien Lauf ließ und offenbarte, was geschehen war. Seine Frau zeigte zunächst überhaupt keine Reaktion und verfiel nach einigen Tagen des Verleugnens in einen fast katatonischen Zustand. Sie habe dagesessen, schrieb Cobden, »wie eine Statue, weder sprach sie, noch schien sie zu hören«. Stündlich konnte er beobachten, wie das Haar seiner Frau weißer wurde. Die siebenjährige Ellen hatte bereits ihren Bruder verloren, und nun verlor sie auch ihre Mutter. Kate Cobden sollte ihren Mann um zwölf Jahre überleben, aber sie war eine seelisch gebrochene Frau, die, wie ihr Mann es formulierte, »von Zimmer zu Zimmer ging und in jedem über [Richards] Leichnam stolperte«. Sie konnte sich von ihrem Kummer nicht erholen und wurde opiumsüchtig. Damit sah sich Ellen in eine Rolle gedrängt, der kein Mädchen ihres Alters gewachsen gewesen wäre. Wie Richard Brooks der beste Freund der Mutter gewesen war, wurde Ellen zu einer Ersatzpartnerin für den Vater.

Am 21. September 1864, als Ellen fünfzehn war, bat der Vater sie in einem Brief, sich um ihre jüngeren Schwestern zu kümmern. »Viel wird von Deinem Einfluss & noch mehr von Deinem Beispiel abhängen«, schrieb er. »Ich wünschte, ich hätte Dir gesagt, wie sehr Deine Mama & ich auf Dein gutes Beispiel bauten.« Er erwarte von ihr, dass sie »für eine perfekte Erziehung der Schwestern« sorge. Er stellte damit

eine höchst unrealistische Erwartung an eine Fünfzehnjähri-
ge, die versuchte, mit ihren eigenen Verlusterfahrungen ins
Reine zu kommen. Ellen wurde nie gestattet, die nötige
Trauerarbeit zu leisten, so müssen Kummer und Verantwor-
tung für sie schier unerträglich geworden sein, als der Vater
ein Jahr später starb.

Der gleiche Smog, der die ruhelosen Wanderungen und blutrünstigen Verbrechen ihres künftigen Ehemanns verhüllte,
raubte ihrem Vater das Leben. Jahrelang hatte Cobden unter
Infektionen der Atemwege gelitten, die ihn zu Reisen an die
Küste oder aufs Land zwangen – überall dorthin, wo die
Luft besser war als die rußigen Schwaden Londons. Die letzte Reise nach London vor seinem Tod unternahm er im März
1865. Ellen war sechzehn und begleitete ihn. Sie wohnten in
einer Pension in der Suffolk Street, ziemlich nahe am House
of Commons. Cobden bekam sogleich Asthma, als der
schwarze Rauch aus den Schornsteinen der benachbarten
Häuser quoll und der Ostwind die giftigen Ausdünstungen
in sein Zimmer trieb.

Eine Woche später lag er im Bett und betete darum, dass die
Winde gnädig die Richtung wechselten, aber sein Asthma
verschlimmerte sich und zog eine Bronchitis nach sich. Cobden spürte, dass das Ende nahte, und setzte sein Testament
auf. Seine Frau und Ellen saßen an seinem Bett, als er am
Sonntagmorgen, dem 2. April 1865, mit 61 Jahren starb. Bei
Ellen »scheint die Bindung an den Vater weit stärker als bei
den anderen Töchtern gewesen zu sein«, meinte Cobdens
langjähriger Freund und politischer Mitstreiter John Bright.
Sie trennte sich als Letzte vom Sarg des Vaters, als er in die
Erde gesenkt wurde. Von der Erinnerung an ihn trennte sie
sich nie, und nie vergaß sie, was er von ihr erwartet hatte.

Später teilte John Bright Cobdens offiziellem Biographen
John Morley mit, sein Freund habe »ein Leben beständiger
Selbstaufopferung geführt ... Ich wusste nicht, wie teuer er
mir war, bevor ich ihn verloren hatte.« Am Montag, dem

Tag nach Cobdens Tod, sagte Benjamin Disraeli vor dem House of Commons: »Es gibt den einen Trost ... dass diese großen Männer uns nicht ganz verloren gehen.« Heute ist in der Dorfkirche von Heyshott am Kirchenstuhl der Familie Cobden eine Tafel angebracht, auf der steht: »An diesem Platz pflegte Richard Cobden, der seinen Mitmenschen in Liebe verbunden war, seine Andacht zu verrichten.« Trotz bester Absichten ließ Cobden seine vier lebhaften Töchter in der Obhut einer hilflosen Frau zurück, und trotz vieler vollmundigen Versprechungen, die einflussreiche Freunde bei der Beerdigung gemacht hatten, waren »Cobdens Töchter«, wie sie von der Presse genannt wurden, auf sich allein gestellt.

1898 schrieb Janie in einem Brief an Ellen: »Erinnere Dich nur, wie all die Menschen, die so tiefe Bewunderung und Zuneigung zu Vaters Lebzeiten für ihn bekundeten, die Existenz seiner jungen Töchter vergaßen, von denen die jüngste gerade einmal dreieinhalb Jahre war. Weißt Du noch, wie Gladstone bei Vaters Beerdigung zu Mutter sagte, sie könne immer auf seine Freundschaft zählen und desgleichen ihre Kinder – Das nächste Mal, dass ich ihn traf oder mit ihm sprach ... war mehr als zwanzig Jahre später. Das ist der Lauf der Welt.«

Ellen hielt die Familie zusammen, wie sie es dem Vater versprochen hatte. Sie kümmerte sich um die Finanzen, während die Mutter wie betäubt die letzten Jahre ihres unglücklichen Lebens verdämmerte. Wäre nicht Ellens liebevolle, aber feste Hand gewesen, ist fraglich, ob Rechnungen bezahlt worden wären, die kleine Annie zur Schule gegangen wäre oder ob die Töchter das Haus der Mutter verlassen und in eine Wohnung am York Place 14, nahe der Baker Street, gezogen wären. Ellens jährliche Rente betrug 250 Pfund, zumindest war das der Betrag, den sie ihrer Mutter als erforderlich nannte. Wir dürfen annehmen, dass alle Töchter die gleiche Summe erhielten, eine Summe, die ihnen eine gesicherte Existenz gewährleistete, sie aber auch zu einer Zielscheibe für Männer machte, deren Absichten nicht die lautersten waren.

Richard Fisher war mit Katie Cobden verlobt, als ihr Vater starb, und sie flüchtete sich in die Ehe mit ihm, noch bevor die Familie aufhörte, Briefpapier mit Trauerrand zu benutzen. Im Laufe der Jahre erregten Fishers habgierige Forderungen immer wieder den Zorn der Cobdens. 1880, als Walter Sickert in das Leben von Cobdens Töchtern trat, war Katie verheiratet, Maggie zu lebhaft und leichtsinnig, um einem ehrgeizigen, berechnenden Mann von Nutzen sein zu können, und Janie viel zu gescheit, um sich auf Sickert einzulassen. Also wählte er Ellen.

Ihre Eltern waren tot. Sie hatte niemanden, der ihr einen Rat hätte geben oder Einwände hätte erheben können. Ich bezweifle, dass Sickert die Billigung von Richard Cobden gefunden hätte. Cobden war ein kluger, besonnener Mann, der sich nicht durch Sickerts Schauspielerei oder seinen Charme hätte hinters Licht führen lassen. Ihm wäre der Mangel an Mitgefühl im Charakter des jungen Mannes zuwider gewesen.

»Mrs. Sickert und all ihre Söhne waren solche Heiden«, schrieb Janie ungefähr zwanzig Jahre später an Ellen. »Wie traurig, dass das Schicksal Dich je in ihre Mitte geführt hat.« Die charakterlichen Unterschiede zwischen Ellens Vater und dem Mann, den sie heiratete, hätten eigentlich offensichtlich sein müssen, doch in Ellens Augen muss es den Anschein gehabt haben, als hätten die beiden Männer viel gemein. Richard Cobden hatte nicht in Oxford oder Cambridge studiert und war in mancherlei Hinsicht Autodidakt. Shakespeare, Byron, Irving und Cooper schätzte er sehr. Er sprach fließend französisch, und als junger Mann hatte er davon geträumt, Dramatiker zu werden. Sein Leben lang bewahrte er diese Vorliebe für die darstellenden Künste, auch wenn seine Versuche, für die Bühne zu schreiben, scheiterten. In finanziellen Dingen bewies er nicht viel Geschick. Vielleicht hätte er ein gerissener Geschäftsmann sein können, aber er hatte nur dann Interesse an Geld, wenn er keins hatte.

Einmal mussten seine Freunde Geld aufbringen, um seinen Familienbesitz zu retten. Seine finanziellen Misserfolge waren jedoch nicht das Ergebnis von Unverantwortlichkeit, sondern eine Folge seines politischen Engagements und Idealismus. Cobden war kein Verschwender. Er hatte einfach höhere Dinge im Sinn, und das wird seiner Tochter als edle Schwäche und nicht als tadelnswerte erschienen sein. Vielleicht war es ja Zufall, dass 1880, in dem Jahr, in dem Sickert Ellen kennen lernte, John Morleys lang erwartete zweibändige Biographie von Cobden erschien.

Wenn Sickert Morleys Buch gelesen hat, könnte er genug über Cobden in Erfahrung gebracht haben, um sich eine sehr überzeugende Rolle zurechtzulegen und Ellen klar zu machen, dass er und der berühmte Politiker vieles gemeinsam hätten: die Liebe zum Theater und der Literatur, Sympathie für alles Französische und eine höhere Berufung, der es nicht ums Geld ging. Vielleicht hat Sickert Ellen sogar davon überzeugt, dass er ein Anhänger des Frauenwahlrechts sei.

»Ich werde widerwillig das Weiberwahlrecht unterstützen müssen«, klagte Sickert rund 35 Jahre später. »Doch Du musst wissen, dass ich dadurch noch lange nicht zum ›Frauenrechtler‹ werde.«

Richard Cobden glaubte an die Gleichheit der Geschlechter. Er begegnete seinen Töchtern mit Achtung und Zuneigung und war weit davon entfernt, sie als tumbe Zuchtstuten anzusehen, die nur zur Heirat und zum Kinderkriegen taugten. Er hätte den politischen Aktivismus, den seine Töchter später an den Tag legten, sehr begrüßt. Die 1880er Jahre waren eine Zeit politischer Aktivität für die Frauen, die Ligen für moralische Sauberkeit und politische Rechte gründeten und sich dabei für Empfängnisverhütung, Reformen zugunsten der Armen und das aktive wie passive Wahlrecht für Frauen einsetzten. Feministinnen wie Cobdens Töchter verlangten für Frauen die gleiche Menschenwürde wie für Männer, daher kämpften sie gegen Vergnügungen und Laster, die der Versklavung von Frauen Vorschub leisteten, etwa durch die Prostitution und die Laszivität vieler Varietétheater.

Sickert muss gespürt haben, wie sehr Ellen an ihrem Vater hing. Um keinen Preis der Welt hätte sie einen Schatten auf seinen Namen fallen lassen. Als sie sich von Sickert scheiden ließ, setzte sich Janies Ehemann, der prominente Verleger Fisher Unwin, mit den Herausgebern der großen Londoner Zeitungen in Verbindung und verlangte von ihnen, dass sie »nichts von persönlicher Natur« brachten. »Auf keinen Fall«, so forderte er, »darf der Familienname erscheinen.« Jedes Geheimnis, das Richard Cobdens Ruf hätte beeinträchtigen können, war bei Ellen sicher aufgehoben, daher werden wir nie erfahren, wie viele Geheimnisse sie mit ins Grab nahm. Für den Nachruhm von Cobden, dem großen Fürsprecher der Armen, wäre es verhängnisvoll gewesen, hätte sich herausgestellt, dass sein Schwiegersohn die Armen abschlachtete. Es wird wohl immer unklar bleiben, ob Ellen wusste, dass Walter eine dunkle Seite »aus der Hölle« hatte, um einen Ausdruck zu zitieren, den der Ripper in mehreren Briefen verwendete.

Es ist denkbar, dass Ellen irgendwann mehr oder minder deutlich ahnte, was es mit ihrem Mann tatsächlich auf sich hatte. Trotz ihrer liberalen Einstellung zum Frauenwahlrecht war Ellen schwach an Körper und Geist. Ihre zunehmende seelische Labilität könnte ein Erbteil der Mutter, aber auch das Ergebnis der Belastungen gewesen sein, denen sie der wohlmeinende Vater in seiner Zwangslage ausgesetzt hatte. Sie vermochte seinen Erwartungen nicht gerecht zu werden. In ihren eigenen Augen hatte sie versagt, lange bevor sie Walter Sickert kennen lernte.

Es lag in ihrer Natur, sich selbst die Schuld an allem zu geben, was in der Familie Cobden oder ihrer Ehe schief ging.

Egal, wie oft Sickert sie hinterging, belog, im Stich ließ, ihr das Gefühl gab, nicht geliebt zu werden, oder einfach aus ihrem Blickfeld verschwand, sie verhielt sich loyal und tat für ihn, was in ihren Kräften stand. Sein Glück und seine Gesundheit lagen ihr auch dann noch am Herzen, als sie schon geschieden waren und er jemand anders geheiratet hatte. Sickert ließ Ellen Cobden emotional und finanziell zur Ader, bis sie völlig ausgeblutet war.

Nicht lange vor ihrem Tod schrieb Ellen an Janie: »Wenn du wüsstest, wie sehr ich mich danach sehne, ein für alle Mal zu schlafen. Ich bin in vielerlei Hinsicht eine schwierige Schwester gewesen. Es gibt einen eigensinnigen Zug in meinem Charakter, der andere Eigenschaften unterdrückt hat, die mir im Leben sehr geholfen hätten.«

Janie machte Ellen keine Vorwürfe. Ihre Vorwürfe richteten sich gegen Sickert. Insgeheim hatte sie sich längst ihre Meinung über ihn gebildet und redete Ellen zu, auf Reisen zu gehen, sich auf dem Familienbesitz in Sussex aufzuhalten oder im Apartment der Unwins am Hereford Square 10 in South Kensington zu wohnen. Was sie wirklich von ihm hielt, verriet sie erst, als Ellen im September 1896 endlich beschloss, sich von ihm zu trennen. Dann nahm Janie allerdings kein Blatt mehr vor den Mund. Sie war wütend über Sickerts Fähigkeit, andere Menschen hinters Licht zu führen, besonders seine Malerfreunde. Sie »haben eine viel zu hohe Meinung von seinem Charakter«, schrieb sie am 24. Juli 1899, kurz bevor Ellens und Sickerts Scheidung endgültig war. »Andes als Du können sie nicht beurteilen, wie er wirklich ist.«

Die lebenskluge Janie versuchte ihrer Schwester die Augen zu öffnen. »Ich fürchte, W.S. wird sein Verhalten nie ändern – und da er keine Grundsätze kennt, die sein gefühlsbetontes Wesen zügeln, folgt er jeder Laune, die ihm in den Sinn kommt – du hast so oft versucht, ihm zu vertrauen, und er hat dich immer wieder enttäuscht.« Doch nichts konnte

Ellen davon abbringen, Walter Sickert zu lieben und zu glauben, er würde sich ändern.

Ellen war eine sanfte, unselbständige Frau. Die Briefe aus der Kindheit lassen eine »Papa-Tochter« erkennen, ein Mädchen, dessen Leben sich darin erschöpfte, seine Tochter zu sein. Ellen war ängstlich bemüht, das Richtige zu sagen und zu tun, sich zu verhalten, wie man es von ihr erwartete, und die Aufträge des Vaters auszuführen, soweit es in ihren begrenzten Kräften stand. Kein streunendes oder verletztes Tier konnte sie sehen, ohne den Versuch zu unternehmen, ihm zu helfen, und schon als Kleinkind konnte sie es nicht ertragen, wenn die Lämmer zum Schlachter getrieben wurden und die Mutterschafe kläglich auf den Weiden blökten. Ellen hatte Kaninchen, Hunde, Katzen, Stieglitze, Wellensittiche, Ponys, Esel – alles, was ihr in die liebevollen und fürsorglichen Hände fiel.

Sie setzte sich nachdrücklich für die Armen ein und unterstützte die Bemühungen um Freihandel und Home Rule für Irland fast genauso unermüdlich wie Janie. Im Laufe der Zeit baute sie seelisch und körperlich allerdings so ab, dass sie den Worten keine Taten mehr folgen lassen konnte. Während Janie im Laufe der Zeit eine der führenden Frauenrechtlerinnen in Großbritannien wurde, versank Ellen immer tiefer in Niedergeschlagenheit, Krankheit und Erschöpfung. Doch in den vielen Hundert Briefen, die Ellen während ihres relativ kurzen Lebens schrieb, hat sie nicht ein einziges Mal das soziale Elend der Unglücklichen beklagt, die ihr Mann in seine Ateliers brachte, um sie zu zeichnen und zu malen. Sie tat nichts, um die Lebensbedingungen dieser Frauen oder ihrer beklagenswerten Kinder zu verbessern. Dieser Bodensatz der Menschheit – ob erwachsen oder nicht – blieb Sickert zum beliebigen Gebrauch oder Missbrauch überlassen. Vielleicht wollte seine Frau die Varieté-Stars nicht sehen, die oben in seinem Atelier in Broadhurst Gardens 54 oder später in Chelsea Modell standen. Möglicherweise konnte sie den Anblick der Kinder oder kindhaften Geschöpfe nicht ertragen, für die sich ihr Mann wohl ein bisschen zu sehr interessierte. In den Varietés betrachtete Sickert kleine Mädchen, die sich auf der Bühne in sexuell aufreizender Weise produzierten. Er traf sie hinter der Bühne. Er malte sie. Sehr viel später im Leben, als sich Sickert leidenschaftlich für die Schauspielerin Gwen Frangcon-Davies begeisterte, fragte er sie in einem Brief, ob sie eine Fotografie von sich »als Kind« habe.

Ellen und Sickert hatten keine Kinder. Es gibt keinen überzeugenden Anhaltspunkt dafür, dass Sickert überhaupt je Kinder hatte, obgleich ein hartnäckiges Gerücht behauptet, dass er einen unehelichen Sohn mit Madame Villain hatte, einer französischen Fischhändlerin, bei der er nach seiner Scheidung von Ellen in Dieppe wohnte. In einem Brief bezeichnet Sickert Madame Villain als eine Muttergestalt, die sich um ihn gekümmert habe, als er sich an einem Tiefpunkt seines Lebens befunden habe. Das heißt nicht, dass er keine sexuelle Beziehung zu ihr gehabt hat, vorausgesetzt, er war dazu in der Lage. Der Name des angeblichen unehelichen Kindes war Maurice, und Sickert wollte, wie es heißt, nichts mit ihm zu tun haben. Von Madame Villain erzählte man, sie habe viele Kinder von vielen verschiedenen Männern.

In einem Brief, den Jacques Émile Blanche am 20. Juli 1902 an den Romancier André Gide schrieb, meinte der Maler: »Für Sickerts Leben kann kaum noch jemand Verständnis aufbringen ... Dieser Immoralist hat es glücklich geschafft, dass er allein in einem weitläufigen Haus in einem Arbeiterviertel lebt, wo er keine Verpflichtungen hat, die als normal gelten, und tun und lassen kann, was er will und wann er es will. Das bewerkstelligt er ohne einen einzigen Sou, mit einer legitimen Familie in England und einem Fischweib in Dieppe, die eine Horde Kinder von zweifelhafter Herkunft hat.«

Die medizinischen Konsequenzen der frühen Operationen, die Sickert über sich ergehen lassen musste, legen eigentlich den Schluss nahe, dass er keine Kinder zeugen konnte, doch ohne medizinische Dokumente bleibt das alles Spekulation. Auch wenn er zeugungsfähig gewesen wäre, hätte er sich sicherlich nicht mit Kindern abgeben mögen, und auch Ellen hätte wahrscheinlich keine gewollt. Sie war fast siebenunddreißig und er fünfundzwanzig, als sie nach vierjähriger Verlobung am 10. Juni 1885 auf dem Standesamt Marylebone heirateten. Er stand am Anfang seiner künstlerischen Laufbahn und wollte keine Kinder haben, wie sein Neffe John Lessore sagt, während Ellen ein bisschen zu alt wurde, um noch welche zu bekommen.

Vielleicht war sie auch eine Anhängerin der Purity League, die die Frauen dazu aufforderte, sich nicht auf den Geschlechtsverkehr einzulassen. Sexualität, so das Credo der Liga, schränke die Frauen ein und mache sie zu Opfern. Ellen und Janie waren beide leidenschaftliche Frauenrechtlerinnen, und auch Janie hatte keine Kinder, aus Gründen, die nicht ganz klar sind. Beide bekannten sich zu den Ansichten der Malthusianer, die, ausgehend von Thomas Malthus' bevölkerungspolitischer Schrift, die Empfängnisverhütung propagierten – obwohl Reverend Malthus selbst ein Gegner der Empfängnisverhütung gewesen war.

Ellens Tagebücher und Briefe lassen eine intelligente, sozial fortschrittliche und moralisch integre Frau erkennen, die idealistische Vorstellungen von der Liebe hatte. Außerdem war sie sehr vorsichtig. Sie oder jemand anders. In den mehr als 35 Jahren, die sie Walter Sickert kannte und liebte, erwähnt sie ihn nur wenige Male. Janie spricht öfter von ihm, aber nicht so häufig, wie man es von einer klugen Frau erwarten würde, die sich doch eigentlich für den Ehemann ihrer Schwester hätte interessieren müssen. Lücken in den etwa 400 Briefen und Nachrichten, die sich die Schwestern schrieben, lassen darauf schließen, dass ein Großteil ihrer Korrespondenz verloren gegangen ist. Aus den Jahren 1880 bis 1889 fand ich nur rund dreißig Briefe, was merkwürdig ist. In dieses Jahrzehnt fallen Ellens Verlobung und Heirat mit Sickert.

Nicht eine einzige Bemerkung zu Ellens Heirat habe ich gefunden. Soweit die Liste der Trauzeugen und die Heiratsurkunde erkennen lassen, war kein Mitglied der Sickert-Familie auf dem Standesamt anwesend, das in damaliger Zeit auch ein recht seltsamer Ort für eine erste Eheschließung war, zumal, wenn man bedenkt, dass die Braut die Tochter des bedeutenden Richard Cobden war. Offenbar hat Ellen während der Flitterwochen in Europa nicht einen einzigen Brief geschrieben: In keinem Archiv habe ich einen Briefwechsel zwischen Ellen und Sickert, zwischen Ellen und Sickerts Familie, zwischen Sickert und seiner Familie oder zwischen Sickert und der Familie Cobden entdecken können.

Wenn es solche Briefe gegeben haben sollte, sind sie vernichtet oder aus dem öffentlichen Verkehr gezogen worden. Ich finde es merkwürdig, dass sich ein Ehepaar offenbar keine Briefe oder Telegramme geschrieben hat, wenn sie getrennt waren, was meist der Fall war. Bezeichnend erscheint mir auch, dass die traditionsbewusste Ellen offenbar keine Briefe von einem Mann aufbewahrt hat, der an sein Talent glaubte und dazu bestimmt war, ein bedeutender Maler zu werden.

»Ich weiß, wie gut sie ist«, schrieb Ellen über Sickerts Malerei. »Ich habe es immer gewusst«, teilte sie Blanche mit.

1881 hatte sich der junge, schöne, blauäugige Walter an eine Frau gebunden, deren jährliche Rente stolze 250 Pfund betrug – mehr als manch junger Arzt damals verdiente. Nun gab es keinen Hinderungsgrund mehr für Sickert, sich an der renommierten Slade School of Fine Arts in London einzuschreiben. Der Lehrplan der Slade School aus dem Jahr 1881 bot eine Vielfalt von Kursen mit starker wissenschaftlicher Ausrichtung: Malkurse nach antiken Statuen und lebenden Modellen, Radierungen, Bildhauerei, Archäologie, Perspektive, Chemie der in der Malerei verwendeten Stoffe und Anatomie. Am Dienstag und Donnerstag fanden Vorlesungen statt, die sich mit »den Knochen, Gelenken und Muskeln« beschäftigten.

Beim Studium an der Slade School freundete sich Sickert mit Whistler an, doch wie sie sich tatsächlich kennen lernten, ist unklar. In einer Version heißt es, sie hätten beide eine Vorstellung von Ellen Terry im Lyceum besucht. Während der Schlussvorhänge habe Sickert einen mit Blei beschwerten Rosenstrauß auf die Bühne geschleudert, und das duftende Geschoss hätte Henry Irving nur knapp verfehlt, der darüber keineswegs erfreut gewesen sei. Whistlers berüchtigtes »Ha Ha!« sei deutlich im Publikum zu hören gewesen. Beim Hinausgehen habe Whistler es so eingerichtet, dass er den kühnen jungen Mann kennen lernte.

Nach anderen Versionen ist Sickert dem Meister irgendwo »über den Weg gelaufen«, ist ihm in einen Laden gefolgt, auf einer Party begegnet oder hat ihn durch Cobdens Töchter kennen gelernt. Man kann Sickert sicherlich nicht den Vorwurf machen, er sei zu schüchtern gewesen oder habe sich nicht getraut, spontane Wünsche in die Tat umzusetzen. Vermutlich hat Whistler den jungen Mann überredet, seine Zeit nicht mehr auf der Kunstschule zu vergeuden und in einem richtigen Atelier mit ihm zu arbeiten. Sickert verließ die Slade School und wurde Whistlers Schüler. Er arbeitete Seite an Seite mit dem Meister, doch über sein Zusammenleben mit Ellen ist nichts bekannt.

Was es an Äußerungen über die frühen Ehejahre von Ellen und Walter gibt, lässt nicht auf eine besondere Anziehung zwischen den beiden oder auch nur den leisesten Hauch einer romantischen Liebesbeziehung schließen. In seinen Memoiren schreibt Jacques Émile Blanche über Ellen, die ja viel älter als Sickert war, man »hätte sie für seine ältere Schwester halten können«. Nach seinem Eindruck passte das Paar »geistig« sehr gut zusammen und ließ sich gegenseitig »vollkommene Freiheit«. Wenn Sickert Blanche in Dieppe besuchte, schenkte er Ellen wenig Aufmerksamkeit und verschwand in den engen Gassen und Höfen oder zog sich in »geheimnisvolle Räume« zurück, die er in »Hafenvierteln« gemietet hatte, »Absteigen, aus denen alle ausgeschlossen waren«.

Das Scheidungsurteil sprach Sickert die Schuld zu an »Ehebruch und böswilligem Verlassen über einen Zeitraum von zwei & mehr Jahren ohne einleuchtenden Grund«. Tatsächlich war es jedoch Ellen, die schließlich nicht mehr mit Sickert zusammenleben wollte. Und es gibt keinen Anhaltspunkt dafür, dass er auch nur einen einzigen wirklichen Seitensprung begangen hat. In Ellens Scheidungsantrag heißt es, Sickert habe sie am 29. September 1896 verlassen und am oder um den 21. April 1898 Ehebruch mit einer Frau begangen, deren Namen ihr »unbekannt« sei. Dieses angebliche Schäferstündchen soll im Midland Grand Hotel in London stattgefunden haben. Am 4. Mai 1899 habe Sickert, so heißt es weiter, erneut Ehebruch mit einer Frau begangen, und deren Name sei Ellen ebenfalls »unbekannt«.

Verschiedene Biographen erklären, das Paar hätte sich am 29. September getrennt, weil Sickert an diesem Tag zugegeben habe, dass er Ellen nie treu gewesen sei. Wenn dem so war, hat er diese Affären – vorausgesetzt, er hatte mehr als die beiden, die in dem Scheidungsurteil erwähnt wurden – mit »unbekannten« Frauen gehabt. Nichts von dem, was ich gelesen habe, lässt erkennen, dass er je in eine Frau verliebt gewesen wäre oder zu Annäherungsversuchen und Einladungen geneigt hätte – obwohl er sich gern einer vulgären Sprache bediente. Die Malerin Nina Hamnett, eine berüchtigte Bohemienne, die selten eine Einladung zum Drink oder Sex ausschlug, berichtet in ihrer Autobiographie, Sickert habe sie oft nach Hause gebracht, wenn sie betrunken gewesen sei. Nina, die in Bezug auf ihre Liebesabenteuer nicht gerade verschwiegen war, erwähnt mit keinem Wort, dass Sickert jemals mit ihr geflirtet hätte.

Vielleicht glaubte Ellen wirklich, Sickert sei ein Schürzenjäger, oder ihre Behauptungen waren einfach ein Ablenkungsmanöver, weil die beschämende Wahrheit war, dass ihre Ehe nie vollzogen wurde. Ende des 19. Jahrhunderts gab es keine gesetzlichen Grundlagen für eine Frau, ihren Mann zu verlassen, es sei denn, er betrog sie, war grausam oder verließ sie. In diesen Punkten waren die beiden sich einig. Er bestritt die Vorwürfe nicht. Man sollte meinen, sie hätte von seinem verstümmelten Penis gewusst, aber es ist durchaus möglich, dass diese geschwisterlichen Eheleute sich nie voreinander ausgezogen oder miteinander geschlafen haben.

Während der Scheidungsverhandlungen schrieb Ellen, für den Fall, dass sie ihm noch eine Chance gäbe, habe Sickert versprochen, »ein anderer Mensch zu werden, ich sei der einzige Mensch, an dem ihm wirklich liege – und nie mehr diese Beziehungen [zu Unbekannten] zu haben«. Ihr Anwalt, so berichtete Ellen, glaube zwar, dass Sickert »es ehrlich meint – dass er aber, wenn er sein bisheriges Leben berücksichtigt & seinen Charakter bedenkt, soweit er ihn nach seinem Gesicht & Verhalten beurteilen kann, nicht der Meinung ist, dass er [Sickert] fähig sei, irgendeinem Entschluss treu zu bleiben, daher rät mir der Anwalt nachdrücklich, mein Scheidungsbegehren aufrechtzuerhalten ...

Ich bin schrecklich durcheinander & habe seither kaum etwas anderes getan, als zu weinen«, schrieb Ellen an Janie. »Ich sehe, dass meine Gefühle für ihn alles andere als tot sind.«

DASS MAN DIE HAND
NICHT VOR AUGEN SEHEN KONNTE

Sickerts Rollen veränderten sich genauso wie das Licht und die Schatten, die er auf seine Leinwände bannte.

Eine Form darf keine Linien haben, weil die Natur keine hat. Formen offenbaren sich durch Töne, Schattierungen und die Art und Weise, wie das Licht sie umfängt. Sickerts Leben hatte weder Linien noch Grenzen, und seine Form veränderte sich mit jeder Schwankung und Schattierung seiner rätselhaften Launen und versteckten Absichten.

Egal, ob man ihn gut oder nur von flüchtigen Begegnungen kannte, man akzeptierte, dass *Sickert zu sein* bedeutete, das »Chamäleon«, der »Poseur« zu sein. Er war Sickert, der Typ, der in einem Mantel mit auffälligem Karomuster Londons heruntergekommene Straßen und Gassen durchstreifte. Er war Sickert, der Bauer, der Landedelmann, Sickert, der Landstreicher, der bebrillte Schwerenöter, der Dandy mit schwarzer Krawatte oder der Exzentriker, der in Pantoffeln auf dem Bahnhof erschien. Er war Jack the Ripper, der mit tief ins Gesicht gezogener Mütze und einem roten Schal um den Hals im düsteren Atelier beim schwachen Schein einer Blendlaterne arbeitete.

Der viktorianische Schriftsteller und Kritiker Clive Bell, dessen Beziehung zu Sickert von beidseitiger Hassliebe geprägt war, spöttelte einmal, Sickert könne an jedem beliebigen Tag John Bull, Voltaire, der Erzbischof von Canterbury, der Papst, ein Koch, ein Dandy, ein feiner Pinkel, ein Buchmacher und ein Anwalt sein. Bell meinte, Sickert sei durchaus nicht so gelehrt gewesen, wie es immer heiße, und habe den Eindruck erweckt, »erheblich mehr zu wissen, als es tatsächlich der Fall war«, obwohl er, wie Bell hinzufügte, der größte britische Maler seit Constable sei. Aber man »konnte nie sicher sein, dass der Sickert der anderen auch Sickerts Sickert war oder dass Sickerts Sickert irgendeiner endgültigen Realität entsprach«. Er sei ein Mann »ohne moralische Grundsätze« gewesen und habe, so Bell, »keine materielle und affektive Bindung zu irgendetwas gehabt, was nicht Teil seiner selbst war«.

Ellen war ein Teil von Sickerts Selbst. Er hatte Verwendung für sie. Doch als eigenständigen Menschen konnte er sie nicht wahrnehmen, weil alle Menschen und Dinge nur Erweiterungen von Sickert waren. Sie war noch bei Janie in Irland, als Elizabeth Stride und Catherine Eddows ermordet wurden und als George Lusk, der Leiter der East-End-Bürgerwehr, am 16. Oktober 1888 per Post eine halbe menschliche Niere erhielt. Fast zwei Wochen später bekam Dr. Openshaw, der Kurator des Pathologiemuseums im London Hospital, einen Brief auf Papier mit dem Wasserzeichen »A Pirie & Sons« und der Unterschrift »Jack the Ripper«.

»Old boss, du hattest Recht, es war die linke Niere ... ich werde mich schon bald wieder an die Arbeit machen und Dir ein paar weitere Innereien schicken.«

Man nahm an, es handle sich um Catherine Eddows' Niere, was wohl auch der Fall gewesen sein dürfte, wenn sich der Ripper nicht auf irgendeine andere Weise eine halbe menschliche Niere beschafft hatte. Das Organ wurde am Royal London Hospital anatomisch konserviert, bis es so zerfallen war, dass das Krankenhaus es in den 1950er Jahren entsorgte – etwa zu der Zeit, als Watson und Crick die Doppelhelix der DNA entdeckten.

In früheren Jahrhunderten wurden Leichen und Leichenteile in »Spiritus« oder alkoholischen Getränken wie etwa Wein konserviert. Einige Krankenhäuser verwendeten zur Zeit des Rippers Glycerin. Wenn eine hochrangige Persönlichkeit an Bord eines Schiffes starb und man Wert auf ein standesgemäßes Begräbnis legte, wurde die Leiche in Met oder einem anderen alkoholischen Getränk konserviert. Wäre John Smith, Virginias Gründungsvater, auf seiner Reise in die Neue Welt gestorben, wäre er, höchstwahrscheinlich in einem Fass Branntwein eingelegt, nach London zurückgekehrt.

Aus Polizeiberichten geht hervor, dass die Niere, die George Lusk erhielt, fast zwei Wochen alt war, falls sie aus Eddows' Körper stammte, und in »Spirituosen«, wahrscheinlich Wein, konserviert worden war. Offenbar war Mr. Lusk nicht sehr entsetzt und hatte es auch nicht besonders eilig, die Niere der Polizei zu übergeben. Als er das grässliche Geschenk mit einem Brief, der nicht erhalten ist, bekam, hat er sich »nicht viel dabei gedacht«. Schließlich waren die Viktorianer nicht an psychopathische Mörder gewöhnt, die Leichenteile als Anlagen zu höhnischen Briefen an Behörden verschicken. Zunächst nahm man an, die Niere stamme von einem Hund, doch vernünftigerweise holten Lusk und die Polizei auch noch andere Meinungen ein. Bei der Polizei war man allerdings einhellig der Meinung, die Niere sei ein Schwindel, als das eingelegte Organ in seinem Behälter die Runde machte. Medizinische Fachleute wie der Pathologe Dr. Thomas Openshaw hielten die Niere für ein menschliches Organ – obwohl die Schlussfolgerung, sie stamme von einer Frau, die unter Nierenentzündung gelitten habe, doch etwas gewagt erscheint. Schließlich wurde die Niere in die Obhut von Dr. Openshaw vom London Hospital gegeben. Hätte die Niere noch einige wenige Jahrzehnte überstanden, hätte sie getestet werden und – nach einer Exhumierung von Catherine Eddows – eine Übereinstimmung mit der DNA der Ermordeten zeigen können. Vor Gericht wäre das ein schwerer Schlag für Walter Sickert gewesen – wäre er noch am Leben gewesen, um angeklagt werden zu können –, da sich das Wasserzeichen »A Pirie & Sons« auf seinem Briefpapier und auch auf dem jenes Briefes befand, den Jack the Ripper an Openshaw schrieb, weil die Marken auf den Umschlägen beider Briefe dieselben DNA-Sequenzen aufweisen und weil der Ripper-Brief ein Bekennerschreiben ist.

Falls Ellen die Nachrichten in der Heimat verfolgte, wird sie von der Niere gewusst haben. Sie wird von dem Doppelmord erfahren haben, der sich eine Woche nach ihrer Abreise nach Irland ereignet hatte. Vielleicht hatte sie auch von den »Menschenknochen« gehört, die als Paket verschnürt in einem Rinnstein in Peckham gefunden worden waren, von dem Paket mit dem verwesenden Frauenarm im Garten einer Blindenschule in der Lambeth Road oder von dem verkochten Bein, das allerdings, wie sich herausstellte, von einem Bären stammte.

Auch von dem menschlichen Rumpf, der in den Fundamenten von New Scotland Yard entdeckt wurde, dürfte Ellen gewusst haben. Die Frauenleiche ohne Kopf, Arme und Beine wurde in die Leichenhalle in der Millbank Street geschafft, konnte Dr. Neville und den Polizeibeamten allerdings wenig berichten, und man schien auch zu keiner Einigung bezüglich des Arms zu gelangen, der am 11. Oktober in Pimlico gefunden worden war. Er stammte von dem Rumpf, dessen war sich Dr. Neville sicher, doch die Hand war rau, die Fingernägel ungepflegt – die einer Frau, die schwere Arbeit verrichtete. Als Dr. Thomas Bond zu der Untersuchung hinzugezogen wurde, sagte er aus, die Hand sei weich, mit wohl geformten Nägeln. Da der Arm bei Ebbe im Flussschlick gefunden worden war, musste die Hand schmutzig sein, möglicherweise Abschürfungen aufweisen und mit Schlamm verkrustet sein. Vielleicht kletterte er die gesellschaftliche Stufenleiter empor, nachdem er gesäubert worden war.

In einem Bericht war die zerstückelte Frau von dunklem Teint, in einem anderen hatte sie helle Haut. Ihr Haar war dunkelbraun, sie war 26 Jahre alt und einen Meter sechzig bis fünfundsechzig groß, so der Arzt. Die Dunkelheit ihrer

Haut könnte auf die Verfärbung bei der Verwesung zurückgehen. In fortgeschrittenen Stadien wird die Haut dunkelgrün oder schwarz. Nach allem, was wir über den Zustand der sterblichen Überreste wissen, dürfte auch die Entscheidung, ob ihre Haut hell war, nur sehr schwer zu treffen gewesen sein.

Abweichende Beschreibungen können die Identifizierung von Toten sehr erschweren. Forensische Gesichtsrekonstruktionen – die Modellierung des Gesichts anhand der zugrunde liegenden Knochenstruktur – wurden im 19. Jahrhundert natürlich noch nicht vorgenommen, doch ein Fall, der sich vor einigen Jahrzehnten in Virginia ereignet hat, verdeutlicht, was ich meine. Man hatte das Gesicht eines nicht identifizierten Mannes rekonstruiert, indem man seine Gesichtszüge über dem Schädel mit grünem Ton modellierte. Die Haarfarbe leitete man aus den rassischen Merkmalen seines Skeletts ab, die afroamerikanisch waren, und in seine Augenhöhlen setzte man künstliche Augen.

Eine Frau meldete sich auf die Schwarzweißfotografie der Gesichtsrekonstruktion in der Zeitung und erschien in der Leichenhalle, um zu sehen, ob der unbekannte Tote ihr Sohn war. Sie warf nur einen Blick auf die Gesichtsrekonstruktion und sagte dem Gerichtsmediziner: »Nein, das ist er nicht. Sein Gesicht war nicht grün.« Wie sich herausstellte, war der ermordete junge Mann doch der Sohn der Frau. (Wenn heutzutage forensische Gesichtsrekonstruktionen oder -modellierungen an nicht identifizierten Toten vorgenommen werden, färbt man die Toten so, dass sie die Hautfarbe bekommen, die sie aufgrund ihrer ethnischen Zugehörigkeit gehabt haben müssen.)

Falls die Schätzung der Körpergröße, die Dr. Neville und Dr. Thomas Bond anhand des Torsos vornahmen – ein Meter sechzig bis fünfundsechzig –, falsch war, hätte das viele Menschen davon abgehalten, sich bei der Polizei zu melden, um festzustellen, ob es sich möglicherweise um die Überreste einer Verwandten oder Bekannten handelte. Damals war ein Meter sechzig bis fünfundsechzig ziemlich groß für eine Frau. Schon sechs bis sieben Zentimeter Abweichung in der Schätzung der Ärzte hätten genügt, um zu verhindern, dass der Torso identifiziert wurde – was auch nie geschah.

Ich glaube, gemessen an den Mitteln, die ihnen zur Verfügung standen, haben die Ärzte getan, was sie konnten – schließlich gab es noch keine forensische Anthropologie. Den Ärzten standen die heutigen anthropologischen Standardkriterien noch nicht zur Verfügung, um ein Opfer einer bestimmten Altersgruppe zuzuordnen – zum Beispiel Säugling, fünfzehn bis siebzehn oder fünfundvierzig und mehr. Vermutlich haben sie wenig über Epiphysen und Wachstumszentren der Knochen gewusst, noch können sie sie gesehen haben, da weder beim Torso noch den gefundenen Gliedmaßen das Fleisch durch Kochen in Wasser entfernt wurde. Wachstumszentren sind Knochenverbindungen, etwa die zwischen Rippen und Brustbein. Bei jungen Menschen bestehen diese Verbindungen aus biegsamem Knorpel, während sie im Alter verkalken.

1888 gab es keine Eichungen und Computerprogramme. Es gab all die Hightech-Geräte noch nicht, die uns am Anfang des 21. Jahrhunderts zur Verfügung stehen, etwa Single-Photon-Emissionstomographen oder Szintillationsdetektoren, um aus der Länge von Oberarmknochen, Speiche, Elle, Oberschenkelknochen, Schien- und Wadenbein – den langen Knochen von Armen und Beinen – auf die Größe zu schließen. Die Veränderungen in der Dichte oder der Mineralkonzentration der Knochen ist altersabhängig. Beispielsweise entspricht eine Abnahme der Knochendichte gewöhnlich einem höheren Alter.

Die Behauptung, die zerstückelte Frau sei genau 26 Jahre alt, war zwar unhaltbar, aber es hätte sich die Aussage machen lassen, dass ihre Überreste die einer post-präpuberalen weiblichen Person seien, knapp unter oder Anfang zwanzig, mit dunklen Haaren in den Achselhöhlen. Die Schätzung, dass die Frau fünf Wochen zuvor gestorben sei, war ebenfalls Spekulation. Die Ärzte verfügten nicht über die wissenschaftlichen Mittel, um den Todeszeitpunkt anhand des Verwesungsgrads zu bestimmen. Ihnen fehlten Kenntnisse auf dem Gebiet der forensischen Entomologie, der Eingrenzung des Todeszeitpunkts durch Beobachtung der Insektenentwicklung – und in dem Rumpf, der in den Fundamenten von New Scotland Yard gefunden wurde, wimmelte es von Maden.

Bei der postmortalen Untersuchung zeigten sich bleiche, blutleere Organe, was auf eine starke Blutung schließen ließ. Vermutlich war der Frau die Kehle durchgeschnitten worden, bevor man sie zerstückelt hatte. Bei der Coroner-Untersuchung sagte Dr. Thomas Bond aus, die Überreste gehörten zu einer »wohl genährten« Frau mit »großen, hervorspringenden Brüsten«. In einem Lungenflügel habe sie früher einmal eine schwere Rippenfellentzündung gehabt. Die Gebärmutter fehlte, Becken und Beine waren in Höhe des vierten Lendenwirbels abgesägt. Durch schräge Schnitte waren die Arme aus den Schultergelenken gelöst worden. Den Kopf hatte der Täter durch mehrere Einschnitte unterhalb des Kehlkopfs entfernt. Dr. Bond sagte, der Torso sei geschickt eingepackt worden und das Fleisch zeige deutliche Abdrücke der dazu verwendeten Schnur. Diese Spuren sind beachtenswert. Aus Experimenten, die Anfang und Mitte des 19. Jahrhunderts durchgeführt wurden, wissen wir, dass Seile und Schnüre keine Abdrücke auf Leichen hinterlassen, die schon längere Zeit tot sind, woraus folgt, dass die zerstückelte Frau zu einem Zeitpunkt mit der Schnur umwickelt wurde, als sie entweder noch lebte oder, was wahrscheinlicher ist, noch nicht lange – vielleicht erst Stunden – tot war.

Das Abtrennen des Beckens vom Rumpf ist bei Zerstückelungen ziemlich ungewöhnlich, doch weder die Ärzte noch die Polizeibeamten scheinen diesem Umstand viel Beachtung geschenkt oder sich auch nur dazu geäußert zu haben. Man hatte keine anderen Körperteile der Frau gefunden, ausgenommen das Körperglied, das man für ihr linkes Bein hielt und das unmittelbar unterhalb des Knies abgetrennt worden war. Dieses Stück des Beins war wenige Meter vom Fundort des Torsos begraben worden. Dr. Bond beschrieb Fuß und Bein als »exquisit geformt«. Der Fuß und die Fußnägel seien sehr gepflegt gewesen. Es gebe keine Hühneraugen oder entzündete Fußballen, aus denen man hätte schließen können, dass das Opfer eine »arme Frau« gewesen sei.

Die Polizeibeamten und Ärzte vertraten die Auffassung, dass die Zerstückelung die Identität des Opfers verschleiern sollte. Das passt nicht zu dem Umstand, dass der Täter das Becken in Höhe des vierten Lendenwirbels und in den Hüftgelenken abgetrennt hat – denn damit hat er im Prinzip die Fortpflanzungsorgane und Genitalien des Opfers entfernt. Daher stellt sich die Frage, ob diese Verstümmelung nicht dem Vorgehen des Rippers ähnelte, wenn er den Unterleib seiner Opfer aufschnitt und ihnen die Gebärmutter und einen Teil der Vagina entnahm.

Als der Torso am Standort des neuen Hauptquartiers von Scotland Yard gefunden wurde, sei er in ein altes Tuch gewickelt und mit »einer Menge Schnüre verschiedener Art kreuz und quer« umwunden gewesen, so Frederick Wildore, der Zimmermann, der am 2. Oktober um sechs Uhr morgens eine merkwürdige Form in einer dunklen Nische des Fundaments entdeckte, als er nach seinem Werkzeugkorb suchte. Er zog das Bündel hervor, knüpfte die Schnur auf und wusste einen Augenblick nicht, was er da vor Augen hatte. »Ich dachte, es wäre ein alter Schinken oder so etwas«, sagte er bei der Coroner-Untersuchung aus. Die Fundamente waren ein Labyrinth von Nischen und Gräben. Wer immer das Bündel dort versteckt habe, müsse sich dort ausgekannt haben, behauptete Wildore. Es war »immer so dunkel, dass man die Hand nicht vor Augen sehen konnte«.

An den sterblichen Überresten klebten Teile eines alten *Daily Chronicle* und ein blutgetränktes, 15 Zentimeter langes und zehn Zentimeter breites Stück des Echo vom 24. August 1888, einer Tageszeitung, die einen halben Penny kostete. Sickert war ein Nachrichten-Junkie. Ein Foto aus seinen späteren Jahren zeigt ihn in einem Büro, das mit Zeitungen voll gestopft ist. Das Echo war ein liberales Blatt, das zu Sickerts Lebzeiten zahlreiche Artikel über ihn veröffentlicht hatte. Auf Seite vier der gefundenen Ausgabe ist die Rubrik »Anmerkungen & Fragen« mit der Anweisung versehen, dass alle Fragen und Antworten auf Postkarten geschrieben werden müssten und dass der Leser gebeten werde, auf seiner Postkarte die Nummer anzugeben, die die von ihm beantwortete Frage in der Zeitung bekommen habe. Schleichwerbung, so das *Echo*, »ist unzulässig«.

Von 18 »Antworten«, die am 24. August 1888 eingingen, waren fünf mit »W.S.« unterzeichnet. Sie haben folgenden Wortlaut:

Antwort eins (3580): OSTENDE. – »Ich würde ›W.B.‹ nicht raten, sich Ostende für einen vierzehntägigen Urlaub auszuwählen; nach zwei Tagen hat er genug davon. Es ist ein Ort, wo Kleider spazieren geführt & und große Summen ausgegeben werden. Die Landschaft in der Umgebung ist flach und uninteressant. Die Straßen sind übrigens überall mit Granit gepflastert. Einem englischen Touristen kann ich das ›Yellow House‹ oder ›Maison Jaune‹ empfehlen. Es wird von einem Engländer geführt und liegt in der Nähe des Bahnhofs und Dampferanlegers. Auch das Hotel du Nord kommt in Frage. Die Sandstrände sind herrlich. Französischkenntnisse sind nicht erforderlich.« – W.S.

(Das Seebad Ostende in Belgien war von Dover aus zu erreichen und ein Ort, den Sickert kannte.)

Antwort zwei (3686): BELIEBTE OPERN. – »Für die Beliebtheit des *Troubadours* sind natürlich die zauberhaften Melodien und eingängigen Arien verantwortlich. Die Oper gilt nicht immer als Musik ›ersten Ranges‹ – tatsächlich habe ich von ›professionellen‹ Musikern häufig gehört, das sei gar keine Musik. Ich für meinen Teil ziehe sie allen anderen Opern vor, ausgenommen *Don Juan.*« – W.S.

Antwort drei (3612): REISEPÄSSE. – »Leider wird ›Ein unglücklicher Pole‹ sich auf die Länder beschränken müssen, die keine Pässe verlangen. Von dieser Sorte gibt es viele, und sie sind, nebenbei bemerkt, angenehmer zu bereisen. Ich habe einen Landsmann von ihm kennen gelernt, der mit einem geborgten Pass reiste; er wurde dabei erwischt und in den Knast gesteckt, wo er einige Zeit blieb.« – W.S.

Antwort vier (3623): NAMENSWECHSEL. – »›Jones‹ muss lediglich einen Pinsel nehmen, ›Jones‹ auslöschen und durch ›Brown‹ ersetzen. Das wird ihn natürlich nicht von irgendwelchen Verbindlichkeiten befreien, die ›Jones‹ eingegangen ist. Er wird einfach ›Jones‹ sein, der fortan unter dem Namen ›Brown‹ handelt.« – W.S.

Antwort fünf (3627): Einbürgerung. – »Dazu muss ein Ausländer entweder fünf Jahre hintereinander oder zumindest fünf Jahre während der letzten acht in Großbritannien gelebt haben und erklären, dass er beabsichtige, dort auf Dauer zu wohnen. Das muss ihm glaubhaft von vier in Großbritannien geborenen Hausbesitzern bestätigt werden.« – W.S.

Der Umstand, dass der Absender die ursprünglichen Fragenummern nennt, lässt darauf schließen, dass er ein regelmäßiger Leser des *Echo* war. Fünf Antworten zu senden ist zwanghaft und passt zu Sickerts Vielschreiberei und der erstaunlichen Zahl von Ripper-Briefen, die bei Polizei und Presse eingingen. Das Spiel mit Zeitungsschnipseln wiederholt Sickert in einem Ripper-Brief an einen Polizeirichter. Dort stehen kalligraphische Schriftzeichen auf einem Stück der Zeitung Star vom 4. Dezember. Auf dem abgerissenen Zeitungsteil ist eine Notiz über eine Ausstellung von Radierungen und auf der Rückseite der Untertitel »Niemandes Kind«.

Walter Sickert war sich nie sicher, wer er war oder woher er kam. Er war »Kein Engländer«, um die Unterschrift eines anderen Ripper-Briefes zu zitieren. Sein Bühnenname war »Mr. Nemo« (Mr. Nobody oder Herr Niemand), und in einem Telegramm, dass der Ripper an die Polizei schickte (kein Datum, aber möglicherweise Spätherbst 1888), strich der Ripper den Absender »Mr. Nobody« durch und schrieb stattdessen »Jack the Ripper«. Sickert war kein Franzose, hielt sich aber für einen französischen Maler. Einmal schrieb er, er habe die Absicht, die französische Staatsbürgerschaft anzunehmen – was er nie tat. In einem anderen Brief erklärte er, im Herzen werde er immer Deutscher sein.

Die meisten Ripper-Briefe, die zwischen dem 20. Oktober und 10. November 1888 aufgegeben wurden, tragen einen Londoner Poststempel. Mit Sicherheit war Sickert vor dem 22. Oktober in London, um schon frühzeitig die »First Pastel Exhibition« zu sehen, die im Grosvenor Hotel eröffnet wurde. Aus Briefen an Blanche, in denen Sickert von der Wahl neuer Mitglieder in den New English Art Club berichtete, geht hervor, dass Sickert sich im Herbst in London oder zumindest in England aufhielt, höchstwahrscheinlich bis in den November hinein, vielleicht sogar bis zum Jahresende.

Als Ellen Ende Oktober nach Broadhurst Gardens 54 zurückkehrte, musste sie mit einer scheußlichen Grippe das Bett hüten, eine Krankheit, die sie bis weit in den November hinein quälte und schwächte. Ich konnte keinen Hinweis finden, dass sie während dieser Zeit mit ihrem Mann zusammen war oder ob sie wusste, wo er sich aufhielt. Auch weiß ich nicht, ob sie von den grausamen Verbrechen erschreckt war, die nur neun Kilometer von ihrem Haus entfernt begangen wurden, aber es ist kaum vorstellbar, dass sie es nicht war. Ganz London lebte in Angst und Schrecken, aber das Schlimmste stand noch bevor.

Mary Jeanette Kelly war 24 Jahre alt und sehr hübsch, mit frischer Hautfarbe, dunklem Haar und jugendlicher Figur. Sie hatte eine bessere Ausbildung als die anderen Unglücklichen, die in der Gegend, in der sie wohnte – Dorset Street 26 in Whitechapel –, auf Kundenfang gingen. Mieter des Hauses war John McCarthy, ein Kerzenmacher, der alle Zimmer in der Dorset Street 26 an die Ärmsten der Armen weitervermietete. Marys Zimmer im Erdgeschoss, Nummer 13, maß drei Meter fünfzig im Quadrat und war vom Nachbarzimmer durch eine Trennwand abgeteilt, an die das Holzbett unmittelbar angrenzte. Ihre Tür und zwei große Fenster gingen auf Miller's Court hinaus, und vor einiger Zeit – sie wusste nicht mehr, wann – hatte sie ihren Schlüssel verloren. Das war kein großes Problem gewesen. Vor nicht allzu langer Zeit hatte sie ein bisschen zu viel getrunken und war mit ihrem Mann Joseph Barnett, einem Kohlenträger, in Streit geraten. Zwar erinnerte sie sich nicht mehr genau, aber dabei musste sie eine Fensterscheibe zerschlagen haben. Nun griffen Barnett und sie durch das gezackte Loch im Glas und öffneten das Schnappschloss der Tür. Sie machten sich nie die Mühe, die Scheibe zu reparieren oder sich einen neuen Schlüssel zu besorgen. Vermutlich hätten sie es auch beide für keine kluge Entscheidung gehalten, da sie so wenig Geld hatten.

Den letzten großen Streit hatten Mary Kelly und Joseph Barnett zehn Tage zuvor gehabt. In der Auseinandersetzung, in deren Verlauf sie sich auch mit Fäusten traktiert hatten, war es um eine Frau namens Maria Harvey gegangen. Seit neuestem schlief Mary montag- und dienstagnachts mit ihr, was

Barnett nicht hinnehmen wollte. Er zog aus und überließ es Mary, irgendwie die ein Pfund neun Shilling zu bezahlen, die sie an Miete schuldeten. Dann kitteten Barnett und Mary ihre Beziehung ein bisschen. Gelegentlich schaute er vorbei und gab ihr etwas Geld.

Maria Harvey sah Mary zum letzten Mal am Donnerstag, dem 8. November, als Maria Mary in ihrem Zimmer besuchte. Maria war Wäscherin und fragte, ob sie ein bisschen schmutzige Wäsche dalassen könne: zwei Männerhemden, ein Kinderhemd, einen schwarzen Mantel, einen schwarzen Krepphut mit schwarzen Satinstreifen, den weißen Unterrock eines kleinen Mädchens und den Pfandschein für einen grauen Schal. Sie versprach, die Sachen später abzuholen, und befand sich noch in dem Zimmer, als Barnett unerwartet auftauchte.

»Also gut, Mary Jane«, sagte Maria im Hinausgehen. »Ich seh dich dann heute Abend also nicht mehr.« Sie sollte Mary nie wiedersehen.

Mary Kelly wurde als Tochter von John Kelly, einem irischen Eisenarbeiter, in Limerick geboren. Mary hatte sechs Brüder, die zu Hause lebten, einen Bruder in der Armee und eine Schwester, die auf dem Markt arbeitete. Als Mary noch klein war, zog die Familie nach Caernarvonshire in Wales. Mit sechzehn heiratete sie einen Bergmann namens Davis. Zwei oder drei Jahre später kam er bei einer Explosion ums Leben, und Mary verließ Cardiff, um mit einem Vetter zusammenzuleben. In dieser Zeit begann sie in Trunksucht und Prostitution abzurutschen und musste sich bald darauf wegen einer Geschlechtskrankheit acht Monate lang in einem Krankenhaus behandeln lassen.

1884 siedelte sie nach England über, wo sie ihr Gewerbe mit Erfolg fortsetzte. Ich habe keine Fotografien gefunden, die zeigen, wie sie ausgesehen hat, abgesehen von Aufnahmen, die gemacht wurden, nachdem der Ripper ihren Körper vollkommen verstümmelt hatte. Doch zeitgenössische Skizzen zeigen sie als eine sehr hübsche Frau mit »Sanduhrfigur«, die damals so hoch im Kurs stand. Ihr Kleid und ihr Benehmen erinnerten an ein besseres Leben als die triste Existenz, die sie im Alkohol zu vergessen versuchte.

Eine Zeit lang arbeitete Mary als Prostituierte im West End und lernte Gentlemen kennen, die wussten, wie man eine hübsche Frau für ihre Gunstbeweise entlohnte. Ein Mann nahm sie sogar mit nach Frankreich, aber sie blieb nur zehn Tage, dann kehrte sie wieder nach London zurück. Das Leben in Frankreich, berichtete sie Freundinnen, habe ihr nicht zugesagt. Sie lebte bei einem Mann im Ratcliff Highway, anschließend bei einem anderen in der Pennington Street, dann mit einem Stukkateur in Bethnal Green. Bei der Coroner-Untersuchung sagte Joseph Barnett aus, er könne nicht mit Sicherheit sagen, mit wie vielen Männern sie wie lange zusammengelebt habe.

Eines Freitagabends erregte die hübsche Mary Kelly in Spitalfield die Aufmerksamkeit von Joseph Barnett, und sie nahmen ein paar Drinks zusammen. Wenige Tage später beschlossen sie zusammenzuleben, und im März 1888 mietete er die Zimmer 13 und 16 in der Dorset Street. Hin und wieder bekam Mary einen Brief von ihrer Mutter aus Irland, denn anders als viele Unglückliche konnte sie lesen und schreiben. Doch als die East-End-Morde begannen, veranlasste sie Barnett, ihr die Berichte vorzulesen. Vielleicht beunruhigten sie die Nachrichten über die Verbrechen so sehr, dass sie sie nicht allein lesen mochte – den lebhaften Bildern der eigenen Phantasie ausgeliefert. Möglicherweise hat sie die Opfer nicht gekannt, aber die Wahrscheinlichkeit ist groß, dass sie sie irgendwann in einem Pub oder auf der Straße gesehen hat.

Ihr Zusammenleben sei nicht übel gewesen, sagte Barnett bei der Coroner-Untersuchung aus, und er habe sie nur verlassen, »weil sie eine Person hatte, die eine Prostituierte war und die sie mitnahm. Ich hatte was dagegen, das war der einzige Grund, nicht weil ich ohne Arbeit war. Ich habe sie am 30. Oktober zwischen 17 & 18 Uhr verlassen.« Mary und er hätten noch immer »auf freundschaftlichem Fuß« verkehrt. Lebend habe er sie zum letzten Mal am Donnerstag, dem 8. November, zwischen 19 Uhr 30 und 19 Uhr 45 gesehen, als er bei ihr vorbeigeschaut und Maria im Zimmer vorgefunden habe. Sie sei gegangen, und Barnett sei für kurze Zeit bei Mary geblieben. Er habe ihr gesagt, es täte ihm Leid, aber er könne ihr kein Geld geben. »Wir haben nicht zusammen getrunken«, sagte er aus. »Sie war ziemlich nüchtern. Solange wir zusammen waren, war sie meistens nüchtern« und habe nur hin und wieder getrunken.

Mary Kelly nahm lebhaften Anteil an den entsetzlichen Morden, die sich unweit ihrer Pension ereigneten, ging aber auch weiterhin nachts auf den Straßenstrich, nachdem Barnett ausgezogen war. Sie hatte keine andere Möglichkeit, Geld zu verdienen. Sie brauchte den Alkohol und lief Gefahr, demnächst auf die Straße gesetzt zu werden, ohne dass ein anderer Mann in Sicht war, der bereit war, sie aufzunehmen. Sie geriet in Verzweiflung. Noch vor kurzem hatte sie einer gehobenen Klasse von Prostituierten angehört und die besseren Etablissements des West End aufgesucht. Doch in letzter Zeit rutschte sie immer tiefer in den bodenlosen Abgrund aus Armut, Alkoholismus und Verzweiflung. Schon bald würde sie ihr gutes Aussehen verlieren. Es schien ihr wohl nicht in den Sinn zu kommen, dass auch sie ihr Leben verlieren könnte.

Man wusste nur wenig Konkretes über Mary Kelly, dafür kursierten viele Gerüchte. Es hieß, sie habe einen siebenjährigen Sohn und hätte sich lieber umgebracht, als ihn verhungern zu lassen. Falls es ihn gab, wird er jedenfalls weder in den Polizeiberichten noch den Protokollen der Coroner-Untersuchung erwähnt. Am letzten Abend ihres Lebens ist sie an der Ecke der Dorset Street vermutlich einer Freundin begegnet, der sie erzählte, dass sie kein Geld habe. »Wenn sie keines auftreiben konnte«, sagte die Freundin später vor der

Polizei aus, »wollte sie nie wieder ausgehen, sondern sich umbringen.«

Mary wurde ziemlich laut, wenn sie betrunken war, und am Abend des 8. November trank sie. Das Wetter war den ganzen Monat über scheußlich gewesen, tagelang hatte der grimmige Südostwind die Stadt mit heftigem Regen überzogen. Die Temperaturen fielen auf vier bis fünf Grad, und die Stadt lag unter einem Schleier von Dunst und Nebel. An diesem Donnerstagabend wurde Mary mehrfach gesehen, offenbar auf dem Weg in den nächsten Pub, nicht lange nachdem Joseph Barnett ihr Zimmer verlassen hatte. Man sah sie in der Commercial Street, ziemlich betrunken, und um 22 Uhr in der Dorset Street. Die genannten Zeitpunkte sind nicht sehr vertrauenswürdig, und es gibt keine Gewissheit, dass die »Mary Kelly«, die jemand gesehen haben wollte, auch wirklich Mary Kelly war. Die Straßen waren sehr dunkel. Viele Leute waren betrunken, und nach dem angeblich siebten Mord des Rippers konnte sich die Polizei vor Zeugen nicht mehr retten, deren Geschichten nicht immer zu trauen war.

Eine Nachbarin von Mary, die Prostituierte Mary Ann Cox, die in Zimmer fünf des Miller's Court lebte, sagte bei der Coroner-Untersuchung aus, sie habe die betrunkene Mary Kelly um Mitternacht gesehen. Mary habe einen dunklen, schäbigen Rock getragen, eine rote Jacke und keinen Hut und habe sich in Begleitung eines kleinen, kräftigen Mannes befunden. Er habe fleckige Haut und einen dichten rötlichen Schnurrbart gehabt und dunkle Kleidung sowie eine steife, dunkle Melone getragen. Während er mit Mary Kelly bis zu ihrer Tür gegangen sei, habe er einen Bierkrug in der Hand gehabt. Mary Ann ging mehrere Schritte hinter ihnen und wünschte Mary Kelly eine gute Nacht. »Ich werde ein bisschen singen«, erwiderte Kelly, als der Mann die Tür zu Zimmer dreizehn schloss.

Mehr als eine Stunde hörte man Mary das melancholische irische Lied »Sweet Violets« singen. »Als Knabe pflückte ich ein

Veilchen von der Mutter Grab ...«, sang sie, und beim Schein der Kerze konnte man sie durch die Vorhänge erkennen.

Mary Ann Cox blieb auf der Straße und suchte nur gelegentlich ihr Zimmer auf, um sich die Hände zu wärmen, bevor sie wieder hinausging, um nach Freiern zu suchen. Um drei Uhr morgens ging sie endgültig nach Hause. In Mary Kellys Zimmer war alles dunkel und still. Mary Ann legte sich in ihren Kleidern zu Bett. Sie schlief nicht. Noch um Viertel vor sechs hörte sie Männer in dem Gebäude ein- und ausgehen. Eine andere Nachbarin, Elizabeth Prater in Zimmer zwanzig, direkt über Mary Kelly, sagte bei der Coroner-Untersuchung aus, um 1 Uhr 30 habe sie einen »Lichtschimmer« durch die »Trennwand« zwischen ihrem und Mary Kellys Zimmer gesehen.

Ich nehme an, Elizabeth meinte Licht, das durch Risse im Fußboden drang. Sie sicherte ihre Tür für die Nacht, indem sie zwei Tische dagegen stellte, und ging zu Bett. Sie hatte ein bisschen getrunken, wie sie aussagte, und schlief tief und fest, bis etwa gegen vier Uhr morgens ein Kätzchen unruhig auf ihr herumlief und sie weckte. Zu diesem Zeitpunkt sei das Zimmer unter ihr dunkel gewesen, sagte Elizabeth aus. »Plötzlich hörte ich einen Schrei: ›Hilfe! Mord!‹, und ich schubste die Katze runter, die auf mir rumspazierte.« Sie sagte, die Stimme sei leise und nah gewesen, aber sie habe sie kein zweites Mal gehört. Elizabeth ging wieder schlafen und wachte um fünf Uhr wieder auf. In der Dorset Street wurden Pferde angeschirrt, als sie auf dem Weg zu einem Muntermacher-Rum im Ten Bells Pub war.

John McCarthy arbeitete am Morgen fleißig in seinem Kerzengeschäft. Nebenher versuchte er sich darüber klar zu werden, was mit Zimmer dreizehn geschehen sollte, das er in der Pension Dorset Street 26 vermietete. Während er an diesem nebligen, kalten Freitagmorgen in seiner Werkstatt arbeitete, musste er das Unvermeidliche ins Auge fassen. Joseph Barnett war vor mehr als zwei Wochen ausgezogen und Mary Kelly ein Pfund sechs Shilling mit der Miete im Rückstand. McCarthy hatte große Geduld mit Mary Kelly bewiesen, aber so konnte es einfach nicht weitergehen.

»Geh zu Nummer dreizehn und versuch ein bisschen Miete zu bekommen«, sagte er seinem Gehilfen Thomas Bowyer. Es war fast elf Uhr, als Bowyer Mary Kellys Zimmer aufsuchte und an die Tür klopfte. Er bekam keine Antwort. Er versuchte den Türknopf, aber die Tür war verschlossen. Da griff er durch das offene Fenster, schob den Vorhang beiseite und sah Mary Kelly nackt auf dem Bett, mit Blut bedeckt. Hastig lief er zu seinem Chef zurück, der sofort mitkam und zusammen mit seinem Gehilfen in das Zimmer blickte. Bowyer rannte davon, um einen Polizisten zu suchen.

Eilig erschien ein Inspektor der H Division am Tatort und schickte unverzüglich nach dem Polizeiarzt Dr. Phillips. Anschließend telegrafierte er Scotland Yard den neuesten Ripper-Mord. Binnen einer halben Stunde wimmelte es am Tatort von Inspektoren. Auch Frederick Abberline war erschienen und ordnete an, dass ohne polizeiliche Erlaubnis niemand den Hof verlassen oder betreten dürfe.

Charles Warren erhielt ebenfalls ein Telegramm. Abberline fragte darin, ob der Polizeichef die Bluthunde zum Einsatz bringen wolle. Der erfahrene Ermittler wusste wahrscheinlich, dass es reine Zeitverschwendung gewesen wäre. Doch Befehle musste er natürlich befolgen. Allerdings wurde der Befehl widerrufen, und die Hunde trafen nicht ein. Am Abend erfuhr die Presse, dass Warren von seinem Amt zurückgetreten war.

Man hatte keine Eile, in Mary Kellys Zimmer zu gelangen: Bei der Coroner-Untersuchung sagte Dr. Phillips aus, er habe durch die »untere zerbrochene Fensterscheibe geblickt und mich davon überzeugt, dass ich mich nicht unbedingt sogleich mit der verstümmelten Leiche befassen musste, die auf dem Bett lag«. Die Polizei nahm eines der Fenster des Zimmers heraus, woraufhin Dr. Phillips durch das offene

Fenster fotografierte. Um 13 Uhr 30 brachen Polizeibeamte die Tür mit einer Axt auf. Die Ermittler und Dr. Phillips betraten das Zimmer, und was sie sahen, war schrecklicher als alles, was sie jemals zu Gesicht bekommen hatten.

»Es sah mehr nach dem Werk eines Teufels als eines Menschen aus«, erklärte McCarthy später bei der Coroner-Untersuchung. »Ich hatte von den Whitechapel-Morden gehört, schwöre aber bei Gott, dass ich nicht im Entferntesten auf einen derartigen Anblick gefasst war.«

Mary Kellys Leiche lag nur auf zwei Dritteln des Bettes, fast an der Tür. Die Tatortfotos zeigen so verstümmelte Überreste, dass man den Eindruck hat, die Frau wäre von einem Zug überfahren worden. Der Ripper hatte Ohren und Nase abgehackt und ihr Gesicht bis auf die Schädelknochen abgeschält. Sie hatte keine Gesichtszüge mehr, lediglich ihr dunkles Haar, noch immer sauber frisiert, wahrscheinlich weil sie nicht mit dem Ripper gekämpft hatte. Hinter dem Bett war nicht genügend Platz, um sie von dort aus anzugreifen, daher fiel der Mörder sie von vorne an. Im Gegensatz zum Opfer des Camden-Town-Mordes hatte Mary das Gesicht nach oben gewandt, als eine starke, scharfe Klinge ihr die rechte Halsschlagader durchtrennte. Das Blut sickerte durch das Bett und sammelte sich in einer Lache auf dem Fußboden.

Abberline, dem der Fall übertragen worden war, durchsuchte das Zimmer. Im Kamin fand er verbrannte Kleidungsstücke und vermutete, der Mörder habe während seines blutigen Werks immer wieder das Feuer geschürt, damit er genug Licht hatte, denn, so sagte Abberline aus, »es gab nur einen Kerzenstummel im Zimmer«. Die Hitze war so stark, dass die Tülle des Kessels schmolz. Man fragt sich, wie es möglich war, dass das Feuer so intensiv brannte, ohne dass man es, selbst bei geschlossenen Vorhängen, im Hof bemerkte. Jemand hätte doch annehmen können, das Zimmer stehe in Flammen, wenn das Feuer nicht niedrig und gleichmäßig brannte. Doch wie üblich kümmerten sich die Leute um ihre eigenen Angelegenheiten. Vielleicht arbeitete der Ripper auch beim schwachen Licht der einzigen Kerze. Sickert hatte nichts gegen die Dunkelheit. Die »pechschwarze Finsternis«, schrieb er in einem Brief, »ist herrlich«.

Von einer Jacke abgesehen, hatte der Täter Marias schmutzige Wäsche vollständig verbrannt. Mary Kellys Kleidung wurde, ordentlich zusammengelegt, neben dem Bett gefunden, als hätte sie sich bereitwillig bis aufs Hemd entkleidet. Ihr Mörder hatte ihren Leib zerfetzt, zerschnitten, zerhackt, ihn weit geöffnet und die Genitalien in einen unkenntlichen Brei verwandelt. Die amputierten Brüste legte er zusammen mit der Leber an die Seite des Bettes. Die Eingeweide häufte er auf dem Nachttisch auf. Von dem Gehirn abgesehen, war jedes Organ entfernt worden, und ihr rechtes Bein war bis zum Knie abgeschält worden, sodass jetzt der vollkommen nackte, glänzend weiße Oberschenkelknochen offen lag.

Auf dem linken Arm waren deutlich gekrümmte, heftige Einstichwunden zu erkennen, und ein dunkler, kreisförmiger Einschnitt direkt unterhalb des rechten Knies ließ darauf schließen, dass der Ripper im Begriff war, die Leiche zu zerstückeln, als er aus irgendeinem Grund innehielt. Vielleicht war das Feuer heruntergebrannt oder die Kerze ausgegangen. Vielleicht wurde es spät und Zeit, das Weite zu suchen. Um 14 Uhr erschien Dr. Thomas Bond am Tatort, und aus seinem Bericht geht hervor, dass die Totenstarre eingesetzt und im Laufe der Untersuchung zugenommen hatte. Zwar räumte er ein, dass er keinen genauen Todeszeitpunkt angeben könne, doch um 14 Uhr sei die Leiche kalt gewesen. Aufgrund der Totenstarre und der teilweise verdauten Nahrung, die sich in ihrem aufgeschnittenen Magen befand und über die Eingeweide verstreut war, schätzte er, sie sei zu dem Zeitpunkt, da er am Tatort erschien, seit zwölf Stunden tot gewesen.

Wenn Dr. Bond Recht hat mit seiner Aussage, die Totenstarre sei noch nicht vollständig ausgebildet gewesen, als er um 14 Uhr mit der Untersuchung am Tatort begonnen habe, dann war Marys Tod möglicherweise noch keine zwölf Stunden zuvor eingetreten. Ihr Leichnam wäre schon lange zuvor erkaltet. Sie war ausgeblutet, sie war schlank, ihre Körperhöhlen waren offen, und sie lag mit nichts als einem Hemd bedeckt in einem Zimmer, in dem der Kamin ausgegangen war. Außerdem war Mary Kelly, wenn die Zeugen Recht hatten, um 1 Uhr 30 noch am Leben. Bei den Zeiten, die die Zeugen der Polizei und dem Coroner nannten, orientierten sie sich an den Kirchenglocken in der Gegend, die alle halbe Stunde läuteten, an vagen Einschätzungen der Lichtverhältnisse und an dem Betrieb, der auf den Straßen des East End herrschte.

Vermutlich ist der zuverlässigste Zeuge für den Zeitpunkt des Mordes an Mary Kelly das Kätzchen, das gegen vier Uhr morgens auf Elizabeth Prater herumzuspazieren begann. Katzen haben ein außerordentlich gutes Gehör, daher fühlte sich das Tier möglicherweise durch Geräusche aus dem Zimmer direkt darunter gestört. Vielleicht hatte es auch die Pheromone wahrgenommen, die von Menschen in Panik und Schrecken ausgedünstet werden. Elizabeth sagte aus, als das Kätzchen sie geweckt habe, habe sie jemanden ganz in der Nähe »Hilfe! Mord!« rufen hören.

Mary Kelly dürfte gesehen haben, was sie erwartete. Sie lag entkleidet auf dem Bett, mit dem Gesicht nach oben. Vielleicht hat sie beobachtet, wie er das Messer herauszog. Selbst wenn der Ripper ihr ein Betttuch übers Gesicht geworfen hatte, bevor er ihr die Kehle durchschnitt, wusste sie, dass sie sterben musste. Verblutend hätte sie noch minutenlang gelebt, während er ihr den Leib aufschlitzte. Wir können nicht davon ausgehen, dass die Opfer des Rippers keinen Schmerz empfanden und bereits bewusstlos waren, als er begann, sie zu verstümmeln. In Mary Kellys Fall lässt sich nicht entscheiden, ob der Ripper mit ihrem Leib oder ihrem Gesicht begann.

Wenn der Ripper Mary Kellys sexuell aufreizendes, hübsches Gesicht hasste, wird er dort begonnen haben. Vielleicht war es aber auch ihr Leib. Unter Umständen hat sie noch die Einschnitte gespürt, während sie unter dem Einfluss des Blutverlusts zu zittern begann. Eine Weile mag sie noch mit den Zähnen geklappert haben, doch das ließ rasch nach, als sie ohnmächtig wurde, in Schock fiel und starb. Möglicherweise ist sie auch an dem Blut ertrunken, das aus der Schlagader sprudelte und über die durchtrennte Luftröhre in die Lunge drang.

»Der Luftweg wurde im unteren Bereich des Kehlkopfs samt dem Ringknorpel durchtrennt«, heißt es auf Seite sechzehn des offiziellen Obduktionsberichts.

Sie kann keinen Laut mehr von sich gegeben haben.

»Beide Brüste wurden mittels mehr oder weniger kreisförmiger Schnitte entfernt, die Muskeln bis hin zu den Rippen hingen noch an den Brüsten.«

Das erforderte ein scharfes, starkes Messer mit einer Klinge, die nicht zu lang sein durfte, um nicht unhandlich zu sein. Ein Seziermesser besitzt eine Klinge, die zwischen zehn bis fünfzehn Zentimeter lang ist, und einen gut in der Hand liegenden Griff. Sehr geeignet und leicht zu beschaffen wäre auch der Kukri gewesen, ein Dolch, dessen Klinge sich nach vorne krümmt. Die Klingen sind von unterschiedlicher Länge, und die Messer sind robust genug, um mit ihnen Weinranken, Äste und sogar kleine Bäume zu kappen. Als Queen Victoria Kaiserin von Indien war, trugen viele britische Soldaten Kukris, von denen etliche in England verkauft wurden.

In einem Brief vom 19. Oktober schrieb Jack the Ripper, er sei »ziemlich niedergeschlagen wegen meines Messers das ich beim Herkommen [*comming* statt *coming*] verloren habe muss mir heute Abend ein neues besorgen«. Zwei Tage später, am Sonntag, dem 21. Oktober, entdeckte ein Polizeibeamter am Abend ein blutiges Messer in einem Gebüsch unweit des Hauses, in dem Sickerts Mutter wohnte. Das Messer war ein *Kukri*. Ein solches Messer hätte beim Mord an Mary Kelly benutzt worden sein können. Im Kampf wurde der *Kukri* verwendet, um Kehlen durchzuschneiden oder Gliedmaßen abzutrennen, ließ sich aber wegen seiner gekrümmten Klinge nicht als Stichwaffe verwenden.

»Haut & Gewebe des Unterleibs … wurden an drei großflächigen Stellen entfernt … Der rechte Oberschenkel wurde stellenweise bis auf den Knochen abgeschält … Der untere Teil des [rechten] Lungenflügels war zerstört und herausgerissen … Der Herzbeutel war unten geöffnet, und das Herz fehlte …«

Diese Einzelheiten stammen von den Seiten 16 und 18 des offiziellen Obduktionsberichts, den einzigen Seiten, die anscheinend erhalten geblieben sind. Der Verlust dieser Berichte ist wirklich ein Unglück. Die medizinischen Details dessen, was der Mörder seinem Opfer angetan hat, kommen in den Coroner-Untersuchungen nicht so genau zur Sprache, wie das in den Obduktionsberichten sicherlich der Fall war. So wurde in Mary Kellys Coroner-Untersuchung beispielsweise nicht erwähnt, dass ihr Herz herausgenommen worden war. Das war eine Einzelheit, von der die Polizisten, die Ärzte und der Coroner offenbar meinten, sie ginge die Öffentlichkeit nichts an.

Die Obduktion an Mary Kelly wurde in der Leichenhalle in Shoreditch vorgenommen und dauerte sechseinhalb Stunden. Beteiligt waren sehr erfahrene Gerichtsmediziner: Dr. Thomas Bond aus Westminster, Dr. Gordon Brown aus der City of London, ein Dr. Duke aus Spitalfields, Dr. Phillips und ein Assistent. Es heißt, die Männer hätten ihre Untersuchung erst abgeschlossen, nachdem sie den Verbleib jedes Organs geklärt hatten. In einigen Zeitungsberichten heißt es, kein Organ habe gefehlt, doch das stimmt nicht. Der Ripper nahm Mary Kellys Herz und möglicherweise auch Teile ihrer Genitalien und der Gebärmutter mit.

Die Coroner-Untersuchung begann und endete am 11. November. Dr. Phillips hatte kaum mit seiner Beschreibung des

Tatorts begonnen, als Dr. Roderick McDonald, der Coroner von Northeast Middlesex, ihn unterbrach und erklärte, es sei nicht nötig, dass der Arzt zu diesem Zeitpunkt auf weitere Einzelheiten eingehe. Die Geschworenen – die alle Mary Kellys sterbliche Überreste in der Leichenhalle gesehen hatten – könnten später noch einmal zusammenkommen und Genaueres hören, wenn sie jetzt noch keinen Spruch fällen könnten. Sie konnten. Sie hatten genug gehört. »Vorsätzlicher Mord von unbekannt.«

Fast augenblicklich verstummte die Presse. Als wäre der Ripper-Fall abgeschlossen. Wenn man die Zeitungen Tage, Wochen und Monate nach Mary Kellys Coroner-Untersuchung und Beerdigung durchsieht, findet man nur noch wenige Erwähnungen des Rippers. Seine Briefe gingen weiter ein und wurden »zu den Akten gelegt«. Keine angesehene Zeitung druckte sie mehr ab. Keines der nachfolgenden Verbrechen, bei denen man sich eigentlich hätte fragen müssen, ob nicht der Ripper der Täter sei, wurde der Whitechapel-Bestie zugeschrieben.

Im Juni 1889 wurden die zerstückelten Überreste einer Frau in London gefunden. Sie wurden nie identifiziert.

Am 6. Juli 1889 ging eine Unglückliche namens Alice McKenzie, von der es hieß, sie sei hin und wieder »ein bisschen beschwipst« gewesen, in die Cambridge Music Hall im East End und bat einen Mann – wie ein blinder Junge mithörte –, ihr einen Drink zu spendieren. Gegen ein Uhr wurde ihr Leichnam in der Castle Alley, Whitechapel, gefunden – die Kehle durchschnitten, die Kleidung hochgeschoben und der Unterleib von zahlreichen Wunden verstümmelt. Dr. Thomas Bond nahm die Obduktion vor und schrieb: »Ich bin der Auffassung, dass der Mord von demselben Täter verübt wurde, der die Serie der bisherigen Whitechapel-Morde begangen hat.« Der Fall wurde nie aufgeklärt. Der Ripper wurde in der Öffentlichkeit kaum erwähnt.

Am 6. August 1889 wurde ein achtjähriges Mädchen namens Caroline Winter in Seaham Harbor, südlich von New-castle-upon-Tyne, gefunden. Der Schädel war eingeschlagen und der Körper bedeckt mit »anderen schrecklichen Verlet-zungen«. Die Leiche hatte der Täter in einen Wasserpfuhl in der Nähe eines Abwasserkanals geworfen. Zuletzt hatte sie mit einer Freundin gespielt, die der Polizei berichtete, Caro-line habe mit einem Mann gesprochen: schwarzes Haar, schwarzer Schnurrbart, grauer Anzug. Er habe Caroline einen Shilling versprochen, wenn sie mitkäme, und sie habe eingewilligt.

Der weibliche Torso, der am 10. September in einem Durch-gang unter der Eisenbahn neben der Pinchin Street gefunden wurde, ließ, von der Zerstückelung abgesehen, keine Anzei-chen einer Verstümmelung erkennen. Obwohl der Torso ent-hauptet war, gab es keine Hinweise darauf, dass der Tod durch einen Schnitt in die Kehle verursacht worden war. In dem offiziellen Bericht hieß es, ein Einschnitt über die ganze Vorderseite des Torsos könne nicht das Werk des Rippers sein. »Die innere Schleimhaut des Darms ist kaum betroffen, und das Ende des Schnitts an der Vagina sieht eher so aus, als wäre das Messer ausgerutscht und dieser Teil der Wunde zufällig entstanden. Wäre dafür der bisher so enthemmt zu Werke gehende Mörder verantwortlich gewesen, könnten wir wohl mit Sicherheit davon ausgehen, dass er seine gräss-liche Tat auf die bisher bevorzugte Weise verübt hätte.« Der Fall wurde nie aufgeklärt.

Am 13. Dezember 1889 wurden in den Middlesbrough Docks, unmittelbar im Süden des Seaham Harbour, die ver-wesenden Überreste eines Menschen gefunden, unter ande-rem eine rechte Frauenhand, der zwei Glieder am kleinen Finger fehlten.

»Ich habe mich im Abtrennen von Gliedmaßen geübt«, schrieb der Ripper am 4. Dezember 1888, »und wenn ich es einrichten kann, schicke ich Euch einen Finger.«

Am 13. Februar 1891 wurde die Prostituierte Francis Coles

mit durchschnittener Kehle in Swallow Gardens, Whitechapel, aufgefunden. »Sie war ungefähr sechsundzwanzig Jahre alt und neigte zur Trunksucht«, stand im Polizeibericht. Dr. Phillips nahm die postmortale Untersuchung vor und vertrat die Ansicht, die Leiche sei nicht verstümmelt worden, daher sah er »keinen Zusammenhang mit der früheren Mordserie«. Der Fall wurde nie aufgeklärt.

Im Juni 1902 fand man in London abgetrennte weibliche Leichenteile. Der Fall wurde nie aufgeklärt.

Serienmörder hören mit dem Morden nicht auf. Sickert hörte mit dem Morden nicht auf. Auf sein Konto könnten fünfzehn, zwanzig, vierzig Morde gehen, bevor er am 22. Januar 1942 friedlich in seinem Bett in Bathampton, Somerset, im Alter von 81 Jahren starb. Nach dem viehischen Mord an Mary Kelly verblasste Jack the Ripper zu einem Albtraum der Vergangenheit. Vermutlich war er der geistesgestörte Arzt, der in Wirklichkeit ein Rechtsanwalt war und sich in der Themse ertränkt hatte. Er mochte auch ein irrer Frisör oder ein verrückter Jude sein, der jetzt sicher verwahrt in einer Heilanstalt saß. Höchstwahrscheinlich war er tot. Was für eine Erleichterung solche Vermutungen waren.

Nach 1896 hat der Ripper offenbar keine Briefe mehr geschrieben. Sein Name wurde nicht mehr mit aktuellen Verbrechen in Verbindung gebracht, und die Akten über seine Fälle blieben hundert Jahre lang unter Verschluss. 1904 starb James McNeill Whistler, woraufhin Sickert würdevoll des Meisters Nachfolge im Rampenlicht des britischen Kunstbetriebs antrat. Ihre Stile und Themen waren sehr verschieden – Whistler malte keine ermordeten Prostituierten, und für seine Werke wurde allmählich ein Vermögen bezahlt –, aber auch Sickert fand jetzt immer mehr Anerkennung. Er wurde als Künstler und »Typ« zu einer Kultfigur. Als alter Mann war er der größte lebende Maler Englands. Hätte er jemals gestanden, dass er Jack the Ripper war, hätte ihm das, glaube ich, niemand abgenommen.

Sickerts viele Masken und Facetten schienen sich 1899 zu verflüchtigen. Er überquerte den Ärmelkanal, um ganz ähnlich zu leben, wie die Ärmsten der Armen, die er einst heimgesucht hatte.

»Ich stehe aus meinen Träumen auf & gehe in meinem Nachthemd & wische den Fußboden auf, weil ich den Zimmerdecken nicht trauen kann, & verschiebe eine Matratze, die ich dahin gelegt habe, ›um die Tropfen aufzufangen‹«, schrieb er an Blanche.

Zwischen seinen Mord- und Arbeitsanfällen reiste er umher, vor allem nach Dieppe und Venedig, wo er unter Bedingungen lebte, die Freunde als entsetzlich bezeichneten. Wie ein Penner vegetierte er in Schmutz und Chaos und stank erbärmlich. Er litt unter Verfolgungswahn und erklärte Blanche, er glaube, Ellen und Whistler hätten sich verschworen, sein Leben zu zerstören. Oder er behauptete, jemand wolle ihn vergiften. In der Folge zog er sich immer mehr zurück und versank in Depressionen und krankhaften Einbildungen.

»Glaubst Du, wir finden alles, was der Vergangenheit angehört, nur deshalb so anrührend und interessant, weil es dem Grab ferner liegt?«, überlegt er in einem Brief.

Psychopathische Mörder können nach ihren Mordanfällen in krankhafte Depression verfallen. Für jemanden, der eine scheinbar so vollkommene Kontrolle ausgeübt hatte wie Sickert, mochte jetzt der Eindruck entstehen, er habe alle Kontrolle verloren und ihm sei in seinem Leben nichts mehr geblieben. Auf der Höhe seiner Vitalität, in seinen produktivsten Jahren wurde er von seinen blutrünstigen Mordräuschen heimgesucht. Dann vernachlässigte er seine Freunde, verschwand ohne Ankündigung und Begründung aus der Gesellschaft. Er hatte niemanden, der sich um ihn kümmerte, kein Heim und war mittellos. Seine psychopathische Obsession hatte ihn vollkommen im Griff. »Ich fühle mich nicht wohl – weiß nicht, was mit mir los ist«, schrieb er 1910 an Nan Hudson. »Meine Nerven sind zerrüttet.« Als Sickert fünfzig Jahre alt war, begann er sich wie ein überlasteter Stromkreis ohne Sicherheitsschalter selbst zu zerstören.

Als Ted Bundy dekompensierte, kulminierten seine gelegentlichen Morde in dem wahnwitzigen Gemetzel, das er in einem Verbindungsheim für Studentinnen in Florida anrichtete. All seine Sicherungen waren durchgebrannt, aber er lebte nicht in einer Welt, die ihn damit davonkommen ließ. Sickert dagegen schon. Er hatte es nicht mit Ermittlern und Gerichtsmedizinern zu tun, die über modernste und raffinierteste Methoden verfügten. An der Oberfläche war er ein angesehener, kultivierter Gentleman. Als Künstler war er auf dem besten Weg, ein Meister zu werden, und Künstlern sah man nach, wenn sie sich ein bisschen »unkonventionell« aufführten. Niemand nahm daran Anstoß, wenn sie etwas merkwürdig, exzentrisch oder verrückt waren.

Sickerts zersplitterte Psyche führte zu ständigen Konflikten zwischen seinen vielen Persönlichkeiten. Er litt. Wenn es um seinen eigenen Schmerz ging, verstand er ihn. Der Schmerz und das Leid von anderen, auch Ellen, bedeuteten ihm nichts, und ihr Schmerz war weit größer, denn sie liebte ihn ihr Leben lang. Auch das Stigma der Scheidung war für sie schlimmer als für ihn, die Scham und das Gefühl, versagt zu haben, größer. Fortan bestrafte sie sich dafür, dass sie den Namen Cobden befleckt, ihren verstorbenen Vater verraten und geliebten Menschen zur Last gefallen war. Sie fand keinen Frieden mehr, ganz im Gegensatz zu Sickert, der sich keiner Schuld bewusst war. Psychopathen erkennen keine Konsequenzen an. Ihnen tut nichts Leid – ausgenommen das

Unglück, das sie sich selbst zufügen und anderen zum Vorwurf machen.

Sickerts Briefe an Blanche sind Meisterwerke der Verstellung und Berechnung und erlauben uns einen Blick in die finsteren Abgründe einer psychopathischen Seele. Zunächst schrieb Sickert: »Scheidung gestern ausgesprochen, Gott sei Dank!« Dann fügte er hinzu: »Denke nicht, dass die Leichtigkeit, in der ich Dir die Kunde mitteile, ein Spiegelbild meiner Gefühle ist.« Und fuhr fort: »Doch die erste Empfindung, wenn eine Daumenschraube entfernt wird, ist ein Gefühl der Erleichterung, das Dir das Herz leicht macht.« Er empfand keinen Kummer darüber, dass er Ellen verloren hatte, sondern war erleichtert, dass mit ihr ein Grund für viele Komplikationen aus seinem Leben verschwand. Doch er fühlte sich zerrissener als vorher.

Ellen hatte ihm ein Gefühl der Identität gegeben. Die Ehe war für ihn in dem endlosen Versteckspiel, das er betrieb, eine sichere Basis gewesen. Immer konnte er zu Ellen zurückkehren, und sie gab ihm stets, was sie konnte – und fuhr auch später damit fort, und wenn sie seine Bilder heimlich durch Blanche kaufen lassen musste. Sickert, der Schauspieler, tat sich schwer ohne Publikum oder ohne ein Ensemble, das ihn unterstützte. Er stand allein hinter den Kulissen, wo es dunkel und kalt war, und das gefiel ihm nicht. Ellen fehlte ihm gewiss nicht so, wie er ihr fehlte. Seine Tragödie war letztlich, dass er zu einem Leben verdammt war, in dem ihm keine körperliche und emotionale Intimität möglich war. »Du *fühlst* wenigstens!«, schrieb er einmal an Blanche.

Sickerts Missbildung und Kindheitstraumen hatten Risse in seiner Persönlichkeit angelegt, die letztlich zu einer Spaltung führten. Ein Teil von ihm gab Winston Churchill Malunterricht, während ein anderer Teil 1937 einen Brief an die Presse schrieb und Adolf Hitlers Gemälde pries. Ein Stück von Sickert kümmerte sich fürsorglich um seinen drogensüchtigen, schwachen Bruder Bernhard, während ein anderes

Stück sich gar nichts dabei dachte, im Roten-Kreuz-Lazarett aufzutauchen, Soldaten zu skizzieren, die Schmerzen hatten und starben, und dann um ihre Uniformen zu bitten, da sie sie nicht mehr brauchten.

Ein Teil von Sickert konnte einen jungen Maler preisen und ihm in großzügigster Weise Zeit und Mühe opfern, während ein anderer Teil von ihm Meister wie Cézanne und van Gogh in den Schmutz zog und eine Lüge in der *Saturday Review* veröffentlichte, die den Zweck hatte, die Arbeit von Joseph Pennell und Whistler zu diffamieren. Ein Teil von Sickert machte Freunden vor, er sei ein Frauenheld, während ein anderer Teil von ihm Frauen als »Schlampen« – oder, in den Ripper-Briefen, als »Fotzen« – beschimpfte. Sie gehörten für ihn einer niederen Ordnung des Lebens an, er ermordete und verstümmelte sie und zeigte sie in seiner Malerei von ihrer hässlichsten Seite. Sickert mag von unendlicher Widersprüchlichkeit und Kompliziertheit gewesen sein, eines an ihm ist einfach und klar: Er hat nie aus Liebe geheiratet.

Trotzdem beschloss er 1911, es sei an der Zeit, wieder zu heiraten. Das war eine Entscheidung, die möglicherweise weniger gründlich überlegt war als seine Verbrechen. Seine Werbung war wie ein Blitzkrieg und das Ziel eine junge Kunststudentin, die Robert Emmons als entzückende Person mit einem »Schwanenhals« beschrieb. Doch offenbar hatte sie große Bedenken und versetzte Sickert vor dem Altar, weil sie beschlossen hatte, jemanden zu heiraten, der besser zu ihr passte.

»Hochzeit abgesagt. Zu betroffen, um zu kommen«, telegrafierte Sickert am 3. Juli 1911 an Ethel Sands und Nan Hudson. Augenblicklich wandte er seine Aufmerksamkeit einer anderen Kunststudentin zu, Christine Drummonds Angus, der Tochter von John Angus, einem schottischen Lederhändler, der keinen Zweifel daran hatte, dass Sickert es auf sein Geld abgesehen hatte. Geld war wichtig, aber nicht das Einzige, was Sickert im Leben brauchte. Er hatte niemanden, der sich um ihn kümmerte. Christine war achtzehn Jahre jünger als Sickert und eine sehr hübsche Frau mit kindlicher Figur. Sie war krank und etwas lahm, da sie ihr Leben lang an Nervenentzündungen und Frostbeulen gelitten hatte. Die junge Frau, die intelligent war und höchst kunstvolle, museumsreife Stickereien anfertigte, kannte Sickert noch nicht einmal auf einer persönlichen Ebene.

Als er beschloss, sie zu heiraten, waren sie noch nie außerhalb des Zeichensaals zusammengekommen. Aus heiterem Himmel überschüttete er sie mehrmals täglich mit Telegrammen und Briefen, bis die unerwartete und unverhältnismäßige Aufmerksamkeit ihres Kunstlehrers sie aufs Krankenlager warf und die Familie sie zur Erholung nach Chagford, Devon, schickte. Sickert wurde nicht aufgefordert, Christine zu folgen, doch er stieg in den Zug und tat genau das. Wenige Tage später waren sie verlobt, sehr zum Unwillen des Vaters.

Schließlich erklärte sich Mr. Angus doch mit der Verlobung einverstanden, als er erfuhr, dass der mittellose Maler plötzlich ein riesiges Porträt an einen anonymen Käufer veräußert hatte. Vielleicht hatte seine Christine ja doch keine so schlechte Wahl getroffen. Sickerts anonymer Käufer war Florence Pash, eine Gönnerin und Freundin des Malers, die ihm helfen wollte. »Heirate Samstag eine gewisse Christine Angus«, teilte Sickert Nan Hudson und Ethel Sands am 26. Juli 1911 in einem Telegramm mit. Doch die schlechte Nachricht folgte nach, der Juwelier »wollte den Ehering nicht zurücknehmen«, den er für die zunächst ins Auge gefasste Kunststudentin gekauft hatte.

Christine und Sickert heirateten auf dem Standesamt Paddington und verbrachten einen Großteil ihrer Zeit in Dieppe und in dem 15 Kilometer entfernten Envermeu, wo sie ein Haus mieteten. Als 1914 der Erste Weltkrieg ausbrach, kehrten sie nach London zurück. Künstlerisch waren das produktive Jahre für Sickert. Er schrieb zahlreiche Artikel. Seine

Bilder zeigen Paare, zwischen denen eine rätselhafte und intensive Spannung herrscht, für die er berühmt wurde.

In den ersten Jahren seiner Ehe mit Christine entstand sein Meisterwerk *Ennui*, er malte Schlachtenszenen und kehrte schließlich in die Varietétheater zurück. »Jede verdammte Nacht« ging er ins New Bedford. Außerdem entstanden Arbeiten, in denen seine sexuell gewalttätige Seite zum Ausdruck kam. In *Jack Ashore* (»Jack an Land«) nähert sich ein bekleideter Mann einer nackten Frau, die auf einem Bett liegt. Auf dem Bild *The Prevaricator* (»Der Ausflüchtemacher«) lehnt sich ein bekleideter Mann über das Fußende eines Holzbettes, das Mary Kellys Bett ähnelt und eine seltene Abkehr von Sickerts typischen Eisenbetten darstellt. Eine unbestimmte Form liegt in dem Bett, die nicht genau zu erkennen ist.

Christines Gesundheitszustand bedeutete eine ständige Unbequemlichkeit für Sickert, und er schrieb manipulative Briefe an seine großzügigen und hilfsbereiten Freundinnen. »Ich bin so glücklich, dass der Frieden & das Leben Christine gut bekommen & dass ich dazu beitragen kann, ein Wesen glücklicher zu machen, als es sonst wäre.« Wenn er nur mehr Geld verdienen könnte, fügte er hinzu, denn er brauche zwei Bedienstete für die Pflege seiner kranken Frau. »Ich kann meine Arbeit nicht im Stich lassen & ich kann es mir nicht leisten, sie aufs Land zu bringen.« Wie schön wäre es, wenn Nan Hudson Christine eine Zeit lang bei sich aufnehmen könnte.

Nach dem Krieg zogen die Sickerts nach Frankreich. 1919 begeisterte sich Sickert für eine ehemalige Gendarmeriewache in der Rue de Douvrend in Envermeu. Christine zahlte 31 000 Franc für die heruntergekommene Wache mit ihren Schlafzimmern, die im ersten Stockwerk lagen und früher Zellen gewesen waren. Christines Ehemann hatte nun die Aufgabe, Maison Mouton, wie es heute noch heißt, zu restaurieren und für sie herzurichten, während sie in London blieb, um noch einige Angelegenheiten zu regeln und die Möbel über den Ärmelkanal zu schicken. Zwischendurch musste sie immer wieder das Bett hüten, weil ihre Nervenentzündung erneut aufflammte. Einmal war die Krankheit so hartnäckig, dass sie sie »durch Medikamente und Entzündungen … 45 Nächte lang wach hielt, und selbst wenn die akuten Schmerzen vorbei sind, kann man sich kaum bewegen«.

Offenbar konnte sich auch Sickert kaum bewegen, zumindest nicht in einer Weise, die für seine kränkliche Frau irgendeine Hilfe bedeutete. Im Sommer 1920 schrieb Christine an ihre Familie, das Maison Mouton sei »unbewohnbar«. Auf einer Fotografie von sich, die Sickert Christine geschickt hatte, war zu erkennen, dass er sich seit ihrem letzten Treffen, das fast vier Monate her war, die Schuhe nicht mehr geputzt hatte. »Ich fürchte, er hat alles Geld ausgegeben, das ich für den Küchenfußboden und die Spüle vorgesehen hatte.« Er berichtete ihr, er habe eine Loggia gekauft, »von der man auf den Fluss schaut, und eine lebensgroße, geschnitzte Christusfigur aus dem 15. Jahrhundert«, die »über unsere Geschicke wachen soll«.

Ende des Sommers 1920 hatte Christine Sickert so lange nicht mehr gesehen, dass sie in ihrem möglicherweise letzten Brief an ihn schrieb: »Mon Petit – ich nehme an, dies ist das letzte Mal, dass ich Briefe an dem Fenster zur Camden Road schreibe. Es wird wundervoll sein, Dich wiederzusehen, aber sehr eigenartig.« Bald darauf traf Christine mit den Möbeln ein, um das neue Heim in Envermeu zu beziehen, und musste feststellen, dass es dort keine Beleuchtung und kein fließendes Wasser gab – nur Kübel zum Auffangen des Regenwassers. Im Brunnen lag eine tote Katze, die, wie eine ihrer Schwestern sagte, »ertränkt worden war«. Lahm und schwach, wie sie war, musste Christine auf einem steinigen Pfad in den hinteren Teil des Gartens gehen und eine steile Treppe hinabsteigen, um das »Plumpsklo« zu erreichen.

Nach ihrem Tod sagten ihre Angehörigen empört, es sei »kein Wunder, dass die arme Christine den Geist aufgegeben hat«.

Den Sommer über ging es Christine nicht gut, dann erholte sie sich etwas, doch im Herbst verschlechterte sich ihr Gesundheitszustand in Envermeu rapide. Am 12. Oktober telegrafierte Sickert der Schwester Andrina Shweder, Christina sterbe ohne Schmerzen und schlafe viel. Bei einer Untersuchung habe man »Kochs Tuberkelbakterium« in ihrer Rückenmarksflüssigkeit gefunden. Sickert versprach, erneut zu telegrafieren, »wenn der Tod eingetreten ist«. Christine werde in Rouen eingeäschert und auf dem kleinen Kirchhof in Envermeu bestattet werden.

Schwester und Vater brachen augenblicklich auf und trafen am folgenden Tag im Maison Mouton ein, wo Sickert ihnen zur Begrüßung fröhlich mit einem Taschentuch aus einem Fenster zuwinkte. Entsetzt wichen sie zurück, als er sie an der Tür in einer schwarzen Samtjacke begrüßte, den Kopf rasiert und das Gesicht sehr weiß, als schminke er sich gerade ab. Erfreut teilte er ihnen mit, Christine sei noch am Leben, wenn auch nur noch schwach. Er führte sie in ihr Zimmer, wo sie ohne Bewusstsein lag. Sie befand sich allerdings nicht im Hauptschlafzimmer. Das lag im Erdgeschoss hinter der Küche und besaß den einzigen großen Kamin im Haus.

Andrina setzte sich zu Christine, während der Vater nach unten ging und so viel Gefallen an Sickerts Geschichten und Gesängen fand, dass er sich später Vorwürfe machte, weil er sich so amüsiert hatte. Der Arzt kam und gab Christine eine Spritze. Die Verwandten fuhren wieder ab, und bald darauf starb sie. Das erfuhren sie erst einen Tag später, am 14. Sickert skizzierte den toten Leib seiner Frau, während sie noch oben im Bett lag. Er ließ einen Gipsabdruck von ihrem Kopf machen, dann traf er sich mit einem Agenten, der Bilder kaufen wollte. Sickert bat Angus, die *Times* durch ein

Telegramm von ihrem Tod zu unterrichten, geriet dann aber in Zorn, weil Angus Christine als »Frau von Walter Sickert« und nicht als »Frau von Walter Richard Sickert« bezeichnet hatte. Sickerts Freunde reisten an. Die Malerin Thérèse Lessore zog bei ihm ein und kümmerte sich um ihn. Seine Trauer war offensichtlich – und offensichtlich genauso falsch wie beinahe alles an ihm. Seine Gefühle für die »liebe Heimgegangene« seien »kompletter Schwindel«, bemerkte D. D. Angus voller Bitterkeit. Sickert, schrieb Angus, »verlor keine Zeit, um seine Thérèse zu bekommen«. 1926 sollten er und Thérèse heiraten.

»Du musst sie schrecklich vermissen«, sagte Marjorie Lilly nicht lange nach Christines Tod tröstend zu Sickert.

»Das ist es nicht«, erwiderte er. »Mein Kummer ist, dass es sie *nicht mehr gibt*.«

In den ersten Monaten des Jahres 1921, als Christines Asche noch kein halbes Jahr im Grab ruhte, schrieb Sickert seinem Schwiegervater einen servilen, morbiden Brief, der ganz offenkundig darauf hinauslief, dass Sickert noch vor der gerichtlichen Bestätigung des Testaments seinen Anteil an Christines Vermögen haben wollte. Es sei sehr »unangenehm«, seine Rechnungen nicht rechtzeitig bezahlen zu können, und da Mr. Angus auf dem Weg nach Südafrika sei, würde er, Sickert, mit einem Vorschuss dafür sorgen können, dass Christines Wünsche im Hinblick auf das Maison respektiert würden. John Angus schickte Sickert einen Vorschuss von 500 Pfund.

60 Pfund gab Sickert, der als einer der ersten Bewohner von Envermeu ein Automobil besaß, für den Bau einer Garage mit einem tiefen, gemauerten Reparaturgraben aus. Das »wird mein Haus zu einem Zentrum für Motorfahrzeuge machen«, schrieb er an Angus. »So etwas hat Christine immer vorgeschwebt.« Die vielen Briefe, die Sickert nach Christines Tod an ihre Familie schrieb, waren so offenkundig von Geldgier und Berechnung bestimmt, dass Christines

Geschwister sie herumreichten und »unterhaltsam« fanden.
Fortwährend machte Sickert sich Sorgen, er könnte ohne
Testament sterben, als wäre das jeden Augenblick zu erwarten. Er brauche die Dienste von Mr. Bonus, dem Anwalt der
Familie Angus, schrieb Sickert, um augenblicklich ein Testament aufzusetzen. Mr. Bonus machte seinem Namen alle
Ehre. Dadurch, dass Sickert auf ihn zurückgriff, ersparte er
sich Honorar und Gebühren. »Mit der Erbschaft hat es keine Eile«, versicherte Sickert seinem Schwiegervater. »Mir
geht es nur darum, nicht ohne Testament zu sterben. Ich
habe Bonus alle nötigen Anweisungen gegeben, was meinen
letzten Willen angeht.«
Schließlich schrieb der siebzigjährige Angus dem sechzigjäh-
rigen Sickert, seine unaufhörliche »Angst, ohne Testament
zu sterben«, sei sicherlich überflüssig, wenn »Bonus nicht
Jahre und Jahre braucht, um Dein Testament aufzusetzen«.
Christines Vermögen wurde auf rund 18 000 Pfund
geschätzt. Sickert wollte sein Geld haben und brachte als
Entschuldigung vor, alle rechtlichen Fragen müssten augenblicklich geklärt werden, für den Fall, dass er plötzlich ums
Leben käme, etwa durch einen Autounfall. Sollte es zum
Schlimmsten kommen, wünschte Sickert sich, eingeäschert
zu werden, »wo immer es sich ergibt, und meine Asche soll
(ohne Gefäß oder Urne) in Christines Grab gestreut werden«. Großzügig fügte er hinzu, alles, was Christine ihm hinterlassen habe, solle »ohne Bedingung« wieder in den Besitz
der Familie Angus übergehen. »Sollte ich noch einige Jahre
leben«, versprach Sickert, wolle er sicherstellen, dass Marie,
seiner Haushälterin, nach seinem Tod eine jährliche Rente
von 1000 Franc ausgesetzt werde.
1990, als Christines Privatpapiere dem Tate-Archiv gestiftet
wurden, schrieb ein Familienmitglied (der Enkel ihres
Vaters, wie es scheint), Sickerts »Absichten«, alles dem
Angus-Trust zu hinterlassen, seien »bloßer Schwindel«
gewesen. »Nicht einen Penny haben wir gesehen.«

In einem Brief an ihre Familie, den er rund zehn Tage nach Christines Begräbnis schrieb, schilderte er die traurige Angelegenheit als großartiges Ereignis. Das »ganze Dorf« sei gekommen, und er habe sie alle am Friedhofstor begrüßt. Sein teures Weib sei »direkt unter einem kleinen Wäldchen begraben worden, welches das Ziel unseres Lieblingsspazierwegs war«. Von dort habe man »einen herrlichen Blick über das ganze Tal«. Sobald die Erde fest geworden sei, werde er eine Platte aus Marmor oder Granit besorgen und Christines Namen und Lebensdaten hineinmeißeln lassen. Er tat es nie. 70 Jahre lang trug ihr grüner Marmorgrabstein nur ihren Namen und die Worte »made in Dieppe« als Inschrift, »nicht aber«, wie Angus schrieb, »die Lebensdaten, die er versprochen hatte«. Sie wurden schließlich von ihrer Familie eingesetzt.

Marie Françoise Hinfray, die Tochter der Familie, die das Maison Mouton von Sickert gekauft hatte, war so freundlich, mich in der ehemaligen Gendarmerie herumzuführen, in der Sickert lebte und Christine starb. Heute wohnen dort die Hinfrays, die ein Bestattungsunternehmen führen. Madame Hinfray erzählte mir, als ihre Eltern das Haus kauften, seien die Wände in sehr düsteren Farben gehalten gewesen, alles »dunkel und trist mit niedrigen Decken«. Überall hätten halb fertige Bilder gestanden. Bei der Beseitigung des Plumpsklos habe man einen kleinkalibrigen Revolver aus der Jahrhundertwende entdeckt – kein Modell, wie es die französischen Gendarmen verwendet hatten.

Madame Hinfray zeigte mir den Revolver. Er war wieder zusammengelötet und schwarz angemalt worden, ein Stück, auf das sie sehr stolz war. Sie führte mich in das Schlafzimmer des Meisters und sagte, Sickert habe die Vorhänge zur dunklen Straße nie zugezogen und im Kamin so große Feuer brennen gehabt, dass die Nachbarn hineinsehen konnten. Heute schläft Madame Hinfray dort, und der großzügige Raum ist voller Pflanzen und hübscher Farben. Zum Schluss bat ich sie, mir das Zimmer zu zeigen, in dem Christine starb, eine ehemalige Gefängniszelle mit einem kleinen Holzofen.

Lange stand ich dort allein, schaute mich um und lauschte. Mir wurde klar, dass Sickert, wenn er unten im Haus, im Garten oder in der Garage war, Christine nicht hören konnte, wenn sie nach ihm rief, weil Holz nachgelegt werden musste, sie ein Glas Wasser haben wollte oder Hunger hatte. Er brauchte sie auch nicht zu hören, da sie wahrscheinlich keinen Laut mehr von sich geben konnte. Vermutlich wachte sie nicht mehr sehr häufig auf, oder sie döste vor sich hin, wenn sie doch einmal zu sich kam. Das Morphium wird sie ständig in einen schmerzlosen Dämmerzustand versetzt haben.

Nichts lässt darauf schließen, dass sich das ganze Dorf zu Christines Begräbnis versammelt hatte. Offenbar bestand die Trauergemeinde vorwiegend aus »Sickerts Leuten«, wie Ellen sie immer nannte. Aber Christines Vater war dort. Später erinnerte er sich, dass er »schockiert« gewesen sei über Sickerts »Kaltblütigkeit«, seine vollkommene Gleichgültigkeit. Als ich den alten, von einer Ziegelmauer umgebenen Friedhof besuchte, regnete es. Christines bescheidener Grabstein war schwer zu finden. Ich entdeckte weder ein »kleines Wäldchen« noch einen »Lieblingsspazierweg«, und von dort, wo ich stand, konnte von einem »herrlichen Blick über das ganze Tal« keine Rede sein.

Bei Christines Beerdigung war es stürmisch und kalt, und der Trauerzug verspätete sich. Sickert schüttete ihre Asche nicht ins Grab, sondern griff mit beiden Händen in die Urne und warf die Asche in den Wind, sodass sie seinen Freunden an die Mäntel und ins Gesicht geweht wurde.

Mein Team

Ohne die Hilfe vieler Menschen und die Unterstützung durch Archive und Universitäten hätte ich diese Untersuchung nicht durchführen und nicht darüber schreiben können.

Die Geschichte Walter Sickerts – und die Aufklärung der brutalen Verbrechen, die er unter dem Namen Jack the Ripper begangen hat – gäbe es nicht, wenn sie sich nicht auf eine heute kaum noch mögliche Weise, nämlich durch die Kunst, Briefe und Tagebücher zu schreiben, erhalten hätte. Ich hätte den mehr als ein Jahrhundert alten Spuren Sickerts nicht folgen können, wenn ich nicht von hartnäckigen und mutigen Fachleuten unterstützt worden wäre.

Zu Dank verpflichtet bin ich dem Virginia Institute of Forensic Science and Medicine – besonders den beiden Direktoren Dr. Paul Ferrara und Dr. Marcella Fierro sowie den forensischen Wissenschaftlern Lisa Schiermeier, Chuck Pruitt und Wally Forst; The Bode Technology Group; dem Sickert-Kurator und -Forscher Vada Hart; der Kunsthistorikerin und Sickert-Kennerin Dr. Anna Gruetzner-Robins; dem Papierhistoriker und forensischen Papierexperten Peter Bower; der Schriftdesignerin Sally Bower; der Papierkonservatorin Anne Kennett; dem FBI-Profiler und Polizeiausbilder Edward Sulzbach; der stellvertretenden New Yorker Bezirksstaatsanwältin Linda Fairstein; dem Experten für antiquarische Bücher und Dokumente Joe Jameson.

Ich danke dem Künstler John Lessore für die freundlichen und liebenswürdigen Gespräche und für seine Großzügigkeit.

Dankbar bin ich meinen unermüdlichen und geduldigen Mitarbeitern, die mir die Arbeit in jeder Hinsicht erleichtert haben und bewundernswerte investigative und technische Fähigkeiten bewiesen haben: Irene Shulgin, Alex Shulgin und Viki Everly.

Ich fürchte, ich kann mich nicht an jeden Einzelnen erinnern, dem ich auf dieser zermürbenden und oft schmerzhaften, deprimierenden Reise begegnet bin, und hoffe auf Verständnis und Vergebung, falls ich irgendeine Person oder Institution vergessen haben sollte.

Ohne die folgenden Galerien, Museen, Archive und deren Mitarbeiter hätte ich meine Arbeit nicht durchführen können: Paul Johnson, Hugh Alexander, Kate Herst, Clea Relly und David Humphries vom Public Record Office, Kew; R. J. Childs, Peter Wilkinson und Timothy McCann beim West Sussex Record Office; Hugh Jaques und das Dorset Record Office; Sue Newman bei der Christchurch Local History Society; Ashmolean Museum; Dr. Rosalind Moad an der Cambridge University; King's College Modern Archives Centre; Professor Nigel Thorp und Andrew Hale von der Glasgow University Library, Special Collections Department.

Jenny Cooksey bei der Leeds City Art Gallery; Sir Nicholas Serota, Direktor, Tate Gallery; Robert Upstone, Adrian Glew und Julia Creed beim Tate

Gallery Archive, London; Julian Treuherz bei der Walker Art Gallery, Liverpool; Vada Hart und Martin Banham von den Islington Central Libraries, Islington Archives, London; Institut Bibliothèque de L'Institut de France, Paris; James Sewell, Juliet Banks und Jessica Newton vom Corporation of London Record Office; University of Reading, Department of History of Art.

The Fine Art Society, London; St. Mark's Hospital; St. Bartholomew's Hospital; Julia Sheppard an der Wellcome Library for the History and Understanding of Medicine; Bodleian Library, Oxford University, M. S. English History; Jonathan Evans bei den Royal London Hospital Archives and Museum; Dr. Stella Butler und John Hodgson an der University of Manchester, John Rylands Library and History of Art Department; Howard Smith, Manchester City Galleries; Reese Griffith bei den London Metropolitan Archives; Ray Seal und Steve Earl beim Metropolitan Police Historical Museum; Metropolitan Police Archives.

John Ross am Metropolitan Police Crime Museum; Christine Penny von den Birmingham University Information Services; Dr. Alice Prochaska bei der British Library Manuscripts Collection; National Register of Archives, Schottland; Mark Pomeroy von der Royal Academy of Arts, London; Ian MacIver von der National Library of Scotland; Sussex University Library Special Collections; New York Public Library; British Newspaper Library; die Antiquare und Autographenhändler Clive Farahar und Sophie Dupre; Denison Beach von der Houghton Library der Harvard University.

Registrar Births, Deaths and Marriage Certificates, London; Aberdeen University Library, Special Libraries and Archives; Kings College (business records of Alexander Pirie & Sons); House of Lords Records Office, London; National Registrar Family Records Center; London Bureau of Camden; Marylebone Registry Office.

Da ich nicht Französisch spreche, wäre ich in allen französischen Angelegenheiten ziemlich hilflos gewesen, wäre da nicht meine Verlegerin Nina Salter gewesen, die die folgenden Quellen für mich nutzbar gemacht hat: Professor Dominique Lecomte, Direktor des Pariser Instituts für Forensische Medizin; Archiv des Departements Seine-Maritime; Archive der französischen Nationalgendarmerie; Archive der Polizeihauptwache in Rouen; die Archive der Stadtverwaltung Rouen; die Archive der Präfektur in Rouen; das Leichenschauhaus von Rouen; Berichte der Polizei Rouen; Archive der Bezirke Dieppe, Neuchâtel und Rouen; Archive der französischen Regionalpresse; das Nationalarchiv in Paris; Appellationsgerichte 1895–1898; die historische Sammlung in Dieppe; Appellationsgerichte von Paris und Rouen.

Mein respektvoller, ergebener Dank gilt selbstverständlich Scotland Yard, damals, in den alten Tagen, vielleicht jung und unerfahren, jetzt aber eine aufgeklärte Macht gegen das Unrecht. Zuerst mein Dank an den unvergleichlichen Deputy Assistant Commisioner John D. Grieve; und an meinen britischen Partner im Kampf gegen das Verbrechen, Detective Inspector Howard Gosling; an Maggie Bird; Professor Betsy Stanko; und an Detective Sergeant David Field. Ich danke den Menschen beim Home Office und dem Metropolitan Police Department. Sie alle waren immer hilfsbereit, zuvorkommend und ermutigend. Niemand versuchte mir Steine in den Weg zu legen, es gab auch nicht einen Funken von Egoismus oder – egal, wie »kalt« der Fall ist – Behinderung der längst überfälligen Gerechtigkeit.

Wie immer meinen wärmsten Dank an meinen meisterhaften Lektor, Dr. Charles Cornwell; an meine beflügelnde Agentin, Esther Newberg; an meine britische Verlegerin, Hilary Hale; an David Highfill und all die hervorragenden Mitarbeiter meines amerikanischen Verlags, Putnam; und an meine besondere Beraterin und Mentorin, Phyllis Grann.

Ich erweise denen die Ehre, die mir vorangegangen sind in dem Bemühen, Jack the Ripper zu fassen. Er ist gefasst. Zusammen haben wir es geschafft.

Patricia Cornwell

Bibliographie

Es gibt eine Fülle gedruckter Informationen, Fehlinformationen und Spekulationen über die Identität und die Verbrechen von Jack the Ripper. Im Hinblick auf faktische Details und die Schreibweise von Eigennamen habe ich mich vollständig auf meine Primärquellen und meine Referenzzeitung, *The Times,* gestützt.

Zitat auf der Titelseite: H.M., *Twixt Aldgate Pump and Pope: The Story of Fifty Years Adventure in East London,* The Epworth Press, London 1935 [Anmerkung: H.M. war Missionar im East End und hat all seine Schriften anonym veröffentlicht.]

Primärquellen

Abberline, Frederick: Presseausschnitt-Album [privates, unveröffentlichtes Tagebuch, das Inspektor Frederick Abberline von 1878 bis 1892 geführt hat]. Mit freundlicher Genehmigung von Scotland Yard.

Alexander Pirie & Sons, Ltd., Paper Manufacturers, Aberdeen, Scotland, Records and Papers: University of Aberdeen Historic Collection, Special Libraries and Archives

Bird, Maggie, Inspecting Officer of the Records Management Branch of Scotland Yard, Interview London, 4. März 2002.

Christchurch Times, 12. Januar 1889 (Nachruf von Montague Druitt).

Cobden, Privatpapiere: Ellen Cobden Sickert, Jane Cobden Unwin, Richard Cobden Jr. und Richard Cobden, West Sussex County Library.

Cobden, Ellen, Brief an ihren Vater Richard Cobden, 30. Juli 1860 (zwei Monate nachdem Walter Sickert geboren worden war), West Sussex County Record Office, Signatur: Cobden Papers, No. 38E.

Cobden, Briefe von Ellen Millicent Cobden Sickert, West Sussex Record Office, Signatur: Cobden 965.

Cobden, Briefe von Ellen und Richard Brooks Cobden (ohne Jahr, Ende der 1840er Jahre), West Sussex Record Office, Signatur: Add Ms 6036.

Cobden, Ellen Millicent, *A Portrait,* Richard Cobden, Sanderson, 17 Thavies Inn, 1920 (eines von 50 Exemplaren eines Privatdrucks von Woods & Sons, Islington).

Corporation of London Record Office, Whitechapel Murder files (Akten mit etwa 300 Briefen, die mit den Ripper-Verbrechen in Verbindung stehen).

Daily Telegraph, The, Artikel vom 1. bis 28. September und vom 1., 3., 4., 6., 7. Oktober 1888.

Dobson, James, Brief an seine Frau vom 13. Februar 1787, am Tag, bevor er vor Debtors Door des Newgate-Gefängnisses gehängt wurde (Sammlung der Autorin).

»Double Duty«, *The Police Review and Parade Gossip,* 17. April 1893, 18. August 1905.

Druitt Collection, Public Record Office, West Sussex.

Druitt, Montague, Lewisham Local History and Archives, Dorset Record Office.

Eastern Mercury, Zeitungsartikel vom 12. Oktober 1888, 6. August 1889, 10. September 1889, 17. September 1889, 24. September 1889, 15. Oktober 1889, 17. Dezember 1889, 12. Februar 1889.

Frangcon-Davies, Gwen, Briefe, Tate Gallery Archive.

Friel, Lisa, Esq., Stellvertretende Bezirksstaatsanwältin, Protokoll ihres Resümees für die Staatsanwaltschaft: Supreme Court of the State of New York, County of New York, The People of the State of New York against John Royster.

Hill's Hotel, Gästebuch, Lizard Point, Cornwall, England, 1877–1888, Sammlung der Autorin.

Home Office Records, Public Record Office, Kew, HO 144/220/A49301 bis HO 144/221/A49301K.

Hudson, Nan, Briefe, Tate Gallery Archive.

Illustrated Police News, The, Law Courts and Weekly Record, London, September bis Dezember 1888.

Institut Bibliothèque de L'Institut de France, Paris, Briefwechsel zwischen Jacques Émile Blanche und Walter Sickert, Dokument-Nr.: 128, 132, 136, 137, 139, 148, 150–155, 168, 169, 183–186, 171, 179, 180.

Irving, Henry, Privatkorrespondenz (Sammlung der Briefe, die zeigen, in welchen Städten er mit seinem Ensemble aufgetreten ist), Sammlung der Autorin.

König Edward VII., Brief an Professor Ihre (den deutschen Hauslehrer von Prinz Albert Victor) vom 12. Juli 1884, Sammlung der Autorin.

Lessore, John, Gespräch mit Lessore in seinem Atelier in Peckham, Frühjahr 2001.

Llewellyn, Dr. Rees Ralph, Informationen über Dr. Llewellyn und die Honorare, die Ärzte erhielten, wenn sie für Coroner und Polizeibehörden tätig waren, Royal London Hospital Archives und Ärzteverzeichnis in der Wellcome Medical Library.

Macnaghten, Melville, Memorandum, 23. Februar 1894, mit freundlicher Genehmigung von Scotland Yard.

Metropolitan Police, Sonderberichte über den Mord an Martha Tabran, 10. August bis 19. Oktober, Public Record Office, Kew.

Metropolitan Police Museum, Archiv des, Nähere Informationen zu den Handambulanzen, Gebäuden, Gehältern, Uniformen und der Ausrüstung der Polizei.

Metropolitan Police Records, MEPO 2/22, MEPO 3/140-41, MEPO 3/3153–57, MEPO 3/182, Public Record Office, Kew.

Metropolitan Police, Records of, Metropolitan Police Crime Museum.

Metropolitan Police, Records of, Metropolitan Police Historical Museum, Metropolitan Police Archives.

Norwich, Julius, Enkel von Dr. Alfred Duff Cooper, Telefonisches Interview, Frühjahr 2001.

Pall-Mall Gazette, 3., 6., 7., 8., 10., 14., 21., 24., 25., 27., 28. September; 1. und 2. Oktober 1888.

Pash, Florence, Sickert Collection, Islington Public Library.

Pritchard, Eleanor, »The Daughters of Cobden« [Teil 2], West Sussex Public Record Office, Ref. West Sussex History Journal, Nr. 26, September 1983.

Rhind, Neil, Mitschrift eines Vortrags vom 21. November 1988, Lewisham Local History Archives.

Sands, Ethel, Briefe, Tate Gallery Archive.

Sickert, Walter: Collected Papers, Islington Public Libraries. (Diese Sammlung von Walter Sickerts persönlichen Papieren enthält einige Schriften seines Vaters, Oswald Sickert, und über einhundert Skizzen auf Schmierpapier ohne Titel, Daten oder Signaturen. Wenn auch die Könnerschaft vieler Zeichnungen die Vermutung nahe legt, dass sie von Oswald stammen, lassen sich einige der Arbeiten doch schlüssig Walter zuschreiben, da sie wie frühe Versuche eines Nachwuchskünstlers wirken und stilistische Ähnlichkeiten zu seinen reifen Werken aufweisen. Die Sickert-Kennerin Dr. Anna Robins, die die Skizzen begutachtet hat, bestätigte, dass einige von ihnen höchstwahrscheinlich von dem jungen Walter stammen und vermutlich 1880 oder 1881 entstanden, als er Zeichenunterricht hatte.)

–, Brief an Ciceley Hey, circa August 1923, Islington Public Libraries.

–, »The New Age«, 14. Mai 1914, Islington Public Libraries, Sickert Collection.

–, Brief an Bram Stoker, 1. Februar 1887, Leeds University Brotherton Library, Department of Manuscripts and Special Collections.

–, Brief an Jacques Émile Blanche (circa 1906), Institut Bibliothèque de L'Institut de France, Paris. Briefwechsel Jacques Émile Blanche – Walter Sickert, Dokument Nr. 182.

–, Brief an Jacques Émile Blanche (1906), Institut Bibliothèque de L'Institut de France, Paris. Briefwechsel Jacques Émile Blanche – Walter Sickert, Dokument Nr. 183–186.

–, Briefe an Virginia Woolf, New York Public Library.

–, Brief an unbekannten Empfänger, Absender Frith's Studio, 15 Fitzroy Street (circa 1915), Sammlung der Autorin.

–, Briefe und Entwürfe zu seinen publizierten Artikeln, Sammlung der Autorin.

–, Briefe, William Rothenstein Collection, Harvard University.

–, Skizzen und Gemälde, Ashmolean Musuem.

–, Skizzen und Gemälde, Islington Central Library, Islington Archives, London.

–, Skizzen, Leeds City Art Gallery.

–, Skizzen, Tate Gallery Archive.

–, Skizzen, University of Manchester, John Rylands Library and History of Art Department.

–, Skizzen, University of Reading, Department of History of Art.

–, Skizzen, Walker Art Gallery, Liverpool.

Sphere, The, »Sir Henry Irving, An Appreciation«, 21. Oktober 1905.

St. Mark's Hospital: Interview mit Archivaren, 2001. (Man sagte mir, dass sich alle alten Patientenakten im St. Bartholomew's Hospital befänden, und eine Untersuchung der Akten dort ergab, dass keine Unterlagen zur Verfügung stehen, die weiter als bis zum Jahr 1900 zurückreichen.)

Stage, The, »Death of Sir Henry Irving«, 19. Oktober 1905.

Stowe, Harriet Beecher, »Sunny Memories of Foreign Lands« (Aufsatz über ein Frühstück mit Richard Cobden), 1854, The papers of Richard Cobden, West Sussex Record Office, Signatur: Cobden 272.

Sunday Dispatch, London, Artikel vom 2., 9., 16., 23., 30. September 1888.

Sunday Weekly Dispatch, London, Tagebuch mit Sammlung von Zeitungsausschnitten und handschriftlichen Anmerkungen, ursprünglicher Besitzer unbekannt, 12. August bis 30. Dezember 1888, Sammlung der Autorin.

Swanwick, Helena Sickert, Briefwechsel, Bodleian Library, Oxford University, M. S. English History.

–, Briefe, National Art Gallery, Victoria and Albert Museum.

Terry, Ellen, Brief an einen Mr. Collier, 24. März (ohne Jahr, wahrscheinlich Anfang des 20. Jahrhunderts), Sammlung der Autorin.

Terry, Ellen, Privatkorrespondenz (Briefe, die zeigen, in welchen Städten sie mit Irvings Ensemble aufgetreten ist), Sammlung der Autorin.

Terry, Ellen, *The Story of my Life,* Hutchinson & Co., London 1908 (Sickerts persönliches, von ihm mit Anmerkungen versehenes Handexemplar), Sammlung der Autorin.

Times, The, Diese Sammlung von Orginalexemplaren ohne Sonntagsausgaben wurde für mich gebunden, und ich habe sie vollständig durchgesehen für die Jahre 1888, 1889, 1890, 1891. Alle Hinweise auf *Times*-Artikel beziehen sich auf diese Orginalexemplare.

Times, The, Artikel vom 13., 14., 17., 21. September; 1., 7., 8., 15., 16., 22., 23., 29. Oktober 1907.

Victor, Prince Albert, the Duke of Clarence, Briefe an seinen Anwalt George Lewis, 17. Dezember 1890 und 15. Januar 1891, Sammlung der Autorin.

Sekundärquellen

Ackroyd, Peter, *London: The Biography,* Chatto & Windus, London 2000.

Adam, Hargrave L., *The Police Encyclopaedia,* Bd. 1, The Blackfriars Publishing Co., London (ohne Jahr, etwa 1908).

Amber, Miles (Ellen Cobden Sickert), *Wistons: A Story in Three Parts,* Charles Scribner's Sons, New York 1902.

American Psychiatric Association, *Diagnostic and Statistical Manual of Mental Disorders,* 3., überarb. Aufl., Washington, D.C., 1987.

Aronson, Theo, *Prince Eddy and the Homosexual Underworld,* John Murray, 1994.

Artists of The Yellow Book & the Circle of Oscar Wilde, The Clarendon & Parkin Galleries, 5. Oktober bis 4. November 1983, London, Clarendon Gallery.

Ashworth, Henry, *Recollections of Richard Cobden, M.P., and the Anti-Corn League,* Cassell Petter & Galpin, London (etwa 1876).

Bacon, Francis, *Proficience of Learning, or the Partitions of Sciences,* Rob Young & Ed Forest, Oxford 1640.

Baedeker, Karl, *London and its Environs,* Karl Baedeker, Publisher, London 1908.

Baron, Wendy, *Sickert,* Phaidon Press, London 1973.

Baron, Wendy, und Richard Shone, *Sickert Paintings,* Yale University Press, New Haven und London 1992.

Barrere, Albert, and Charles G. Leiand, *A Dictionary of Slang, Jargon & Cant,* Bd. I und II, The Ballantyne Press, 1890.

Baynes, C. R., *Hints on Medical Jurisprudence,* Madras, Messrs. Pharoah & Co., Mount Road 1854.

Bell, Clive, *Old Friends,* Chatto & Windus, London 1956.

Bell, Quentin, *Victorian Artists,* Routledge and Kegan Paul, London 1967.

–, *Some Memories of Sickert,* Chatto & Windus, London (etwa 1950).

Besant, Annie, *An Autobiography,* T. Fisher Unwin, London 1893.

Besant, Walter, *East London,* Chatto & Windus, London 1912.

Bingham, Madeleine, *Henry Irving and the Victorian Theatre: The Early Doors,* George Allen & Unwin, London 1978.

Blair, R. J. R., »Neurocognitive Models of Aggression, the Antisocial Personality Disorders, and Psychopathy«, *Journal of Neurology, Neurosurgery and Psychiatry,* Dezember 2001.

Blake, P. Y., J. H. Pincus und C. Buckner, »Neurologic Abnormalities in Murderers«, *Neurology,* Bd. 45 9, American Academy of Neurology, 1995.

Booth, General William, *In Darkest England and The Way Out,* International Headquarters of the Salvation Army, London 1890.

Bower, Peter, *Turner's Later Papers: A Study of the Manufacture, Selection and Use of his Drawing Papers 1820–1851,* Tate Gallery Publishing, Oak Knoll Press, London 1999.

Brimblecombe, Peter, *The Big Smoke,* Methuen, London and New York 1987.

Bromberg, Ruth, *Walter Sickert Prints,* Paul Mellon Centre Studies in British Art, Yale University Press, New Haven und London 2000.

Brough, Edwin, *The Bloodhound and its Use in Tracking Criminals,* The Illustrated »Kennell News« Co., Ltd., 56 Ludgate Hill, London (ohne Jahr, etwa Anfang des 20. Jahrhunderts).

Brower, M. C., und B. H. Price, »Neuropsychiatry of Frontal Lobe Dysfunction in Violent and Criminal Behaviour: A Critical Review«, *Journal of Neurology, Neurosurgery and Psychiatry,* Dezember 2001.

Browne, Douglas G., und E. V Tullett, *The Scalpel of Scotland Yard: The Life of St Bernard Spilsbury,* E. P. Dutton and Company, New York 1952.

Browse, Lillian, *Sickert,* Rupert Hart-Davis, Soho Square, London 1960.

–, *Sickert,* Faber and Faber, London 1943. (Als ich dieses Buch kaufte, entdeckte ich zu meiner freudigen Überraschung, dass Dorothy Sayers die Vorbesitzerin war.)

Carter, E. C., *Notes on Whitechapel,* Cassell and Company, Ludgate Hill, London (ohne Jahr, wahrscheinlich Anfang des 20. Jahrhunderts).

Casanova, John N., *Physiology and Medical Jurisprudence,* Headland & Co., London 1865.

Casper, Johann Ludwig, *A Handbook of the Practice of Forensic Medicine: Based Upon Personal Experience,* Bd. I, The New Sydenham Society, London 1861.

–, A Handbook of the Practice of Forensic Medicine: Based Upon Personal Experience, Bd. III, The New Sydenham Society, London 1864.

Cassell's Saturday Journal, London, 15. Februar 1890.

Chambers, E., *Cyclopaedia: of an Universal Dictionary of Arts and Sciences,* Bd. I und II, 5. Aufl., D. Midwinter, London 1741.

Cooper, Alfred, F.R.C.S., *A Practical Treatise on the Disease of the Rectum,* H. K. Leewis, London 1887.

–, *Diseases of the Rectum and Anus,* J. & A. Churchill, London 1892.

Cotran, Ramsi, Vinay Kumar und Stanley Robbins, *Robbins Pathological Basis of Disease,* 5. Aufl., W. B. Saunders Company, Philadelphia 1994.

Cruikshank, George, *Punch and Judy. Accompanied by the Dialogue of the Puppet-Show, an Account of its Origin, and of Puppet-plays in England.* S. Prowett, London 1828.

Darwin, Charles, *The Expression of the Emotions: In Man and Animals,* John Murray, London 1872 (deutsch u.a.: *Der Ausdruck der Gemütsbewegungen bei dem Menschen und den Tieren,* krit. Ed. Eichborn, Frankfurt am Main 2000).

DeForest, Peter R., R. E. Gaensslen und Henry C. Lee, *Forensic Science: An Introduction to Criminalistics,* McGraw Hill, Inc., New York 1983.

Dictionary of Modern Slang, Cant, and Vulgar Words, by a London Antiquary, John Camden Hotten, Piccadilly 1860.

Dilnot, George, *The Story of Scotland Yard,* Houghton Mifflin Co., New York 1927.

Di Maio, Dominick, J., und Vincent J. M. Di Maio, *Forensic Pathology,* CRC Press, New York 1993.

Domes, Christopher, *Coroner's Courts: A Guide to Law and Practice,* John Wiley & Sons, New York 1999.

Douglas, John, und Mark Olshaker, *The Anatomy of Motive,* Scribner, New York 1999

Douglas, John E., Ann W. Burgess, Alien G. Burgess und Robert Ressler, *Crime Classification Manual,* Lexington Books, New York 1992.

Edsall, Nicholas C., *Richard Cobden: Independent Radical,* Harvard University Press, Cambridge, Massachusetts, 1986.

Ellman, Richard, *Oscar Wilde,* Hamish Hamilton, London 1988.

Emmon, Robert, *The Life and Opinions of Walter Richard Sickert,* Faber and Faber, London 1941.

Evelyn, John, *Fumifugium, Or the Inconvenience of the Aer and Smoake of London Dissipated,* National Smoke Abatement Society, Reprint der Ausgabe von 1661; 1933.

Fairstein, Linda A., *Sexual Violence,* William Morrow, New York 1993.

Farr, Samuel, *Elements of Medical Jurisprudence,* J. Callow, London 1814.

Fisher, Kathleen, *Conversations with Sylvia,* hg. v. Eileen Vera Smith, Charles Skilton, 1975.

Fishman, William J., *East End 1888,* Hanbury, London 2001.

Frith, Henry, *How to Read Character in Handwriting,* Ward, Lock, Bowden, New York 1890.

Furniss, Harold (Hg.), *Famous Crimes,* Fleet Street, London, September bis November 1888.

Galton, Sir Francis, *Fingerprint Directories,* Macmillan & Co., London 1895.

–, *Inquiries into Human Faculty and its Development,* Macmillan, London 1883.

Gilberth, Vernon J., *Practical Homicide Investigation,* 2. Aufl., CRC Press, Boca Raton, Florida, 1993.

Granshaw, Lindsay, *St. Mark's Hospital, London,* King Edward's Hospital Fund for London, 1985.

Guerin, Marcel, *Degas Letters,* hg. v. Marcel Guerin und Bruno Cassirer, Oxford (ohne Jahr, ca. Mitte des 20. Jahrhunderts).

Guy, William Augustus, und David Ferrier, *Principles of Forensic Medicine,* Henry Renshaw, London 1875.

Hamnett, Nina, *Laughing Torso,* Constable, London 1921.

Hampstead Artist's Council, Camden Town Group, Hampstead Festival Exhibition Catalogue, 1965.

Harrison, Michael, *Clarence: Was He Jack The Ripper?,* Drake Publishers, New York 1972.

Heywood[e], Thomas, *Gynaikeion: or, Nine Bookes of Various History Concerning Woman; Inscribed by the names of the Nine Muses,* Adam Islip, London 1624.

Hinde, Wendy, *Richard Cobden, A Victorian Outsider,* Yale University Press, New Haven und London 1987.

Hone, Joseph, *The Life of Henry Tanks,* William Heinemann, London 1939.

–, *The Life of George Moore,* Victor Gollancz, London 1936.

Hooke, Robert, *Micrographia: Or Some Physiological Descriptions of Minute Bodies Made by Magnifying Glasses. With Observation and Inquiries Thereupon,* Jo. Martyn und Ja. Allestry, Printers to the Royal Society, London 1665.

House, Madeline, und Graham Storey (Hg.), *The Letters of Charles Dickens,* Bd. II, 1840–41, Clarendon Press, Oxford 1969.

Howard, *John,The State of the Prisons in England and Wales, with Preliminary Observations, and an Account of Some Foreign Prisons and Hospitals,* William Eyres, London 1784.

Howship, John, *Disease of the Lower Intestines, and Anus,* Longman, Hurst, Rees, Orme und Brown, London 1821.

Jervis, John, *A Practical Treatise on the Office and Duties of Coroners: with Forms and Precedents*, S. Sweet, W. Maxwell, Stevens' & Norton, London 1854.

Johnson, Samuel, *A Dictionary of the English Language,* Bd. I und II, 2. Aufl., W. Strahan, London 1795.

–, *A Dictionary of the English Language,* Bd. II, London 1810.

Kersey, John, *Dictionarium Anglo-Britannicum,* J. Wilde, London 1708.

Krill, John, *English Artists' Paper: Renaissance To Regency,* Winterthur Gallery, Oak Knoll Press, London 2002.

Kuhne, Frederick, *The Finger Print Instructor,* Munn & Company, New York 1916.

Larson, J. A., *Single Fingerprint System,* D. Appleton, New York 1924. (Eine Glosse am Rande: Am 3. September 1938 schenkte der Autor dieses Buch einem Kollegen und schrieb: »Mit größter Wertschätzung im Gedenken an die Stunden, die wir mit der Suche nach Wahrheit verbrachten.« Unter die Widmung setzte Mr. Larson seinen linken Daumenabdruck in Tinte.)

Laski, Harold J., Sidney und Beatrice Webb, *The Socialist Review,* (etwa 1929).

Lattes, Leone, *Individuality of the Blood: In Biology and in Clinical and Forensic Medicine,* Oxford University Press, London 1932. (Nachdem ich dieses Buch gekauft hatte, bemerkte ich zu meiner Begeisterung, dass es sich einst im Besitz von Dr. Bernard Spilsbury befunden und dass er offenbar einige forensische Schlüsselstellen unterstrichen hat. Spilsbury war wohl der bekannteste Gerichtsmediziner in der britischen Geschichte. Man nannte ihn den »unvergleichlichen Zeugen« und schätzte, dass er mehr als 25000 postmortale Untersuchungen vorgenommen habe.)

Laughton, Bruce, *Philip Wilson Steer: 1860–1942,* Clarendon Press, Oxford 1971.

Laver, James, *Whistler,* Faber and Faber Ltd., London 1930.

Leeson, Ex. Det. Sergeant B., *Lost London: The Memoirs of an East End Detective,* Stanley Paul, London (ohne Jahr, Anfang des 20. Jahrhunderts).

Lilly, Marjorie, *Sickert: The Painter and His Circle,* Elek Books, London 1971; Noyes Press, New Jersey 1973.

London, Jack, *The People of the Abyss,* The Macmillan Company, New York 1903 (deutsch u.a.: *In den Slums,* Ullstein, Berlin 1989).

Luckes, Eva C. E., Matron, *The London Hospital 1880–1919,* The London Hospital League of Nurses (ohne Jahr).

MacDonald, Arthur, *Criminology,* Funk & Wagnalls, London 1893.

MacGregor, George, *The History of Burke and Hare,* Thomas D. Morison, Glasgow 1884.

Macnaghten, Sir Melville, *Days of My Years,* Edward Arnold, London 1914.

Magnus, Philip, *King Edward The Seventh,* John Murray, London 1964.

Male, George Edward, *Elements of Juridical or Forensic Medicine for the Use of Medical Men, Coroners, and Barristers,* E. Cox and Son, London 1818.

Malthus, Thomas Robert, *An Essay On The Principle Of Population, As It Affects The Future Improvement Of Society,* J. Johnson, London

1798 (deutsch: Das Bevölkerungsgesetz, hg. u. übers. v. Christian M. Barth, dtv, München 1977).

Marsh, Arnold, *Smoke: The Problem of Coal and the Atmosphere,* Faber and Faber, London (etwa 1947).

Martin, Theodore, *The Life of His Royal Highness The Prince Consort,* Smith, Elder & Co., London 1880.

Mellow, J. E. M., *Hints on the First Stages in the Training of a Blodhound Puppy to Hunt Man,* Privatdruck, Cambridge 1934.

Morley, John, *The Life of Richard Cobden,* 2 Bde., Chapman and Hall, 1881.

Moyland, J. E, *Scotland Yard and The Metropolitan Police,* G. P. Putnam's Sons, London 1929.

Oliver, Thomas, *Disease of Occupation,* Methuen, 1916.

Pennell, J., und E.R. Pennel, *The Life of James McNeill Whistler,* Bd. II, William Heinemann, London 1908.

Pennell, J., und E. R. Pennell, *The Whistler Journal,* J. B. Lippincott, Philadelphia 1921.

Petroski, Henry, *The Pencil: A History of Design and Circumstance,* Alfred Knopf, New York 2000.

Pickavance, Ronald, *Sickert, The Masters 86* (ursprünglich 1963 in Italien erschienen), Knowledge Publications, Pumell & Sons, London 1967.

Poore, G. V., *London (Ancient and Modern), From a Sanitary and Medical Point of View,* Cassell & Co., London 1889.

Powell, George, *The Victorian Theatre, A Survey,* Geoffrey Cumerlege, Oxford University Press, London 1956.

Prothero, Margaret, *The History of the Criminal Investigation Department at Scotland Yard,* Herbert Jenkins, London 1931.

Robins, Anna Gruetzner (Hg.), *Walter Sickert: The Complete Writings on Art,* Oxford University Press, Oxford 2000.

–, Walter Sickert: *Drawings,* Scolar Press, Gower House, 1996.

–, »Sickert ›Painter-in-Ordinary‹ to the Music-Hall«, in: Wendy Baron und Richard Shone (Hg.), *Sickert Paintings,* Yale University Press, New Haven und London 1992.

Rodwell, G. E. (Hg.), *A Dictionary of Science,* E. Moxon, London 1871.

Rogers, Jean Scott, *Cobden and His Kate, The Story of a Marriage,* Historical Publications, London 1990.

Rothenstein, John, *Modern English Painters: Sickert to Smith,* Eyre & Spottiswoode, London 1952.

Rothenstein, William, *Men and Memories,* 3 Bde., Faber and Faber, London 1931–1939.

Sabbatini, Renato M. E., »The Psychopath's Brain«, *Brain & Mind Magazine,* September/November 1998.

Saferstein, Richard, *Criminalistics: An Introduction to Forensic Science,* Prentice Hall, New Jersey 2001.

Sanger, William W., *The History of Prostitution: Its Extent, Causes, and Effects Throughout the World, Report to the Board of Alms-House Governors of the City of New York*, Harper & Brothers, New York 1859.

Scott, Harold, *The Early Doors: Origins or the Music Hall*, Nicholson & Watson, London 1946.

Sickert, Bernard, *Whistler*, Duckworth & Co., London (ohne Jahr).

Sickert, Walter, »The Thickest Painters in London«, *The New Age*, 18. Juni 1914.

–, Unveröffentlichter Entwurf zu »The Perfect Modern«, *The New Age*, 9. April 1914.

–, »The Spirit of the Hive«, *The New Age*, 26. Mai 1910.

–, »The Old Ladies of Etching-Needle Street«, The English Review, Januar 1912.

–, »The Royal Academy«, **The English Review**, Juli 1912.

–, »Idealism«, *Art News*, 12. Mai 1910.

–, »The Aesthete and the Plain Man«, *Art News*, 5. Mai 1910.

–, »The International Society«, *The English Review*, Mai 1912.

–, »Impressionism«, *The New Age*, 30. Juni 1910.

–, Entwurf zu dem Artikel »Exhibits«, ohne Datum.

Sickert, The Fine Art Society Ltd., 148 New Bond St., London, 21. Mai – 8. Juni 1973.

–, *Drawing and Paintings, 1890–1942*, Katalog, Tate Gallery Liverpool.

–, *Centenary Exhibition of Etchings & Drawings*, 15. März bis 14. April 1960, Thomas Agnew & Sons Ltd., London.

Sims, George R. (Hg.), *Living London*, Bd. 1, Cassell and Company Ltd., London, 1902.

Sinclair, Robert, *East London*, Robert Hale Ltd., London 1950.

Sitwell, Osbert, *A Free House! Or The Artist as Craftsman, Being the writings of Walter Richard Sickert*, Macmillan & Co., London 1947.

–, *Noble Essences*, Macmillan & Co. Ltd., London 1950.

Slang Dictionary, The: Etymological, Historical, and Anecdotal, Chatto & Windus, London (etwa 1878).

Smith, Lieut.-Col. Sir Henry, *From Constable To Commissioner*, Chatto & Windus, London 1910.

Smith, Thomas, und William J. Walsham, *A Manual of Operative Surgery on the Dead Body*, Longmans, Green, London 1876.

Stevenson, Robert Louis, *The Strange Case of Dr. Jekyll and Mr. Hyde*, Longmans, Green and Co., London 1886 (deutsch u.a.: *Der seltsame Fall des Dr. Jekyll und Mr. Hyde*, dtv, München 1992).

St. John, Christopher, *Ellen Terry and Bernard Shaw*. A Correspondence, The Fountain Press, New York 1931.

Stoker, Bram, *Personal reminiscences of Henry Irving*, Bd. I und II, William Heinemann, London 1906.

Sutton, Denys, *Walter Sickert: A Biography*, Michael Joseph, London 1976.

Swanwick, H. M., *I Have Been Young*, Victor Gollancz, London 1935.

Taylor, Alfred Swaine, *The Principles and Practice of Medical Jurisprudence*, John Churchill & Sons, London 1865.

Thompson, Sir H., *Modern Cremation*, Smith, Elder & Co., London 1899.

Treves, Sir Frederick, *The Elephant Man, and other Reminiscences*, Cassell & Co., London 1923.

Troyen, Aimee, *Sickert as Printmaker*, Yale Center for British Art, 21. Februar 1979.

Tumblety, Dr. Francis, *The Indian Herb Doctor: Including His Experience in the Old Capitol Prison*, Cincinnati, Selbstverlag, 1866.

Walford, Edward, *Old and New London*, Bd. III, Cassell, Petter, Galpin & Co., London (ohne Jahr, Ende des 19. Jahrhunderts).

Webb, Beatrice, *My Apprenticeship*, Ongmans, Green und Co., London 1926.

Welch, Denton, »Sickert at St. Peter's«, in: *Late Sickert, Paintings 1927–1942*, Arts Council of Great Britain, 1981.

Wheatley, H. B., *Reliques of Old London Suburbs, North of the Thames, drawn in lithography by T. R. Way*, George Bell, London 1898, S. 50–51.

Whistler, James McNeill, *The Baronet & the Butterfly: Eden Versus Whistler*, Louis-Henry May, Paris, 10. Februar 1899 (Anmerkung: Dieser Band gehörte einmal jemandem aus Sickerts engstem Freundeskreis, dem Maler und Schriftsteller William Rothenstein).

–, *Mr. Whistler's Ten O'clock*, London 1888.

Whistler: The International Society of Sculptors, Painters & Gravers, Catalogue of Paintings, Drawings, Etchings and Lithographs, William Heinemann, London (etwa 1905).

Wilde, Oscar, *The Trial of Oscar Wilde*, Nach den Gerichtsprotokollen, Privatdruck, Paris 1906.

Wollstonecraft, Mary, *Equality For Women Within the Law*, J. Johnson, London 1792.

World's Famous Prisons, The, Bd. I und II, The Grolier Society, London (ohne Jahr, etwa 1900).

Wray, J. Jackson, *Will it Lift? The Story of a London Fog*, James Nisbet & Co., London (ohne Jahr, möglicherweise um 1900).

INHALTSVERZEICHNIS

Mr. Nemo 5
Die Besichtigung 13
Die Unglücklichen 23
Von unbekannt 41
Ein prächtiger Junge 53
Walter und die Jungs 76
Der Gentleman-Slummer 95
Eine Spiegelscherbe 110
Dark Lantern 124
Gerichtsmedizin 135
Sommernacht 151
Der Junge und Schöne 163
Zeter und Mordio 177
Häkelarbeiten und Blumen 193
Ein gemalter Brief 219
Stygische Finsternis 242
Zwischen Mitternacht und Morgen 257
Eine glänzende schwarze Tasche 275
Wenn sich solche Gestalten herumtreiben 287
Bis zur Unkenntlichkeit 301
Ein großartiger Scherz 315
Kahle Felder und Schlackehalden 337
Das Gästebuch 346
In einem Pferdeverschlag 360
Drei Schlüssel 372
Cobdens Töchter 394
Dass man die Hand nicht vor Augen sehen konnte . . 412
Dem Grab ferner 438
Mein Team, Bibliographie, Quellen 450